KB062930

글 읽기 능력 향상을 위한

중학 국어

비문학 독해 연습

1

비문학 독해(글 읽기) = 이해력, 사고력 및 모든 학습의 기초!

1일 2지문 독해 연습 25일 완성!

중 1·2·3 학년에 따른 수준별, 단계별 구성

수록 지문 인문 · 사회 · 과학 · 기술 · 예술 등
다양한 독서를 위한 교과서 밖 50개 글감

이룸이앤비
Education & Books

◆ '국어' 공부가 '왜' 중요한가?

'국어'는 모든 공부의 가장 기본입니다. 대부분의 과목은 우리말로 서술되어 있으므로 국어 능력은 학습의 성패를 결정하는 중요한 요인이 되며, 국어 능력이 부족하면 효과적으로 학습하기가 어렵게 됩니다. 따라서 학생들은 모든 공부에 필요한 **실질적인 국어 능력을 길러야 합니다**. 그러기 위해서는 인문, 사회, 과학, 기술, 예술 등의 다양한 제재의 좋은 글을 풍부하게 읽어야 합니다. 이러한 **글 읽기를 통해 사고력과 이해력 그리고 문제 해결 능력을 키울 수 있기 때문입니다**.

◆ '비문학(읽기)' 영역을 통해 무엇을 공부할까?

중학교 과정에서는 **사실적 사고 능력을 바탕으로, 한 편의 완결된 글을 읽어 낼 수 있는 능력**을 키워야 합니다. 그 다음에는 **다양한 분야의 글들을 반복적으로 읽음으로써** 그때그때의 학습 상황에 필요한 수준 높은 독해 능력을 키워야 합니다.

◆ '중학 국어 비문학 독해 연습' 이렇게 공부하세요.

글 읽기가 다양한 문제 해결 과정임을 이해하며 글을 읽습니다.

⋮

배경지식을 활용하여 전개될 내용을 예측하며 읽습니다.

⋮

글의 특성을 고려하여 내용을 요약하며 읽습니다.

⋮

글에 따른 설명 방법이나 표현 방법을 파악하며 읽습니다.

⋮

글에 드러난 글쓴이의 의도 및 관점을 파악하며 읽습니다.

◇ 비문학 독해를 소개합니다.

1 비문학이란?

문학 외의 인문, 사회, 과학, 기술, 예술 등을 제재로 한 논설문이나 설명문, 기사문, 보고문 등의 실용문을 통틀어서 '비문학'이라고 합니다.

2 비문학을 벌써 공부해야 하는가?

영어나 수학은 많은 시간을 투자해 일찍 공부를 시작하지만, 국어는 늦게 시작하는 경향이 있습니다. 그런데 고등학교에 입학하게 되면 당장 모의고사부터 낯선 유형의 문제가 출제됩니다. 멀리 있는 수능이 문제가 아닌 것입니다. 국어는 단기간에 공부하면 될 것 같지만 절대 그렇지 않습니다. 그러므로 국어도 미리미리 대비해야 합니다.

3 비문학 독해에 필요한 능력은?

비문학 독해에서는 사실적 사고와 관련된 내용이 가장 기본이므로 이에 대비하는 능력을 키워야 합니다. 그리고 궁극적으로 한 편의 완성된 글을 읽기 위해서는 사실적, 추론적, 비판적, 창의적 사고 능력 및 어휘 능력 등이 종합적으로 필요합니다.

4 글의 종류에 따라 문제 유형이 다른가?

비문학은 글의 종류에 따라 문제 유형이 조금씩 다릅니다. 인문·예술에서는 사실적·창의적 사고 및 어휘력과 관련된 유형이, 사회·과학·기술에서는 추론적·비판적 사고와 관련된 유형이 출제되는 경우가 많습니다.

5 효과적인 비문학 공부법은?

특별한 공부법이 있는 것은 아니지만, 다양한 분야의 좋은 글을 많이 읽어야 합니다. 이러한 글 읽기를 통해 지문 분석, 문제 분석 등의 독해법을 자연스럽게 몸에 익혀야 합니다. 비문학 독해의 지름길은 없습니다. 꾸준한 글 읽기와 반복 학습이 가장 효과적인 학습법입니다.

이 책의 구성과 특징

1 인문, 사회, 과학, 기술, 예술 등의 다양한 제재에서 글감을 엄선하였습니다.

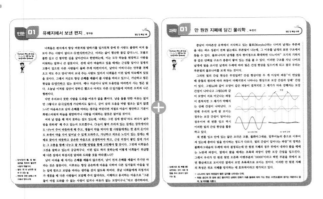

인문, 사회, 과학, 기술, 예술 등의 다양하고 폭넓은 제재에서 글감을 엄선하였습니다. 글감을 읽음으로써 독서 능력이 향상되고 이해력과 사고력도 높일 수 있습니다. '국어'는 모든 공부의 기본이지만, 그 중에서도 독해 능력이 가장 기본입니다. 제대로 된 글 읽기 능력이 있어야만 이해력을 향상시키고 사고력을 확장시킬 수 있습니다. '중학 국어 비문학 독해 연습'을 통해 독해 능력을 키우기 바랍니다.

> 지문 분석 연습: 문단 요지, 주제 등을 직접 분석하고 쓰면서 글을 읽는다.

> 목표 시간을 정해 제한 시간 내에 글 읽는 연습을 한다.

> 자신의 약점 제재를 파악하여 꾸준한 글 읽기 연습을 한다.

2 수준별, 단계별 문제를 통해 실질적인 문제 해결 능력을 키울 수 있게 하였습니다.

비문학 독해는 사실적 사고와 관련된 내용이 가장 기본이므로 이에 대한 능력을 키워야 합니다. 이를 바탕으로 추론적, 비판적, 창의적 사고 유형에도 종합적으로 대비할 수 있습니다. 수준별, 단계별로 구성된 다양한 유형의 문제를 통해 문제 해결 능력을 키우기 바랍니다. 아울러 '독해의 기초 Tip'을 통해 비문학 독해에 필요한 개념과 효과적인 독해 방법을 익힐 수 있습니다.

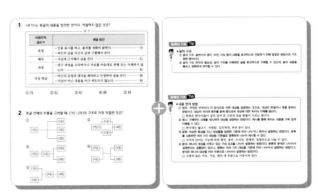

> 발문 분석 연습: 문제에서 묻고 있는 내용을 정확히 파악하는 연습을 한다.

> 답지 분석 연습: 반드시 지문을 바탕으로 정답 및 오답을 찾는다.

> '독해의 기초 Tip'을 통해 독해 개념 및 효과적인 독해 방법을 익힌다.

3 제재별로 자주 나오는 어휘를 정리한 후, TEST를 통해 확인하도록 하였습니다.

앞에서 공부한 지문에서 어휘를 선별하여 그 의미와 예문을 함께 수록하였습니다. 한 번 공부하고 나면 쉬운데 그렇지 않으면 고득점을 가로막는 어휘들을 중심으로 정리하였습니다. 또 간단하지만 다양한 유형의 문제를 통해 어휘의 습득 여부를 확인할 수 있도록 하였습니다. 국어 독해 능력 향상에 결정적인 역할을 하는 것이 어휘이므로 잘 익혀 두기를 바랍니다.

> 어휘는 독해력 향상의 기본이므로 예문과 함께 그 의미를 익힌다.
>
> ▼
>
> 모르는 어휘는 그때그때 사전을 찾아 정리하면서 의미를 익힌다.
>
> ▼
>
> 쉬운 형태의 문제를 통한 반복 학습으로 어휘를 익힌다.

4 자기주도학습 및 수업 자료로 활용할 수 있도록 모든 지문과 문제를 분석하였습니다.

혼자 공부하더라도 어렵지 않도록 수록된 모든 지문을 행간주를 통해 분석하여 구성하였으므로 이 책의 해설을 최대한 활용하기 바랍니다. 또한 학부모나 선생님들의 수업 및 학습 지도 자료로 활용할 때 큰 효과를 거둘 수 있도록 지문 해제, 문단 요지, 주제, 정답 풀이, 오답 풀이 등도 상세하게 수록하였습니다.

> 모든 지문 분석 및 문제 분석 자료를 통해 글을 읽는 방법을 익힌다.
>
> ▼
>
> 정답 및 오답만 확인하지 말고 해설을 통해 문제 풀이 과정을 점검한다.
>
> ▼
>
> 반복 학습을 통해 자신의 실수 및 약점을 보완한다.

이 책의 차례

CONTENTS

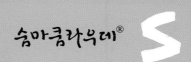

학습 계획표

- **권장 학습 플래너 ①: 차례대로 1일 2지문 25일 완성**

학습 날짜			학습 내용	틀린 문제 및 복습 계획
1Day	월	일	인문 01, 02	
2Day	월	일	인문 03, 04	
3Day	월	일	인문 05, 06	
4Day	월	일	인문 07, 08	
5Day	월	일	인문 09, 10	
6Day	월	일	사회 01, 02	
7Day	월	일	사회 03, 04	
8Day	월	일	사회 05, 06	
9Day	월	일	사회 07, 08	
10Day	월	일	사회 09, 10	
11Day	월	일	과학 01, 02	
12Day	월	일	과학 03, 04	
13Day	월	일	과학 05, 06	
14Day	월	일	과학 07, 08	
15Day	월	일	과학 09, 10	
16Day	월	일	기술 01, 02	
17Day	월	일	기술 03, 04	
18Day	월	일	기술 05, 06	
19Day	월	일	기술 07, 08	
20Day	월	일	기술 09, 10	
21Day	월	일	예술 01, 02	
22Day	월	일	예술 03, 04	
23Day	월	일	예술 05, 06	
24Day	월	일	예술 07, 08	
25Day	월	일	예술 09, 10	

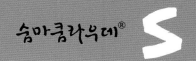
- **권장 학습 플래너 ②: 제재별로 섞어서 1일 2지문 25일 완성**

학습 날짜			학습 내용	틀린 문제 및 복습 계획
1Day	월	일	인문 01 | 사회 01	
2Day	월	일	과학 01 | 기술 01	
3Day	월	일	예술 01 | 인문 02	
4Day	월	일	사회 02 | 과학 02	
5Day	월	일	기술 02 | 예술 02	
6Day	월	일	인문 03 | 사회 03	
7Day	월	일	과학 03 | 기술 03	
8Day	월	일	예술 03 | 인문 04	
9Day	월	일	사회 04 | 과학 04	
10Day	월	일	기술 04 | 예술 04	
11Day	월	일	인문 05 | 사회 05	
12Day	월	일	과학 05 | 기술 05	
13Day	월	일	예술 05 | 인문 06	
14Day	월	일	사회 06 | 과학 06	
15Day	월	일	기술 06 | 예술 06	
16Day	월	일	인문 07 | 사회 07	
17Day	월	일	과학 07 | 기술 07	
18Day	월	일	예술 07 | 인문 08	
19Day	월	일	사회 08 | 과학 08	
20Day	월	일	기술 08 | 예술 08	
21Day	월	일	인문 09 | 사회 09	
22Day	월	일	과학 09 | 기술 09	
23Day	월	일	예술 09 | 인문 10	
24Day	월	일	사회 10 | 과학 10	
25Day	월	일	기술 10 | 예술 10	

중학 국어 비문학 독해 연습 ❶

인문 제재에서는 인간의 다양한 경험, 사상, 사건 등을 대상으로 주로 그 가치나 의의를 다루는 글들이 많이 출제된다. 따라서 동서양의 고전에서부터 현대에 이르기까지 철학, 역사, 윤리, 논리학, 심리학 등 다양한 분야의 글을 폭넓게 읽어 두는 것이 좋다.

인문 I

주심 화제나 핵심 내용 등에는
○, △, □, 밑줄 등과 같은
표시를 하면서 읽어보세요.

너희들은 편지에서 항상 버릇처럼 말하기를 일가친척 중에 한 사람도 불쌍히 여겨 돌보아 주는 사람이 없다고 ⓐ탄식하더구나. 더러는 삶이 험난한 물길 같다느니, 꼬불꼬불한 길고 긴 험악한 길을 살아간다고 한탄하는데, 이는 모두 하늘을 원망하고 사람을 미워하는 말투니 큰 잘못이다. 전에 내가 벼슬하고 있을 때에는 근심할 일이나 질병의 고통이 있으면 다른 사람들이 돌봐 주게 마련이어서, 날마다 어떠시냐는 안부를 전해 오고 약도 주고 양식*까지 보내 주는 사람도 있어서 너희들은 이런 일에 익숙해져 있었을 것이다. 그래서 지금도 항상 은혜를 베풀어 줄 사람을 바라고 있으니, 가난하고 힘든 현실을 ⓑ망각하고 있는 것이다. 예나 지금이나 남의 도움만을 바라면서 사는 법은 없다. 오늘날 이처럼 집안이 망하긴 했으나 아직도 다른 ⓒ일가들에 비하면 오히려 나은 형편이다.

다만 우리보다 못한 사람을 도와줄 여유가 없을 뿐이다. 남을 돌볼 만한 여유는 없지만 그렇다고 ⓓ극심하게 가난하지도 않으니, 굳이 남의 도움을 바랄 필요는 없지 않겠느냐? 마음속으로 남의 은혜를 바라는 생각을 버린다면 저절로 마음이 평안하고 기분이 화평스러워져 하늘을 원망하거나 사람을 미워하는 잘못은 없어질 것이다.

여러 날 밥을 해 먹지 못하는 집도 있는데, 너희는 그런 집에 쌀되*라도 퍼다가 굶주림을 면하게* 해 주고 있는지 모르겠구나. ㉠눈이 쌓여 쓰러져 있는 집에는 장작개비라도 나누어 주어 따뜻하게 해 주고, 병들어 약을 먹어야 할 사람들에게는 한 푼의 돈이라도 쪼개어 약을 지어 일어날 수 있게 도와주고, 가난하고 외로운 노인이 있는 집에는 때때로 찾아가 따뜻하고 공손한 마음으로 공경하여야 하고, 근심 걱정이 쌓인 집에 가서는 그 고통을 함께 나누고 잘 처리할 방법을 함께 고민해야 할 것이다. 그런데 너희들은 그것을 잘하고 있는지 궁금하구나. 이런 일도 하지 못하는데 어떻게 너희들이 위급할 때 다른 집에서 허겁지겁 달려와 도와줄 것을 바라겠느냐?

남이 어려울 때 자기는 은혜를 베풀지 않으면서, 남이 먼저 은혜를 베풀어 주기만 바라는 것은 잘못이다. 이후로는 항상 공손하게 마음을 다하여 다른 일가들의 마음을 얻는 일에 힘쓰고 보답을 바라는 생각을 갖지 않도록 하여라. 훗날 너희들에게 걱정거리가 생겼을 때 다른 사람들이 보답해 주지 않더라도, 이해하고 용서하는 마음으로 "그분들이 마침 도와줄 수 없는 사정이 있거나 여유가 없는 모양이구나."라고 생각하여라. "나는 지난번에 이리저리 해 주었는데 저들은 이렇다니!" 하는 소리는 농담으로라도 하지 말아야 한다. 만약 이런 말이 한 번이라도 입 밖에 나오게 된다면 지난날 쌓은 ⓔ공덕(功德)이 하루아침에 사라져 버릴 것이다.

＊ 양식(양식 糧, 밥 食): 생존을 위하여 필요한 사람의 먹을거리.
＊ 쌀되: 한 되 남짓한 얼마 안 되는 쌀.
＊ 면하게: 어떤 상태나 처지에서 벗어나게.

주제 쓰기

1 윗글에 제시된 글쓴이의 생각을 <보기>에서 찾아 바르게 묶은 것은?

┤ 보 기 ├

ㄱ. 남의 도움을 바라지 말라.
ㄴ. 서운할 때는 솔직하게 말하라.
ㄷ. 도와준 후 보답을 바라지 말라.
ㄹ. 끼니*를 거르지 말고 건강을 챙겨라.

* 끼니: 아침, 점심, 저녁과 같이 날마다 일정한 시간에 먹는 밥. 또는 그렇게 먹는 일.

① ㄱ, ㄷ   ② ㄱ, ㄹ   ③ ㄴ, ㄷ
④ ㄴ, ㄹ   ⑤ ㄷ, ㄹ

2 ㉠에 쓰인 설명 방법으로 가장 적절한 것은?

① 여러 가지 예나 사실을 늘어놓고 있다.
② 어떤 말의 뜻을 분명하게 밝혀 주고 있다.
③ 어떤 대상을 종류별로 나누어 설명하고 있다.
④ 어떤 일을 원인과 결과를 중심으로 설명하고 있다.
⑤ 둘 이상의 대상을 차이점을 중심으로 설명하고 있다.

3 ⓐ~ⓔ의 사전적 의미*로 적절하지 <u>않은</u> 것은?

* 사전적 의미: 단어가 지니고 있는 가장 기본적이고 객관적인 의미.

① ⓐ: 한탄하여 한숨을 쉬더구나.
② ⓑ: 어떤 사실을 잊어버리고.
③ ⓒ: 한집안.
④ ⓓ: 매우 심하게.
⑤ ⓔ: 말이나 행동이 겸손하고 예의 바름.

중심 화제나 핵심 내용 등에는 ○, △, □, 밑줄 등과 같은 표시를 하면서 읽어보세요.

아이히만은 아주 성실한 독일의 관료*였다. 그는 주어진 규칙을 잘 지키고, 자신의 일에 최선을 다하는 사람이었다. 그에게 맡겨진 일은 히틀러의 명령에 따라 유대인을 구별하여 모으고 기차에 실어서 포로수용소로 보내는 일이었다. 그는 주어진 서류를 성실하게 작성하였고 이에 따라 유대인들은 포로수용소로 끌려갔다. 그리고 그 유대인들은 가스실에서 비참하게 죽어 갔다. 하지만 그는 유대인들이 어떻게 되었는지는 관심이 없었다.

16년간의 추적 끝에 체포된 아이히만은 1961년 유대인 학살의 핵심 인물로서 재판을 받게 되었다. 사람들은 그가 자신의 잘못을 뉘우치는 모습을 기대했다. 하지만 그는 자신은 유대인뿐 아니라 어떤 인간도 죽인 적이 없으며, 단지 포로수용소로 이송*하라는 명령을 받아 이를 실행했을 뿐이라고 말했다. 윗사람의 명령에 따랐을 뿐이니 잘못은 자신이 아니라 윗사람에게 있다는 아이히만의 말에 사람들은 충격을 받았다. 그에게 정말 죄가 없을까?

8개월이 넘는 지루한 재판을 끝까지 지켜 본 철학자 한나 아렌트는 아이히만의 죄를 ㉠'생각하지 않은 죄'라고 명명*했다. 아이히만은 성실한 인간이지만, 유죄인 명백한 이유는 아무 생각이 없었기 때문이라고 말했다. 즉, 아이히만이 명령을 따르기 전에 그 명령이 사람들에게 어떤 영향을 미칠 것인지를 반드시 생각했어야 한다고 주장한다. 자신이 서명한 서류 때문에 포로수용소로 끌려간 유대인들이 어떤 상황에 처하게 될지 생각했어야 한다는 것이다. 그러나 아이히만은 그저 명령에 따랐을 뿐 명령의 의미는 생각하지 않았던 것이다.

'나는 보기만 했다.', '나는 시키는 대로 했을 뿐이다.'라는 말에는 죄책감은 다른 사람에게 미루고 스스로 착한 사람이라고 여기는 이기적인 마음이 숨어 있다. 하지만 직접 하지 않았더라도, 보기만 했더라도, 시키는 대로 했을 뿐이더라도 자신의 그런 행동이 상대방에게 미칠 영향을 생각하지 않았다면 그것 자체가 바로 잘못이다.

* 관료(벼슬 官, 동료 僚): 직업적인 관리. 또는 그들의 집단. 특히, 정치에 영향력이 있는 고급 관리.
* 이송(옮길 移, 보낼 送): 다른 데로 옮겨 보냄.
* 명명(목숨 命, 이름 名): 사람, 사물, 사건 등의 대상에 이름을 지어 붙임.

주제 쓰기

_____

_____

1 윗글에 제시된 '아이히만'에 대한 이해로 적절하지 <u>않은</u> 것은?

① 유대인을 구별해서 포로수용소로 보내는 일을 성실하게 했다.

② 포로수용소로 끌려간 유대인들이 어떻게 되었는지 관심이 없었다.

③ 16년간의 추적 끝에 체포되어 유대인 학살 관련 재판을 받게 되었다.

④ 사람들은 유대인 학살에 가담한 아이히만이 잘못을 뉘우치기를 기대했다.

⑤ 아이히만은 자신의 행동에 죄책감*을 느꼈지만 윗사람의 명령을 따를 수밖에 없었다.

* 죄책감(허물 罪, 꾸짖을 責, 느낄 感): 죄를 지은 데 대한 책임을 느끼는 마음.

2 윗글의 흐름을 고려할 때, ㉠의 의미로 가장 적절한 것은?

① 자신의 행동이 상대방에게 미칠 영향을 생각하지 않은 죄

② 명령에 복종*하지 않을 때 발생할 문제를 생각하지 않은 죄

③ 자신의 잘못을 뉘우치지 않을 때 발생할 문제를 생각하지 않은 죄

④ 규칙을 지키지 않는 행동이 상대방에게 미칠 영향을 생각하지 않은 죄

⑤ 유대인을 제대로 구별하지 않았을 때 발생할 문제를 생각하지 않은 죄

* 복종(좇을 服, 좇을 從): 남의 명령이나 의사를 그대로 따라서 좇음.

독해의 기초 Tip

■ **중심 문장과 뒷받침 문장**

① 중심 문장: 하나의 문단은 여러 개의 문장으로 이루어져 있는데, 그 중에서 문단의 중심 생각이 잘 나타나 있는 문장을 말한다.

② 뒷받침 문장: 뒷받침 문장들은 일반적으로 중심 문장을 내용적으로 뒷받침하는 문장을 말한다. 즉, 중심 문장에 관해 뜻을 자세히 풀어 주거나, 구체적인 예를 들어 주거나, 이유를 제시해 주거나, 근거 또는 전제가 되는 자료를 제시해 주는 문장들을 가리킨다.

정답 및 해설 6쪽

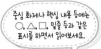

중심 화제나 핵심 내용 등에는
○, △, □, 밑줄 등과 같은
표시를 하면서 읽어보세요.

가 글을 쓰기가 어렵고 힘들다고 해서 남이 쓴 글을 자기가 쓴 글처럼 가져다 쓰는 것은 남의 생각을 훔치는 일이다. 글쓰기는 글쓴이와 독자의 상호 작용이므로 예의를 지켜야 하는데, 글을 쓸 때 지켜야 할 규범*을 '쓰기 윤리'라고 한다. 쓰기 윤리를 위반한 대표적 사례인 표절, 왜곡, 과장, 악성 댓글 등에 대해 간단히 살펴보도록 하자.

나 표절이란 다른 사람이 쓴 글을 정당한 승인이나 인용* 표시 없이 몰래 따라 쓰는 행위를 말한다. 인터넷에서 내려 받은 자료를 출처*를 밝히지 않은 채 그대로 사용하거나, 자료를 적당히 잘라 내고 붙여서 마치 자기가 쓴 것처럼 하는 일은 흔히 저지르는 표절 행위이다. 타인의 글을 자신의 글에 넣고 싶을 때에는 출처를 정확히 밝히고 자신의 글과 구별해서 써야 한다.

다 모든 연구자는 연구하는 절차와 그 결과를 보고할 때 사실에 근거해야 한다는 윤리를 지킬 의무가 있다. 그런데 연구 과정을 인위적으로 조작하거나 자료를 자기 마음대로 변형 또는 삭제하는 행위를 왜곡*이라 한다. 또, 별로 중요하지도 않은 결과를 굉장한 것처럼 강조하거나 부풀려서 서술하는 행위를 과장이라 한다. 어떤 글이든 마찬가지이지만, 특히 연구 보고서는 정확성과 객관성이 생명이므로 이러한 쓰기 윤리가 지켜지지 않으면 보고서로서 가치가 없어진다. 따라서 글을 쓸 때 왜곡과 과장은 피해야 한다.

라 인터넷은 글을 쓴 사람이 누구인지 잘 드러나지 않는, 이른바 익명성에 의해 글쓰기가 이루어지는 소통 공간이다. 익명성은 자신의 의견을 솔직하고 적극적으로 표현하게 하고 부정과 불의에 용감하게 대응하게 하는 순기능을 지닌다. 그러나 익명성 뒤에 숨어 언어 예절을 무시하고 타인의 감정과 생각을 배려하지 않는 태도로 악성 댓글을 다는 사람이 많다. 또한 사실이 아닌 내용을 마구 퍼뜨리는 무책임한 글쓰기를 하는 사람도 있다. 인터넷에서 만나는 사람들도 눈에 보이지 않을 뿐 엄연한 인격체이므로, 인터넷에 자신의 의견을 올릴 때에는 읽는 이를 존중하는 태도를 지녀야 한다.

* 규범(법 規, 법 範): 인간이 행동하거나 판단할 때에 마땅히 따르고 지켜야 할 가치 판단의 기준.
* 인용(끌 引, 쓸 用): 남의 말이나 글을 자신의 말이나 글 속에 끌어 씀.
* 출처(날 出, 곳 處): 사물이나 말 따위가 생기거나 나온 근거.
* 왜곡(기울 歪, 굽을 曲): 사실과 다르게 해석하거나 그릇되게 함.

주제 쓰기 •

_____

_____

1 <보기>는 윗글의 내용을 정리한 것이다. 적절하지 <u>않은</u> 것은?

┤ 보 기 ├

비윤리적 글쓰기	해결 방안
표절	• 인용 표시를 하고, 출처를 정확히 밝힌다. ·················· ㉠ • 타인의 글을 자신의 글과 구별해서 쓴다.
왜곡	• 사실에 근거해서 글을 쓴다. ···························· ㉡
과장	• 연구 과정을 조작하거나 자료를 마음대로 변형 또는 삭제하지 않는다. ···························· ㉢
악성 댓글	• 타인의 감정과 생각을 배려하고 인정하여 글을 쓴다. ·········· ㉣ • 사실이 아닌 내용을 마구 퍼뜨리지 않는다. ·················· ㉤

① ㉠   ② ㉡   ③ ㉢   ④ ㉣   ⑤ ㉤

2 윗글 전체의 흐름을 고려할 때, (가)~(라)의 구조로 가장 적절한 것은?

①
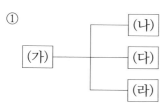

②
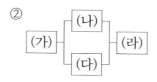

③
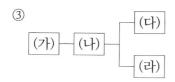

④
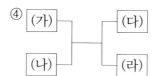

⑤
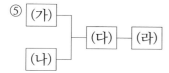

독해의 기초 Tip

■ 글의 구조
  ① 글의 구조: 글쓴이의 생각, 의견, 사상 등의 내용을 효과적으로 전달하기 위해 알맞은 방법으로 구조화한 형식이다.
  ② 글의 구조 파악의 필요성: 글의 구조를 이해하면 글을 효과적으로 이해할 수 있으며, 글의 내용을 빠르고 정확하게 파악할 수 있다.

정답 및 해설 8쪽

핵심 화제나 핵심 내용 등에는 ○, △, □, 밑줄 등과 같은 표시를 하면서 읽어보세요.

　안중근은 1879년 황해도 해주에서 안태훈의 아들로 태어났다. 어린 시절부터 활쏘기와 사격에 뛰어난 실력을 보이던 안중근은 1905년 일본이 강제로 을사늑약을 맺어 나라의 주권을 빼앗자 경영하던 상점을 팔아 그 돈으로 1906년 삼흥학교와 돈의학교를 세워 인재 양성에 힘썼다. ㉠그러나 한일 신협약●에 의해 우리나라의 국운이 극도로 기울자 연해주로 건너가 의병* 운동에 참가한다. 30세가 되던 1909년 10월, 을사늑약●을 강요한 이토 히로부미가 하얼빈에 온다는 소식을 듣고 처단을 결의, 하얼빈 역에 잠입하여 이토 히로부미에게 총을 쏘고 하늘을 향해 큰 소리로 "대한 만세!"를 세 번 외친다. 체포된 안중근은 하얼빈 역 구내에 있는 러시아 헌병 파견대로 끌려갔다.

　헌병들은 안중근의 온몸을 샅샅이 뒤졌다. 권총을 이미 버렸으니 더 나올 무기가 있을 리 없었다. 러시아 검찰관이 조선인 통역을 데리고 와 조사를 시작했다. 이름, 국적, 주소를 묻고 나서 왜 이토 히로부미를 저격*했느냐고 물었다. ㉡안중근은 요약해서 설명했다. 그런데 통역관이 하는 조선말을 잘 알아들을 수가 없었다. 서너 명의 사진사가 계속 안중근을 찍어 댔다. ㉢안중근은 두려워하거나 불안해하는 기색 없이 태연하고 담담했다. 전혀 엄청난 일을 저지른 사람의 모습 같지가 않았다.

　어두워지기 시작하는 오후 여덟 시쯤 러시아 헌병 장교가 안중근을 마차에 태웠다. 한참을 달려 어딘가에 도착했다. 마차에서 내린 안중근은 그곳이 일본 영사관* 앞이라는 것을 알았다. 안중근은 숨을 깊이 들이쉬었다. 영사관 관리가 나서서 두 차례 신문을 했다. 안중근은 아무것도 감출 것도 없고, 꾸며 댈 것도 없었다. 있는 그대로 술술 대답해 나갔다.

　"뒤에서 조정한 자가 누구냐?"

　"그런 사람 없다. 다 내가 알아서 한 일이다."

　"다시 묻는다. 시킨 자가 누구냐?"

　㉣"그런 사람 없다."

　관리는 이 대목에서 딱 멈추어 똑같은 말을 몇 번이고 계속해서 물었다. ㉤안중근이 지칠 지경이었다.

* 의병(옳을 義, 군사 兵): 나라가 외적의 침입으로 위급할 때 국가의 명령을 기다리지 않고 민중이 스스로 외적에 대항하여 싸우는 사람들.
* 저격(엿볼 狙, 칠 擊): 일정한 대상을 노려서 치거나 총을 쏨.
* 영사관(거느릴 領, 일 事, 집 館): 외국에 있으면서 자기 나라의 무역 이익을 얻기 위해 대책과 방법을 세우며, 아울러 자국민의 보호를 담당하는 곳.

● 한일 신협약: 일본이 한국을 강점하기 위해 마지막으로 강행한 7개항의 조약.
● 을사늑약: 1905년 러·일 전쟁에서 승리한 일본이 우리나라의 외교권을 빼앗기 위해 강제로 체결한 조약.

주제 쓰기 •

_____

_____

1 <보기>는 윗글을 읽고 안중근의 삶을 요약한 것이다. 적절하지 <u>않은</u> 것은?

┤ 보 기 ├

- **출생**
  1879년 황해도 해주에서 태어남. ··· ①

- **유년 시절**
  활쏘기와 사격에 뛰어난 실력을 보임. ··· ②

- **업적**
  − 1905년 삼흥학교와 돈의학교를 세워 인재 양성에 힘씀. ············· ③
  − 한일 신협약 이후 연해주로 건너가 의병 운동에 참가함. ············· ④
  − 1909년 하얼빈에서 이토 히로부미에게 총을 쏘고 체포됨. ··········· ⑤

2 ㉠~㉤에서 드러나는 안중근의 성품을 추론한 것으로 가장 적절한 것은?

① ㉠: 학교를 세운 지 얼마 되지 않아 의병 운동을 한 것을 보니, 우유부단한* 분인 것 같아.

② ㉡: 묻지도 않은 것까지 대답한 것을 보니, 인간관계를 중요하게 생각한 분인 것 같아.

③ ㉢: 헌병 파견대로 끌려갔음에도 담담한 것을 보니, 용감하고 의지가 굳센 분인 것 같아.

④ ㉣: 모든 사실을 알고 있으면서도 모른 척 한 것을 보니, 능청스러운* 분인 것 같아.

⑤ ㉤: 똑같은 질문을 반복하는 상대방을 이해하지 못하는 것을 보니, 불의를 보면 참지 못한 분인 것 같아.

* 우유부단한(넉넉할 優, 부드러울 柔, 아닐 不, 끊을 斷): 어물어물 망설이기만 하고 결단성이 없는.

* 능청스러운: 속으로는 엉큼한 마음을 숨기고 겉으로는 천연덕스럽게 행동하는 데가 있는.

독해의 기초 Tip

■ **요약하기**
① 요약하기: 말이나 글에서 중요한 내용을 간추려 정리하는 것
② 요약할 때 고려할 사항: 요약의 목적, 요구되는 분량, 정보의 중요도 등
③ 요약하는 방법
  • 선택하기: 중심 내용이 직접 드러나는 문장을 선택한다.
  • 삭제하기: 세부적인 내용이나 반복되는 내용을 지운다.
  • 일반화하기: 구체적인 개념이나 세부 정보를 포괄하는 개념으로 일반화하여 바꾼다.
  • 재구성하기: 중심 문장이 뚜렷하게 나타나 있지 않을 때에는 제시된 내용을 다시 구성하여 중심 문장을 만들어 낸다.

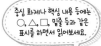

가 언어는 기본적으로 의사소통을 위한 기호이다. 기호는 전달하고자 하는 내용과 그것을 실어 나르는 형식이 결합되어 이루어지는데, 언어 또한 마찬가지이다. 언어의 내용은 '의미'이고, 형식은 '말소리'이다. '나무'를 예로 들어 살펴보자. '뿌리, 줄기, 잎을 가진 식물'이라는 의미(내용)를 전달하기 위해 우리는 [나무]라는 말소리(형식)를 사용한다. 이렇게 의미와 말소리의 결합으로 이루어진 기호로서의 언어는 다음과 같은 다양한 특성을 가지고 있다.

나 '뿌리, 줄기, 잎을 가진 식물'을 우리는 [나무]라는 말소리로 나타내지만 그 물체를 꼭 [나무]라고 말해야 하는 필연적*인 이유가 있는 것은 아니다. 이러한 특성을 언어의 '자의성(恣意性)'이라고 한다. 다시 말하면 언어의 내용인 의미와 형식인 말소리는 필연적인 관련성이 없이 임의적*으로 연결되어 있다는 것이다. 언어가 자의성을 지닌다는 것은 우리말과 외국어를 비교해 보면 쉽게 이해된다. 한국어에서는 '사람'이라는 의미를 지닌 말을 [사람]이라고 말하지만, 영어에서는 'man[맨]'이라 하고, 중국어에서는 '人[런]'이라고 한다. 이처럼 모든 언어가 어떤 의미를 전하기 위하여 한 가지로 정해진 말소리를 사용하는 것은 아니다.

다 우리는 일정한 규칙에 따라 언어를 사용한다. 우리는 '나는 모레 편지를 읽고 있다.'라고 하지 않고 '나는 모레 편지를 읽겠다.'라고 말하고, '배이 고프다.'라고 하지 않고 '배가 고프다.'라고 말한다. 이는 우리가 일정한 규칙에 따라 언어를 사용하고 있다는 것을 잘 보여 주는 예이다. 모든 언어에는 규칙이 존재하며, 언어를 사용하는 사람들은 그 규칙에 따라 언어생활을 하는데, 이를 언어의 '규칙성(規則性)'이라고 한다.

라 어떤 사람이 '연필'을 '목까망'이라고 부르겠다고 정하고 사람들에게 "목까망 좀 빌려 줘."라고 말한다면 어떻게 될까? 아무도 그 말을 이해하지 못해서 의사소통하기가 어려울 것이다. 언어는 그 언어를 사용하는 사회 구성원들 사이의 약속이므로 개인이 마음대로 바꾸어 쓸 수 없다. 이러한 특성을 언어의 '사회성(社會性)'이라고 한다. 언어는 누구나 지켜야 할 사회적 약속의 성격을 지니기 때문에 어떤 사회에서 언어가 언어로서의 자격을 가지려면 그것을 사용하는 사람들 모두가 그 언어를 그러한 의미로 사용하는 것에 동의해야 한다.

* 필연적(반드시 必, 그럴 然, 과녁 的): 사물의 관련이나 일의 결과가 반드시 그렇게 될 수밖에 없는. 또는 그런 것.
* 임의적(맡길 任, 뜻 意, 과녁 的): 일정한 원칙이나 기준 없이 하고 싶은 대로 하는. 또는 그런 것.

주제 쓰기 ✎

_____

_____

1 윗글의 내용을 이해한 것으로 적절하지 <u>않은</u> 것은?

① 언어는 '의미'와 '말소리'가 결합되어 이루어진 기호이다.

② 언어는 내용인 의미와 형식인 말소리는 임의적으로 연결되어 있다.

③ 언어에는 일정한 규칙이 존재하며 사람들은 규칙에 따라 언어를 사용한다.

④ 어떤 의미를 전하기 위해서 모든 언어는 한 가지로 정해진 말소리를 사용한다.

⑤ 언어는 사용하는 사회 구성원들 사이의 약속이므로 개인이 마음대로 바꾸어 쓸 수 없다.

2 윗글을 참고할 때, <보기>의 ㉠과 ㉡의 사례와 관련 있는 언어의 특성으로 적절한 것은?

┤ 보 기 ├

㉠ '수범이가 바나나를 다 먹었다.'라고 말하는 것은 자연스럽지만, '수범이가 바나나가 다 먹었다.'라고 말하는 것은 어색하다.

㉡ 수범이는 '신발'을 '바나나'로 부르겠다고 마음먹었다. 친구들에게 "내 바나나 예쁘지?"라고 말하자 아무도 이해하지 못했다.

	㉠	㉡
①	자의성	규칙성
②	자의성	사회성
③	규칙성	자의성
④	규칙성	사회성
⑤	사회성	규칙성

독해의 기초 Tip

■ 언어의 역사성과 창조성
  ① 역사성: 언어는 시간의 흐름에 따라 새로 생겨나기도 하고, 널리 쓰이다가 사라지기도 하며, 소리나 의미가 변하기도 한다.
  　예 '인공위성'과 같은 단어는 새로 생겨남.
  　　'산'을 의미하는 '뫼'는 현재 거의 쓰이지 않음.
  　　'물'과 '불'은 수백 년 전에는 '믈'과 '블'이라고 함.
  　　'어리다'가 현재는 '나이가 적다'는 의미이지만, 과거에는 '어리석다'라는 의미로 쓰임.
  ② 창조성: 배웠거나 들어 본 적이 있는 말만 사용하는 것이 아니라 새로운 말을 무한히 만들어 낼 수 있다.
  　예 '물 마시자.'와 '밥 주세요.'를 배운 아이가 '물 주세요.'와 같이 배운 적이 없는 새로운 문장을 만듦.

01 **탄식** 탄식할 歎 쉴 息
한탄하여 한숨을 쉼. 또는 그 한숨. 예 **탄식**이 저절로 나오다.

02 **은혜** 은혜 恩 은혜 惠
고맙게 베풀어 주는 신세나 혜택. 예 **은혜**에 보답하다.

03 **극심하다** 다할 極 심할 甚--
매우 심하다. 예 가뭄 피해가 **극심**하다.

04 **면하다** 면할 免--
「1」어떤 일을 당하지 않게 되다. 예 죽음을 가까스로 **면**했다.
「2」어떤 상태나 처지에서 벗어나다. 예 주먹밥으로 겨우 허기를 **면**했다.

05 **관료** 벼슬 官 동료 僚
직업적인 관리. 또는 그들의 집단. 특히, 정치에 영향력이 있는 고급 관리. 예 부모님께서는 동생이 법과를 선택해서 **관료**로 진출하기를 은근히 바라시는 눈치다.

06 **이송** 옮길 移 보낼 送
다른 데로 옮겨 보냄. 예 그 자료는 다른 기관으로 **이송**되었다.

07 **명명** 목숨 命 이름 名
사람, 사물, 사건 등의 대상에 이름을 지어 붙임. 예 해군은 이번에 새로 만든 배의 이름을 '이순신'이라고 **명명**하였다.

08 **죄책감** 허물 罪 꾸짖을 責 느낄 感
저지른 잘못에 대하여 책임을 느끼는 마음. 예 그는 평생을 **죄책감** 속에 보냈다.

09 **윤리** 인륜 倫 다스릴 理
사람으로서 마땅히 행하거나 지켜야 할 도리. 예 도둑질은 **윤리**에 어긋나는 행위이다.

10 **규범** 법 規 법 範
인간이 행동하거나 판단할 때에 마땅히 따르고 지켜야 할 가치 판단의 기준. 예 우리는 도덕적 **규범**을 따라야 한다.

11 **출처** 날 出 곳 處
사물이나 말 따위가 생기거나 나온 근거. 예 돈의 **출처**를 명확히 밝혀 주세요.

12 **구조** 얽을 構 지을 造
각 부분이나 요소들을 모아 어떤 전체를 짜 이룸. 예 글을 쓸 때는 글쓴이의 의도를 잘 전달할 수 있는 **구조**를 선택해야 한다.

13 **사격** 쏠 射 칠 擊
총, 대포, 활 따위를 쏨. 예 그는 백발백중의 **사격** 솜씨를 발휘했다.

14 **양성** 기를 養 이룰 成
가르쳐서 유능한 사람을 길러 냄. 예 사범 대학은 교육자 **양성**을 목적으로 하는 학교이다.

15 **저격** 엿볼 狙 칠 擊
일정한 대상을 노려서 치거나 총을 쏨. 예 외교관이 테러범에게 **저격**을 당했다.

16 **요약** 요긴할 要 맺을 約
말이나 글의 요점을 잡아서 간추림. 예 이 자습서는 **요약**이 잘 되어 있다.

17 **필연적** 반드시 必 그럴 然 과녁 的
사물의 관련이나 일의 결과가 반드시 그렇게 될 수밖에 없는. 예 빈부의 차이란 **필연적**으로 발생할 수밖에 없는 현상이다.

18 **임의적** 맡길 任 뜻 意 과녁 的
일정한 원칙이나 기준 없이 하고 싶은 대로 하는. 예 **임의적**으로 계약을 취소하면 계약금을 돌려받지 못한다.

19 **구성원** 얽을 構 이룰 成 인원 員
어떤 조직이나 단체를 이루고 있는 사람들. 예 그 분도 우리 단체의 **구성원**이다.

20 **자격** 재물 資 격식 格
일정한 신분이나 지위. 예 대표단의 **자격**으로 경기에 참가하였다.

[01~05] 다음 단어와 뜻을 바르게 연결하시오.

01 죄책감 •
02 은혜 •
03 자격 •
04 임의적 •
05 필연적 •

• ⓐ 일정한 기준이나 원칙 없이 하고 싶은 대로 하는.
• ⓑ 저지른 잘못에 대하여 책임을 느끼는 마음.
• ⓒ 일정한 신분이나 지위.
• ⓓ 고맙게 베풀어 주는 신세나 혜택.
• ⓔ 사물의 관련이나 일의 결과가 반드시 그렇게 될 수밖에 없는.

[06~10] 제시된 초성과 뜻을 참고하여 (   ) 안에 알맞은 단어를 쓰시오.

06 ㅌ ㅅ: 한탄하여 한숨을 쉼. 또는 그 한숨.
예 3년째 이어지는 가뭄에 (   )만 하고 있다.

07 ㅇ ㄹ: 사람으로서 마땅히 행하거나 지켜야 할 도리.
예 우리 학교는 (   ) 의식을 지니는 것을 매우 중요하게 생각한다.

08 ㄱ ㅂ: 인간이 행동하거나 판단할 때에 마땅히 따르고 지켜야 할 가치 판단의 기준.
예 우리 조상들은 충효를 가장 중요한 생활 (   )(으)로 삼아 왔다.

09 ㄱ ㅈ: 각 부분이나 요소들을 모아 어떤 전체를 짜 이룸.
예 이 이야기의 (   )은/는 복잡하고 난해하다.

10 ㄱ ㄹ: 직업적인 관리. 또는 그들의 집단. 특히, 정치에 영향력이 있는 고급 관리.
예 아버지는 경제 분야 (   )이시다.

[11~15] 다음 내용이 옳으면 ○표, 틀리면 ×표를 하시오.

11 어떤 조직이나 단체를 이루고 있는 사람들을 '구성원'이라고 한다. (   )
12 총, 대포, 활 따위를 쏘는 것을 '저격'이라 한다. (   )
13 사람, 사물, 사건 등의 대상에 이름을 지어 붙이는 것을 '명명'이라 한다. (   )
14 어떤 일을 당하지 않게 되는 것을 '피하다'라고 한다. (   )
15 일정한 대상을 노려서 치거나 총을 쏘는 것을 '사격'이라 한다. (   )

[16~20] 〈보기〉에서 알맞은 단어를 골라 다음 문장의 (   ) 안에 쓰시오.

┌─────────── 보 기 ───────────┐
│ 극심하다   출처   요약   양성   이송 │
└───────────────────────────┘

16 뱃가죽이 등에 달라붙는 것처럼 배고픔이 (   ).
17 글의 내용을 잘 이해했는지 확인하는 방법으로 (   )하기가 유용하다.
18 그것은 (   )을/를 알 수 없는 소문이다.
19 응급의료센터는 환자의 (   )이/가 쉬운 지역에 위치해 있다.
20 그는 평생을 판소리 보급과 후진 (   )에 바쳤다.

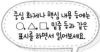

중심 화제나 핵심 내용 등에는 ○, △, □, 밑줄 등과 같은 표시를 하면서 읽어보세요.

우리가 말하고 쓰는 모든 단어가 사전에 오르는 것은 아니다. 사전의 성격에 따라 차이가 있기는 하지만, 유행어 사전과 같은 특별한 목적의 사전이 아니라면 단어로서의 자격을 안정적으로 갖춘 단어만이 사전에 오르는 것이다. 아무리 널리 사용되는 단어라 해도 그것이 일시적으로 사용되는 유행어라면 사전에 오를 수 없다.

그러면 '얼짱'은 사전에 오를 수 있는가? 이에 대한 답은 '얼짱'이 유행어인가 아닌가에 따라 달라진다. 이 단어는 2002년 신어* 자료집에 올랐고 지금까지 쓰이고 있으므로 유행어라고 하기에는 목숨이 길다. 그렇다면 계속 사용되어 단어의 자격을 얻게 될 것인가? 이에 대한 답을 내리기는 지극히 어렵지만, 몇 가지를 고려해 볼 수 있다.

첫째는 이 단어를 써야 할 필요가 지속적으로 있겠는가 하는 점이다. 외모 지상주의●에 휩싸인 사회 분위기를 타고 퍼진 말이 '얼짱'인데 과연 그런 분위기가 지속될 것인가? 그렇지 않을 것이다. 분위기가 바뀌면 그런 말을 쓸 일이 없어진다.

둘째는 단어의 구성이다. 단어의 구성이 자연스러우면 계속 사용될 가능성이 높지만, '얼짱'은 그렇지 않다. 익히 알려졌듯이 이 말은 '얼굴'과 청소년층에서 속어*로 사용하는 '짱'이 결합한 말이다. '얼굴'에서 '얼'을 따서 단어를 만드는 방식은 국어에서는 매우 낯선 방식이어서, 이것만으로도 거부감을 갖는 사람들이 있다. 뿐만 아니라 '얼짱'의 '짱'은 청소년층의 속어이기 때문에 아무 자리에서나 쓰기에는 부담스러운 말이다.

'얼짱'이 유사품인 '몸짱, 쌈짱, 껨짱' 등을 만들어 내고 있으니 살아남을 수 있을 것이라고 보는 견해도 있다. 그러나 시간이 지나면서 유사품을 포함하여 말이 사라진 사례는 많다. 유사품이 많다고 해서 반드시 오랫동안 유지되는 것은 아니다. 이런 점을 고려하면 '얼짱'은 잠시 사용되는 유행어로 그칠 가능성이 높다. 마치 일제 강점기에 한동안 쓰였던 '모던 보이, 모던 걸' 정도의 지위에 그칠 가능성이 높다.

● 외모 지상주의: 인생을 살아가거나 성공하는 데 외모를 제일 중요한 것으로 보는 사고 방식.

＊ 신어(새로울 新, 말씀 語): 새로 생긴 말. 또는 새로 귀화한 외래어.
＊ 속어(풍속 俗, 말씀 語): 통속적으로 쓰는 저속한 말.

주제 쓰기 ●
_____
_____

1 <보기>는 윗글에 나타난 글쓴이의 주장*과 근거*를 요약한 것이다. ㉮에 들어갈 내용으로 적절하지 <u>않은</u> 것은?

> ┤ 보 기 ├
>
> '얼짱'은 사전에 오를 수 없다. 왜냐하면 _____㉮_____.

① '얼짱'은 널리 사용되는 단어가 아니기 때문이다.
② '얼짱'은 잠시 사용되는 유행어로 그칠 가능성이 높기 때문이다.
③ '얼짱'은 아무 자리에서나 거리낌 없이 사용하기 어렵기 때문이다.
④ '얼짱'은 단어의 구성이 국어에서는 매우 낯선 방식이기 때문이다.
⑤ '얼짱'은 사회 분위기가 바뀌면 써야 할 필요성이 사라질 것이기 때문이다.

* 주장(주인 主, 베풀 長): 자기의 의견을 굳게 내세움. 또는 그런 의견이나 주의.
* 근거(뿌리 根, 근거 據): 어떤 일이나 의논, 의견에 그 근본이 됨. 또는 그런 까닭.

2 윗글의 글쓴이가 <보기>에 대해 보일 반응으로 적절하지 <u>않은</u> 것은?

> ┤ 보 기 ├
>
> 'K팝스타', '꿀피부'와 같이 유행어이지만 일상에서 자주 사용되는 단어는 사전에 등재*되어야 한다.

* 등재(오를 登, 실을 載): 서적 또는 잡지 등에 올려 적음.

① 우리가 말하고 쓰는 단어라고 해서 모두 사전에 오르는 것은 아니다.
② 'K팝스타'라는 단어의 구성이 자연스럽다면 계속 사용될 가능성이 높다.
③ 'K팝스타'를 유행어 사전과 같이 특별한 목적의 사전에는 올릴 수도 있다.
④ '꿀피부'라는 단어를 써야 할 필요가 지속적으로 있는지 생각해 보아야 한다.
⑤ '꿀잠', '꿀잼' 등 '꿀피부'와 비슷한 말이 많이 생겼으니 '꿀피부'는 단어로 인정할 수 있다.

주심 화제나 핵심 내용 뒤에는
○, △, □, 밑줄 등과 같은
표시를 하면서 읽어보세요.

1700년대 말 영국에서는 '공리주의'가 크게 발전했다. 공리주의는 어떤 행동의 옳고 그름을 판단하는 기준을 사람들의 이익과 행복에 두는 사상이다. 그래서 공리주의 입장에서 볼 때 사람들에게 이익과 행복을 준 행동은 옳은 것이고, ㉠그렇지 않은 행동은 그른 것이다.

공리주의를 연구한 제레미 벤담은 인생의 목적이 행복에 있다고 생각했다. 더 나아가 행복은 한 사람의 차원에서 그치면 안 되고, 많은 사람이 누리는 단계로 발전해야 한다고 주장했다. 즉, 많은 사람들이 행복을 느끼면 그것이 바로 옳은 것이라 생각했다. 이런 이유로 벤담은 가장 많은 사람에게 최대의 행복을 주는 '최대 다수*의 최대 행복'을 주장했다.

벤담은 쾌락*의 양을 늘리고 고통의 양을 줄여야 행복해질 수 있다고 생각했다. 그는 쾌락의 양을 객관적으로 계산할 수 있다면서 쾌락 계산법을 내놓았다. 쾌락을 평가하는 기준 7가지를 제시한 뒤, 쾌락은 '+'로, 고통은 '-'로 계산하였다. 이처럼 벤담의 공리주의는 쾌락의 양을 추구했다고 해서 '양적 공리주의'라고 한다. 그러나 사람들은 쾌락의 양을 계산한다는 것에 의문을 가졌다. 사람마다 쾌락을 느끼는 정도는 다르며, 같은 사람이라도 상황에 따라 느끼는 쾌락의 양이 다르기 때문이었다.

존 스튜어트 밀은 벤담처럼 더 많은 사람에게 더 많은 쾌락을 주는 행동이 옳다고 믿는 공리주의자였다. 하지만 단순히 쾌락이 양적으로 많을수록 더 행복하다고 생각한 벤담과 달리, 밀은 쾌락에도 질적 차이가 있다고 주장했다. 즉, 정신적 쾌락이 육체적 쾌락보다 더 높은 수준의 쾌락이라고 보았다. 밀의 공리주의는 쾌락의 질적 차이를 고려했다고 해서 '질적 공리주의'라고 하는데, 이는 어떤 것이 더 높은 수준의 쾌락인지 판단할 수 있는 근거가 분명하지 않다는 한계가 있다.

* 다수(많을 多, 셈 數):
  수효가 많음.
* 쾌락(쾌할 快, 즐길 樂):
  유쾌하고 즐거움. 또는
  그런 느낌.

주제 쓰기 •

_____

_____

1 윗글의 내용을 다음과 같이 정리할 때, ㉮과 ㉯에 들어갈 내용으로 적절하지 <u>않은</u> 것은?

┤ 보 기 ├

	벤담	밀
공통점	더 많은 사람에게 더 많은 쾌락을 주는 행동이 옳다.	
차이점	㉮	㉯

① ㉮: 쾌락의 양을 추구했다고 해서 '양적 공리주의'라고 한다.

② ㉮: 쾌락을 평가하는 기준 7가지를 이용한 쾌락 계산법을 제시하였다.

③ ㉮: 쾌락 중 정신적 쾌락을 더 높은 수준의 쾌락이라고 보았다.

④ ㉯: 쾌락에도 질적 차이가 있음을 고려했기 때문에 '질적 공리주의'라고 한다.

⑤ ㉯: 쾌락의 수준을 판단할 수 있는 근거가 분명하지 않다는 점에서 한계를 지닌다.

2 ㉠의 의미를 추론한 것으로 가장 적절한 것은?

① 사람들에게 이익을 준 행동은 잘못된 것이다.

② 사람들에게 행복을 주지 못하는 행동은 잘못된 것이다.

③ 사람들에게 행복을 준 행동이 때로는 잘못된 것일 수도 있다.

④ 사람들에게 행복이 왜 중요한지 설명하지 못하면 잘못된 것이다.

⑤ 사람들에게 행복은 주지 못했더라도 이익을 주었다면 옳은 행동이다.

독해의 기초 Tip

■ 추론하기

① 추론하기: 이미 알려진 정보를 근거로 삼아 다른 판단을 이끌어 내는 것이다.

② 추론하기의 필요성: 글의 의도, 숨겨진 주제, 글쓴이의 가치관이나 관점 등을 효과적으로 파악할 수 있다.

③ 추론하는 방법
   • 글의 앞뒤 내용을 미루어 짐작하기
   • 배경지식이나 경험, 맥락 등을 이용하기

주심 화제나 핵심 내용 등에는
○, △, □, 밑줄 등과 같은
표시를 하면서 읽어보세요.

　서기 993년, 강대국 거란이 80만 명의 군대를 이끌고 고려를 침입하였다. 고려 조정*은 거란의 침입에 몹시 놀라 두려움에 떨었다. 거란에 항복해야 한다는 입장과 거란을 이길 도리가 없으므로 서경 이북의 땅을 거란에게 주자는 입장이 팽팽하게 맞섰다.

　땅을 떼어 주자는 쪽의 입장으로 거의 결정되려는 때에 서희가 강력히 반론을 제기하였다. 우선 거란이 '왜' 고려를 침입했는지 그 이유를 정확히 파악한 뒤에 대응해야 하며, 만약 항복해야 한다면 싸워 보고 난 뒤에 결정해도 늦지 않다고 주장했다. 표면적으로만 사건을 볼 것이 아니라 숨어 있는 근본적인 의도를 읽어야 한다는 의견이었다. 그러자 성종은 거란의 진영*으로 누가 갈 것인지 물었다. 아무도 대답하지 않을 때에 서희가 나섰다. 이리하여 우리 역사에 길이 남을 ㉠서희와 소손녕의 협상이 시작되었다.

　7일간에 걸친 협상에서 소손녕의 주장은 다음과 같이 요약된다.

　"당신네 나라는 옛 신라 땅에서 시작했고, 고구려의 옛 땅은 우리나라 소속인데 당신들이 침범했다. 또 우리나라와 가까이 있으면서도 바다 건너 송나라를 섬기는 까닭에 이번 정벌*을 하게 된 것이다."

　서희는 이런 두 가지 침략 이유에 대해 반박을 하며 자신의 주장을 펼쳤다. 첫째, 나라 이름을 고려라고 한 것은 고구려의 후계자이기 때문이며, 오히려 거란의 동쪽 부분이 고려의 국토 안에 들어와야 한다. 둘째, 거란과 국교를 맺지 못하는 것은 거란과 고려를 가로막고 있는 여진 때문이다. 따라서 여진을 몰아내고 고려의 옛 땅을 돌려주어 길이 연결되게 한다면 외교 관계를 맺을 것이다.

　이런 주장이 거란 왕에게 받아들여져 소손녕은 서희와 협정을 체결하였다. 이로써 고려는 80만 대군의 한반도 침입을 막았을 뿐만 아니라, 더 나아가 여진이 차지하고 있던 압록강 동쪽에 위치한 강동 6주를 고려의 영토로 삼을 수 있게 되었다. 이는 우리나라 역사상 가장 성공한 실리적 외교로 평가받는다.

＊조정(아침 朝, 조정 廷):
임금이 나라의 정치를
신하들과 의논하거나
집행하는 곳.
＊진영(진 칠 陣, 경영할
營): 군대가 진을 치고
있는 곳.
＊정벌(칠 征, 칠 伐): 적
또는 죄 있는 무리를
무력으로써 침.

주제 쓰기 •

_____

_____

1 <보기>에 제시된 내용을 윗글의 흐름에 따라 나열하고자 할 때, 가장 적절한 것은?

┤ 보 기 ├

ㄱ. 서희가 소손녕과 협상을 시작함.

ㄴ. 거란이 80만 명의 군대를 이끌고 고려를 침입함.

ㄷ. 여진이 차지하고 있던 강동 6주가 고려의 영토가 됨.

ㄹ. 거란에게 서경 이북의 땅을 주자는 의견에 서희가 반론*을 제기함.

＊반론(돌이킬 反, 논할 論): 반대하거나 되받아 하는 논의.

① ㄴ - ㄱ - ㄹ - ㄷ

② ㄴ - ㄹ - ㄱ - ㄷ

③ ㄴ - ㄹ - ㄷ - ㄱ

④ ㄷ - ㄱ - ㄹ - ㄴ

⑤ ㄷ - ㄹ - ㄴ - ㄱ

2 다음은 ㉠의 내용을 정리한 것이다. 적절하지 <u>않은</u> 것은?

소손녕의 주장	• 고구려의 옛 땅은 거란의 땅인데 고려가 **빼앗았다**. ···················· ①
	• 고려는 거란과 접해 있는데, 거란이 아닌 송나라를 섬긴다. ·············· ②
서희의 주장	• 고려가 고구려의 후계자이다. ······································ ③
	• 거란의 동쪽 부분이 고려의 국토 안에 들어와야 한다. ·················· ④
	• 고려가 거란과 국교를 맺지 못하는 것은 송나라 때문이다. ·············· ⑤

3 윗글의 물었다 와 문맥적 의미가 가장 유사한 것은?

① 사탕을 입에 <u>물었다</u>.

② 모기가 팔을 <u>물었다</u>.

③ 아기가 젖병을 <u>물었다</u>.

④ 지나가는 사람에게 길을 <u>물었다</u>.

⑤ 집 앞에 묶여 있던 개가 다리를 <u>물었다</u>.

방관자 효과 _ 이동귀

정답 및 해설 18쪽

중심 화제나 핵심 내용 등에는 ○, △, □, 밑줄 등과 같은 표시를 하면서 읽어보세요.

    1964년 새벽 3시경, 미국의 한 주택가에서 제노비스라는 여성이 강도에게 살해되었다. 그런데 제노비스가 칼에 찔려 비명을 지르는 30분 동안, 목격자가 38명이나 있었음에도 경찰에 신고한 사람은 물론, 고함 한 번 지르는 사람이 없었다. 사건이 발생한 지 2주 뒤에 「뉴욕타임스」가 '살인을 ㉠목격한 38명은 경찰에 신고하지 않았다'라는 제목으로 기사를 내면서 비로소 이 사건은 주목을 받게 되었다. 다른 신문들도 이 사건에 대한 분노를 ㉡표출하는 기사를 경쟁적으로 실었으며, 목격자들의 이름과 주소를 공개하라는 독자들의 비난이 거세게 쏟아졌다.

    이 사건에서 알 수 있듯이 주위에 사람이 많을수록 위험에 처한 사람을 도와주지 않고 방관*하게 되는데, 이러한 심리 현상을 피해자 제노비스의 이름을 따서 '제노비스 신드롬' 또는 '방관자 효과', '구경꾼 효과'라고 한다. 지켜보는 사람이 많으면 책임감이 분산*돼 자신이 아니더라도 누군가 도움을 줄 것이라고 생각하게 된다는 것이다.

    사회심리학자 존 달리와 빕 라테인은 대화 도중 한 학생이 간질 발작을 일으키는 상황을 만들어 놓고 실험을 하였다. ㉮2명씩 1대 1로 대화를 나누던 학생의 85%는 상대방이 발작을 일으키자 즉시 이 사실을 알렸다. 하지만 4명이 함께 대화하던 그룹은 62%, 7명이 대화하던 그룹은 31%만이 학생의 발작 사실을 알리는 데 그쳤다. 보고를 하지 않은 학생들은 발작 상황을 알려야 되는지 잘 몰랐고, 나 대신에 누군가가 할 것이라 생각했다고 말했다.

    문제는 이러한 현상이 다른 사람의 고통에 관심이 없고 ㉢이기적인 사람들에게만 나타나는 것이 아니라, 평범한 사람들에게 보편적*으로 나타난다는 점이다. 위급한 상황에서 머뭇거리는 ㉣타인의 도움을 얻기 위해서는 그들에게 책임감을 줄 필요가 있다. "노란 티셔츠를 입은 아저씨, 경찰 좀 불러주세요!" 등과 같이 구체적이고 ㉤명확하게 지목하여 도움을 구하는 것이 좋다. 그러면 요청을 받은 사람도 자신이 직접적으로 도움을 줄 책임이 있다고 받아들이게 될 것이다.

* 방관(곁 傍, 볼 觀): 어떤 일에 직접 나서서 관여하지 않고 곁에서 보기만 함.

* 분산(나눌 分, 흩을 散): 갈라져 흩어짐. 또는 그렇게 되게 함.

* 보편적(넓을 普, 두루 遍, 과녁 的): 두루 널리 미치는. 또는 그런 것.

주제 쓰기

1 윗글에 대한 이해로 적절하지 <u>않은</u> 것은?

① '제노비스'가 살해당하는 동안 경찰에 신고한 목격자가 없었다.

② '제노비스' 사건을 접한 많은 사람들은 사건의 목격자들을 비난했다.

③ '방관자 효과'는 '제노비스 신드롬', '구경꾼 효과'라고 불리기도 한다.

④ '방관자 효과'는 타인의 고통에 무관심한 사람에게만 나타나는 현상이다.

⑤ 위급한 상황에서 다른 사람의 도움을 얻으려면 구체적으로 지목하는 것이 좋다.

Ⅰ · 인 문

2 다음은 ㉮에서 추론할 수 있는 내용을 한 문장으로 요약한 것이다. ㉯에 들어갈 말로 가장 적절한 것은?

┤ 보 기 ├

위급한 상황을 지켜보는 사람이 적을수록 _____㉯_____.

① 개인이 느끼는 책임감은 높아진다.

② 도움을 주어야 하는지 머뭇거리게 된다.

③ 서로에게 책임을 미루는 비율이 높아진다.

④ 자신이 아니라도 누군가 도움을 줄 것이라 생각한다.

⑤ 위험에 처한 사람을 방관하게 되는 비율이 높아진다.

3 ㉠~㉤의 사전적 의미로 적절하지 <u>않은</u> 것은?

① ㉠: 눈으로 직접 본.

② ㉡: 겉으로 나타내는.

③ ㉢: 자기 자신의 이익만을 꾀하는. 또는 그런 것.

④ ㉣: 모르는 사람.

⑤ ㉤: 명백하고 확실하게.

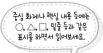

주심 화제나 핵심 내용 등에는
○, △, □, 밑줄 등과 같은
표시를 하면서 읽어보세요.

　　산골 오두막집에 어머니와 어린 오누이가 살고 있었는데, 일을 하고 돌아오던 어머니를 잡아먹은 호랑이가 오누이의 집으로 가서 "엄마가 왔다."라고 말하고, 엄마라고 생각한 오누이는 문을 열어준다. 호랑이는 자신이 엄마가 아니면서 엄마라고 했으므로 '정직하지 못한 틀린 판단', 즉 '거짓말'을 했다. 한편, 오누이는 정말 엄마라고 생각했지만 잘못 판단했으므로 '정직하지만 틀린 판단', 즉 '오류'를 저질렀다. 말하는 이가 알면서도 저지르는 '거짓말'과 달리, '오류'는 모르고 저지르는 경우가 많으므로, 오류를 피하기 위해서는 오류의 유형을 알 필요가 있다. 다음은 오류의 몇 가지 유형이다.

　　첫째, 인신 공격*의 오류는 주장의 내용과는 상관없이, 말하는 사람의 인품이나 성격, 신상 정보 등을 트집 잡아 주장을 비판하는 오류이다. "네 생각은 틀렸어. 너는 10살밖에 안 됐잖아.", "그 사람 말은 들을 필요도 없어. 대학도 안 나온 사람이잖아."와 같은 예를 들 수 있으며, 이는 논쟁에서 감정을 통제하지 못할 때 빠지기 쉬운 오류이다. 둘째, 성급한 일반화의 오류는 대표하기 어려운 한 개 또는 몇 개의 사례를 들어 전체가 다 그런 특성을 가지고 있다고 주장하는 오류이다. "서울 사람들은 부자야. 서울에서 사는 내 친구는 갖고 싶은 건 다 사더라고"와 같은 예를 들 수 있다. 셋째, ㉠잘못된 인과* 관계의 오류는 "네가 겁이 많은 건 키가 작기 때문이야."와 같이 어떤 결과에 적절하지 않은 원인을 제시하거나, "까마귀 날자 배 떨어진다."와 같이 우연한 일치를 인과 관계로 잘못 생각하는 오류이다. 넷째, 흑백 논리의 오류는 양 극단으로만 구분하고 다른 가능성은 인정하지 않는 오류이다. "너는 일본을 싫어하지 않는 걸 보니 일본을 좋아하는 구나.", "그 분은 차가운 커피를 싫어한다고 했으니까 뜨거운 커피를 좋아할 거야."와 같은 예를 들 수 있다.

　　우리는 살아가면서 이와 같은 오류를 종종 저지르게 되는데, 자신의 주장을 설득력 있게 펼치기 위해서 논리적 오류를 피해야 한다. 또한 다른 사람의 말을 들을 때도 논리적 오류가 없는지 판단하면서 들어야 한다.

　＊인신 공격(사람 人, 몸 身, 칠 攻, 칠 擊): 남의 신상에 관한 일을 들어 비난함.
　＊인과(인할 因, 실과 果): 원인과 결과.

주제 쓰기 ・

_____

_____

1 다음은 학교 누리집*에 올라온 질문이다. 윗글에서 답을 찾을 수 <u>없는</u> 질문은?

* 누리집: '홈페이지'를 다듬은 토박이말로 만든 새말. '세상, 세계'를 뜻하는 '누리'와 '집'을 보탠 말.

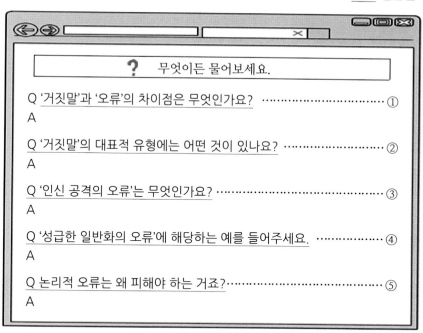

? **무엇이든 물어보세요.**

Q '거짓말'과 '오류'의 차이점은 무엇인가요? ·························· ①
A

Q '거짓말'의 대표적 유형에는 어떤 것이 있나요? ················ ②
A

Q '인신 공격의 오류'는 무엇인가요? ································· ③
A

Q '성급한 일반화의 오류'에 해당하는 예를 들어주세요. ········· ④
A

Q 논리적 오류는 왜 피해야 하는 거죠?······························ ⑤
A

2 ㉠의 예로 가장 적절한 것은?

① 그는 국회의원이 되어선 안 돼. 인상이 좋지 않잖아.
② 영희를 좋아하지 않는 걸 보니 너는 영희를 싫어하는구나.
③ 오늘 우리 축구팀이 진 것은 네가 축구 경기를 봤기 때문이야.
④ 매년 크리스마스 때는 눈이 와. 작년과 재작년에도 눈이 왔거든.
⑤ 지은이는 놀이공원이 싫지 않다고 했어. 그러니까 놀이공원을 좋아할 거야.

독해의 기초 Tip

■ **논리적 오류의 유형**
① 권위에 호소하는 오류: 어떤 주장과는 관련이 없는 분야의 권위자 의견을 근거로 드는 데서 발생하는 오류
  예 이 휴대폰이 제일 좋아. 국어 선생님이 그러셨어.
② 감정에 호소하는 오류: 합리적 근거 없이 사람들의 감정에 호소해서 동의를 얻어내고자 하는 오류
  예 저는 반장이 꼭 되고 싶습니다. 제발 저를 반장으로 뽑아주세요.
③ 무지에 호소하는 오류: 반증되지 못함을 근거로 자신의 주장을 정당화하는 오류
  예 신은 존재한다. 신이 없다는 것을 증명한 사람은 아무도 없기 때문이다.
④ 잘못된 유추의 오류: 부당하게 적용된 유추에 의해 발생하는 오류
  예 포도주가 오래될수록 맛이 깊어지는 것처럼 인간관계도 오래될수록 깊어진다.

01 **일시적** 한 一 때 時 과녁 的
짧은 한때의. 또는 그런 것. 예 그것은 일시적 현상이다.

02 **신어** 새로울 新 말씀 語
새로 생긴 말. 또는 새로 귀화한 외래어. 예 문화의 교류가 밀접할수록 신어가 많이 생기는 것은 당연한 이치이다.

03 **지상주의** 이를 至 위 上 주인 主 옳을 義
(일부 명사 뒤에 쓰여) 그 명사가 가리키는 것을 가장 으뜸으로 삼는 주의. 예 성적 지상주의 때문에 학생들이 힘들어한다.

04 **속어** 풍속 俗 말씀 語
통속적으로 쓰는 저속한 말. 예 속어를 많이 사용하면 자기 품위를 떨어뜨리게 된다.

05 **주장** 주인 主 베풀 張
자기의 의견이나 주의를 굳게 내세움. 또는 그런 의견이나 주의. 예 그것은 터무니없는 주장이다.

06 **근거** 뿌리 根 의거할 據
어떤 일이나 의논, 의견에 그 근본이 됨. 또는 그런 까닭. 예 무슨 근거로 그렇게 말하는 겁니까?

07 **다수** 많을 多 셈 數
수효가 많음. 예 그는 다수의 지지를 받아 당선되었다.

08 **쾌락** 쾌할 快 즐길 樂
유쾌하고 즐거움. 또는 그런 느낌. 예 정신적 쾌락을 추구하다.

09 **조정** 아침 朝 조정 庭
임금이 나라의 정치를 신하들과 의논하거나 집행하는 곳. 예 조정은 신하들의 세상이 되었다.

10 **반론** 돌이킬 反 논할 論
남의 논설이나 비난, 논평 따위에 대하여 반박함. 예 환경 보호를 위해 공장을 축소하자는 주장에 대해 많은 사람들이 반론을 제기했다.

11 **진영** 진 칠 陣 경영할 營
군대가 진을 치고 있는 곳. 예 전투에 앞서 적의 진영에 사절을 보냈다.

12 **정벌** 칠 征 칠 伐
적 또는 죄 있는 무리를 무력으로써 침. 예 정벌에 실패하였다.

13 **표출** 겉 表 날 出
겉으로 나타냄. 예 개성을 과감하게 표출하는 사람들이 많아지고 있다.

14 **방관** 곁 傍 볼 觀
어떤 일에 직접 나서서 관여하지 않고 곁에서 보기만 함. 예 남의 집 불구경하듯 팔짱 끼고 방관만 할 셈이냐?

15 **분산** 나눌 分 흩을 散
갈라져 흩어짐. 또는 그렇게 되게 함. 예 인구가 분산되어야 전국이 고루 발전할 수 있다.

16 **추론** 밀 推 논할 論
미루어 생각하여 논함. 예 추론은 사실에 근거해야 한다.

17 **유형** 무리 類 모형 型
성질이나 특징 따위가 공통적인 것끼리 묶은 하나의 틀. 또는 그 틀에 속하는 것. 예 소설 속 인물들은 대개 몇 가지 유형으로 구분할 수 있다.

18 **인신 공격** 사람 人 몸 身 칠 攻 칠 擊
남의 신상에 관한 일을 들어 비난함. 예 인신 공격을 하는 것은 옳지 못하다.

19 **인과** 인할 因 실과 果
원인과 결과. 예 반대로 생각해 보면 두 사건은 인과가 서로 뒤바뀔 수도 있다.

20 **극단** 다할 極 끝 端
길이나 일의 진행이 끝까지 미쳐 더 나아갈 데가 없는 지경. 예 사태가 극단으로 치닫다

[01~05] 다음 뜻에 해당하는 단어를 〈보기〉에서 찾아 쓰시오.

┤ 보 기 ├
다수　　　지상주의　　　일시적　　　쾌락　　　인신 공격

01 짧은 한때의. 또는 그런 것. →

02 수효가 많음. →

03 (일부 명사 뒤에 쓰여) 그 명사가 가리키는 것을 가장 으뜸으로 삼는 주의. →

04 남의 신상에 관한 일을 들어 비난함. →

05 유쾌하고 즐거움. 또는 그런 느낌. →

[06~10] 〈보기〉에서 알맞은 단어를 골라 다음 문장의 (　　　) 안에 쓰시오.

┤ 보 기 ├
속어
근거
유형
정벌
표출

06 최영 장군은 요동(　　　)을/를 계획하였다.

07 신문에서 주장하는 내용은 그 (　　　)을/를 살펴봐야 한다.

08 드라마의 주인공은 전형적인 (　　　)의 한국 여성이다.

09 그 말은 청소년층에서 유행하는 (　　　)(이)다.

10 언니는 숨겨왔던 감정을 (　　　)하였다.

[11~15] 다음에서 설명하고 있는 단어들을 말상자에서 찾아 동그라미 치시오.

조	정	수	진
앙	현	반	영
인	과	주	장
반	론	로	아

11 임금이 나라의 정치를 신하들과 의논하거나 집행하는 곳.

12 군대가 진을 치고 있는 곳.

13 원인과 결과.

14 자기의 의견이나 주의를 굳게 내세움. 또는 그런 의견이나 주의.

15 남의 논설이나 비난, 논평 따위에 대하여 반박함.

[16~18] 〈보기〉와 같이 한자의 뜻을 참고하여 단어의 의미를 쓰시오.

┤ 보 기 ├
• 착시(錯視): 錯(착: 어긋나다), 視(시: 보이다) → 의미: 시각적인 착각 현상.

16 신어(新語): 新(신: 새로운, 처음), 語(어: 말씀) → 의미:

17 방관(傍觀): 傍(방: 곁), 觀(관: 보다) → 의미:

18 분산(分散): 分(분: 나누다), 散(산: 흩다) → 의미:

[19~20] 다음 단어와 뜻을 바르게 연결하시오.

19 길이나 일의 진행이 끝까지 미쳐 더 나아갈 데가 없는 지경. •　　　　　• ⓐ 추론

20 미루어 생각하여 논함. •　　　　　• ⓑ 극단

사회 제재에서는 정치, 경제, 법률, 사회 이론, 사회 문제, 언론,
문화 등 우리 사회와 밀접하게 관련된 다양한 글들이 출제된다.
따라서 우리 사회에서 쟁점이 되고 있는 시사성이 강한 내용의
글이나 관심도가 높은 사회 현상 등을 다루는 글을 유심히 살펴
볼 필요가 있다.

사회 II

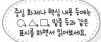

주심 화제나 핵심 내용 등에는 ○, △, □, 밑줄 등과 같은 표시를 하면서 읽어보세요.

가 광고주는 언제나 자기네 상품을 살 가능성이 가장 높은 이들에게 다가갈 방법을 찾아왔다. 텔레비전과 같은 전통적인 대중 매체*의 경우, 광고주는 오랜 경험을 바탕으로 어떤 사람들이 어떤 프로그램을 좋아하는지 따져 봐서 잠재적인 고객에게 다가간다. 인터넷에서는 라디오나 텔레비전보다 광고주가 고려해야 할 것이 훨씬 적다. 인터넷에서 광고주는 고객을 찾기 위해 특정 웹사이트만 이용할 필요가 없다. 그 대신 특정한 관심사를 가진 사람들에게 다가가는 데 초점을 맞춘다. 그런 사람들을 어떻게 찾아낼 수 있을까? 그 방법은 아주 간단하다. 바로 '쿠키'라는 것이다.

나 쿠키는 사람들이 어떤 웹사이트를 방문했을 때 생기는 정보를 담은 파일이다. 웹사이트를 방문할 때마다 그 웹사이트는 수많은 쿠키를 여러분의 컴퓨터에 옮긴다. 그중 일부는 그 웹사이트가 소유*한 것으로 검색을 도와준다. 예를 들어, 쿠키는 아이디나 비밀번호 같은 것을 기억하여 사람들이 접속할 때마다 그것을 입력할 필요가 없게 해 준다. 하지만 제3자 쿠키는 사람들이 방문하는 웹사이트를 추적하는 회사가 운영하는 것이다. 제3자 쿠키는 여러 사이트에 광고를 올리는 온라인 광고망에 사람들의 정보를 전달한다. 이들 제3자 쿠키는 사람들이 어떤 사이트를 방문하고 얼마나 오래 그 사이트에 머무르며 어떤 키워드를 검색하는지 추적한다.

다 그러면 이제 무슨 일이 벌어질까? 예를 들어 내 컴퓨터에 온라인 광고망을 심어 놓은 제3자 쿠키가 있는데, 내가 어느 게임 회사에서 낸 최신 게임을 검색하고 그 게임을 판매하는 온라인 쇼핑몰을 방문했다고 하자. 그러고 나서 내가 다른 웹사이트를 방문하면 조금 전에 검색했던 최신 게임에 관련된 광고물을 보게 되는 것이다. 그 사이트에 나에 관한 정보를 아무것도 준 적이 없는데도 말이다.

라 웹 브라우저의 환경 설정에서 쿠키를 차단하도록 설정하여 제3자 쿠키를 막는다 하더라도 온라인 광고주는 갖은 방법을 써서 인터넷 이용자를 추적한다. 예를 들어 웹사이트에서 '티셔츠'라는 낱말을 검색하면, 이 낱말과 연관된 광고가 검색 결과와 함께 나타난다. 그리고 SNS(소셜 네트워크 서비스)의 팬 페이지에서 '좋아요'를 클릭하거나 여러분의 관심사, 나이, 성별 등을 등록하면, 이 사이트는 여러분 같은 소비자한테 다가가려는 광고주에게 광고 공간을 판매한다.

마 이런 광고가 반드시 나쁜 것만은 아니다. 웹 브라우저에 광고 차단 프로그램을 설치해 놓지 않는 한 우리는 인터넷에서 무엇을 검색하든 광고를 보게 될 테고, 관심 없는 상품보다는 관심 있는 상품의 광고를 보는 것이 때로는 기분 좋은 일이 될 수도 있다. 하지만 여러분이 광고의 표적*이라는 것, 그리고 여러분이 인터넷에 등록한 정보가 광고주에게 판매를 위한 좋은 실마리*를 제공한다는 것을 알아야 한다.

* 대중 매체(큰 大, 무리 衆, 중매 媒, 몸 體): 불특정의 많은 사람들에게 대량의 정보를 전달하는 매체.
* 소유(바 所, 있을 有): 가지고 있음. 또는 그 물건.
* 표적(표할 標, 과녁 的): 목표로 삼는 대상.
* 실마리: 일이나 사건을 풀어 나갈 수 있는 첫머리.

주제 쓰기 •

_____

_____

1 윗글의 내용과 일치하지 <u>않는</u> 것은?

① 제3자 쿠키는 온라인 광고망에 사람들의 정보를 전달한다.
② 쿠키는 사람들이 웹사이트를 방문했을 때 생기는 정보를 담은 파일이다.
③ 광고주는 자신의 상품을 살 가능성이 가장 높은 이들에게 다가갈 방법을 찾는다.
④ 웹 브라우저의 환경 설정에서 쿠키를 차단하도록 설정하면 제3자 쿠키를 막을 수 있다.
⑤ 제3자 쿠키는 아이디나 비밀번호 등을 기억하여 우리가 웹사이트에 접속하는 것을 도와준다.

2 (가)~(마)의 중심 내용을 요약한 것으로 적절하지 <u>않은</u> 것은?

① (가): 광고주는 매체의 특성에 맞는 방법으로 자신의 상품을 살 가능성이 가장 높은 이들에게 다가간다.
② (나): 웹사이트를 방문하면 그 웹사이트는 수많은 쿠키를 우리의 컴퓨터에 옮긴다.
③ (다): 제3자 쿠키는 내가 방문한 사이트와 검색한 키워드를 추적하여 이와 관련된 광고를 보여 준다.
④ (라): 제3자 쿠키를 막아도 온라인 광고주는 갖은 방법을 써서 인터넷 이용자를 추적한다.
⑤ (마): 우리가 광고의 표적이며, 인터넷에 등록한 정보가 광고주에게 판매를 위한 실마리를 제공한다는 것을 알아야 한다.

독해의 기초 Tip

■ **요약문의 요건**
　① 글쓴이의 중심 생각과 그 근거가 제시되어야 한다.
　② 문장의 연결이 자연스러워야 한다.
　③ 글쓴이의 생각과 의도가 왜곡되지 않아야 한다.
　④ 중심 내용을 자신의 언어로 재구성해야 한다.

■ **요약문을 만드는 방법**
　① 글의 주제와 구조를 파악한다.
　② 글의 주제와 구조를 고려하여 문단의 중심 내용을 정리한다.
　③ 문단의 중심 내용을 서로 연결한다.
　④ 중심 내용과 그 뒷받침 내용의 관계가 잘 드러나도록 한다.
　⑤ 문장의 연결이 자연스럽도록 하나의 완결된 글로 만든다.

공정 무역과 윤리적 소비 _ 홍세화 외

정답 및 해설 24쪽

중심 화제나 핵심 내용 등에는 ○, △, □, 밑줄 등과 같은 표시를 하면서 읽어보세요.

　'착한 커피'란 소비자들이 유통업자를 거치지 않고 직접 생산자들과 연결하여 커피 원두를 적정* 가격으로 사는 것이다. 그렇게 하면 중간 이윤을 없애는 대신 가난한 나라의 유기농 커피 생산자들이 좀 더 잘살도록 도울 수 있다. 이것은 커피에만 해당하는 것이 아니다. 우리가 즐겨 마시는 코코아나 차, 바나나, 설탕, 축구공 같은 것도 마찬가지이다. 이런 움직임을 국제 무역 차원에서는 '공정 무역' 운동이라고 하고, 소비자의 입장에서는 '윤리적 소비' 운동이라고 한다. 그렇다면 공정 무역을 통한 윤리적 소비의 장점은 무엇일까?

　첫째, 가난한 나라의 생산자들에게 정당한 대가를 지불하게 되니 그들이 인간답게 살 수 있도록 돕게 된다. 힘센 선진국 기업의 요구에 따라 가난한 생산자들이 원료와 상품, 노동력을 헐값*에 넘기면 계속 손해를 보게 된다. 그만큼 더 벌기 위해 그들은 더 많이 일해야 하고, 결국 일을 계속해도 가난에서 벗어나기 어려운 악순환이 반복된다. 이 때문에 공정 무역을 통해 가난한 이들을 돕는 것은 '정의의 경제'를 실천하는 것이다.

　둘째, 공정 무역을 하게 되면 그 나라 농민들도 누가 그 생산물을 소비하는지 알게 되니 함부로 농약을 치거나 제초제를 마구잡이로 쓰지 않게 된다. 그래서 생산자 농민은 물론 소비자들의 건강도 좋아지게 되고, 게다가 소비자들은 공정 무역 물품을 쓰면서 인간과 자연을 생각하는 철학까지 함께 나눈다는 자부심을 가져 기분도 좋아진다. 이렇게 공정 무역이 이루어지면 '건강의 경제'가 실현되는 셈이다.

　셋째, 기업가가 '자유 시장'에서 자기 상품을 더 많이 팔아 큰 이윤을 남기려면 상품 가격을 최대한 낮춰 경쟁력을 확보해야 한다. 그러려면 기업은 원료나 노동력을 더 싸게 구입해야 한다. 이 과정에서 흔히 자연 생태계 훼손이나 아동 노동 문제, 노동력 착취* 같은 문제가 발생한다. 그런데 공정 무역을 하게 되면 농민, 노동자, 어린이, 자연 등을 구할 수 있다. 이렇게 공정 무역이란 소비자와 생산자가 서로를 살리고 참된 관계를 맺는 '연대의 경제'라고 할 수 있다.

* 적정(맞을 適, 바를 正): 알맞고 올바른 정도.
* 헐값: 그 물건이 가지고 있는 원래 값어치보다 훨씬 저렴한 값.
* 착취(짤 搾, 취할 取): 계급 사회에서 생산 수단을 소유한 사람이 생산 수단을 갖지 않은 직접 생산자로부터 그 노동의 성과를 무상으로 취득함. 또는 그런 일.

주제 쓰기

_____

_____

1 윗글의 글쓴이가 글을 쓴 목적으로 가장 적절한 것은?

① 자유 무역과 공정 무역의 공통점과 차이점을 설명하고자 한다.

② 공정 무역을 통한 윤리적 소비의 개념과 장점을 설명하고자 한다.

③ 원료와 상품, 노동력을 헐값에 사들이는 선진국 기업을 비판하고자 한다.

④ 가난한 나라의 유기농 커피 생산자들의 열악한 노동 환경을 고발*하고자 한다.

⑤ 농약과 제초제가 생산자는 물론 소비자의 건강까지 해치고 있음을 경고하고자 한다.

2 윗글을 읽고 보인 반응으로 적절하지 <u>않은</u> 것은?

① 가난한 나라의 생산자들이 지금보다 더 많이 일한다면 가난에서 벗어날 수 있겠군.

② 코코아나 차, 바나나, 설탕, 축구공 등도 공정 무역을 통한 윤리적 소비의 대상에 해당하는군.

③ '착한 커피'를 사 마시면 가난한 나라의 유기농 커피 생산자들이 좀 더 잘살도록 도울 수 있겠군.

④ 기업이 원료나 노동력을 더 싸게 구입하려는 과정에서 아동 노동 문제나 노동력 착취 문제가 발생할 수 있군.

⑤ 공정 무역은 생산자와 소비자가 직접 연결되어 농민들이 누가 그 생산물을 소비하는지 알게 되니 함부로 농약을 치지 못하겠군.

독해의 기초 Tip

■ 글의 주제 파악

① 각 문단에서 반복되는 핵심어를 찾아 중심 화제 파악하기: 각 문단에서 반복되는 단어, 특정 개념에 대해 구체적인 설명을 한 것이 있는지 등을 찾아 중심 화제를 파악한다.

② 접속 표현을 활용하여 각 문단의 중심 문장 파악하기: 각 문단에 드러난 접속 표현에 유의하여 각 문단의 내용을 포함할 수 있는 중심 문장을 찾아본다.

③ 파악한 내용을 종합하여 주제를 도출하기: 문단에서 찾은 중심 문장과 그들의 관계를 종합적으로 고려하여 주제를 도출한다.

중심 화제나 핵심 내용 등에는 ○, △, □, 밑줄 등과 같은 표시를 하면서 읽어보세요.

외모 지상주의 란 외모를 가장 중요한 가치로 보는 관점으로, 외모가 개인의 우열을 결정하며 인생에 큰 영향을 미친다고 생각하는 가치관이나 사회적 풍토*를 의미한다. 외모 지상주의의 가장 큰 문제는 개인이 자신의 뜻으로 그것을 선택한 것처럼 보이지만, 실은 자본주의의 상품 논리가 이를 교묘하게* 부추기고 있다는 점이다.

근대 산업 혁명 이전에는 사람들이 육체에 대해 큰 관심이 없었다. 외모에 마음을 쓴다고 해도 수많은 사람들이 표준처럼 받아들일 수 있는 모델도 없었고, 그것을 널리 퍼뜨릴 수도 없었으며, 아름다운 것을 상품으로 만드는 문화 산업도 제대로 발달하지 못했기 때문이다.

그런데 자본주의의 대량 생산과 상품 경제가 자리 잡으면서 공장에서 생산되는 생필품은 물론 지식, 문화, 취미 등 삶과 관계된 모든 것이 상품화되기 시작했다. ㉠인간의 몸도 예외가 아니다. 사람을 자신만의 고유한 개성이나 능력으로 평가하는 사회에서는 겉으로 드러난 미가 절대적 기준이 되지 않는다. 그러나 육체를 상품처럼 여기는 사회에서는 겉으로 드러난 미를 기준으로 우월한 육체와 열등한 육체로 나눈다. 사람의 가치는 그 자체로 누구나 소중하게 존중받아야 하는데 마치 시장에서 같은 상품이라도 더 비싸고 좋은 물건이 있고 싼 물건이 있는 것처럼 사람의 가치도 등급을 매기는 것이다.

또한 대중 매체의 발달로 대중의 사랑을 받는 스타의 영향력이 커지면서 사람의 육체는 투자 대상이 되기 시작했다. 스타에 열광하면서 외모에 지나친 관심을 쏟고, 끊임없이 세련되게 자신을 연출하고 신체적 매력을 가꾸면서 몸의 본질*을 잘못 생각하게 되는 것이다.

이처럼 아름다워지고 싶은 욕망이 내 안에서 생기는 것 같지만 사실은 사람의 몸을 사물로 변질*시키고 상품처럼 만드는 소비 사회가 만들어 낸 것이다. 내가 살고 존재하기 위해서는 건강한 몸이 필요하고 그것은 남과 비교할 필요가 없다. 또한 타인의 시선과 인정은 절대 우리의 행복을 보장해 주지 않는다. 그러므로 진정으로 자신을 아끼는 방법이 무엇인지, 외모가 아니라 진정한 정체성은 어디에서 찾을 수 있는지 생각해 보아야 한다.

＊풍토(바람 風, 흙 土): 어떤 일의 배경이 되는 환경이나 경향, 양상, 풍습, 제도 따위를 비유적으로 이르는 말.

＊교묘하게(공교할 巧, 묘할 妙ーー): 솜씨나 재주 따위가 재치 있게 약삭빠르고 묘하게.

＊본질(근본 本, 바탕 質): 사물을 그 자체이도록 하는 고유한 성질.

＊변질(변할 變, 바탕 質): 성질이 달라지거나 물질의 질이 변함. 또는 그런 성질이나 물질.

주제 쓰기

_____

_____

1 윗글에 나타난 외모 지상주의 의 특성으로 적절하지 <u>않은</u> 것은?

① 외모를 가장 중요한 가치로 본다.

② 외모가 인생에 큰 영향을 미친다고 생각한다.

③ 끊임없이 세련되게 자신을 연출하고 신체적 매력을 가꾼다.

④ 개인이 자신의 뜻으로 선택한 것으로 내 안에서 생긴 욕망*이다.

⑤ 겉으로 드러난 미를 기준으로 육체를 우월한 육체와 열등한 육체로 나눈다.

* 욕망(하고자 할 欲, 바랄 望): 부족을 느껴 무엇을 가지거나 누리고자 탐함. 또는 그런 마음.

II · 사회

2 윗글의 문맥을 고려할 때, ㉠의 의미로 가장 적절한 것은?

① 인간의 몸이 그 자체로 누구나 소중하게 존중받게 되었다.

② 인간의 몸과 관련된 지식, 문화, 취미 산업이 발달하기 시작했다.

③ 인간의 몸을 자신만의 고유한* 개성이나 능력으로 평가하게 되었다.

④ 인간의 몸도 상품화되어 겉으로 드러난 미를 기준으로 등급을 매기게 되었다.

⑤ 인간의 몸을 이용하여 공장에서 생필품이나 삶과 관계된 모든 것을 대량 생산하게 되었다.

* 고유한(굳을 固, 있을 有): 본래부터 가지고 있는. 또는 그런 것.

공정한 재판을 위한 장치, 상소 제도 _ 김영란

정답 및 해설 28쪽

중심 화제나 핵심 내용 등에는
◯, △, □, 밑줄 등과 같은
표시를 하면서 읽어보세요.

사법부는 재판을 통해 국가와 개인, 단체와 단체, 단체와 개인, 개인과 개인 간에 일어나는 다툼을 해결하고 사회 질서를 유지하고자 한다. 그런데 모든 재판이 전부 공정한 결과를 낳을 수 있을까? 만약 재판 결과가 정당하지 못하다고 생각한 사람이나 여전히 자신의 억울함이 해소되지 않았다고 생각하는 사람이 있을 경우, 그 사람은 어떻게 행동할 수 있을까?

이때 등장하는 것이 상소 제도이다. '상소'란 상급 법원에 소(訴)를 제기한다는 뜻으로, 1심 법원에서 2심 법원으로, 2심 법원에서 3심 법원으로 한 번 더 판단해 줄 것을 요구하는 것이다. 이러한 제도는 상급 법원에서 재판을 바로잡을 기회를 주어 소송 절차를 더 신중하게 하기 위해 존재한다.

상소 제도를 통한 재판의 끝은 대법원이다. 그것이 어떤 사안*이든 또 아무리 더 재판을 하고 싶은 마음이 있든 제도상 삼세판 이상을 할 수는 없는 노릇이니, 상소 제도의 끝인 대법원의 판결이 갖는 의미는 매우 크다. 대법원은 대법원장 1인을 포함한 대법관 14인으로 구성된다. 본디 대법원장이 재판장이 되고 대법관 전원의 3분의 2 이상으로 구성된 전원 합의체에서 판결하는 것이 원칙이나, 운영의 합리화와 재판이 신속하게 이루어지게 하기 위해 대법관들이 4인씩 3개의 부로 나뉘어 재판을 한다.

하지만 판례*의 변경이라든지 명령 또는 규칙의 헌법 위반 등의 사건과 같이 일반적인 사건보다 중요한 사건은 전원 합의체에 회부한다.* ㉠각 부의 판결은 4인의 구성 대법관들 전원이 일치해야만 선고될 수 있지만, 전원 합의체에서는 다수결의 원칙에 따라 결론을 내린다. 이때 다수를 형성하지 못한 '소수 의견'을 내었거나, 다수 의견과 결론은 같으나 결론에 이르는 논리는 전혀 다른 '별개 의견'을 낸 대법관의 이름과 그 내용을 공개하도록 한다.

이렇게 하면 어떤 논리로 다수 의견의 결론이 내려지게 되었는지가 드러나게 되므로 사회 전체가 그 결론을 ㉡받아들이기 쉽고 결론에 대해 신뢰하게 된다. 반대로 소수 의견의 논리도 유심히 바라볼 필요가 있다. 사회는 계속 변화하므로 언젠가는 소수 의견의 논리가 널리 받아들여지게 될 수도 있기 때문이다. 그렇게 된다면 현재의 소수 의견을 근거로 하여 대법원이 유사 사건의 결론을 변경하는 데 따르는 부담을 줄일 수 있게 된다.

* 사안(일 事, 책상 案): 법률이나 규정 따위에서 문제가 되는 일이나 안.
* 판례(판단할 判, 법식 例): 법원에서 동일하거나 유사한 소송 사건을 판결한 전례.
* 회부하다(돌 回, 붙을 附--): (사람이나 단체가 회의나 재판 따위에 사건이나 안건, 사람을) 처리를 맡기려고 돌려보내거나 넘기다.

주제 쓰기 •

_____

_____

1 윗글에서 알 수 있는 내용으로 적절하지 <u>않은</u> 것은?

① 대법원의 구성과 조직
② 대법원장을 임명*하는 방법
③ 상소 제도의 절차와 존재 이유
④ 전원 합의체에서 다루는 사건의 예
⑤ 소수 의견과 별개 의견의 내용을 공개하는 이유

* 임명(맡길 任, 목숨 命):
  일정한 직무나 직책을
  맡김.

2 ㉠에 쓰인 내용 전개 방법으로 가장 적절한 것은?

① 구체적인 예를 들고 있다.
② 대상의 뜻을 풀이하고 있다.
③ 두 대상의 차이점을 밝히고 있다.
④ 대상을 일정한 기준에 따라 나누고 있다.
⑤ 대상을 구성 요소로 나누어 설명하고 있다.

3 ㉡과 바꾸어 쓰기에 가장 적절한 것은?

① 수용하기   ② 적용하기
③ 반영하기   ④ 수락하기
⑤ 채택하기

어떤 채소를 먹어야 할까? _ 강수돌

정답 및 해설 30쪽

중심 화제나 핵심 내용 등에는 ○, △, □, 밑줄 등과 같은 표시를 하면서 읽어보세요.

농약은 언제부터, 왜 치기 시작했을까? 우리 선조*들은 농약을 치지 않고도 채소를 가꾸고 과일도 심어 먹었다. 왜냐하면 내가 먹고, 식구들이 먹고, 이웃하고 나눠 먹으려고 농사를 지었기 때문이다. 그런데 시장에 내다 팔아 돈을 벌기 위한 목적으로 농사를 짓기 시작하면서부터 더 많은 양을 생산*하기 위해 농약을 치게 되었다. 농약을 쳐도 아주 듬뿍 친다. 그래야 모양도 좋고, 크기도 크고, 벌레 먹은 자국도 없는 깨끗한 채소와 과일이 나와 잘 팔리기 때문이다.

채소나 과일에 농약을 안 치면 벌레들이 와글와글 붙어서 잎사귀나 과일을 뜯어 먹는다. 그러면 구멍이 숭숭 뚫리고 상처투성이가 되어서 우리들이 못 먹게 되는 것도 생긴다. 사람들이 그런 채소를 선뜻* 살 리가 없다. 농약을 안 치면 벌레가 많이 먹어서 우리가 먹기 힘들고, 농약을 치면 모양은 좋지만 우리 몸에는 안 좋으니 이를 어떡하면 좋을까? 이 문제를 해결하기 위해서 나온 것이 바로 '유기농산물'이다. 유기농산물은 농약을 안 쳤는데도 모양도 좋고 맛도 좋은 농산물을 말한다. 어떻게 그런 농산물을 생산할 수 있을까?

예를 들어 채소에 떡잎이 나고 조금 자라면 '목초액'을 뿌린다. 목초액은 나무로 아궁이에 불을 땔 때 굴뚝에서 떨어지는 매운 액체를 말한다. 목초액을 뿌리면 벌레가 채소를 많이 먹지 못한다. 벌레가 먹긴 해도 조금만 먹기 때문에 ㉠모양도 괜찮고 사람이나 땅에도 해롭지 않다.

누구나 유기농산물을 먹을 수 있다면 좋겠지만 그게 쉽지만은 않다. 유기농산물은 농약을 뿌려 거둔 농산물보다 훨씬 비싸기 때문이다. 농약을 쳐서 기르는 것보다 힘도 더 들고, 한꺼번에 많이 심을 수도 없으니까 당연히 비쌀 수밖에 없다. 그래서 살림살이가 빠듯한* 어른들은 농약을 쳤다는 것을 뻔히 알면서도 대개 값싼 것을 사다 먹는다.

하지만 조금만 멀리 내다보면 달리 생각할 수도 있다. 만일 지금보다 훨씬 더 많은 사람들이 유기농산물을 찾게 된다면 이를 생산하는 사람도 늘 테고, 그렇게 되면 가격도 좀 낮아질 것이다. 농약은 우리의 몸뿐만 아니라 땅도 병들게 한다. 그렇게 되면 결국 우리는 아주 비싼 대가를 치러야 할지도 모른다. 조금 비싼 값을 주고 유기농산물을 먹는 것하고는 비교도 할 수 없을 만큼 말이다.

* 선조(먼저 先, 조상 祖): 먼 윗대의 조상.
* 생산(날 生, 낳을 産): 자연자원이나 가공물의 원재료를 이용하여 인간 생활에 필요한 많은 물품을 만들어 냄.
* 선뜻: 동작이 매우 시원스럽고 빠른 모양을 나타내는 말.
* 빠듯한: 어떤 정도나 한도에 겨우 미치는 상태에 있는.

주제 쓰기

_____

_____

1 윗글을 읽고 보인 반응으로 적절하지 <u>않은</u> 것은?

① 유기농산물은 농약을 치지 않았는데도 모양도 좋고 맛도 좋은 농산물이군.

② 채소나 과일에 농약을 치지 않으면 벌레가 많이 먹어서 우리가 못 먹게 되는 것도 생기는군.

③ 유기농산물은 기르기가 힘들고 한꺼번에 많이 심을 수 없어 농약을 친 농산물보다 가격이 더 비싼 것이군.

④ 시장에 내다 팔아 돈을 벌기 위한 목적으로 농사를 짓기 시작하면서부터 과일과 채소에 농약을 치게 되었군.

⑤ 유기농산물을 찾는 사람이 늘면 생산하는 사람도 늘어 생산량이 많아지므로 유기농산물의 가격이 높아질 수 있겠군.

2 ㉠의 상황을 속담*으로 표현한 것으로 가장 적절한 것은?

① 가는 날이 장날

② 꿩 먹고 알 먹기

③ 공든 탑이 무너지랴

④ 아니 땐 굴뚝에 연기 날까

⑤ 하늘이 무너져도 솟아날 구멍이 있다

* 속담(풍속 俗, 말씀 談): 예로부터 민간에 전하여 오는 쉬운 격언이나 잠언.

01 **잠재적** 잠길 潛 있을 在 과녁 的
겉으로 드러나지 않고 숨은 상태로 존재하는. 또는 그런 것. 예 투표장에 나오지 않는 잠재적인 지지자를 유도하기 위한 방안을 모색하였다.

02 **소유** 바 所 있을 有
가지고 있음. 또는 그 물건. 예 이 물건은 나의 소유인 동시에 우리 가정의 소유이기도 하다.

03 **실마리**
일이나 사건을 풀어 나갈 수 있는 첫머리. 예 드디어 문제 해결의 실마리가 보인다.

04 **표적** 표할 標 과녁 的
목표로 삼는 대상. 예 그는 표적을 향해 방아쇠를 힘 있게 당겼다.

05 **적정** 맞을 適 바를 正
알맞고 올바른 정도. 예 우리는 일한 대가에 대한 적정 임금을 받을 권리가 있다.

06 **해당하다** 갖출 該 마땅 當--
어떤 범위나 조건 따위에 바로 들어맞다. 예 다음 두 문장은 결론에 해당하는 글이다.

07 **대가** 대신할 代 값 價
물건의 값으로 치르는 돈. 예 물품의 대가를 지불하다.

08 **지불** 지탱할 支 떨칠 拂
돈을 내어 줌. 또는 값을 치름. 예 물건 값을 현금으로 지불하였다.

09 **악순환** 악할 惡 좇을 循 고리 環
순환이 좋지 않음. 또는 나쁜 현상이 끊임없이 되풀이됨. 예 그는 갈수록 빈곤의 악순환이 거듭되었다.

10 **풍토** 바람 風 흙 土
어떤 일의 바탕이 되는 제도나 조건을 비유적으로 이르는 말. 예 새로운 교육 풍토가 조성되어야 한다.

11 **본질** 근본 本 바탕 質
사물을 그 자체이도록 하는 고유한 성질. 예 그 둘은 형태는 다르지만 실상 본질은 같다.

12 **변질** 변할 變 바탕 質
성질이 달라지거나 물질의 질이 변함. 또는 그런 성질이나 물질. 예 식료품의 변질을 막기 위해서는 냉동 보관이 필요하다.

13 **고유** 굳을 固 있을 有
본래부터 가지고 있어 특유한 것. 예 우리 고유의 전통문화를 잘 지켜야 한다.

14 **교묘하다** 공교할 巧 묘할 妙--
솜씨나 재주 따위가 재치 있게 약삭빠르고 묘하다. 예 그는 국가 간의 마찰을 중재하면서 교묘하게 이익을 챙겼다.

15 **판례** 판단할 判 법식 例
법원에서 동일하거나 비슷한 소송 사건에 대하여 행한 재판의 선례(先例). 예 이러한 경우는 판례가 없는 희한한 사건이다.

16 **공정** 공평할 公 바를 正
공평하고 올바름. 예 판사는 법률에 따라 공정한 재판을 하려고 노력했다.

17 **사안** 일 事 책상 案
법률이나 규정 따위에서 문제가 되는 일이나 안. 예 모든 사안은 회원의 만장일치로 결정한다.

18 **제기하다** 끌 提 일어날 起--
의견이나 문제를 내어놓다. 예 이 작품이 제기하고 있는 문제의 핵심을 검토해 보자.

19 **빠듯하다**
어떤 정도에 겨우 미칠 만하다. 예 식량이 겨울을 나기에 빠듯하다.

20 **선뜻**
동작이 빠르고 시원스러운 모양. 예 그는 광고 출연료로 받은 돈을 선뜻 기부하였다.

[01~05] **다음 뜻에 해당하는 단어를 〈보기〉에서 찾아 쓰시오.**

┤ 보 기 ├
| 변질 | 선뜻 | 잠재적 | 고유 | 빠듯하다 |

01 겉으로 드러나지 않고 숨은 상태로 존재하는. 또는 그런 것. → (　　　　　　)

02 어떤 정도에 겨우 미칠 만하다. → (　　　　　　)

03 동작이 빠르고 시원스러운 모양. → (　　　　　)

04 성질이 달라지거나 물질의 질이 변함. 또는 그런 성질이나 물질. → (　　　　　　)

05 본래부터 가지고 있어 특유한 것. → (　　　　　)

[06~10] **다음 문장의 (　　　　) 안에 들어갈 말을 〈보기〉에서 찾아 쓰시오.**

┤ 보 기 ├
| 소유 | 공정 | 사안 | 판례 | 본질 |

06 이번 선거는 매우 (　　　　　)하게 치러질 것입니다.

07 모든 (　　　　　)은/는 회원의 만장일치로 결정한다.

08 그녀는 훌륭하고 유능했으며 유쾌한 성격을 (　　　　)하고 있었다.

09 이러한 경우는 (　　　　)이/가 없는 희한한 사건이다.

10 이 둘은 형태는 다르지만 사실 (　　　　)은/는 같다.

[11~15] **다음 내용이 옳으면 ○표, 틀리면 ×표를 하시오.**

11 물건의 값으로 치르는 돈을 '대가'라고 한다. (　　　)

12 의견이나 문제를 내어놓는 것을 '제기하다'라고 한다. (　　　)

13 일이나 사건을 풀어 나갈 수 있는 첫머리를 '실마리'라고 한다. (　　　)

14 목표로 삼는 대상을 '명중'이라고 한다. (　　　)

15 솜씨나 재주 따위가 재치 있게 약삭빠르고 묘한 것을 '오묘하다'라고 한다. (　　　)

[16~20] **제시된 단어의 사전적 의미를 찾아 연결하시오.**

16 해당하다　•　　　　　• ⓐ 알맞고 올바른 정도.

17 지불　•　　　　　• ⓑ 어떤 일의 바탕이 되는 제도나 조건을 비유적으로 이르는 말.

18 악순환　•　　　　　• ⓒ 어떤 범위나 조건 따위에 바로 들어맞다.

19 적정　•　　　　　• ⓓ 순환이 좋지 않음. 또는 나쁜 현상이 끊임없이 되풀이됨.

20 풍토　•　　　　　• ⓔ 돈을 내어 줌. 또는 값을 치름.

중심 화제나 핵심 내용 등에는 ○, △, □, 밑줄 등과 같은 표시를 하면서 읽어 보세요.

트위터나 페이스북처럼 사람들이 온라인을 통해 서로 연결되어 연락을 주고받는 현상을 소셜 네트워크 서비스(SNS), 또는 사회적 관계망 서비스라고 한다. 개개인의 표현 욕구가 강해지면서 사람들 사이에 사회적 관계를 맺게 하고, 친분 관계를 유지하고 강화해 주며, 개인인 나 자신이 중심이 되어 자기 관심사와 개성을 함께 담아 갈 수 있는 SNS 또한 점점 발달하고 있다.

SNS 열풍은 정치권에서도 불고 있다. SNS는 정치인과 국민 사이의 거리를 좁혀 줌으로써 정치에 대해 냉소적*이고 무관심했던 국민의 시선을 완화해 주고 있다. 그런데 지난 2010년, 중앙선거관리위원회(이하 선관위)가 지방 선거를 앞두고 SNS를 단속 대상에 포함시키겠다며 사회적 미디어의 선거 참여를 규제하고* 나섰다.

이에 대해 사회적 미디어를 활용하는 사람들은 선관위의 규제가 민주주의 국가의 헌법 정신에 어긋난다며 헌법재판소에 소송을 청구했다. 이에 헌법재판소는 사회적 미디어를 이용해 특정 정당이나 후보를 지지하거나 반대하는 행위를 금지하는 것은 헌법에 어긋난다고 결정했다. 헌법재판소는 사회적 미디어 활동을 규제하는 것은 사전 선거 운동 금지 취지*에 맞지 않는다고 본 것이다.

공직 선거법이 사전 선거 운동을 못하도록 한 이유는 정당이나 후보자들의 경제력이 평등하지 않기 때문이다. 광고, 벽보, 인쇄물 등을 이용한 사전 선거 운동을 허용하면 경제력 좋은 후보에게 유리한 환경이 조성*될 가능성이 높아지므로 선거의 공정성을 위해 규제를 하는 것이다. 그러나 헌법재판소는 인터넷은 누구나 손쉽게 접근할 수 있는 매체*이고 이용 비용이 거의 들지 않기 때문에 인터넷상의 선거 운동이 후보자 간의 경제력 차이에 따른 불균형을 발생시키지 않는다고 보았다. 이에 사회적 미디어인 SNS를 활용한 선거 운동에 대한 규제가 적절하지 않다고 판단한 것이다.

헌법재판소의 결정에 따라 2012년부터 SNS를 비롯한 사회적 미디어를 활용하여 적극적으로 선거 운동을 할 수 있게 되었다. 그동안 국회와 행정부 중심의 대의제 민주주의●에서 유권자들은 선거를 통해서만 정치 참여가 가능했다. 하지만 이제 누구나 정치에 참여할 수 있는 길이 조금 넓어진 셈이다.

● 대의제 민주주의: 국민들이 스스로 선출한 대표자들을 통해 법률 제정 및 정책 결정에 참여하는 정치 제도.

* 냉소적(찰 冷, 웃을 笑, 과녁 的): 쌀쌀한 태도로 비웃는, 또는 그런 태도.
* 규제하다(법 規, 마를 制一一): 규칙이나 규정에 의하여 일정한 한도를 정하거나 정한 한도를 넘지 못하게 막다.
* 취지(뜻 趣, 뜻 旨): 어떤 일의 근본이 되는 목적이나 긴요한 뜻.
* 조성(지을 造, 이룰 成): 분위기나 정세 따위를 만듦.
* 매체(중매 媒, 몸 體): 어떤 작용을 한쪽에서 다른 쪽으로 전달하는 물체. 또는 그런 수단.

주제 쓰기 ●

_____

_____

1 윗글을 읽고 답할 수 있는 질문으로 적절하지 <u>않은</u> 것은?

① 소셜 네트워크 서비스란 무엇인가?
② 사전 선거 운동을 금지하는 취지는 무엇인가?
③ 사전 선거 운동으로 규제 받는 매체에는 무엇이 있는가?
④ 국민이 정치에 대해 냉소적이고 무관심했던 이유는 무엇인가?
⑤ 선관위의 SNS의 선거 참여 규제에 대한 헌법재판소의 판결 내용은 무엇인가?

2 윗글의 제목으로 가장 적절한 것은?

① 정치권에서 부는 SNS 열풍이 정치인에게 미치는 영향
② 정당이나 후보자들 간의 경제적 평등을 이루기 위한 방안
③ 개개인의 표현 욕구가 강해지면서 더욱 발달해 가는 SNS
④ 사회적 미디어의 선거 참여 규제에 대한 헌법재판소의 판결
⑤ 대의제 민주주의의 문제점과 사회적 미디어를 통한 해결 방안

독해의 기초 Tip

■ **중심 문장을 찾는 방법**
중심 문장은 일반적으로 문단의 맨 처음이나 끝에 제시되는 경우가 많다. 만약 중심 문장이 분명히 드러나지 않는 경우에는 문단의 핵심어를 찾고 그 핵심어에 대한 글쓴이의 설명이나 태도 등을 파악하여 중심 문장을 재구성해야 한다.

중심 화제나 핵심 내용 등에는 ○, △, □, 밑줄 등과 같은 표시를 하면서 읽어보세요.

우리가 은행에 돈을 예금하면 은행은 그 돈을 필요로 하는 사람들이나 기업에 돈을 빌려 주어 이익을 얻는다. 예금 이자율보다 대출* 이자율이 높기 때문에 그 차익*을 통해 은행은 돈을 버는 것이다. 그런데 은행이 너무 이익만 추구하다 보면 대출에만 신경을 쓴 나머지 예금을 충분히 보관해 두지 않을 가능성이 있다.

㉠만약 예금했던 사람이 은행에 가서 돈을 찾으려는데 돈이 부족해서 찾을 수가 없다면 큰일이 아닐 수 없다. 은행은 일반 기업과 달라서 사람들이 은행에 대한 신뢰를 잃게 되면 아무도 돈을 맡기려 하지 않을 것이다. 그러면 여유 자금이 없어 기업에게 대출이 안 되고, 결국 나라 경제가 제대로 돌아가지 않아 경제 전체에 엄청난 위협이 될 수 있다.

그래서 역사적인 경험을 거치면서 대부분의 나라에서 중앙은행이 자리를 잡게 되었다. 일반적으로 한 국가에는 하나의 중앙은행이 있는데, 우리나라의 중앙은행은 1950년 6월에 창립된 한국은행이다. 중앙은행은 일반 은행이 사람들에게 예금을 지급*하지 못하는 상황을 막기 위해 예금의 일정 부분을 강제로 맡기게 하고, 맨 마지막에 일반 은행에 돈을 빌려 주는 역할을 한다. 때문에 중앙은행은 흔히 '은행의 은행'이라는 이름으로 불린다. 또한 중앙은행은 국가의 금고 역할도 하며 돈을 얼마나 찍어 낼 것인지, 이자율은 어떻게 유지할 것인지 등의 금융 정책 전반에 걸쳐 의사 결정을 한다.

중앙은행의 매우 중요한 역할 중의 하나는 바로 화폐 가치를 안정적으로 유지하는 데 있다. 화폐 가치가 너무 큰 폭으로 변동하면 사람들이 정상적으로 계획을 세워 생활을 하는 것이 불가능해지기 때문이다. 현대 경제에서는 시중*에 유통되고 있는 화폐의 양이 너무 많아 돈의 가치가 지나치게 빠른 속도로 떨어지는 인플레이션의 경우가 문제가 된다. 이 때문에 중앙은행은 국가 경제가 과열되었다고 판단되면 금리를 올리거나 돈을 거두어 들여 경기*를 진정시키고 적정 속도의 성장을 지속할 수 있도록 유도한다.

* 대출(빌릴 貸, 날 出): 돈이나 물건 따위를 빌려 주거나 빌림.
* 차익(어긋날 差, 더할 益): 매매의 결과나 가격의 변동 따위로 생기는 이익. 또는 그 이익의 액수.
* 지급(지탱할 支, 줄 給): 돈이나 물건 따위를 정해진 몫만큼 내줌.
* 시중(저자 市, 가운데 中): 사람들이 많이 오가며 일상적으로 생활하거나 활동하는 곳.
* 경기(볕 景, 기운 氣): 매매나 거래에 나타나는 호황·불황 따위의 경제 활동 상태.

주제 쓰기

―――――――――
―――――――――

1 윗글에 대한 이해로 적절하지 <u>않은</u> 것은?

① 일반적으로 한 국가에는 하나의 중앙은행이 있다.
② 일반 은행은 예금의 일정 부분을 중앙은행에 맡겨야 한다.
③ 중앙은행은 국가의 금융 정책 전반에 걸쳐 의사 결정을 한다.
④ 은행은 예금 이자율과 대출 이자율의 차익을 통해 이익을 얻는다.
⑤ 중앙은행은 인플레이션이 발생하면 금리를 내려 경기를 진정시킨다.

2 ㉠의 이유를 <보기>와 같이 정리하였을 때, ㉮에 들어갈 내용으로 가장 적절한 것은?

┤ 보 기 ├

예금주가 은행에 대한 신뢰를 잃게 됨. → 사람들이 은행에 돈을 맡기지 않으려 함.
→ _____㉮_____ → 나라 경제가 제대로 돌아가지 않음. → 나라 경제 전체에 위협이 될 수 있음.

① 일반 은행이 중앙은행에 돈을 빌림.
② 은행이 고객의 신뢰 회복을 위해 힘씀.
③ 은행이 예금을 충분히 보관해 두지 않음.
④ 시중에 유통되고 있는 화폐의 양이 적어짐.
⑤ 은행에 여유 자금*이 없어 기업에 대출이 안 됨.

＊자금(재물 資, 쇠 金):
「1」 사업을 경영하는 데
에 쓰는 돈. 「2」 특정한
목적에 쓰는 돈.

독해의 기초 Tip

■ 설명문
① 설명문: 어떤 사실이나 사물, 현상, 또는 추상적인 개념이나 원리, 법칙 등에 대해 알기 쉽게 풀어 쓴 글이다.
② 설명문의 특성
• 객관성: 설명문은 대상에 대한 정보를 알리는 글이므로 글쓴이 개인의 의견이나 감정, 느낌보다는 사실에 바탕을 둔 객관적이고 공정한 글이다.
• 정확성: 설명하는 대상에 대한 정확하고 신뢰성 있는 정보가 바탕이 된다. 또한, 설명문은 독자를 이해시키기 위한 공식적인 글로 내용과 표현이 정확하고 뜻이 분명하게 드러난다.
• 체계성: 설명문은 설명하는 대상에 대한 정보를 독자에게 효과적으로 전달하여 독자가 내용을 쉽게 이해할 수 있도록 간결하고 체계적으로 쓴 글이다.

 중심 화제나 핵심 내용 등에는 ○, △, □, 밑줄 등과 같은 표시를 하면서 읽어보세요.

2001년 제1편 '해리 포터와 마법사의 돌'로 시작된 영화 「해리 포터」 시리즈는 2011년이 되어서야 마지막편이 나왔다. 이처럼 제작 기간이 길었던 까닭은 여러 가지 이유가 있겠지만, 청소년의 노동 시간을 제한하는 영국의 노동법도 한몫을 했다. 다니엘 래드클리프나 엠마 왓슨 같은 배우들은 어린 나이부터 이 영화에 출연을 했다. 그런데 영국의 노동법은 어린 배우들의 노동 시간을 성인보다 적게 해야 한다고 규정하고* 있다. 그래서 긴 시간 촬영을 하는 것이 불가능했기 때문에 제작 기간이 길어지게 된 것이다.

우리나라 또한 영국과 마찬가지로 미성년자의 노동에 제한을 두고 있다. 근로기준법에 따르면, 만 13세 미만일 경우에는 연기자, 가수 등과 같은 공연 예술 활동을 하는 경우를 제외하고는 고용이 금지되어 있다. 만 13세~14세 청소년이 취업을 하기 위해서는 고용노동부에서 발급하는 취직을 허가한다는 증명서를 받아야 한다.

만 15세~18세까지는 일을 할 수는 있지만 법정 대리인●의 동의서가 필요하며, 청소년 보호 차원에서 잠수 작업, 술을 만들거나 도살하는 작업, 교도소나 정신병원 업무 등의 위험하거나 유해한 업종에는 취직할 수가 없다. 또한 편의점이나 비디오 대여점에서도 일을 할 수 없다. 편의점에서는 대부분 담배와 술을 판매하는데, 담배와 술은 청소년에게 허용되지 않는 품목이기 때문이다. 청소년에게 허용되지 않는 품목을 판매하는 일에 청소년을 고용할 수는 없는 것이다. 비디오 대여점도 마찬가지이다. 비디오 대여점이나 만화 대여점에는 청소년들이 볼 수 없는 '19세 미만 금지' 등급의 비디오나 만화가 있다. 그래서 청소년을 고용할 수 없다.

이처럼 미성년자 노동에 연령 제한을 두는 이유는 만 15세가 안 된 청소년은 의무교육을 받아야 하기 때문이다. 우리나라는 질병이나 발육 상태 등 부득이한* 사유로 취학이 불가능한 경우를 제외하고는 모든 국민이 자신이 보호하는 자녀 또는 아동이 중학교를 졸업할 때까지 다니게 하여야 함을 법률로 제정하고* 있다. 때문에 청소년이 일을 할 수 있는 최대 시간은 하루 7시간, 일주일에 42시간을 넘을 수 없다. 또 일하는 시간도 오전 10시부터 오후 6시까지의 수업 시간은 제외해야 한다.

● 법정 대리인: 본인의 위임을 받지 않고도 법률의 규정에 의하여 당연히 대리할 권리가 있는 사람. 미성년자에 대한 친권자나 후견인 따위이다.

* 규정하다(법 規, 정할 定--): 규칙으로 정하다.
* 부득이하다(아닐 不, 얻을 得, 이미 已--): 마지못하여 할 수 없다.
* 제정하다(마를 制, 정할 定--): 제도나 법률 따위를 만들어서 정하다.

주제 쓰기

1 윗글의 내용과 일치하는 것은?

① 우리나라는 영국의 영향을 받아 미성년자에 대한 노동법을 만들었다.

② 만 15세~18세부터는 편의점이나 비디오 대여점에서 일을 할 수 있다.

③ 우리나라는 만 18세까지는 부득이한 사유가 없는 한 의무교육을 받아야 한다.

④ 영국 노동법은 미성년자의 노동 시간을 성인과 같게 해야 한다고 규정하고 있다.

⑤ 만 13세 미만은 연기자, 가수 등과 같은 공연 예술 활동을 하는 경우에만 일을 할 수 있다.

2 윗글을 참고할 때, <보기>의 ㉠~㉤ 중 근로기준법 에 위반*되는 것은?

* 위반(어길 違, 되돌릴 反): 법률, 명령, 약속 따위를 지키지 않고 어김.

┌─────────── 보 기 ───────────┐

　㉠만 17세인 동윤이는 요즘 아르바이트를 하고 있다. 집 앞 ㉡분식집에서 음식을 나르고 청소를 하는 일이다. 자신의 용돈만큼은 스스로 벌어 쓰고 싶었기 때문이다. 동윤이는 분식집 사장님이 요구한 ㉢법정 대리인의 동의서를 내고 근로 계약서를 쓴 뒤에야 정식으로 일을 시작할 수 있었다. ㉣평일에는 학교에 가야 하기 때문에 오후 7시부터 9시까지 일을 하고, ㉤주말에는 오전 9시부터 오후 6시까지 일을 한다. 일을 하는 것이 조금 힘들기는 하지만 재미도 있고 보람도 느끼고 있다.

└────────────────────────────┘

① ㉠　　　　② ㉡　　　　③ ㉢　　　　④ ㉣　　　　⑤ ㉤

주심 화제나 핵심 내용 등에는 ○, △, □, 밑줄 등과 같은 표시를 하면서 읽어보세요.

지구 온난화의 원인으로는 주로 산업 사회의 과다한 화석 연료 의존성이 지적되고 있다. 화석 연료가 연소하면서 발생하는 이산화탄소로 인해 지구 온난화 문제가 발생한다는 것이다. 하지만 최근 환경 이론이 세분화*되면서 과다한 육식 문명 또한 지구 환경 오염에 큰 책임이 있다는 주장이 설득력을 얻고 있다.

인류는 원래 농사를 지을 때 가축의 힘을 이용하거나 거름을 얻으려고 가축을 길렀다. 고기는 잔치 때나 먹었으니 그리 중요한 목표가 아니었다. 그러나 서구의 음식 문화가 고기를 많이 먹는 쪽으로 바뀌고, 개발도상국들도 경제 성장을 통해 고기 중심의 기름진 밥상을 쫓아 오게 되면서 가축을 기르는 주 목적이 고기를 얻기 위한 것으로 변하게 되었다.

가축은 대부분 사료로 키운다. 그런데 우리나라에서는 비용 문제 때문에 사료용 곡물을 직접 생산하기보다는 주로 미국에서 수입을 한다. 미국산 사료용 곡물은 넓은 땅에서 트랙터, 콤바인 같은 농기계와 화학 비료, 농약으로 재배된다. 이는 석유를 엄청나게 소모하는* 생산 방식이다. 가령 공기 중의 질소로 화학 비료 1톤을 생산하려면 석유 2톤이 들어가기 때문이다. 게다가 곡물을 화물선으로 한국까지 실어 오려면 또 엄청난 연료가 소모된다.

공장식으로 대량 사육되는 가축들이 트림이나 방귀로 뿜어내는 메탄가스도 무시할 수 없다. 메탄가스는 이산화탄소보다 11배나 강한 온실가스로, 농장 가축들이 자동차보다 40%나 많은 온실가스를 배출한다는 UN(국제연합)의 발표 자료도 있다. 또한 이들 가축의 배설물에서 발생하는 암모니아 가스, 메탄, 황화수소, 이산화탄소 등 많은 양의 유독성* 오염 물질은 지구 온난화뿐 아니라 산성비 생성과 오존층 파괴 등의 환경 문제까지 일으키고 있다.

물론 지구 온난화는 단지 육식 위주의 식습관으로 인해 발생하는 문제는 아니다. 조금만 덥거나 추워도 냉난방을 하고, 가까운 거리도 자동차로 가는 등 필요 이상으로 화석 연료를 소비하는 우리의 모든 행동이 지구 온난화의 원인이 된다. 하지만 우리가 지구 온난화를 예방하기 위해 에어컨 대신 선풍기를 사용하거나 대중 교통을 이용하는 것처럼, 우리의 식탁에서 고기를 줄이기 위한 노력도 필요할 것이다.

* 세분화(가늘 細, 나눌 分, 될 化): 사물이 여러 갈래로 자세히 갈라짐. 또는 그렇게 갈라지게 함.
* 소모하다(사라질 消, 쓸 耗--): 써서 없애다.
* 유독성(있을 有, 독 毒, 성품 性): 독이 있는 성질.

주제 쓰기 •

_____

_____

1 윗글을 쓴 목적으로 가장 적절한 것은?

① 현대 사회의 육식 위주의 식습관이 발생한 원인을 분석*하고자 한다.

② 지구 온난화를 예방하기 위해 고기 소비를 줄일 것을 권유하고자 한다.

③ 가축의 배설물에서 발생하는 유독성 오염 물질의 위험성을 알리고자 한다.

④ 화석 연료의 과도한 사용이 지구 온난화에 미치는 영향을 설명하고자 한다.

⑤ 미국산 사료용 곡물의 재배 방식이 지닌 문제점과 해결 방안을 제시하고자 한다.

＊분석(나눌 分, 가를 析): 얽혀 있거나 복잡한 것을 풀어서 개별적인 요소나 성질로 나눔.

2 윗글에서 제시한 지구 온난화의 원인으로 적절한 것을 <보기>에서 모두 골라 바르게 짝지은 것은?

┤ 보 기 ├

㉠ 자동차가 배출하는* 온실가스

㉡ 사람이 숨을 쉴 때 내뱉는 이산화탄소

㉢ 가축의 배설물에서 발생하는 암모니아 가스

㉣ 화석 연료가 연소하면서 발생하는 이산화탄소

㉤ 공장식 사육 가축들의 트림이나 방귀로 뿜어내는 메탄가스

＊배출하다(밀칠 排, 날 出--): 안에서 밖으로 밀어 내보내다.

① ㉠, ㉢, ㉤   ② ㉡, ㉢, ㉣   ③ ㉡, ㉢, ㉤

④ ㉠, ㉢, ㉣, ㉤   ⑤ ㉠, ㉡, ㉢, ㉣, ㉤

우리의 권리, 보편적 복지 _ 박병현

정답 및 해설 40쪽

중심 화제나 핵심 내용 등에는 ○, △, □, 밑줄 등과 같은 표시를 하면서 읽어보세요.

사회 복지 제도는 크게 선별적 복지와 보편적 복지로 구분할 수 있다. 선별적 복지는 노동자와 중산층이 부담한 복지 비용으로 저소득층에게 복지 혜택을 제공하는 방식이다. 반면 보편적 복지는 소득 수준에 상관없이 일정한 조건에 해당되는 사람 모두에게 복지 혜택을 부여하는* 것을 의미한다.

이중 보편적 복지는 부자가 가진 것을 뺏어서 가난한 사람에게 나누어 주는 복지가 아니라, 우리가 낸 세금을 서비스 형태로 돌려받는 권리 성격의 복지이다. 다만 가난한 사람들이 부자들보다 세금을 적게 내고 동일한 수준의 복지를 받기 때문에 상대적으로 좀 더 혜택을 본다.

그러면 어떤 경우에 보편적 복지를 제공하는 것이 바람직할까? 유아기부터 노년기에 이르기까지 누구나 겪게 되는 기본적인 욕구에 대해서는 보편적 복지를 제공하는 것이 사회 통합적* 차원에서 바람직하다. 이러한 경우에 해당되는 것으로는 대표적으로 의료 서비스와 보육 서비스가 있다. 부자이건 가난한 사람이건 건강하게 살고 싶은 욕구가 있고, 아동들도 질 좋은 보육을 받고 싶은 욕구가 있다. 또한 우리나라에서 보편적 보육 서비스는 저출산 문제를 해결하는 가장 현실적인 방안이 될 수 있다. 아이를 낳고 기르는 것은 개인만의 문제가 아니라 사회의 문제이고 국가의 존망*이 달린 문제이다. 그래서 보육 서비스는 아동을 키우는 모든 계층에게 보편적 복지로 제공하는 것이 더더욱 바람직하다.

㉠이처럼 의료 서비스, 보육 서비스를 보편적 복지 서비스의 형태로 제공하기 위해서는 어떻게 해야 할까? 국민들이 지금보다 더 많은 세금을 납부해야* 한다. 이를 위해서는 세금을 적게 내고 적은 복지를 받는 지금의 체제, 즉 저부담-저복지 체제를 벗어나야 한다. 그러나 세금을 지금보다 상당히 많이 내고 매우 좋은 복지를 받는 고부담-고복지 체제로 급격하게 바꾸려 하면 무리가 많이 따른다. 때문에 우선 세금을 조금 더 내고 조금 더 나은 복지를 받는 중부담-중복지 체제로 옮겨 간 이후 점차 고부담-고복지 체제로 변화하는 제도적 유연성이 필요하다.

* 부여하다(붙을 附, 줄 與 ――): 사람에게 권리·명예·임무 따위를 지니도록 해 주거나, 사물이나 일에 가치·의의 따위를 붙여 주다.
* 통합적(거느릴 統, 합할 合, 과녁 的): 둘 이상의 조직이나 기구 따위를 하나로 합치는. 또는 그런 것.
* 존망(있을 存, 망할 亡): 존속과 멸망 또는 생존과 사망을 아울러 이르는 말.
* 납부하다(바칠 納, 줄 付 ――): 세금이나 공과금 따위를 관계 기관에 내다.

주제 쓰기

1 윗글의 내용을 이해한 것으로 적절한 것은?

① 보편적 복지는 저소득층에게 복지 혜택*을 제공하는 방식이다.

② 보편적 복지는 부자가 가진 것을 뺏어서 가난한 사람에게 나누어 주는 것이다.

③ 보육 서비스를 선별적 복지로 제공하면 우리나라의 저출산 문제를 해결할 수 있다.

④ 선별적 복지는 일정한 조건에 해당되는 사람 모두에게 복지 혜택*을 부여하는 것이다.

⑤ 삶의 과정에서 누구나 겪게 되는 기본적 욕구에 대해서는 보편적 복지를 제공하는 것이 바람직하다.

* 혜택(은혜 惠, 못 澤): 은혜와 덕택을 아울러 이르는 말.

2 윗글을 참고할 때, ㉠에 대한 대답으로 가장 적절한 것은?

① 국민들이 지금보다 더 적은 세금을 납부해야 한다.

② 세금은 적게 내고 많은 복지를 받는 체제로 바꾸어 나가야 한다.

③ 세금을 적게 내고 적은 복지를 받는 지금의 체제를 유지해야 한다.

④ 중부담-중복지 체제로 옮겨 간 후 점차 고부담-고복지 체제로 변화해야 한다.

⑤ 세금을 상당히 많이 내고 매우 좋은 복지를 받는 체제로 급격하게 바꾸어야 한다.

01 **냉소** 찰 冷 웃음 笑
쌀쌀한 태도로 비웃음. 또는 그런 웃음. 예 그녀의 입가에는 냉소가 흐르고 있었다.

02 **규제** 법 規 마를 制
규칙이나 규정에 의하여 일정한 한도를 정하거나 정한 한도를 넘지 못하게 막음. 예 방송에서는 지나친 외래어 사용을 규제하고 있다.

03 **취지** 뜻 趣 뜻 旨
어떤 일의 근본이 되는 목적이나 긴요한 뜻. 예 그들은 인지도를 높이기 위한 취지로 이번 일을 기획했다.

04 **셈**
어떤 형편이나 결과를 나타내는 말. 예 그 정도면 잘한 셈이다.

05 **지급** 지탱할 支 넉넉할 給
돈이나 물품 따위를 정하여진 몫만큼 내줌. 예 모든 사원에게 특별 성과급을 지급했다.

06 **경기** 볕 景 기운 氣
매매나 거래에 나타나는 호황·불황 따위의 경제 활동 상태. 예 경기가 회복되어 수출이 활기를 띠고 있다.

07 **차익** 다를 差 더할 益
매매의 결과나 가격의 변동 따위로 생기는 이익. 또는 그 이익의 액수. 예 싼 물건을 사서 비싸게 팔았더니 두 배의 차익이 남았다.

08 **자금** 재물 資 쇠 金
사업을 경영하는 데에 쓰는 돈. 예 요즘 같은 불황에는 대부분의 회사들이 자금 사정이 여의치 않다.

09 **규정** 법 規 정할 定
규칙으로 정함. 또는 그 정하여 놓은 것.

10 **제정** 마를 制 정할 定
제도나 법률 따위를 만들어서 정함. 예 8월 15일을 국경일로 제정하였다.

11 **제한** 마를 制 한계 限
일정한 한도를 정하거나 그 한도를 넘지 못하게 막음. 또는 그렇게 정한 한계. 예 이곳은 제한 구역이오니 관계자 외 출입을 금합니다.

12 **허용** 허락할 許 얼굴 容
허락하여 너그럽게 받아들임. 예 자유란 법이 허용하는 범위 안에서 누릴 수 있다.

13 **지적** 가리킬 指 딸 摘
꼭 집어서 가리킴. 예 선생님의 지적을 받은 학생이 의자에서 일어나 책을 읽었다.

14 **배출** 밀칠 排 날 出
안에서 밖으로 밀어 내보냄. 예 쓰레기 종량제가 실시되자 쓰레기 배출이 크게 줄었다.

15 **연소** 탈 燃 불사를 燒
물질이 산소와 화합할 때에, 많은 빛과 열을 내는 현상. 예 이것은 연소할 때 유독한 가스를 배출한다.

16 **소모** 사라질 消 쓸 耗
써서 없앰. 예 사소한 일에 에너지를 소모하였다.

17 **부여** 붙을 附 줄 與
사람에게 권리·명예·임무 따위를 지니도록 해 주거나, 사물이나 일에 가치·의의 따위를 붙여 줌. 예 시민들에게 선거권을 부여하다.

18 **통합** 거느릴 統 합할 合
둘 이상의 조직이나 기구 따위를 하나로 합침. 예 학연과 지연은 국민의 통합을 방해하는 대표적인 요인으로 손꼽힌다.

19 **존망** 있을 存 망할 亡
존속과 멸망 또는 생존과 사망을 아울러 이르는 말. 예 국가의 존망은 젊은이들의 손에 달려 있다.

20 **납부** 바칠 納 줄 付
세금이나 공과금 따위를 관계 기관에 냄. 예 공과금을 기한 내에 은행 등 지정 기관에 납부하지 않으면 연체료를 내야 한다.

[01~05] 다음 문장의 (　　　) 안에 들어갈 단어를 연결하시오.

01 한글날을 공휴일로 (　　　)하였다.　　　　　　•　　　　• ⓐ 부여

02 회사는 그에게 중요한 임무를 (　　　)하였다.　　•　　　　• ⓑ 제정

03 그 운동은 환경을 보존하자는 (　　　)(으)로 시작한 것이다.　•　　• ⓒ 취지

04 산업 폐기물을 불법으로 (　　　)한 기업이 적발되었다.　•　　• ⓓ 배출

05 이번 일만 잘 되면 특별 성과급을 (　　　)하겠다고 약속하였다.　•　　• ⓔ 지급

[06~10] 밑줄 친 단어의 뜻을 〈보기〉에서 찾아 기호를 쓰시오.

┌─ 보 기 ─┐
ⓐ 어떤 형편이나 결과를 나타내는 말.
ⓑ 규칙으로 정함. 또는 그 정하여 놓은 것.
ⓒ 사업을 경영하는 데에 쓰는 돈.
ⓓ 매매나 거래에 나타나는 호황·불황 따위의 경제 활동 상태.
ⓔ 매매의 결과나 가격의 변동 따위로 생기는 이익. 또는 그 이익의 액수.
└──────┘

06 경기가 회복되어 수출이 활기를 띠고 있다. (　　　)

07 창호는 학교 규정에 따라 정학 처분을 받았다. (　　　)

08 경리부에서는 회사의 올해 차익을 예상해 보았다. (　　　)

09 대출이 쉽지 않아서 회사의 자금 사정이 좋지 않다. (　　　)

10 그 정도면 잘한 셈이다 (　　　)

[11~15] 다음 문장의 밑줄 친 부분과 바꿔 쓸 수 있는 말을 〈보기〉에서 찾아 쓰시오.

┌─ 보 기 ─┐
허용하는　　통합하려는　　소모하는　　냉소하는　　납부하려고
└──────┘

11 본사에서는 작은 규모의 계열사들을 하나로 합치려는 움직임이 있다.

12 어머니는 각종 공과금을 내려고 은행에 가셨다.

13 자유란 법이 허락하여 받아들이는 범위 안에서 누릴 수 있다.

14 나는 우리를 비웃는 듯한 그의 태도가 무척 거슬렸다.

15 서울 사람들은 출퇴근에 써서 없애는 시간이 너무 많다.

[16~20] 다음 사전적 의미가 옳으면 ○표, 틀리면 ×표를 하시오.

16 존망: 존속과 멸망 또는 생존과 사망을 아울러 이르는 말. (　　　)

17 제한하다: 규칙이나 규정에 의하여 일정한 한도를 정하거나 정한 한도를 넘지 못하게 막다. (　　　)

18 지적하다: 꼭 집어서 가리키다. (　　　)

19 규제하다: 일정한 한도를 정하거나 그 한도를 넘지 못하게 막다. (　　　)

20 연소: 물질이 산소와 화합할 때에, 많은 빛과 열을 내는 현상. (　　　)

과학 제재에서는 주로 물리, 화학, 생명과학, 지구과학, 수학, 의학 등에 관한 내용을 다룬다. 이에 각 제재에 해당하는 과학적 원리를 객관적, 논리적으로 설명하는 경우가 많다. 그러므로 평소에 과학 교과서에 나오는 기본적인 과학 원리나 개념, 사례 등을 정리함으로써 과학 용어에 익숙해지도록 노력하는 것이 필요하다. 이를 바탕으로 출제된 지문의 내용을 메모하면서 글을 읽으면 효과적으로 대처할 수 있을 것이다.

과학 III

중심 화제나 핵심 내용 등에는 ○, △, □, 밑줄 등과 같은 표시를 하면서 읽어보세요.

중남미 아마존강 유역에서 서식하고 있는 몰포(Morpho)라는 나비의 날개는 푸른색을 내는 색소 성분이 전혀 없는데도 푸른빛이 나는데, 그 이유를 날개의 표면 구조에서 찾을 수 있다. 몰포나비의 날개를 전자 현미경으로 확대하면 나노미터● 크기의 기와지붕 같은 단백질 구조가 층층이 쌓여 있는 것을 볼 수 있다. 이러한 구조를 지닌 나비의 날개에 빛을 쏘이면 날개의 두께에 따라 빛은 간섭 현상을 일으키게 되고 결국 우리는 푸른빛의 몰포나비를 보게 되는 것이다.

그러면 빛의 간섭 현상은 무엇일까? 간섭 현상이란 두 개 이상의 파동●이 만났을 때 중첩의 원리에 따라 파동이 더해지면서 나타나는 현상으로 보강 간섭과 상쇄* 간섭이 있다. 그림(a)와 같이 모양이 같은 파동이 겹쳐지면 그 세기가 더욱 강해지는 보강 간섭이 나타나고 그림(b)와 같이 모양이 서로 어긋나는 파동이 겹쳐지면 그 세기가 약해지는 상쇄 간섭이 나타난다. 그런데 우리의 눈에 잘 보이는 경우는 보강 간섭이 일어나는 경우이며 색 변환 잉크 역시 이러한 빛의 간섭 현상을 활용하고 있다.

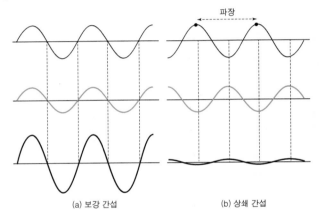

(a) 보강 간섭   (b) 상쇄 간섭

색 변환 잉크 안에 있는 얇은 조각은 크롬, 불화마그네슘, 알루미늄의 층으로 이루어져 있는데 층마다 빛을 반사하는 정도가 다르다. 빛의 간섭이 일어나는 파장●의 영역은 불화마그네슘의 두께에 따라 결정되는데 만 원권 지폐의 경우 위에서 내려다 봤을 때에는 노란색 파장이, 옆에서 봤을 때에는 초록색 파장이 강한 보강 간섭을 일으킨다. 그래서 우리가 만 원권 뒷면 오른쪽 아랫부분의 '10000'이라고 찍힌 부분을 위에서 보면 황금색으로 보이지만 옆에서 보면 초록색으로 보이는 것이다. 이러한 만 원권 지폐의 특성은 위조 지폐를 방지하는 데 효과적이라고 평가되고 있다.

* 상쇄(서로 相, 빠를 殺): 상반되는 것이 서로 영향을 주어 효과가 없어지는 일.

● 나노미터: 빛의 파장같이 짧은 길이를 나타내는 단위.
● 파동: 공간의 한 점에 생긴 물리적인 상태의 변화가 차츰 둘레에 퍼져 가는 현상. 수면(水面)에 생기는 파문이나 음파, 빛 따위를 이른다.
● 파장: 파동에서, 같은 위상을 가진 서로 이웃한 두 점 사이의 거리.

주제 쓰기 ●

_____

_____

1 윗글의 내용과 일치하는 것은?

① 몰포나비는 푸른색의 색소를 가지고 있다.

② 빛의 세기에 따라 나비의 날개에서 간섭 현상이 일어난다.

③ 몰포나비와 색 변환 잉크는 빛의 간섭 현상을 활용하고 있다.

④ 위상이 같은 파동이 겹쳐지면 세기가 강해지는 상쇄 간섭이 일어난다.

⑤ 색 변환 잉크에서 간섭이 일어나는 파장 영역은 알루미늄의 두께에 따라 결정된다.

2 윗글을 참고하여 <보기>를 이해한 내용으로 적절한 것은?

┤ 보 기 ├

비눗방울 용액은 특별한 색소를 첨가하지 않기 때문에 대부분 투명하거나 뿌옇게 보인다. 하지만 비눗방울은 무지갯빛을 띠며 공중을 날아다닌다. 이는 색의 비밀이 색소 자체에 있지 않고 빛에 있다는 사실을 말해 준다. 비눗방울 표면에 도달한 빛의 일부는 비누막 표면에서 반사되고, 나머지는 굴절되어 막으로 들어간다. 내부로 들어간 빛은 다시 반사되어 비눗방울 밖으로 나오게 되는데 이렇게 막 표면과 내부에서 반사된 빛이 간섭 현상을 일으켜 비눗방울이 무지갯빛을 띠게 되는 것이다. 또한 비눗방울의 두께가 일정하지 않아서 같은 비눗방울 용액을 사용하더라도 다양한 색의 비눗방울이 만들어지게 된다.

① 비눗방울의 무지갯빛과 몰포나비의 푸른빛은 모두 색소로 인해 나타난 것이겠군.

② 비눗방울의 무지갯빛과 몰포나비의 푸른빛은 모두 빛의 간섭 현상과 관련이 있겠군.

③ 비눗방울 용액이 뿌옇게 보이는 이유는 몰포나비가 푸른빛으로 보이는 이유와 비슷하겠군.

④ 비눗방울과 몰포나비 날개의 두께는 비눗방울과 몰포나비의 색깔에 영향을 미치지 않겠군.

⑤ 비눗방울의 무지갯빛은 용액의 표면 구조로 인한 것이고, 몰포나비의 푸른빛은 날개의 표면 구조로 인한 것이겠군.

오로라의 실체 _ 이창진

정답 및 해설 44쪽

주심 화제나 핵심 내용 등에는 ○, △, □, 밑줄 등과 같은 표시를 하면서 읽어보세요.

　　최근 사람들은 오로라를 볼 수 있는 여행지를 선호*하는 경향을 보이고 있다. 그렇다면 이렇게 사람들의 주목을 받고 있는 오로라의 정체는 무엇일까?

　　로마 신화에서는 새벽의 여신이 태양이 솟도록 하늘의 문을 여는 과정이라며 오로라를 신비하면서도 긍정적인 현상으로 언급하였다. 반면 알래스카의 에스키모 족은 오로라를 불길한 징조로 여겨 외출할 때 무기를 가지고 나갔다고 한다. 우리나라의 「삼국사기」나 「삼국유사」, 「고려사」 등에도 오로라에 관한 기록이 남아 있는데 이러한 사실은 확률적으로 우리나라에서도 1년에 하루 정도 오로라가 나타날 가능성이 있음을 알려주고 있다. 물론 일반적으로 오로라는 고위도인 북극권과 남극권에서 볼 수 있는데, 그 이유는 태양에서 날아온 고에너지 입자가 지구 가까이에 와서 지구의 자기장을 따라 남쪽과 북쪽으로 빨려 들어가기 때문이다.

　　오로라는 태양에서 날아온 전기적 성질을 띤 입자가 지구 대기에 있는 입자들과 충돌하면서 일어나는 현상이다. 그 입자는 강력한 에너지를 가지고 있는데 우주 공간에서는 에너지를 잃지 않고 그대로 가지고 있다가 지구의 대기권●에 들어온 순간부터 산소, 질소 분자와 충돌하며 지상으로 내려간다. 그리고 이때 충돌한 산소, 질소 분자는 주변에 있는 다른 분자에게 에너지를 전달해 불안정한 상태를 해소하고자 한다. 하지만 고층 대기는 공기가 매우 희박*하여 근처에 다른 입자●가 없다. 그래서 불안정한 상태인 산소, 질소 분자는 충돌하면서 얻게 된 에너지를 오랜 시간 동안 천천히 전자기파의 형태로 방출하게 되는데 이것이 바로 우리가 보는 오로라인 것이다.

　　오로라는 지상에서 90~250km 상공에 거대한 커튼처럼 펼쳐지기 때문에 오로라 커튼이라고도 부른다. 우리의 눈에는 오로라의 가장 아래쪽이 색이 강하고 위로 올라갈수록 흐릿해 보이지만 실제로 커튼의 아래와 위쪽은 밝기 차이가 없다. 이러한 오로라의 특성을 인지하고 오로라 여행을 계획한다면 신비한 현상을 조금 더 가까이 접할 수 있을 것이다.

● 대기권: 지구를 둘러싸고 있는 대기의 범위. 지상 약 1,000km까지를 이르며, 온도의 분포에 따라 밑에서부터 대류권, 성층권, 중간권, 열권으로 나눈다.
● 입자: 물질의 일부로서, 구성하는 물질과 같은 종류의 매우 작은 물체.

＊ 선호(가릴 選, 좋을 好): 여럿 가운데서 특별히 가려 좋아함.
＊ 희박(드물 稀, 엷을 薄): 기체, 액체 따위의 농도나 밀도가 엷거나 낮음.

주제 쓰기 ●

_____

_____

1 윗글의 내용 전개* 방식으로 적절하지 <u>않은</u> 것은?

＊ 전개(펼 展, 열 開): 내용을 진전시켜 펴 나감.

① 오로라 현상의 개념을 분명하게 설명하고 있다.

② 오로라를 구성하는 성분을 비교하여 설명하고 있다.

③ 오로라가 발생하는 원인을 분석적으로 설명하고 있다.

④ 오로라에 대한 상반된 인식을 대조하여 설명하고 있다.

⑤ 오로라에 대한 과거 사람들의 인식을 예를 들어 설명하고 있다.

2 윗글의 내용과 일치하지 <u>않는</u> 것은?

① 오로라에 대한 사람들의 관심이 높아지고 있다.

② 일반적으로 오로라는 고위도에서 볼 수 있다.

③ 지구의 고층 대기는 공기가 매우 희박하여 다른 입자가 존재하지 않는다.

④ 오로라는 보이는 것과 다르게 실제로는 위아래의 밝기 차이가 거의 없다.

⑤ 오로라는 지구의 대기에 존재하는 입자들끼리 충돌하면서 일어나는 현상이다.

독해의 기초 Tip

■ **내용 전개 방법**

① 정의: '무엇은 무엇이다.'의 방식으로 어떤 대상을 설명하는 것으로, 대상의 본질이나 뜻을 밝히는 방법이다. 대상의 의미와 범위를 밝혀 줌으로써 대상에 대한 독자의 이해를 돕는다.

　예 한복은 한국인들이 널리 입어 온 고유의 옷을 통틀어 이르는 말이다.

② 예시: 구체적인 사례를 제시하여 대상을 설명하는 방법이다. 예시를 통해 독자는 내용을 더욱 쉽게 이해할 수 있다.

　예 한식에는 불고기, 비빔밥, 김치찌개, 파전 등이 있다.

③ 분류: 비슷한 특성을 지닌 대상들을 일정한 기준에 따라 나누거나 묶어서 설명하는 방법이다. 분류를 사용하면 여러 가지 대상을 기준별로 명확하게 나누어 제시할 수 있다.

　예 국어의 단어는 기능에 따라 체언, 용언, 수식언, 관계언, 독립언으로 나눌 수 있다.

④ 분석: 하나의 대상을 이루고 있는 구성 요소를 나누어 설명하는 방법이다. 분류와 분석은 나누어서 설명한다는 공통점이 있으나, 분류는 여러 가지 대상을 기준에 따라 나누어서 설명하는 방법이고, 분석은 하나의 대상을 여러 부분으로 나누어서 설명하는 방법이다.

　예 곤충의 몸은 머리, 가슴, 배의 세 부분으로 이루어져 있다.

주심 화제나 핵심 내용 등에는 ○, △, □, 밑줄 등과 같은 표시를 하면서 읽어보세요.

진화론의 선구자인 찰스 다윈은 맹장, 정확하게 말하면 맹장 끝에 붙어 있는 작은 돌기인 충수가 있는 이유에 대해 다음과 같은 가설을 세웠다. 그는 유인원의 먼 조상은 잎사귀를 먹고 살았기 때문에, 이것을 소화할 수 있는 미생물이 사는 큰 맹장이 필요했다고 가정했다. 그러나 시간이 지나 유인원들의 조상들은 소화하기 쉬운 과일을 주식*으로 먹게 됐고, 쓸모가 없어진 맹장은 점점 작아졌다는 것이다. 특히 충수는 맹장이 수축*할 때 접히면서 남은 주름살 중 하나로, 아무 쓸모가 없는 기관이라고 생각했다. 이렇게 쓸모없게 보이는 충수는 급성 충수염을 일으키기도 해서 일반적으로 사람들은 충수는 쉽게 제거해도 된다고 생각하게 되었다.

[A]
그런데 이렇게 골칫거리로 여겨졌던 충수가 유익한 장내 미생물의 피난처라는 연구 결과가 발표되었다. 대장이 병을 일으키는 미생물에 감염된 경우, 설사로 대장이 깨끗하게 비워지고 나면 충수에 숨어 있던 기존의 미생물들이 나와 다시 원래대로의 장내 미생물 생태계를 만든다는 것이다. 특히 윌리엄 파커 교수팀은 급성 충수염의 원인이 되기도 하는 충수 주위의 림프 조직에 풍부하게 존재하는 특정 단백질이 장내 미생물의 성장을 돕는다는 사실도 밝혀냈다.

그래서 최근 단순 충수염에 한해 소아를 중심으로 충수를 잘라내지 않고 보존하는 치료 방법, 즉 항생제를 이용해 충수의 염증을 가라앉히는 방법이 연구되고 있다. 충수가 있는 다른 동물들은 사람처럼 급성 충수염에 쉽게 ㉠걸리지 않는다. 이에 대해 파커 교수는 급성 충수염은 서구화에 의한 병이라고 지목하면서 사람들이 실내에서 일하기 때문에 생기는 비타민D 결핍*이나, 지방이 많은 식이습관, 운동 부족, 스트레스, 환경의 변화에 따라 장내 미생물의 불균형 등으로 사람은 급성 충수염에 쉽게 노출*된다고 설명하고 있다. 따라서 우리는 그동안 하찮게 여겼던 충수에 대한 인식을 전환*하고 충수를 지키기 위해 치료 방법과 생활 습관의 변화를 꾀해야 할 것이다.

* 주식(주인 主, 밥 食): 밥이나 빵과 같이 끼니에 주로 먹는 음식.
* 수축(거둘 收, 줄일 縮): 근육 따위가 오그라듦.
* 결핍(이지러질 缺, 모자랄 乏): 있어야 할 것이 없어지거나 모자람.
* 노출(이슬 露, 날 出): 겉으로 드러나거나 드러냄.
* 전환(구를 轉, 바꿀 換): 다른 방향이나 상태로 바뀌거나 바꿈.

주제 쓰기

_____

_____

1 윗글의 내용과 일치하지 <u>않는</u> 것은?

① 충수는 맹장 끝에 붙어 있는 작은 돌기이다.
② 충수는 급성 충수염을 일으키는 원인이 된다.
③ 충수가 있는 동물들 역시 사람처럼 쉽게 급성 충수염에 걸린다.
④ 유인원들의 조상들은 과일을 주식으로 먹게 되면서 맹장이 작아지게 되었다.
⑤ 과거 골칫거리로 여겨졌던 충수가 긍정적인 역할을 한다는 것이 최근에 밝혀졌다.

2 [A]에 드러난 충수에 대한 새로운 인식*으로 적절하지 <u>않은</u> 것은?

① 충수는 유익한 장내 미생물의 피난처이다.
② 단순 충수염은 항생제를 이용해서 치료할 수 있다.
③ 충수는 급성 충수염의 원인이므로 쉽게 제거해도 된다.
④ 서구화로 인해 실내에서 일하게 됨에 따라 급성 충수염에 쉽게 노출된다.
⑤ 장내 미생물의 불균형 때문에 사람들은 급성 충수염에 쉽게 걸릴 수 있다.

* 인식(알 認, 알 識): 사
물을 분별하고 판단하
여 아는 일.

3 ㉠과 문맥적 의미*가 가장 유사한 것은?

① 친구와의 다툼이 마음에 <u>걸린다</u>.
② 날씨가 추워지자 감기에 <u>걸렸다</u>.
③ 오후가 되자 해가 중천에 <u>걸렸다</u>.
④ 그는 규정에 <u>걸릴</u> 일은 하지 않았다.
⑤ 숱한 말들이 목에 <u>걸려</u> 한 마디도 할 수 없었다.

* 문맥적 의미: 문장과 문
장이 이어지면서 전달
되는 중심적인 의미나
논리적 연관 관계와 관
련된 의미.

중심 화제나 핵심 내용 들에는 ○, △, □, 밑줄 등과 같은 표시를 하면서 읽어보세요.

모든 배아*의 시작은 정자와 난자의 만남, 즉 수정이다. 그런데 수정의 순간을 담고 있는 몇몇 애니메이션은 과학적 오류를 담고 있어 문제가 되고 있다. 학생들에게 잘못된 정보를 습득하도록 하여 수정의 과정을 제대로 전달하지 못하고 있기 때문이다. 그러면 수정을 다루고 있는 애니메이션에 담긴 과학적 오류는 무엇일까?

애니메이션에서는 수많은 정자가 꼬리를 힘차게 흔들면서 난자를 향해 간다. 하지만 난자에 도착하는 정자는 단 하나뿐이다. 난자는 정자를 기다리고 있다가 가장 먼저 도착한 정자와 수정이 된다. 애니메이션의 초점은 선택 받은 정자이기 때문에 난자의 선택 과정은 간과*되고 있으며 정자에 대한 묘사도 사실과 다르다.

여성은 태어날 때 약 200만 개의 미성숙한 난자를 가지고 태어나는데 사춘기가 시작되면서 이 난자들이 성숙하게 되고, 한 달에 한 번, 하나의 난자가 배란된다. 배란*이 되기 약 10일 전, 12개가 넘는 미성숙한 난자들이 성숙 과정을 거쳐 결국 단 하나의 난자만이 성숙 과정을 마치고 배란된다. 하나의 난자만이 성숙 과정을 마칠 수 있는 이유는 성숙에 필요한 난포 호르몬이 아주 적은 양으로 분비되기 때문이다. 이렇듯 난자 역시 수정을 위해 정자처럼 치열하게 경쟁하고 있는 것이다.

그러면 가장 먼저 도착한 정자가 난자와 융합*하는 것일까? 정자도 난자처럼 성숙 과정이 필요하다. 성숙 과정은 정자가 난자에 도착하기 전까지 이루어지는데 이 과정을 통해 정자는 난자를 둘러싸고 있는 막을 뚫을 수 있는 능력을 갖게 된다. 무작정 빨리 헤엄쳐서 난자에게 가장 빨리 온 정자는 성숙될 시간이 오히려 적었기 때문에 수정될 확률이 적다고 할 수 있다. 그리고 정자가 꼬리를 흔들면서 난자에게 가까이 가는 것이 아니라 자궁의 근육 운동으로 인해 정자가 난자 가까이 이동할 수 있는 것이다. 정자의 꼬리는 난자 주변에 가서야 비로소 힘차게 움직여 난자 주변을 둘러싼 막을 뚫고 들어가는 역할을 한다.

애니메이션을 통해 수정의 과정을 보여 주는 것은 학생들에게 흥미를 유발시키고 수정과 관련된 정보를 효과적으로 제공해 줄 수 있다. 하지만 지나친 흥미 위주의 설정은 사실과 다른 정보를 제공하여 학생들이 잘못된 정보를 습득할 우려*가 있으므로 과학적 정보를 제공할 때에는 주의를 기울여 과학적으로 모순이 없는지를 신중히 판단해야 한다.

* 간과(볼 看, 지날 過): 큰 관심 없이 대강 보아 넘김.
* 융합(화할 融, 합할 合): 다른 종류의 것이 녹아서 서로 구별이 없게 하나로 합하여지거나 그렇게 만듦. 또는 그런 일.
* 우려(근심할 憂, 생각할 慮): 근심하거나 걱정함. 또는 그 근심과 걱정.

● 배아: 난할을 시작한 이후의 개체. 사람의 경우 7주가 지나면 태아라고 한다.
● 배란: 성숙한 난자가 난소에서 배출되는 일.

주제 쓰기 •

_____

_____

1 윗글을 신문 기사화할 때 표제와 부제로 가장 적절한 것은?

① 생명의 신비

　－ 난자와 정자의 만남

② 과학 애니메이션의 장점

　－ 사실 확인만이 유력한 대안*

③ 배아의 시작인 수정

　－ 수정 과정에서 난자와 정자의 역할

④ 수정 과정에 담긴 비밀

　－ 사실에 부합하는 정보 제공만이 살 길

⑤ 애니메이션의 과학적 오류

　－ 수정 과정에 대한 정확한 정보 제공 필요

＊대안(대신할 代, 책상 案): 어떤 안(案)에 대신할 안(案).

2 윗글을 읽은 후의 반응으로 적절하지 <u>않은</u> 것은?

① 여성은 한 달에 한 번 하나의 난자가 배란되는군.

② 가장 먼저 도착한 정자가 난자와 만나 수정이 이뤄지는군.

③ 자궁의 근육 운동으로 인해 정자가 난자 가까이 이동할 수 있군.

④ 정자의 꼬리는 난자 주변을 둘러싼 막을 뚫고 들어가는 역할을 하는군.

⑤ 난포 호르몬 때문에 한 달에 한 개의 난자만이 성숙 과정을 끝낼 수 있군.

독해의 기초 Tip

■ **기사문**

① 기사문: 알릴 만한 가치가 있는 사실을 객관적으로 쓴 글

② 기사문 쓰기의 기본 원칙: 육하원칙(누가, 언제, 어디서, 무엇을, 왜, 어떻게)

③ 기사문의 구성 요소: 표제, 부제, 전문, 본문, 해설

■ **표제와 부제**

① 표제

　• 전체 기사 내용을 대략 짐작할 수 있게 압축 요약한 문구이다.

　• 설명문인 경우에는 핵심어가, 논설문인 경우에는 필자의 의도가 반영되어야 한다.

② 부제

　• 내용을 구체적으로 알리는 작은 제목으로 표제를 보완한 간결한 문구이다.

　• 표제와 관련된 내용으로서 표제보다 구체적으로 제시된다.

렘수면의 비밀을 밝히다 _ 최지현 외

정답 및 해설 50쪽

중심 화제나 핵심 내용 등에는 ○, △, □, 밑줄 등과 같은 표시를 하면서 읽어보세요.

뇌의 활동은 뇌를 구성하는 신경 세포들의 활동이라고 할 수 있다. 신경 세포들은 서로 전기적 신호를 주고받으며 의사소통을 하는데, 세포들 간에 일어나는 이 같은 의사소통 신호를 측정함으로써 뇌의 활동에 대한 정보를 얻을 수 있다. 뇌세포가 발생시키는 전기적 신호를 뇌파라고 하는데 사람의 뇌파를 측정하면 깨어 있을 때와 잠이 들었을 때 각각 다른 뇌파가 발생된다.

사람이 깨어 있을 때에는 진폭˙이 작고 주파수˙가 높은 형태인 뇌파가 발생하지만 수면의 초기에는 뇌의 활동 정도가 서서히 줄어들면서 뇌파의 진폭은 점점 커지고 주파수는 늘어지게 된다. 사람이 잠이 들면 뇌파의 특성과 안구의 움직임에 따라 렘수면(REM)과 비(非) 렘수면 단계로 나눌 수 있는데 평균적으로 렘수면은 전체 수면 시간의 25%, 비 렘수면은 75%를 차지한다고 알려져 있다. 일반적으로 렘수면은 급속한 안구 운동이 나타나는 시기이며 비 렘수면은 깊은 잠을 자는 시기를 말한다.

우리는 렘수면 단계에서 꿈을 꾼다. 일반적으로 사람은 하룻밤에 네 번 가량 렘수면 상태를 경험함에도 불구하고 렘수면일 때 우리 뇌에서 벌어지는 현상은 거의 알려지지 않았다. 하지만 국내 연구진이 최근 쥐의 뇌에 전극˙을 직접 넣어 렘수면 중 뇌파를 관찰한 결과 느린 뇌파와 빠른 뇌파가 동시에 관찰되었다. 일반적으로 특정한 뇌파마다 그 역할이 알려져 있는데 느린 뇌파는 뇌세포의 피로를 풀어 주고 빠른 뇌파는 기억을 형성하는 등의 뇌 활동을 반영한다. 그런데 렘수면 상태에서 느린 뇌파와 빠른 뇌파가 모두 관찰되었다는 것은 렘수면이 뇌의 피로 회복과 기억 형성에 기여한다는 사실이 입증*된 것이라는 점에서 그 의미를 찾을 수 있다.

- 진폭: 진동의 중심으로부터 최대로 움직인 거리.
- 주파수: 단위 시간 내에 몇 개의 패턴이 반복되었는가를 나타내는 수.
- 전극: 전기가 드나드는 곳. 전지, 발전기 따위의 전원에서 전류가 나오는 곳을 양극, 전류가 들어가는 곳을 음극이라 하는데 전위의 높고 낮음으로 양극과 음극을 구별한다.

＊입증(설 효, 증거 證): 어떤 증거 따위를 내세워 증명함.

주제 쓰기 •

_____

_____

1 윗글을 통해 답을 찾을 수 <u>없는</u> 질문은?

① 뇌파란 무엇인가?

② 빠른 뇌파의 역할은 무엇인가?

③ 전체 수면 중 렘수면의 비중은 어떻게 되는가?

④ 수면 초기에 발생하는 뇌파의 진폭은 어떠한가?

⑤ 비 렘수면 중 발생하는 뇌파의 특징은 무엇인가?

2 윗글을 읽은 후의 반응으로 적절하지 <u>않은</u> 것은?

① 렘수면 단계에서 꿈을 꾸게 되는 것이군.

② 일반적으로 빠른 뇌파는 뇌세포의 피로를 풀어 주는군.

③ 깨어 있을 때 진폭이 작고 주파수가 높은 뇌파가 발생하는군.

④ 세포들 간에 일어나는 의사소통 신호를 측정하여 뇌의 활동을 알 수 있군.

⑤ 뇌파의 특성과 안구의 움직임에 따라 렘수면과 비 렘수면으로 나눌 수 있군.

독해의 기초 Tip

■ 글의 종류에 따른 글 읽기
　① 정보를 전달하는 글: 핵심 정보 파악하기, 정보의 정확성 확인하기
　　• 지식과 정보를 전달하는 경우가 많음.
　　• 핵심어를 표시하면서 읽어야 함.
　　• '그리고, 그러나, 또한, 그러므로'와 같은 접속어에 유의하며 읽기
　② 주장하는 글: 글쓴이의 주장과 근거를 파악하고 타당성 판단하기
　③ 정서를 표현하는 글: 내용 상상하기, 글쓴이의 생각에 공감하기

■ 글의 목적에 따른 글 읽기
　① 글을 읽는 목적
　　• 지식과 정보를 얻기 위해
　　• 글쓴이의 생각과 가치관을 배우기 위해
　　• 여가 활용을 위해
　　• 즐거움을 얻기 위해
　② 글을 읽기 전에 독자는 글을 읽는 목적을 분명히 정할 필요가 있다. 글을 읽는 목적에 따라 글의 세
　　부 내용을 정확히 파악하며 읽어야 하는지 전체적인 줄거리만 파악하며 읽어도 되는지가 결정되기
　　때문이다. 또한 글을 읽는 목적이 분명해지고 그에 따른 읽기 방법이 선택되면 글의 난이도에 따라
　　읽기의 속도도 조절되어야 한다.

01 **중첩** 무거울 重 겹쳐질 疊
거듭 겹치거나 포개짐. 예 갑자기 어지럽고 앞에 있는 물체가 이중으로 중첩되어 보인다.

02 **보강** 기울 補 굳셀 强
보태거나 채워서 본디보다 더 튼튼하게 함. 예 그 회사는 전문 인력을 보강할 예정이다.

03 **상쇄** 서로 相 빠를 殺
상반되는 것이 서로 영향을 주어 효과가 없어지는 일. 예 진동 방향이 반대일 때는 힘이 서로 상쇄되어 마찰이 일어나기도 한다.

04 **선호** 가릴 選 좋을 好
여럿 가운데서 특별히 가려서 좋아함. 예 수입품을 선호하던 시대는 지났다.

05 **희박** 드물 稀 엷을 薄
기체, 액체 따위의 농도나 밀도가 엷거나 낮음. 예 밀도가 희박하다.

06 **주목** 물댈 注 눈 目
관심을 가지고 주의 깊게 살핌. 또는 그 시선. 예 그 가수는 최근 들어 주목을 받고 있다.

07 **해소하다** 풀 解 사라질 消--
어려운 일이나 문제가 되는 상태를 해결하여 없애 버리다. 예 새 정부는 실업난을 해소에 노력하고 있다.

08 **인지** 알 認 알 智
어떤 사실을 인정하여 앎. 예 그 일은 모든 사람들에게 사회적 문제로 인지되었다.

09 **전개** 펼 展 열 開
내용을 진전시켜 펴 나감. 예 그 영화는 이야기 전개가 너무 산만하다.

10 **대조** 대할 對 비칠 照
둘 이상인 대상의 내용을 맞대어 같고 다름을 검토함. 예 설명의 방법으로는 정의, 예시, 비교와 대조, 분류와 구분 등이 있다.

11 **결핍** 어지러질 缺 모자랄 乏
있어야 할 것이 없어지거나 모자람. 예 그 아이들은 영양 결핍으로 매우 말라 있었다.

12 **노출** 이슬 露 날 出
겉으로 드러나거나 드러냄. 예 무방비 상태로 위험에 노출되다

13 **문맥적** 글월 文 줄기 脈 과녁 的
문장과 문장이 이어지면서 전달되는 중심적인 의미나 논리적 연관 관계와 관련된 것. 예 네가 쓴 글은 문맥적으로 앞뒤가 전혀 맞지 않는다.

14 **습득** 익힐 習 익힐 得
학문이나 기술 따위를 배워서 자기 것으로 함. 예 컴퓨터 사용 방법을 습득하다.

15 **간과** 볼 看 지날 過
큰 관심 없이 대강 보아 넘김. 예 살아가면서 정직이 최선이라는 소박한 진리를 간과하기 쉽다.

16 **융합** 화할 融 합할 合
다른 종류의 것이 녹아서 서로 구별이 없게 하나로 합하여지거나 그렇게 만듦. 또는 그런 일. 예 융합될 수 있는 물질들은 서로 가까이 두면 안 된다.

17 **우려** 근심할 憂 우려할 慮
근심하거나 걱정함. 또는 그 근심과 걱정. 예 이번 가뭄으로 심각한 식수난이 우려된다.

18 **측정** 잴 測 정할 定
일정한 양을 기준으로 하여 같은 종류의 다른 양의 크기를 잼. 예 이 수치는 정밀한 측정의 결과이다.

19 **반영** 되돌릴 反 비출 映
다른 것에 영향을 받아 어떤 현상이 나타남. 또는 어떤 현상을 나타냄. 예 민화에는 서민의 의식이 반영되어 있다.

20 **입증** 설 立 증거 證
어떤 증거 따위를 내세워 증명함. 예 의료 사고의 입증 책임은 의료 기관에 있다.

[01~06] 다음 뜻에 해당하는 단어를 연결하시오.

01 어떤 사실을 인정하여 앎. • • ⓐ 입증

02 여럿 가운데서 특별히 가려서 좋아함. • • ⓑ 우려

03 어떤 증거 따위를 내세워 증명함. • • ⓒ 인지

04 내용을 진전시켜 펴 나감. • • ⓓ 선호

05 근심하거나 걱정함. 또는 그 근심과 걱정. • • ⓔ 중첩

06 거듭 겹치거나 포개짐. • • ⓕ 전개

[07~13] 다음 밑줄 친 단어의 뜻을 〈보기〉에서 찾아 기호를 쓰시오.

┤ 보 기 ├

㉠ 큰 관심 없이 대강 보아 넘김.

㉡ 다른 것에 영향을 받아 어떤 현상이 나타남. 또는 어떤 현상을 나타냄.

㉢ 문장과 문장이 이어지면서 전달되는 중심적인 의미나 논리적 연관 관계와 관련된 것.

㉣ 상반되는 것이 서로 영향을 주어 효과가 없어지는 일.

㉤ 어려운 일이나 문제가 되는 상태를 해결하여 없애 버리다.

㉥ 관심을 가지고 주의 깊게 살핌.

㉦ 보태거나 채워서 본디보다 더 튼튼하게 함.

07 전할 사항이 있으니 모두 나를 주목해라. ( )

08 민화에는 서민의 의식이 반영되어 있다. ( )

09 스트레스 해소에 도움이 될 만한 것이 없겠습니까? ( )

10 그 사건의 진실한 내막은 간과되고 말았다. ( )

11 네가 쓴 글은 문맥적 의미가 모호해서 이해할 수 없다. ( )

12 진동 방향이 반대일 때는 힘이 서로 상쇄되어 마찰이 일어나기도 한다. ( )

13 그 회사는 전문 인력을 보강할 예정이다. ( )

[14~20] 다음 문장의 ( ) 안에 알맞은 단어를 찾아 연결하시오.

14 그 경기에서 우리의 약점이 자주 ( )되었다. • • ⓐ 습득

15 길에서 ( )한 돈을 파출소에 맡겼다. • • ⓑ 노출

16 고지대에서는 산소가 ( )하므로 호흡수가 늘어난다. • • ⓒ 대조

17 설명의 방법으로는 정의, 예시, 비교와 ( ), 분류와 구분 등이 있다. • • ⓓ 희박

18 부모의 애정 ( )은/는 아이의 마음을 아프게 한다. • • ⓔ 융합

19 이 두 물체는 결코 ( )할 수 없다. • • ⓕ 결핍

20 환경부는 각 도시의 공기 오염도 ( ) 결과를 발표하였다. • • ⓖ 측정

바이러스는 무엇이며 왜 막기가 어려운가 _ 이재열

정답 및 해설 52쪽

중심 화제나 핵심 내용 등에는 ○, △, □, 밑줄 등과 같은 표시를 하면서 읽어보세요.

　빵을 먹다 남기면 곰팡이가 피고 풀이나 나뭇잎은 썩어 거름이 된다. 이러한 현상들에서 공통적으로 발견할 수 있는 존재는 바로 미생물이다. 현미경을 통해서 확인할 수 있는 미생물은 눈에 보이지 않을 뿐 생물과 살아가는 모습이 비슷하다. 미생물에는 곰팡이, 박테리아(세균), 바이러스 등이 있는데 이들은 여러 가지 병을 일으키는 원인으로 더 잘 알려져 있다. 앞서 말했듯이 미생물도 생물이므로 양분을 섭취하고 이를 소화시켜 에너지를 얻고, 다시 이것을 이용해 생장*과 증식* 그리고 변이*를 일으키는 생명 현상을 영위한다.

　그런데 바이러스는 다른 미생물과 달리 완전한 세포 구조를 가지고 있지 않아 스스로 양분을 먹지도 않고 스스로 자라지도 않는다. 게다가 다른 모든 생물들이 가지고 있는 핵을 가지고 있지 않은 대신에 유전 정보를 간직한 DNA(디옥시리보핵산) 분자나 RNA(리보핵산) 분자를 가지고 있다. 또한 바이러스는 핵산 분자를 보호하는 단백질 분자가 효과적으로 합쳐진 아주 간단한 모습이지만 어떻게 해서든지 자신과 똑같은 자손을 만들어 내는 증식 능력이 있다. 이처럼 바이러스는 이렇게 숙주●가 없을 때에는 무생물에 가깝지만 숙주 세포만 있다면 생물처럼 증식할 수 있기 때문에 흔히 바이러스를 살아 있는 유전 물질, 생물과 무생물의 중간 존재라고 말한다.

　그러면 바이러스가 이용하는 숙주는 무엇일까? 바이러스는 사람을 비롯하여 다른 동물과 식물, 심지어 곰팡이, 박테리아 등의 살아 있는 세포를 숙주로 이용한다. 바이러스는 다른 생물체가 있어야만 생존과 증식을 할 수 있는데 이러한 바이러스의 특징은 다른 숙주 생물에게는 ⓐ해로운 영향을 미친다. 바이러스는 숙주 세포에 ⓑ기생하고 있기 때문에 곰팡이, 박테리아와 달리 약을 사용하여 바이러스를 직접 죽일 수는 없다. 그래서 과학자들은 이미 알려진 바이러스의 피해를 다시 겪지 않으려고 백신을 만들어 바이러스에 ⓒ대항하는 방법을 찾아냈다. 병에 걸리기 전, 우리 몸에 아주 약한 바이러스나 병을 일으키지 못하는 바이러스 종류를 미리 주사하여 병을 막는 것이다. 하지만 바이러스들은 자신의 모습을 새롭게 바꾸는 변이를 일으킨다. ㉠사람들은 매년 독감을 예방하기 위해 독감 백신을 접종하고 있지만 백신을 맞고도 독감에 걸린다. 그 이유는 독감 바이러스가 변이가 잦아 그것을 100% ⓓ방어할 수 있는 백신을 만들기가 어렵기 때문이다. 이렇게 끊임없이 변이하는 독감 바이러스를 상대로 백전백승을 ⓔ단언하기란 쉽지 않지만 국내외 과학자들이 연구에 힘쓰고 있기 때문에 널리 쓰일 수 있는 백신이 만들어질 것이라고 기대해 본다.

● 숙주: 기생 생물에게 영양을 공급하는 생물.

* 생장(날 生, 길 長): 나서 자람. 또는 그런 과정.
* 증식(불을 增, 번성할 殖): 생물이나 조직 세포 따위가 세포 분열을 하여 그 수를 늘려 감. 또는 그런 현상.
* 변이(변할 變, 다를 異): 같은 종에서 성별, 나이와 관계없이 모양과 성질이 다른 개체가 존재하는 현상.

주제 쓰기 •

_____

_____

1 윗글의 내용과 일치하지 <u>않는</u> 것은?

① 바이러스는 핵을 가지고 있지 않다.
② 바이러스는 RNA 분자를 가지고 있지 않다.
③ 바이러스는 스스로 양분을 섭취하지 않는다.
④ 바이러스는 증식을 위해 숙주 세포를 필요로 한다.
⑤ 바이러스, 곰팡이, 박테리아 모두 증식 능력이 있다.

2 독감 바이러스의 특징으로 미루어 ㉠의 이유로 가장 적절한 것은?

① 독감 바이러스를 직접 죽이지 않았기 때문이다.
② 독감 바이러스의 모습이 매년 바뀌기 때문이다.
③ 독감 바이러스의 증식 능력이 탁월하기* 때문이다.
④ 독감 바이러스가 살아 있는 세포를 숙주로 이용하기 때문이다.
⑤ 독감 바이러스를 방어하는 백신을 독감이 걸리기 전에 투여하기 때문이다.

＊ 탁월하다(높을 卓, 넘을 越––): 월등하게 뛰어 나다.

3 ⓐ~ⓔ의 사전적 의미로 적절하지 <u>않은</u> 것은?

① ⓐ: 해가 되는 점이 있는.
② ⓑ: 서로 다른 종류의 생물이 함께 생활하며 한쪽이 이익을 얻고 한쪽이 해를 입고 있는 일.
③ ⓒ: 굽히거나 지지 않으려고 맞서서 버티거나 항거함.
④ ⓓ: 상대편의 공격을 막음.
⑤ ⓔ: 어물어물 망설이기만 하고 결단성*이 없음.

＊ 결단성(결단할 決, 끊을 斷, 성품 性): 결정적인 판단을 하거나 단정을 내릴 수 있는 능력이 있는 성질.

유전자 치료 방법

정답 및 해설 54쪽

가 유전자 치료란 유전자 이상으로 인해 손상된 세포 안에 치료용 유전자를 넣어 질병을 치료하는 방법을 말한다. 이러한 유전자 치료의 핵심은 치료용 유전자를 손상된 세포의 핵까지 안전하게 전달하는 것이다.

나 치료용 유전자를 핵까지 전달하는 데에 가장 문제가 되는 점은 유전자를 세포에 직접 넣게 되면 수초 내에 분해되어 사라져 버린다는 것이다. 이를 막기 위해 벡터를 활용한다. 벡터란 치료용 유전자를 핵까지 안전하게 운반하는 전달체이다. 핵에 도달한 치료용 유전자는 유전자 발현*을 통해 질병을 치료한다. 벡터에는 바이러스를 이용하는 바이러스성 벡터와 화학 물질을 이용하는 비바이러스성 벡터가 있다.

다 ㉠바이러스성 벡터는 세포막과 잘 결합하고, 치료용 유전자를 핵까지 쉽게 전달할 수 있기 때문에 유전자의 발현 효율이 매우 높다. 그러나 바이러스는 원래 질병을 유발*하는 물질이기 때문에 이를 벡터로 사용하기 위해서는 질병을 일으키는 기능을 최대한 억제시켜야 한다. 하지만 그럼에도 불구하고 언제든지 질병을 일으킬 가능성이 남아 있다는 문제점이 있다. 또한 바이러스성 벡터는 크기가 매우 작아 삽입할 수 있는 치료용 유전자의 크기에 제한이 있다.

라 이러한 문제점을 해결하기 위해 ㉡비바이러스성 벡터를 개발하고 있다. 비바이러스성 벡터는 바이러스의 도움 없이 유전자를 전달해야 하므로 세포 안으로 들어갈 수 있을 정도로 작아야 한다. 이 때문에 비바이러스성 벡터는 화학 물질을 이용하여 작게 압축되는 과정을 거쳐야 한다. 또한 비바이러스성 벡터는 세포 안에서 분해될 가능성이 높기 때문에 분해되기 전에 세포의 핵까지 이동해야만 하고, 바이러스성 벡터보다 복잡한 단계를 거쳐 핵에 도달한다.

마 이렇게 비바이러스성 벡터가 핵까지 도달하는 것이 바이러스성 벡터보다 쉽지 않기 때문에 비바이러스성 벡터는 바이러스성 벡터에 비해 유전자 발현 효율이 낮을 수밖에 없다. 하지만 비바이러스성 벡터는 비교적 제조 방법이 간단하고 벡터에 실리는 유전자 크기에 제한이 없다는 장점이 있다. 특히 독성으로 인한 부작용과 질병 유발의 우려가 거의 없다는 점에서 비바이러스성 벡터에 대한 연구가 더욱 주목받고 있다.

*발현(쏠 發, 나타날 現): 속에 있거나 숨은 것이 밖으로 나타나거나 그렇게 나타나게 함. 또는 그런 결과.
*유발(꾈 誘, 쏠 發): 어떤 것이 다른 일을 일어나게 함.

주제 쓰기 •

_____

_____

1 윗글의 전개 방식으로 가장 적절한 것은?

① 동일한 현상에 대한 다양한 이론을 설명하고 있다.
② 객관적인 수치를 제시하여 신뢰성*을 높이고 있다.
③ 상반된 주장을 절충*하여 새로운 결론을 이끌어 내고 있다.
④ 특정 현상의 원리를 활용하여 중심 화제에 대해 설명하고 있다.
⑤ 대상의 구체적인 종류를 제시한 후 각각의 특성을 설명하고 있다.

* 신뢰성(믿을 信, 의뢰할
賴, 성품 性): 굳게 믿고
의지할 수 있는 성질.
* 절충(꺾을 折, 속마음
衷): 서로 다른 사물이
나 의견, 관점 따위를
알맞게 조절하여 서로
잘 어울리게 함.

2 (가)~(마)의 핵심 내용으로 적절하지 <u>않은</u> 것은?

① (가): 유전자 치료의 개념
② (나): 유전자 치료에 쓰이는 벡터의 개념과 종류
③ (다): 바이러스성 벡터의 장점과 단점
④ (라): 비바이러스성 벡터의 압축 과정
⑤ (마): 비바이러스성 벡터의 장단점과 유전자 치료 연구에 대한 전망

3 ㉠과 ㉡에 대한 설명으로 적절하지 <u>않은</u> 것은?

① ㉠은 ㉡보다 유전자를 핵까지 쉽게 전달한다.
② ㉠은 ㉡보다 유전자를 발현시키는 효율이 높다.
③ ㉡은 ㉠보다 질병을 유발시킬 가능성이 크다.
④ ㉡은 ㉠보다 벡터에 실리는 유전자 크기에 제한이 없다.
⑤ ㉠과 ㉡은 모두 유전자 발현을 통해 질병을 치료한다.

중심 화제나 핵심 내용 등에는 ○, △, □, 밑줄 등과 같은 표시를 하면서 읽어보세요.

외부 기온이 높아져 신체의 온도가 오르는 일이 생기면 몸에서는 땀이 난다. 땀이 증발*되어 날아가는 증발열로 몸을 식혀서 신체 온도를 정상으로 유지하는 것은 항상성의 하나라고 볼 수 있다. 한여름에 태양에 그을린 피부도 이러한 항상성의 한 방편이다.

태양빛은 눈에 보이는 청색, 녹색 등의 가시광선과 자외선, 적외선 등이 포함되어 있다. 그중 피부에 가장 많은 영향을 주는 것은 자외선이다. 자색, 즉 보라색의 외부에 있는 자외선은 보라색보다 파장이 짧아서 그만큼 강한 에너지를 가진다. 이러한 특성 때문에 자외선은 살균 등으로 쓰인다.

태양빛을 쏘인다는 것은 강한 자외선을 피부에 쬐인다는 이야기다. 균을 죽이기도 하는 자외선을 피부가 받으면 무슨 일이 생길까? 당연히 피부 세포는 피해를 입는다. 피부의 가장 바깥에 있는 각질 형성 세포가 자외선의 공격을 받으면 우선 중요한 유전 물질인 DNA가 손상*을 입는다. 손상된 유전자는 대부분 치료가 되어 복구*되지만 손상 정도가 심해서 엉뚱한 DNA 염기끼리 짝을 이루게 되며, 이로 인해 DNA 복제 때 손상된 DNA가 생긴다. 이런 경우 암이 발생할 확률이 높아진다. 즉 피부암을 일으키는 주요 요인이 자외선인 것이다.

피부는 인체의 마지막 방어선이다. 피부는 자외선의 공격에 대항*하여 피부를 검게 만든다. 자외선을 받았을 때 피부 세포는 멜라닌이라는 검은 색소를 만들어 DNA가 들어 있는 피부 세포의 핵을 둘러싼다. 그리고 외부 자극이 없어지면 더 이상 멜라닌을 만들지 않는다. 한 번 만들어진 멜라닌은 스스로 분해되기도 하지만 피부 껍질이 벗겨지면서 점점 연해져 다시 원래의 피부색이 된다.

그러면 여름 휴가 때 건강한 피부를 유지할 수 있는 방법은 없는 것일까? 이미 잘 알고 있듯이 자외선 차단제를 반드시 발라야 한다. 자외선 차단제는 자외선 흡수제와 자외선 산란*제로 구분할 수 있는데 이들은 각각 장단점을 가지고 있으므로 그 특징을 잘 숙지*하여 사용해야 피부를 보호할 수 있다.

* 손상(덜 損, 다칠 傷): 병이 들거나 다침.
* 복구(회복할 復, 옛 舊): 손실 이전의 상태로 회복함.
* 대항(대할 對, 막을 抗): 굽히거나 지지 않으려고 맞서서 버티거나 항거함.
* 숙지(익을 熟, 알 知): 익숙하게 또는 충분히 앎.

● 증발: 어떤 물질이 액체 상태에서 기체 상태로 변함. 또는 그런 현상.
● 산란: 파동이나 입자선이 물체와 충돌하여 여러 방향으로 흩어지는 현상.

주제 쓰기

1 윗글을 다음과 같이 요약할 때, 적절하지 <u>않은</u> 것은?

① 1문단: 태양에 피부가 그을리는 것은 항상성을 유지하려는 방법임.

② 2문단: 태양빛에 속하는 자외선은 피부에 가장 많은 영향을 줌.

③ 3문단: 피부가 자외선을 쏘이면 피부 세포 안 모든 DNA는 손상을 입어 암이 발생함.

④ 4문단: 피부는 자외선에 대항하기 위해 멜라닌을 만들어 DNA를 보호함.

⑤ 5문단: 건강한 피부 유지를 위해 자외선 차단제의 특징을 숙지하여 사용해야 함.

2 윗글에서 답을 찾을 수 있는 물음을 <보기>에서 찾아 있는 대로 고른 것은?

┌─ 보 기 ┐

ㄱ. 몸에서 땀이 나는 이유는 무엇일까?

ㄴ. 피부암을 일으키는 주요 요인은 무엇일까?

ㄷ. 가시광선, 자외선, 적외선의 역할은 무엇일까?

ㄹ. 피부가 자외선을 받으면 검게 변하는 이유는 무엇일까?

└──────────────────┘

① ㄱ, ㄴ   ② ㄴ, ㄹ   ③ ㄱ, ㄷ, ㄹ

④ ㄱ, ㄴ, ㄹ   ⑤ ㄴ, ㄷ, ㄹ

3 윗글을 읽고 난 후 학생들이 보인 반응으로 적절하지 <u>않은</u> 것은?

① 각질 형성 세포는 피부의 가장 바깥에 존재하는군.

② 태양빛은 가시광선과 자외선, 적외선 등을 포함하고 있겠군.

③ 검게 변한 피부는 시간이 지나면 원래 피부색으로 돌아오겠군.

④ 땀이 증발되어 날아갈 때 발생하는 열로 인해 신체의 온도가 올라가겠군.

⑤ 파장이 짧은 자외선은 강한 에너지를 가지고 있어 살균 등으로 쓰이는군.

주심 화제나 핵심 내용 듣에는 ○, △, □, 밑줄 듯과 같은 표시를 하면서 읽어보세요.

　라면이 대개 꼬불꼬불한 모양인 이유는 면발과 뜨거운 물이 만나는 면적을 넓혀 빨리 익히기 위함이다. 라면은 어디에 끓이느냐에 따라 맛이 달라지는데 더 맛있게 라면을 끓일 수 있는 냄비가 바로 양은 냄비이다. 양은 냄비는 열전도율이 높은 금속인데 열전도율이란 온도가 다른 두 물체가 만났을 때 온도가 높은 쪽에서 온도가 낮은 쪽으로 열이 이동하는 현상을 말한다. 양은 냄비는 열전달이 빠르게 일어나 같은 양의 물을 끓였을 때 다른 소재의 냄비보다 온도가 훨씬 빨리 올라가며 이러한 특징은 라면의 맛에 영향을 미친다.

　라면의 면은 밀가루로 이루어져 있다. 밀가루의 전분은 뜨거운 물과 만나 점점 부피를 늘리고 탄성*을 잃기 때문에, 라면을 오래 끓일 경우 면이 퍼져 버린다. 그래서 라면을 단시간에 끓여 내야 면이 덜 붇고 쫄깃한데, 양은 냄비는 빨리 끓기 때문에 면발이 쫄깃한 상태에서 금방 면을 익혀 낼 수 있다. 또한 양은 냄비는 빠르게 식기 때문에 면이 붇는 속도를 조금 늦출 수 있다. 결국 양은 냄비에서는 라면이 빨리 익고 늦게 퍼지니 쫄깃한 면발의 맛있는 라면을 먹을 수 있는 것이다.

　이렇게 양은 냄비는 라면에 최적화된 냄비이지만, 안전에 대한 논란*이 있다. 양은 냄비의 주재료가 되는 알루미늄이 음식에 녹아 나오기 때문이다. 알루미늄을 섭취하면 어지럼증을 유발할 수 있고, 심하면 치매와 같은 뇌신경 질환을 일으킬 수도 있지만 전문가들은 양은 냄비가 우리 몸에 해를 끼칠 만큼 해롭다고 보지는 않는다. 알루미늄을 소량 섭취했을 경우, 몸에 흡수되지 않고 오줌으로 배출된다는 과학적 근거가 있기 때문이다. 하지만 지속적으로 알루미늄을 섭취했을 때에는 문제가 될 수 있으니, 양은 냄비를 자주 사용하는 것은 지양*해야 한다.

● 탄성: 물체에 외부에서 힘을 가하면 부피와 모양이 바뀌었다가, 그 힘을 제거하면 본디의 모양으로 되돌아가려고 하는 성질.

＊ 논란(논할 論, 어려울 難): 여럿이 서로 다른 주장을 내며 다툼.
＊ 지양(그칠 止, 날릴 揚): 더 높은 단계로 오르기 위하여 어떠한 것을 하지 아니함.

주제 쓰기

1 윗글의 내용과 일치하는 것은?

① 라면은 대부분 곧은 모양이다.
② 양은 냄비의 안전성에는 문제가 없다.
③ 라면을 어디에 끓이든지 맛은 비슷하다.
④ 양은 냄비는 열전달이 빠르게 일어난다.
⑤ 라면을 오래 끓여야 면이 덜 붇고 쫄깃하다.

2 윗글을 과학 잡지에 싣는다고 할 때, 제목으로 적절한 것은?

① 냄비와 라면
② 라면의 이중성*
③ 라면을 맛있게 끓이는 과정
④ 라면의 모양이 꼬불꼬불한 이유
⑤ 양은 냄비에 라면을 끓이면 맛있는 이유

*이중성(두 二, 무거울 重, 성품 性): 한 가지 사물에 겹쳐 있는 서로 다른 두 가지의 성질.

3 <보기>는 윗글을 쓰기 위한 메모이다. 글을 쓰는 과정에 반영된 것을 골라 바르게 묶은 것은?

┤ 보 기 ├

ㄱ. 라면의 종류
ㄴ. 라면의 특징
ㄷ. 라면의 변천 과정
ㄹ. 양은 냄비의 특징

① ㄱ, ㄴ   ② ㄱ, ㄹ   ③ ㄴ, ㄷ
④ ㄴ, ㄹ   ⑤ ㄷ, ㄹ

지구의 대부분은 질소와 산소로 이루어져 있지만 이산화탄소와 아르곤 같은 기체도 조금씩 섞여 있다. 이들 기체 중 이산화탄소는 지구의 평균 기온을 일정한 범위 안에서 유지시킴으로써 지구상에서 생물체가 살 수 있는 환경을 조성*해 준다. 이산화탄소가 없으면 지구는 매우 추워질 것이다. 이산화탄소는 지구의 기온이 낮아지지 않도록 하는데, 이는 이산화탄소가 지구에 온실 효과를 일으키기 때문이다. 이러한 온실 효과로 지구의 대기 온도는 26~33도 가량 상승한다.

이산화탄소가 만들어 내는 온실 효과는 대기 중의 이산화탄소 농도*에 따라 달라진다. 농도가 낮으면 온실 효과도 낮고, 농도가 높으면 온실 효과도 커진다. 이산화탄소의 농도 변화는 기온의 차이와 거의 일치하는데, 이것은 이산화탄소가 지구 기온에 매우 큰 영향을 미치고 있음을 알려준다. 이산화탄소뿐만 아니라 메탄, 수증기, 염화불화탄소도 온실 효과를 일으킨다. 수십 년 전까지만 해도 대기 중의 메탄이나 염화불화탄소의 농도는 이산화탄소와 비교할 때 무시할 수 있을 만큼 낮았다. 그래서 이들 기체가 만들어 내는 온실 효과도 거의 없었다. 하지만 산업화 이후 이산화탄소와 메탄, 염화불화탄소의 농도가 증가하여 문제가 되고 있다.

이에 따라 지구의 평균 기온은 과거에 비해 상승하였다. 평균 기온이 올랐다는 것이 단순하게 365일 기온이 고르게 상승하였음을 의미하지는 않는다. 우리나라는 여름보다 겨울에 기온 상승이 더 크게 일어났고 여름에는 게릴라성 호우●가 잦아졌다. 이를 강수 강도가 높아졌다고 하는데 이것은 큰 비나 눈으로 인해 피해가 커진다는 것을 의미하며 앞으로 기후 변화가 더 심해지면 이러한 피해는 더욱 크게 그리고 자주 나타날 것이다.

이러한 기후 변화를 막으려면 온실가스● 배출량을 줄여야 하며 화석 연료 대신 재생 가능 에너지●를 사용해야 한다. 재생 가능 에너지는 고갈*되지 않으면서 온실가스도 만들어 내지 않는다. 기후 변화는 전 지구적인 특성이기 때문에 한 지역, 한 나라의 노력만으로 억제될 수 있는 것이 아니다. 따라서 지구상의 모든 국가, 모든 사람이 힘을 합쳐서 온실가스 배출량을 줄여 가기 위해 최선의 노력을 기울여야 한다.

* 조성(지을 造, 이룰 成): 무엇을 만들어서 이룸.
* 농도(짙을 濃, 법도 度): 어떤 성질이나 성분이 깃들어 있는 정도.
* 고갈(마를 枯, 목마를 渴): 어떤 일의 바탕이 되는 돈이나 물자, 소재, 인력 따위가 다하여 없어짐.

● 게릴라성 호우: 좁은 지역에 단시간 내에 많은 양의 강한 비가 내리는 현상.
● 온실가스: 지구 대기를 오염시켜 온실 효과를 일으키는 가스를 통틀어 이르는 말. 이산화탄소, 메탄 따위의 가스를 말한다.
● 재생 가능 에너지: 계속 써도 무한에 가깝도록 다시 공급되는 에너지.

주제 쓰기 ●

1 윗글의 내용과 일치하는 것은?

① 지구는 질소와 산소 기체로만 이루어져 있다.

② 이산화탄소는 지구의 기온을 낮아지게 만든다.

③ 현재 지구의 평균 기온은 과거와 비슷한 상태이다.

④ 산업화 이후 이산화탄소, 메탄의 농도가 감소하고 있다.

⑤ 이산화탄소의 농도에 따라 온실 효과의 정도가 달라진다.

2 윗글을 통해 글쓴이가 궁극적*으로 말하고자 하는 것은?

① 우리나라만 노력한다면 기후 변화를 막을 수 있다.

② 이산화탄소의 농도를 높여 온실 효과를 줄여야 한다.

③ 온실 가스 배출량을 늘린다면 기후 변화를 막을 수 있다.

④ 화석 연료의 개발을 통해 온실가스 배출량을 줄여야 한다.

⑤ 재생 가능 에너지의 사용을 통해 기후 변화를 막아야 한다.

＊ 궁극적(다할 窮, 다할 極, 과녁 的): 극도에 이르러 더할 나위 없는. 또는 그런 것.

독해의 기초 Tip

■ 논설문
　① 논설문: 어떤 문제를 제기하거나 해결할 것을 목적으로 자신의 주장이나 의견, 사상 등을 이치에 맞게 전개하여, 다른 사람을 설득하려는 목적으로 쓴 글이다.
　② 논설문의 특성
　　• 논설문은 옳다고 생각되는 것에 대한 글쓴이의 주장이 독창적이어야 한다.
　　• 주장에 대한 의견이나 근거, 이유가 타당해야 한다.
　　• 논설문의 근거는 일관성과 통일성이 있어야 하며 표현이 명확해야 한다. 또한 사람들이 인정할 만한 보편타당한 것이어야 한다.
　③ 논설문의 구성
　　• 서론: 읽는 이의 관심을 끌 수 있도록 인상적인 구성과 표현으로 문제를 제기한다.
　　• 본론: 논점에 대한 단정과 그에 대한 논증의 두 단계를 거친다. 단정은 판단을 문장으로 나타낸 명제이며 긍정 단정과 부정 단정이 있다. 또한 반대론에 대한 대안도 제시해 준다.
　　• 결론: 본론에서 전개한 논점들을 종합하여 요약하고 논점을 반복 강조하며 실천을 촉구한다.

01 단언 끊을 斷 말씀 言
주저하지 아니하고 딱 잘라 말함. 예 어느 쪽이 더 낫다고 단언하기 어렵다.

02 변이 변할 變 다를 異
같은 종에서 성별, 나이와 관계없이 모양과 성질이 다른 개체가 존재하는 현상. 예 유전적 변이

03 증식 불을 增 번성할 殖
생물이나 조직 세포 따위가 세포 분열을 하여 그 수를 늘려 감. 또는 그런 현상. 예 현미경으로 세균의 증식 과정을 관찰해 보자.

04 숙주 묵을 宿 주인 主
기생 생물에게 영양을 공급하는 생물. 예 기생적인 생물의 생육은 숙주에 의지한다.

05 해롭다 해할 害--
해가 되는 점이 있다. 예 인체에 해로운 물질

06 기생 부칠 寄 날 生
서로 다른 종류의 생물이 함께 생활하며, 한쪽이 이익을 얻고 다른 쪽이 해를 입고 있는 일. 또는 그런 생활 형태. 예 이 병의 발병 원인은 세균의 기생으로 판단된다.

07 대항 대답할 對 막을 抗
굽히거나 지지 않으려고 맞서서 버티거나 항거함. 예 의병은 외세의 침략에 무력으로 대항하였다.

08 과정 지날 過 단위 程
일이 되어 가는 경로 예 모든 일은 결과만큼 과정도 중요하다.

09 유발 꾈 誘 쏠 發
어떤 것이 다른 일을 일어나게 함. 예 교통 체증 유발

10 발현 쏠 發 나타날 現
속에 있거나 숨은 것이 밖으로 나타나거나 그렇게 나타나게 함. 또는 그런 결과. 예 자의식의 발현

11 효율 본받을 效 비율 率
들인 노력과 얻은 결과의 비율. 예 날이 더워지면서 일의 효율이 떨어졌다.

12 증발 찔 蒸 쏠 發
어떤 물질이 액체 상태에서 기체 상태로 변함. 또는 그런 현상. 예 수분이 공기 중으로 증발했다.

13 특징 특별할 特 부릴 徵
다른 것에 비하여 특별히 눈에 뜨이는 점. 예 존댓말의 발달은 우리말의 두드러진 특징이다.

14 손상 덜 損 상처 傷
「1」물체가 깨지거나 상함. 예 손상이 없다.
「2」병이 들거나 다침. 예 교통 사고로 뇌에 큰 손상을 입었다.

15 복구 돌아올 復 예 舊
손실 이전의 상태로 회복함.
예 홍수 피해 지역을 복구하기 시작하였다.

16 숙지 익을 熟 알 知
익숙하게 또는 충분히 앎.
예 그는 일을 시작하기 전에 지침을 숙지하였다.

17 논란 말할 論 어려울 難
여럿이 서로 다른 주장을 내며 다툼. 예 양자 간의 시각 차이로 상당한 논란이 예상된다.

18 지양 그칠 止 날릴 揚
더 높은 단계로 오르기 위하여 어떠한 것을 하지 아니함. 예 경쟁사 사이의 과장 광고는 지양되어야 한다.

19 조성 이을 造 이룰 成
분위기나 정세 따위를 만듦. 예 두 나라의 정상은 양국 간 신뢰 조성을 위한 조치를 취했다.

20 고갈 마를 枯 목마를 渴
「1」물이 말라서 없어짐. 예 식수 고갈로 어려움을 겪다.
「2」어떤 일의 바탕이 되는 돈이나 물자, 소재, 인력 따위가 다하여 없어짐. 예 자원의 고갈 현상

[01~05] **다음 문장의 (　　) 안에 알맞은 단어를 찾아 연결하시오.**

01 이것은 유전적 (　　　　)(으)로 인해 나타난 병이다. ・ ・ⓐ 해로운

02 사람들은 가뭄 피해 지역을 (　　　　)시키기 위해 노력했다. ・ ・ⓑ 증식

03 예술가란 자신의 감정을 작품으로 (　　　　)하는 사람이다. ・ ・ⓒ 발현

04 음식물에 대한 저온 처리는 부패 미생물의 (　　　　)을/를 억제시킨다. ・ ・ⓓ 복구

05 곤충은 이로운 곤충과 (　　　　) 곤충으로 나눌 수 있다. ・ ・ⓔ 변이

[06~10] **다음 내용이 옳으면 ○표, 틀리면 ×표를 하시오.**

06 스스로 생활하지 못하고 다른 사람을 의지하며 생활하는 것을 '기생'이라고 한다. (　　　)

07 익숙하게 또는 충분히 아는 것을 '숙주'라고 한다. (　　　)

08 더 높은 단계에 오르기 위하여 어떠한 것을 하지 않는 것을 '지향'이라 한다. (　　　)

09 말이나 글의 요점을 잡아서 간추리는 것을 '과정'이라고 한다. (　　　)

10 들인 노력과 얻은 결과의 비율을 '효율'이라고 한다. (　　　)

[11~16] **밑줄 친 단어의 뜻을 〈보기〉에서 찾아 기호를 쓰시오.**

┤ 보 기 ├
ㄱ 굽히거나 지지 않으려고 맞서서 버티거나 항거함.
ㄴ 주저하지 아니하고 딱 잘라 말함.
ㄷ 물체가 깨지거나 상함.
ㄹ 어떤 물질이 액체 상태에서 기체 상태로 변함. 또는 그런 현상.
ㅁ 다른 것에 비하여 특별히 눈에 뜨이는 점.
ㅂ 여럿이 서로 다른 주장을 내며 다툼.

11 둘 중 어느 쪽이 옳은지를 단언하기는 어렵다. (　　　)

12 그는 무기를 든 강도들과 대항하다 몹시 다쳤다. (　　　)

13 이 크림은 피부 수분의 증발을 막아 준대요. (　　　)

14 그의 부주의로 도자기에 손상이 갔다. (　　　)

15 그것은 논란의 여지가 없는 문제이다. (　　　)

16 외국 문학과의 비교를 통하여 우리 문학의 참된 가치와 특징을 파악할 수 있다.(　　　)

[17~20] **다음 뜻에 해당하는 단어를 〈보기〉에서 찾아 쓰시오.**

┤ 보 기 ├
고갈
유발
숙지
조성

17 익숙하게 또는 충분히 앎. →

18 어떤 것이 다른 일을 일어나게 함. →

19 분위기나 정세 따위를 만듦. →

20 어떤 일의 바탕이 되는 돈이나 물자, 소재, 인력 따위가 다하여 없어짐. →

기술 제재에서는 컴퓨터, 산업 기술, 기계, 환경 기술 등 실생활과 밀접하게 연관되어 있는 다양한 분야의 글이 출제되고 있다. 기술 지문의 경우 특정한 기술의 원리나 과정을 중심으로 글이 전개되므로 여기에 유념하여 글을 읽을 수 있어야 한다. 또한 제재의 특성상 글에 시각 자료가 포함되거나 문항에 구체적인 사례가 많이 나타나 있으므로, 글의 내용이 사례의 어디에 해당하고 어떻게 적용되는지를 파악하는 것이 매우 중요하다.

기술 Ⅳ

불을 다룰 수 있는 기술, 인류의 발전 _ 이정임

정답 및 해설 62쪽

중심 화제나 핵심 내용 등에는 ○, △, □, 밑줄 등과 같은 표시를 하면서 읽어보세요.

인류는 오랜 세월 동안 발전해 왔다. 그 과정에서 수많은 발견과 발명, 지혜의 축적*을 통해 현재의 문명을 이룩하였다. 그중에서 초기 인류의 발전에 가장 결정적인 역할을 한 것은 불의 이용이다.

불을 이용하기 시작하면서 인간은 자연의 속박*과 자연에 대한 무조건적인 숭배에서 벗어나 자연을 이용하고 다스리기 시작했다. 불을 난방에 이용하면서부터 추운 지방에서도 살 수 있게 되어 거주 지역이 넓어졌다. 그리고 불을 이용하여 음식을 요리하거나 건조해서 저장할 수 있게 됨에 따라 생활 능력도 더욱 확대되었다.

[A] 그뿐만 아니라 불을 이용하면서 점토(粘土)를 구워 토기를 만들어 사용하게 되었다. 또한, 온도가 높은 화로에서 금속을 녹여 칼이나 화살촉 등의 무기나 장신구 등도 만들 수 있었다.

이후 중세 사회에서는 불을 무기로 이용한 군사 기술이 발달하였다. 근대 사회에 접어들어서는 증기 기관이 발명됨에 따라 불이 가진 열에너지로 여러 종류의 기계를 움직일 수 있었고, 이를 통해 산업 혁명을 이루었다. 오늘날에도 불은 화력 발전 등을 통해 산업 발전에 커다란 역할을 하고 있다.

* 축적(쌓을 蓄, 쌓을 積): 지식, 경험, 자금 따위를 모아서 쌓음. 또는 모아서 쌓은 것.
* 속박(묶을 束, 묶을 縛): 어떤 행위나 권리의 행사를 자유로이 하지 못하도록 강압적으로 얽어매거나 제한함.

주제 쓰기

1 윗글을 다음과 같이 정리할 때, 적절하지 <u>않은</u> 것은?

〈불의 이용으로 인한 인류의 발전〉

• 난방: 거주 지역의 확대됨. ·································· ㉠
• 요리 및 저장: 생활 능력이 확대됨. ···················· ㉡
• 무기 이용: 군사 기술이 발달함. ························· ㉢
• 증기 기관의 발명: 산업 혁명을 이룸. ·················· ㉣
• 화력 발전: 환경 보존에 기여함.* ······················ ㉤

---

* 기여하다(부칠 寄, 더불 與––): (사회나 단체에, 또는 거기서 이뤄지는 어떤 일에) 도움이 되는 구실을 하다.

① ㉠   ② ㉡   ③ ㉢   ④ ㉣   ⑤ ㉤

2 [A]를 한 문장으로 요약한 내용으로 가장 적절한 것은?

① 불은 인류의 발전에 큰 역할을 하였다.
② 인간은 불을 이용하여 토기를 만들었다.
③ 인간은 불을 이용하여 무기를 만들었다.
④ 불을 사용할 수 있는 능력은 인간만이 가졌다.
⑤ 인간은 불을 이용하여 다양한 도구를 만들었다.

3 윗글을 읽고 심화 학습을 하기 위한 질문으로 적절하지 <u>않은</u> 것은?

① 인간이 불을 사용하게 된 계기는 무엇일까?
② 불이 인류에게 미친 부정적인 영향은 무엇일까?
③ 불의 사용으로 인한 앞으로의 전망은 어떠한가?
④ 불은 화력 발전 이외의 산업 발전에 어떻게 기여할까?
⑤ 근대 사회에서 발명한 것으로 불의 열에너지를 이용한 기관은 무엇일까?

거미줄에서 배우는 방탄 섬유 _강찬형

정답 및 해설 64쪽

중심 화제나 핵심 내용 등에는 ○, △, □, 밑줄 등과 같은 표시를 하면서 읽어보세요.

우리 주변에서 흔히 볼 수 있는 거미줄은 매우 연약하게 보이지만 날아다니는 곤충을 잡거나 거미를 지탱*하는 것과 같이 무거운 무게도 버틸 수 있는 강도를 지니고 있다. 이러한 섬유를 여러 가닥 모아 케이블*을 만든다면 교량의 건축재나 방탄 섬유 소재로도 활용이 가능하다. 우리 조상들은 이미 비단을 만들어 방탄복으로 사용한 사례가 있다. 실제로 미국에서는 거미줄을 대량으로 생산하여 군인들의 방탄복에 활용하려는 연구를 진행하고 있다.

거미줄은 3차원적인 구조를 가지고 있다. 거미줄을 확대해 보면 섬유들이 널빤지 모양으로 뭉쳐 있기 때문에 단단한 성질을 갖는다. 또한 불규칙적으로 뭉쳐진 섬유들은 탄성을 제공하며, 정렬*된 섬유들은 외부에서 잡아당기는 힘을 견딜 수 있게 한다. 이는 마치 둥글게 말려 있는 전화선에 무게가 가해지면 느슨해지면서 그 무게를 받아들이는 것과 유사하다. 이렇게 구성*된 거미줄의 무게는 강철보다 훨씬 가볍지만 강도는 강철보다 무려 5~10배 정도나 더 세다.

자연의 방탄 섬유인 거미줄을 실용화하는 데 가장 큰 걸림돌은 대량으로 생산할 수 있는 방법이 없다는 것이다. 이 때문에 미국 연구팀은 염소의 유전자를 조작하여 젖에서 거미줄을 생산할 수 있는 가능성을 ㉠찾고 있다. 염소의 정자에 거미줄의 유전자를 주입하여 탄생시킨 염소의 젖에서 거미줄 섬유를 얻으려는 것이다. 이렇게 만들어진 거미줄 섬유로 방탄복을 만든다면 탄환으로부터 몸을 보호할 수 있고 가벼울 뿐 아니라, 방수 기능까지 가능하게 될 것이다.

● 케이블(cable): 실이나 철사 따위를 꼬아서 만든 굵은 줄. '꼰 실'로 순화.

＊지탱(가를 支, 버틸 撐): 오래 버티거나 배겨 냄.
＊정렬(가지런 할 整, 줄 列): 가지런하게 줄지어 늘어섬. 또는 그렇게 늘어서게 함.
＊구성(얽을 構, 이룰 成): 몇 가지 부분이나 요소들을 모아서 일정한 전체를 짜 이룸. 또는 그 이룬 결과.

주제 쓰기 ●

_____

_____

1 윗글의 중심 화제로 가장 적절한 것은?

① 거미줄의 대량 생산 방법
② 거미줄과 비단과의 차이점
③ 거미가 거미줄을 만드는 과정
④ 거미줄이 방수가 가능한 이유
⑤ 거미줄의 특징과 실용화 가능성

2 윗글의 내용과 일치하지 <u>않는</u> 것은?

① 거미줄은 3차원적인 구조를 가지고 있다.
② 거미줄은 강철보다 가볍지만 강도는 더 세다.
③ 우리 조상들은 비단을 만들어 방탄복으로 활용하였다.
④ 거미줄에서 규칙적으로 뭉쳐진 섬유들은 탄성을 갖게 한다.
⑤ 유전자 조작은 거미줄을 대량으로 생산할 수 있는 가능성을 제시한다.

3 문맥상 ㉠과 바꾸어 쓸 수 있는 말로 가장 적절한 것은?

① 제공(提供)하고
② 탐색(探索)하고
③ 보존(保存)하고
④ 기여(寄與)하고
⑤ 유발(誘發)하고

주심 화제나 핵심 내용 등에는 ○, △, □, 밑줄 등과 같은 표시를 하면서 읽어보세요.

　　인간은 매우 뛰어난 인식 능력을 지니고 있다. 작은 동물이 우리 곁에 가까이 다가올 때 우리는 두 눈과 두뇌를 통해 그것이 강아지인지 고양이인지 혹은 다른 동물인지를 순식간에 식별*할 수 있다.

　　이처럼 인간은 미지의 동물의 특징을 파악하여, 과거에서 현재까지 기억 속에 축적된 방대한 데이터와 경험을 참조하여 순식간에 대상을 식별하고 인식을 완료한다. 그런데 최근 공학 기술이 발전함에 따라 인간이 외부 대상을 인식하는 것 같이 기계가 컴퓨터를 통해 대상을 인식할 수 있게 되었는데, 이를 '화상 인식 기술'이라 한다.

　　화상 인식 기술은 다음과 같은 과정을 통해 진행된다. 먼저 실제 풍경, 사진, 그림을 카메라와 같은 입력 기기를 통해 컴퓨터에 화상을 입력한다. 그러면 컴퓨터는 입력된 화상을 디지털화하면서 화상의 일그러짐, 비뚤어짐 등을 확인한다. 그리고 이를 확대 또는 축소하거나 회전을 하면서 입력된 값을 보정*한다.

　　보정을 한 후에는 받아들인 정보의 특징을 추출*하여 그 특징에 해당하는 값이나 특징 파라미터*를 계산한다. 예를 들어 장미꽃에 대한 값이 3이면 3을 계산해 내거나 3에 맞게 변경하는 것이다. 이러한 과정을 통해 컴퓨터에 이미 입력되어 있던 표준 패턴과 일치 또는 유사한지를 인식한다. 마지막으로 컴퓨터는 프린터로 출력을 한다거나 음악을 재생하는 등의 식별된 값에 속하는 작업을 수행한다.

　　최근 화상 인식 기술은 소프트웨어의 발달에 따라 공장에서 제품을 검사할 때나 로봇의 눈으로 사용되기도 하며, 문자 인식, 우주 관측 등 산업 분야에서 다양하게 이용되고 있다. 뿐만 아니라 화상 인식 기술은 보안 기술이나 개인을 식별하는 기술로도 활용된다. 보안 기술로는 출입 금지 구역에 침입자를 감시하는 카메라 시스템이 이에 해당한다. 개인을 식별하는 기술로는 안면, 홍채, 지문 인식 등을 통한 휴대 전화 잠금 장치나 인터넷 뱅킹 등이 이에 해당한다.

* 식별(알 識, 나눌 別): 분별하여 알아봄.
* 추출(뽑을 抽, 날 出): 전체 속에서 어떤 물건, 생각, 요소 따위를 뽑아냄.

● 보정(補正): (물리) 실험. 관측 또는 근삿값 계산 따위에서 결과에 포함된 외부적 원인에 의한 오차를 없애고 참값에 가까운 값을 구하는 것.
● 파라미터: (컴퓨터) 사용자가 원하는 방식으로 자료가 처리되도록 하기 위하여 명령어를 입력할 때 추가하거나 변경하는 수치 정보.

주제 쓰기

1 윗글의 내용과 일치하지 <u>않는</u> 것은?

① 공학 기술의 발전으로 화상 인식 기술이 등장하였다.
② 화상 인식 기술은 보안 기술이나 개인 식별 기술로도 활용된다.
③ 화상 인식 기술은 컴퓨터를 통해 외부 대상을 인식하는 기술이다.
④ 인간은 컴퓨터를 통해 여러 대상을 동시에 인식하는 능력이 뛰어나다.
⑤ 소프트웨어의 발달로 화상 인식 기술이 다양한 분야에서 활용되고 있다.

2 학생 A가 <보기>와 같은 경험을 한 후 윗글을 읽었을 때, 보일 수 있는 반응으로 적절하지 <u>않은</u> 것은?

┤ 보 기 ├

　공원에서 꽃을 보다가 꽃 이름이 궁금해서 스마트폰으로 찾아보았는데, 꽃 이름을 검색할 수 있는 앱(App)을 알게 되었다. 먼저 스마트폰에 ○○포털사이트 앱을 설치한 후 메인 화면을 연다. '꽃 검색' 창을 누르면 카메라가 구동되는데, 이때 카메라에는 꽃 모양의 프레임이 표시되어 있다. 이 프레임에 맞게 꽃의 정면을 잘 맞춰 찍으면, 스마트폰 화면에 꽃 이름과 이에 대한 정보가 검색되어 나타난다. 이것이 너무 신기해서 관련 정보를 찾아보았더니 화상 인식 기술이 적용된 것이라고 하여 이에 대한 글을 찾아 읽어 보았다.

① 스마트폰으로 꽃을 촬영하면 앱은 사진을 디지털화하겠군.
② 스마트폰 카메라로 꽃을 찍는 것은 화상을 입력하는 것에 해당하겠군.
③ 앱은 촬영된 꽃 사진의 일그러짐, 비뚤어짐 등을 확인하겠군.
④ 꽃을 찍을 때 프레임에 맞게 찍으면 앱에 입력된 표준 패턴과 차이가 커지겠군.
⑤ 꽃 이름과 정보가 검색되는 것은 앱이 식별된 값에 속하는 작업을 수행한 결과이겠군.

독해의 기초 Tip

■ **배경지식을 활용한 독서의 중요성**
　우리 머릿속에 들어 있는 배경지식은 책의 내용을 좀 더 정확하고 빠르게 이해할 수 있게 도와주면서 상상력과 창의력을 불어넣어 생각하는 힘을 기르는 데 도움을 준다. 새로운 지식이나 정보를 얻을 때 단순히 그 내용만 머리에 인식되는 것이 아니라 배경지식과 더불어 이해하게 되고 인식하게 된다. 그렇기 때문에 글의 내용에 적합한 배경지식이 없거나, 독서 과정에서 자신의 배경지식을 적절히 활용하지 못하는 경우에는 그 글을 제대로 이해할 수 없다. 따라서 효과적인 독서를 위해서는 배경지식을 활용하여 글을 이해할 수 있도록 훈련해야 한다.

초고층 빌딩은 흔들린다는데 사실인가요? _김홍기

정답 및 해설 68쪽

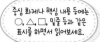

중심 화제나 핵심 내용 등에는 ◯, △, ▢, 밑줄 등과 같은 표시를 하면서 읽어보세요.

19세기 건축에 있어 철근 콘크리트 구조와 철골 구조의 개발은 이전 시대와 달리 건축의 규모를 엄청나게 크게 했다. 특히 건물을 높이 세우고자 하는 인간의 욕망으로 인해 초고층 빌딩들이 앞다퉈 ㉠나타났다. 1930년 미국의 자동차 기업 크라이슬러는 처음으로 300미터가 넘는 빌딩을 뉴욕에 세웠다. 이듬해에는 엠파이어 스테이트 빌딩(102층, 381미터)이 완공*되었다. 본격적인 초고층 건축 시대가 ㉡열린 것이다.

현재의 기술로는 1,000미터가 넘는 초고층 빌딩을 세울 수 있다. 다만 건물이 높아질수록 문제가 되는 것은 바로 바람이다. 거센 바람이 불어오면 건물은 흔들리기 마련인데, 너무 많이 흔들려도 안 되고 전혀 흔들리지 않게 설계를 해도 안 되기 때문에 이 문제를 해결하는 것이 매우 중요하다.

건물은 견고하게* 고정되어 있어야 하는데 왜 흔들리도록 설계를 해야 할까? 태풍이 불어올 때의 상황을 떠올려 보면 그 이유를 쉽게 ㉢알 수 있다. 초속 30미터 이상의 엄청난 태풍이 불어오면 굵은 나무들은 뿌리째 뽑히거나 나뭇가지가 부러진다. 그러나 갈대는 바람에 몸을 맡긴 채 이리저리 흔들리기만 할 뿐 부러지지 않는다. 갈대가 부러지지 않는 이유가 뭘까? 바로 탄성*이 있기 때문이다. 갈대는 바람이 불어오면 부는 대로 흔들리기 때문에 바람을 견뎌 낼 수 있는 것이다.

초고층 건물도 이와 같은 원리를 반영하여 건물이 조금씩 흔들리게끔 설계를 해 주면 건물에 가해지는 힘들이 ㉣나뉜다. 이러한 이유로 초고층 빌딩은 부재*와 부재를 볼트로 연결하는 철골 구조를 주로 이용한다. 건물 전체를 벽돌이나 콘크리트만으로 짓는다면 바람에 탄력적으로 적응하기가 어려워 건물이 붕괴되는 경우도 생겨날 수 있기 때문이다.

이외에도 건물 외부의 기둥을 간격 1미터 정도로 촘촘히 배치한다거나, 건물 외부에 대각선 부재를 두어 바람을 견뎌 낼 수 있게 하는 방법 등 바람을 극복할 수 있는 다양한 방법들이 ㉤나왔다. 결국 초고층 빌딩은 바람에 대한 저항과 지진을 고려한 첨단 기술의 결합이라고 할 수 있다.

● 탄성: 물체에 외부에서 힘을 가하면 부피와 모양이 바뀌었다가, 그 힘을 제거하면 본디의 모양으로 되돌아가려고 하는 성질.

* 완공(완전할 完, 장인 工): 공사를 완성함.
* 견고하다(굳을 堅, 굳을 固--): 굳고 단단하다.
* 부재(떼 部, 재목 材): 구조물의 뼈대를 이루는 데 중요한 요소가 되는 여러 가지 재료.

주제 쓰기 •

1 윗글을 토대로 <보기 1>의 '존 행콕 센터'를 이해한 내용으로 적절한 것을 <보기 2>에서 고른 것은?

┤ 보기 1 ├

〈존 행콕 센터〉

존 행콕 센터는 시카고에서 가장 유명한 초고층 건물 중 하나로 1969년 존 행콕 보험회사의 의뢰*로 건설되었다. 높이는 344m, 100층으로 되어 있으며 두 개의 안테나까지 포함하면 높이가 무려 457m에 달한다. 사다리꼴 모양의 개성 있는 건축물은 파즐라 칸(Fazlur Kahn)이 설계하였는데, 일명 X-브레이싱(X-bracing)이라는 건축 기법을 이용한 X자 모양의 대각선 부재가 인상적*이다.

* 의뢰(의지할 依, 의뢰할 賴): 남에게 부탁함.
* 인상적(도장 印, 코끼리 象, 과녁 的): 특히 뚜렷한 인상을 주는 것. 또는 그 형용.

┤ 보기 2 ├

ㄱ. 건물 전체를 벽돌로 지었을 것이다.
ㄴ. 건물 외부의 기둥을 촘촘히 배치했을 것이다.
ㄷ. 건물 외부에 대각선 부재를 두었을 것이다.
ㄹ. 콘크리트로 부재와 부재 사이를 단단히 고정했을 것이다.

① ㄱ, ㄴ   ② ㄱ, ㄷ   ③ ㄴ, ㄷ   ④ ㄴ, ㄹ   ⑤ ㄷ, ㄹ

2 윗글을 읽고 해결할 수 있는 질문으로 적절하지 <u>않은</u> 것은?

① 건축의 규모가 커진 계기는 무엇인가?
② 건물이 높아질 때 고려해야 할 점은 무엇인가?
③ 우리나라에서 가장 높은 초고층 빌딩은 무엇인가?
④ 초고층 빌딩들이 바람을 견디는 방법은 무엇인가?
⑤ 갈대가 거센 바람에도 부러지지 않는 이유는 무엇인가?

3 ㉠~㉤을 한자어로 바꾼 것으로 적절하지 <u>않은</u> 것은?

① ㉠: 등장(登場)하였다
② ㉡: 초래(招來)한 것이다
③ ㉢: 이해(理解)할 수 있다
④ ㉣: 분산(分散)된다
⑤ ㉤: 개발(開發)되었다

사고율 제로에 도전한다, 충돌 방지 기술 _ 황관식 외

정답 및 해설 70쪽

최근 들어 차에 대한 생각이 달라지고 있다. 자동차에서 우선시되어야 할 것은 속도가 아니라 안전이라는 것이다. 실제로 우리나라에서는 하루에 600여 건의 교통 사고가 발생하여 1천 명 이상이 사망하거나 다치고 있다. 이런 통계를 놓고 보면 자동차 안전 기술을 강조하는 것이 결코 소비자들의 과민*한 반응만은 아니라는 사실을 알 수 있다. 이처럼 안전을 추구하는 소비자들의 요구가 늘어남에 따라 자동차 안전 기술도 발전하고 있다.

자동차 기술자들은 어떻게 하면 자동차 탑승자와 보행자 모두에게 안전한 새로운 기술을 내놓을까를 오래 고민한 끝에 이전의 개념과는 다른, 좀 더 적극적인 안전을 생각하게 되었다. 과거의 기술이 단순히 자동차가 충돌했을 때 발생하는 탑승자의 피해를 줄이는 수동적인 개념이었다면, 앞으로의 기술은 충돌을 미연*에 예방하는 데 초점을 맞추는 능동적인 개념이다.

[A] ┌ 이러한 새로운 충돌 방지 기술은 사고 예방 기술과 사고 회피 기술로 나눌 수 있다. 사고 예방 기술이란 각종 카메라와 첨단 센서가 위험 상황을 먼저 알고 운전자에게 알려주는 기술로 차선 이탈, 사각지대●를 감시하거나 졸음 운전을 할 경우 경보*를 울리는 장치들을 예로 들 수 있다. 그리고 사고 회피 기술이란 위험 상황을 미리 피하게 하거나 사고가 발생했을 때 그 피해를 최소화하는 기술로 프리세이프 (PRE-SAFE) 시스템●, 차간 거리 제어 장치 등을 들 수 있다. 이중 프리세이프 기술이 가장 관심을 받고 있는데, 이는 충돌이 예상되면 그 전에 안전띠를 자동적으로 └ 죄어 줘 차량 내 안전 공간을 확보*함으로써 탑승자의 신체를 보호한다.

이와 같은 새로운 안전 기술은 사고 예방이 가장 큰 목표이다. 이러한 능동적 개념의 안전 기술이 완벽하게 차량에 실현되려면 각종 첨단 센서와 작동 장치, 차량 네트워킹 기술 등 IT기술 발전이 뒷받침되어야 할 것이다.

* 과민(지날 過, 민첩할 敏): 감각이나 감정이 지나치게 예민함.
* 미연(아닐 未, 그러할 然): 어떤 일이 아직 그렇게 되지 않은 때.
* 경보(경계할 警, 알릴 報): 태풍이나 공습 따위의 위험이 닥쳐올 때 경계하도록 미리 알리는 일. 또는 그 보도나 신호.
* 확보(굳을 確, 지킬 保): 확실히 보증하거나 가짐.

● 사각지대: 어느 위치에 섬으로써 사물이 눈으로 보이지 아니하게 되는 각도. 또는 어느 위치에서 거울이 사물을 비출 수 없는 각도.
● 프리세이프(PRE-SAFE) 시스템: 앞좌석 안전 벨트 장력 조절 장치.

주제 쓰기

_____

_____

1 윗글을 읽은 독자의 반응으로 적절하지 <u>않은</u> 것은?

① 사고 회피 기술로 차간 거리 제어 장치가 있군.

② 자동차가 안전해야 한다는 소비자들의 요구가 늘고 있군.

③ 졸음운전 경보 장치는 자동차 사고를 예방하는 기술이군.

④ 새로운 자동차 안전 기술이 발전함에 따라 IT기술도 발전하는군.

⑤ 새로운 자동차 안전 기술은 사고를 예방하는 데 초점을 맞추는군.

2 [A]에 사용된 설명 방법으로 적절한 것만을 <보기>에서 고른 것은?

┌──────────── 보 기 ├──────────────┐
ㄱ. 대상의 본질이나 개념을 설명하고 있다.
ㄴ. 대상을 일정한 기준에 따라 나누어 설명하고 있다.
ㄷ. 대상에 대해 구체적인 예를 들어 설명하고 있다.
ㄹ. 두 대상의 유사성을 바탕으로 하나의 대상을 다른 대상에 빗대어 설명하고 있다.
ㅁ. 대상을 그림을 그리듯 구체적으로 설명하고 있다.
└────────────────────────────────────┘

① ㄱ, ㄴ, ㄷ   ② ㄱ, ㄷ, ㄹ   ③ ㄴ, ㄷ, ㄹ
④ ㄴ, ㄹ, ㅁ   ⑤ ㄷ, ㄹ, ㅁ

01 **축적** 쌓을 蓄 쌓을 積
지식, 경험, 자금 따위를 모아서 쌓음. 또는 모아서 쌓은 것. 예 오랜 연구와 투자로 기술 축적을 이루어 냈다.

02 **속박** 묶을 束 묶을 縛
어떤 행위나 권리의 행사를 자유로이 하지 못하도록 강압적으로 얽어매거나 제한함. 예 일을 하면서 처음으로 기계에 의한 속박을 받았다.

03 **정리** 가지런할 整 다스릴 理
체계적으로 분류하고 종합함. 예 그는 논문을 체계적으로 정리했다.

04 **지탱** 지탱할 支 버틸 撐
오래 버티거나 배겨 냄. 예 오래된 버팀목이 무너져 가는 담을 지탱하고 있다.

05 **정렬** 가지런 할 整 줄 列
가지런하게 줄지어 늘어섬. 예 우리들은 각자 출발선으로 나가 정렬하였다.

06 **구성** 얽을 構 이룰 成
몇 가지 부분이나 요소들을 모아서 일정한 전체를 짜 이룸. 예 사고를 조사하기 위해 특별 조사단을 구성하였다.

07 **화제** 말씀 話 제목 題
이야깃거리. 예 그는 하루아침에 화제의 주인공이 되었다.

08 **일치** 하나 一 이를 致
비교되는 대상들이 서로 어긋나지 아니하고 같거나 들어맞음. 예 우리는 다시 합쳐야 한다는 점에서는 그들과 의견이 일치했다.

09 **식별** 알 識 나눌 別
분별하여 알아봄. 예 수입 소고기와 한우의 식별은 매우 어렵다.

10 **추출** 뽑을 抽 날 出
전체 속에서 어떤 물건, 생각, 요소 따위를 뽑아 냄. 예 이 화장품은 포도씨에서 추출한 기름을 주성분으로 사용했다.

11 **반응** 되돌릴 反 응할 應
자극에 대응하여 어떤 현상이 일어남. 또는 그 현상. 예 사람들은 이번 환경 문제에 대해 아주 초보적인 관심을 보였을 뿐 별다른 반응이 없었다.

12 **완공** 완전할 完 장인 工
공사를 완성함. 예 우리 회사가 터널 공사를 3년 만에 완공하였다.

13 **견고하다** 굳을 堅 굳을 固――
굳고 단단하다. 예 정부는 홍수에 대비해 견고한 제방을 쌓았다.

14 **고정** 굳을 固 정할 定
한곳에 꼭 붙어 있거나 붙어 있게 함. 예 그는 흔들리는 의자에 못을 박아서 고정했다.

15 **과민** 지날 過 민첩할 敏
감각이나 감정이 지나치게 예민함. 예 그는 남들의 평가에 과민한 반응을 보였다.

16 **설명** 말씀 說 밝을 明
어떤 일이나 대상의 내용을 상대편이 잘 알 수 있도록 밝혀 말함. 또는 그런 말. 예 친구의 설명만으로는 문제가 이해되지 않아서 선생님께 질문하기로 했다.

17 **감시** 살필 監 볼 視
단속하기 위하여 주의 깊게 살핌. 예 아군은 적군의 움직임을 철저하게 감시했다.

18 **확보** 굳을 確 지킬 保
확실히 보증하거나 가지고 있음. 예 재판에 앞서 충분한 증거를 확보해야 한다.

19 **미연** 아닐 未 그러할 然
어떤 일이 아직 그렇게 되지 않은 때. 예 사건이 미연에 방지되도록 조치를 취하다.

20 **실현** 열매 實 나타날 現
꿈, 기대 따위가 실제로 이루어짐. 예 할아버지는 통일이 실현될 날을 손꼽아 기다리셨다.

[01~05] 다음 뜻풀이에 해당하는 단어를 〈보기〉의 글자를 조합하여 쓰시오.

┤ 보 기 ├
축, 속, 식, 명, 적, 별, 설, 화, 박, 제

01 지식, 경험, 자금 따위를 모아서 쌓음. 또는 모아서 쌓은 것.

02 어떤 행위나 권리의 행사를 자유로이 하지 못하도록 강압적으로 얽어매거나 제한함.

03 분별하여 알아봄.

04 어떤 일이나 대상의 내용을 상대편이 잘 알 수 있도록 밝혀 말함. 또는 그런 말.

05 이야깃거리.

[06~10] 〈보기〉에서 알맞은 단어를 골라 다음 문장의 (   ) 안에 쓰시오.

┤ 보 기 ├
견고   지탱   구성   정렬   확보

06 나는 주말에 집안에 있는 책들을 모두 모아 한곳에 가지런히 (   )했다.

07 문장을 (   )하는 요소들을 '문장 성분'이라고 한다.

08 사방 네 개의 기둥이 오래된 목조 건물의 무게를 (   )하고 있다.

09 재판에 앞서 사건에 관한 증거를 충분히 (   )해야 한다.

10 정보는 홍수에 대비해 (   )한 제방을 쌓았다.

[11~15] 다음 단어의 초성을 참고하여 제시된 뜻풀이에 맞는 단어를 쓰시오.

ㅂ ㅇ	ㄱ ㅁ	ㄱ ㅅ	ㄱ ㅈ	ㅊ ㅊ
↓	↓	↓	↓	↓
자극에 대응하여 어떤 현상이 일어남. 또는 그 현상.	감각이나 감정이 지나치게 예민함.	단속하기 위하여 주의 깊게 살핌.	한곳에 꼭 붙어 있거나 붙어 있게 함.	전체 속에서 어떤 물건, 생각, 요소 따위를 뽑아 냄.
11 ( )	12 ( )	13 ( )	14 ( )	15 ( )

[16~20] 다음 뜻에 알맞은 단어를 연결하시오.

16 공사를 완성함.   · ⓐ 미연

17 꿈, 기대 따위가 실제로 이루어짐.   · ⓑ 실현

18 비교되는 대상들이 서로 어긋나지 아니하고 같거나 들어맞음.   · ⓒ 일치

19 체계적으로 분류하고 종합함.   · ⓓ 완공

20 어떤 일이 아직 그렇게 되지 않은 때.   · ⓔ 정리

우주 엘리베이터

정답 및 해설 72쪽

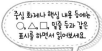

중심 화제나 핵심 내용 옆에는 ○, △, □, 밑줄 등과 같은 표시를 하면서 읽어보세요.

㉠우주 엘리베이터에 대해 들어본 적이 있는가? 말 그대로 우주까지 솟구쳐 있는 엘리베이터로, 선로가 지상에서 우주까지 이어져 있다고 생각하면 이해하기 쉽다. 지구 적도 상공 정지 궤도의 한 점에서 지상으로 케이블을 늘어뜨리면 언제나 지구 표면 위에 수직으로 솟아 있는 엘리베이터를 만들 수 있다.

지구 적도 약 36,000km 상공의 원 궤도를 정지 궤도라고 한다. 이곳에서는 지구의 중력과 지구가 자전할 때 생기는 원심력ⓐ이 동일하다. 이 정지 궤도상의 물체는 지구가 자전하는 회전 속도와 동일하게 지구 주위를 돌게 되므로 지구에서 보았을 때는 항상 정지하고 있는 것처럼 보이게 된다. 이 물체에 엘리베이터 케이블을 설치하면 케이블이 지구로 떨어지지 않으며, 지구에서 봤을 때는 한 지점에 고정된 채 케이블이 유지된다. 이러한 정지 궤도상의 물체로는 인공 위성을 이용할 수 있다.

우주 엘리베이터는 일반적인 고층 건물의 엘리베이터와는 그 개념이 다르다. 일반적인 엘리베이터는 지구의 중력을 견뎌야 한다. 하지만 우주 엘리베이터는 지구의 중력과 정지 궤도상 물체의 원심력이 각각 양쪽에서 잡아당기기 때문에 이 두 힘을 모두 견뎌야 한다.

또한 우주 엘리베이터는 일반적인 엘리베이터처럼 엘리베이터 케이블을 강철로 만드는 것은 불가능하다. ⓐ현재 우주 엘리베이터 케이블을 제작할 수 있는 가장 유력*한 소재는 바로 탄소나노튜브이다. 벌집 모양의 긴 원통처럼 생긴 탄소나노튜브는 가벼울 뿐만 아니라, 외부에서 잡아당기는 힘에도 매우 잘 견디기 때문에 우주 엘리베이터의 케이블을 만들 수 있는 가능성이 충분하다.

우주 엘리베이터가 완성되면 어려운 훈련 과정 없이 누구나 관광을 목적으로 우주 기지를 방문해 지구를 내려다볼 수 있다. 또한 우주 도시를 짓고 엘리베이터를 타고 오르내리는 것도 가능하다. 우주 엘리베이터는 ㉡로켓에 비해 연료를 많이 소모*하지도 않을 뿐더러 대기 중에 오염 물질을 배출하지도 않는다.

● 원심력: 물체가 원 운동을 할 때 구심력에 반대하여 바깥쪽으로 작용하는 힘.

＊ 유력(있을 有, 힘 力): 가능성이 많음.
＊ 소모(사라질 消, 줄 耗): 써서 없앰.

주제 쓰기 ●

_____

_____

1 윗글의 서술*상 특징으로 적절한 것을 <보기>에서 고른 것은?

┤ 보 기 ├

ㄱ. 우주 엘리베이터와 고층 건물의 엘리베이터와의 차이점을 서술하고 있다.
ㄴ. 의문문으로 글을 시작하면서 우주 엘리베이터에 대해 독자의 호기심을 끌고 있다.
ㄷ. 전문가의 견해를 제시하여 우주 엘리베이터에 대해 긍정적인 전망을 하고 있다.
ㄹ. 우주 엘리베이터의 설치 현황을 구체적인 수치*로 제시하고 있다.

① ㄱ, ㄴ   ② ㄱ, ㄹ   ③ ㄴ, ㄷ
④ ㄴ, ㄹ   ⑤ ㄷ, ㄹ

2 윗글을 바탕으로 ㉠과 ㉡을 비교한 내용으로 가장 적절한 것은?

① ㉠은 ㉡에 비해 연료를 많이 소모한다.
② ㉠은 ㉡과 달리 대기 중에 오염 물질을 배출하지 않는다.
③ ㉠은 ㉡과 달리 탑승하기 위해 어려운 훈련 과정이 필요하다.
④ ㉡은 ㉠과 달리 탄소나노튜브로 만들 수 있다.
⑤ ㉡과 ㉠은 모두 지구의 중력 및 정지궤도상의 원심력과 무관하다.

3 ⓐ의 이유로 가장 적절한 것은?

① 긴 원통처럼 생겼기 때문이다.
② 모양을 쉽게 바꿀 수 있기 때문이다.
③ 초소형으로 제작할 수 있기 때문이다.
④ 가볍고 외부의 힘에 매우 잘 견디기 때문이다.
⑤ 벌집 구조가 틈새 없이 촘촘하게 되어 있기 때문이다.

주심 화제나 핵심 내용 등에는 ○, △, □, 밑줄 등과 같은 표시를 하면서 읽어보세요.

　지금은 쉽게 보기가 어렵지만 옛날 시골집에서는 부뚜막에 가마솥을 걸어 밥을 지어 먹었다. 많은 사람이 두툼한 가마솥에 지은 밥을 가장 맛있는 밥으로 여긴다. 가마솥으로 지은 밥이 맛있는 이유는 무엇일까?

　가마솥은 솥뚜껑과 몸체로 구성되어 있다. 그중 솥뚜껑은 손잡이와 덮개로, 몸체는 음식을 담는 우묵한* 바닥과 솥을 들거나 걸 때 쓰는 솥전으로 이루어져 있다. 이러한 가마솥의 솥뚜껑과 몸체는 모두 두툼하고 무거운 무쇠로 만들어지는 것이 일반적이다.

　이렇게 무쇠로 만들어져 무거운 솥뚜껑은 밥맛을 좋게 하는 첫 번째 비결이다. 보통 물은 1기압에서 섭씨 100도가 되면 끓기 때문에 온도가 그 이상 올라가지 않는다. 그러나 무거운 솥뚜껑을 올려놓으면 뚜껑의 무게 때문에 솥 안의 수증기가 밖으로 쉽게 **빠져나가지** 못하게 된다. 갇힌 수증기는 솥 안의 기압을 1기압 이상으로 올려 주어 물의 온도가 섭씨 100도 이상 올라갈 수 있게 해 준다. 이렇게 높은 온도에서 **빠르게** 익은 밥은 그렇지 않은 밥보다 찰기와 향기가 훨씬 뛰어나다.

　몸체 바닥의 남다른 모양과 두께 또한 밥맛을 좋게 하는 비결이다. 솥의 바닥은 표면적이 넓고 완만한* 곡선을 그리고 있다. 또한 불이 가장 가까이 닿는 솥 바닥의 중앙 부분은 두껍게 만들어져 있고, 위로 올라갈수록(불과 멀어질수록) 두께가 점점 얇아져 바닥의 절반 정도까지 줄어든다. 이러한 특성은 열을 가마솥 전체에 균일*하게 전달하여 밥을 맛있게 만든다.

---

* 우묵하다: 가운데가 둥그스름하게 푹 패거나 들어가 있는 상태이다.
* 완만하다(느릴 緩, 게으를 慢ㅡㅡ): 경사가 급하지 않다.
* 균일(고를 均, 하나 ㅡ): 한결같이 고름.

주제 쓰기

_____

_____

1 윗글을 신문 기사화할 때, 표제와 부제로 적절한 것은?

① 가마솥 밥이 맛있는 이유
　– 가마솥의 구성 요소를 중심으로
② 가마솥을 만들기가 어려운 이유
　– 가마솥의 제작 과정을 중심으로
③ 가마솥 밥을 오늘날에는 하지 않는 이유
　– 가마솥 사용의 불편한 점을 중심으로
④ 가마솥 밥의 찰기가 뛰어난 이유
　– 가마솥 뚜껑의 기능을 중심으로
⑤ 가마솥 바닥의 중앙 부분이 두꺼운 이유
　– 가마솥에 전달되는 열전도율을 중심으로

2 윗글을 참고하여 <보기>를 이해한 내용으로 적절하지 <u>않은</u> 것은?

┤ 보 기 ├

　○○전자는 가마솥이 원리를 이용한 전기 밥솥을 개발하였다. 먼저 전기 밥솥 뚜껑을 두껍게 하고, 뚜껑 주위에 고무 패킹을 이중으로 장착했다. 그리고 솥 안쪽을 특수한 소재로 코팅하여 열이 빠르고 균일하게 전달될 수 있게 하였다.

① 전기 밥솥 안의 물의 온도는 섭씨 100도 이상 올라가겠군.
② 뚜껑을 두껍게 한 것은 수증기를 못 빠져나가게 하려는 것이겠군.
③ 전기 밥솥 안의 갇힌 수증기는 솥 안쪽의 기압을 1기압 이상 올려 주겠군.
④ 솥 안쪽을 특수 소재로 코팅한 것은 열을 균일하게 전달하기 위한 것이겠군.
⑤ 이중으로 장착한 고무 패킹은 솥 안쪽의 온도를 천천히 올리는 데 기여하겠군.

주심 화제나 핵심 내용 등에는
○, △, □, 밑줄 등과 같은
표시를 하면서 읽어보세요.

가 블루투스란 보통 컴퓨터 광마우스가 소비하는 전기의 1/3 수준인 저전력으로 10~100m정도의 근거리에서 대부분의 송수신을 가능하게 하는 무선 통신 기술을 말한다. ㉠파란이빨(Bluetooth)은 딱히 무선 통신과는 그리 어울리지 않은 이름인데 어떻게 해서 이 명칭이 사용된 것일까?

나 1994년 스웨덴 에릭슨사는 기기마다 복잡하게 유선으로 연결되어 있어 사용에 불편함이 많다는 점에 주목했다. 이를 해소하기 위해 무선으로 대체*할 수 있는 저전력, 저가의 무선 통신 기술을 고안*했다. 그런데 막상 이 기술을 개발하고 나니 단순히 유선을 대체하는 효과 이상의 다양한 응용 잠재 능력을 갖고 있음을 알게 됐다. 바로 모든 기기들을 하나의 무선 통신 기술을 통해 연결할 수 있다는 것이다.

다 그래서 에릭슨사는 과거 10세기 경 스칸디나비아 국가인 덴마크와 노르웨이 등 북유럽을 하나로 통일한 바이킹이자 덴마크 왕 해럴드 블루투스의 이름을 따 이 기술을 명명*하게 되었다. 블루투스 왕이 스칸디나비아 반도를 하나로 통일한 것처럼, 지금의 블루투스 기술로 PC 등 디지털 기기를 하나의 무선 통신 규격으로 통일한다는 상징적인 뜻이 담긴 것이다.

라 블루투스는 휴대폰, 노트북과 같은 기기에 블루투스 칩을 탑재*함으로 다른 블루투스 칩을 탑재한 기기와 무선으로 정보를 송수신할 수 있다는 장점이 있다. 이렇게 되면, 각각의 기기들은 블루투스 칩을 통해 근거리에서 하나의 무선 네트워크로 연결된다. 이때 전파는 전 세계가 무료로 사용할 수 있는 주파수 대역을 사용한다. 따라서 블루투스 칩이 내장*된 기기 간에 이뤄지는 통신은 무제한으로 사용해도 무료인 셈이다. 뿐만 아니라 블루투스 제품은 제조 회사에 상관없이 호환*되기 때문에 다양하게 응용할 수 있다. 또한 블루투스는 장애물 투과성이 높아 블루투스 칩을 탑재한 기기를 가방이나 주머니에 넣은 채로 다른 정보 통신 기기와 통신할 수 있다.

마 현재 대부분의 IT 기기들은 블루투스가 가능하도록 만들어지고 있다. 그 옛날 블루투스 왕이 여행가로 명성을 날렸듯이, 호환성이 높은 블루투스 기술이 전 세계 어디를 여행하든 기기 간에 쉽게 통신할 수 있도록 통신 환경을 일원화할 것으로 전망된다.

* 대체(대신할 代, 쇠퇴할 替): 다른 것으로 대신함.
* 고안(생각할 考, 책상 案): 연구하여 새로운 안을 생각해 냄. 또는 그 안.
* 명명(목숨 命, 이름 名): 사람, 사물, 사건 등의 대상에 이름을 지어붙임.
* 탑재(탈 搭, 실을 載): 배, 비행기, 차 따위에 물건을 실음.
* 내장(들 內, 감출 藏): 밖으로 드러나지 않게 안에 간직함.
* 호환(서로 互, 바꿀 換): 서로 교환됨.

주제 쓰기

_____

_____

1 (가)~(마)를 요약한 내용으로 적절하지 <u>않은</u> 것은?

① (가): 블루투스 기술의 개념과 이름이 붙여진 이유에 대한 의문
② (나): 블루투스 기술이 개발된 동기와 다양한 응용 잠재 능력
③ (다): 블루투스라고 명명한 무선 통신 기술에 담긴 상징적 의미
④ (라): 블루투스 기술이 보안에 취약한 이유와 이에 대한 대책
⑤ (마): 블루투스 기술의 현황과 향후 전망

2 (라)의 서술 방법의 특징으로 가장 적절한 것은?

① 열거를 통해 대상이 지닌 장점을 설명하고 있다.
② 공간의 이동에 따른 대상의 특징을 설명하고 있다.
③ 시간의 흐름에 따른 대상의 변화를 설명하고 있다.
④ 의문에 대한 답을 제시하면서 대상을 설명하고 있다.
⑤ 비유적 표현을 통해 대상을 알기 쉽게 설명하고 있다.

3 ㉠의 이유로 가장 적절한 것은?

① 디지털 기기를 유선으로 자유롭게 통신한다는 의미를 담았기 때문이다.
② 디지털 기기의 사용 방법을 하나로 통일한다는 의미를 담았기 때문이다.
③ 디지털 기기를 하나의 무선통신 규격으로 통일한다는 의미를 담았기 때문이다.
④ 디지털 기기를 통해 전 세계를 자유롭게 여행할 수 있게 한다는 의미를 담았기 때문이다.
⑤ 디지털 기기를 저전력으로 사용하게 함으로써 에너지를 절약하고자 하는 의미를 담았기 때문이다.

백화점 화장실에는 왜 출입문이 없을까? _조원용

정답 및 해설 78쪽

주심 화제나 핵심 내용 두에는 ○, △, □, 밑줄 등과 같은 표시를 하면서 읽어보세요.

대형 상가나 사무용 건물 등 많은 사람들이 이용하는 건물의 화장실 중에는 입구에 열고 닫는 출입문이 없는 경우가 종종 있다. 물론 화장실 내부의 칸막이 문은 개별적으로 설치되어 있지만 화장실 입구에는 문이 없는 경우가 많다. 왜 그럴까?

화장실을 만들 때에는 기본적으로 두 가지 문제를 해결해야 한다. 첫째는 사생활 보호에 대한 문제이고, 둘째는 위생 및 청결에 관한 문제이다. 이러한 문제를 한꺼번에 해결하기 위해 가장 널리 쓰인 방법은 화장실을 별도의 구획*으로 나눈 후 입구에 출입문을 두는 것이었다.

하지만 많은 사람들이 출입하고 이용하는 건물의 화장실 출입구에 문이 있다면 어떨까? 화장실을 이용하기 위해 손잡이를 만질 때 다른 사람들이 젖은 손으로 잡아 손잡이에 남아 있는 축축한 물기를 느끼게 될 것이다. 기분이 불쾌해지는 것은 물론이고 위생적으로도 그리 좋지 않을 것이다. 게다가 많은 사람들이 드나들기 때문에 문을 열고 닫는 데 번잡함*을 느낄 수도 있다. 이러한 이유로 많은 사람이 이용하는 시설에는 화장실 입구에 문을 설치하지 않는 경우가 많다.

그렇다면 사생활 보호 문제는 어떻게 해결했을까? 사생활 보호를 위해 남녀 출입구를 각각 분리하고 입구 쪽에 한 번 꺾어지는 공간을 두거나 벽을 세워 시선을 차단*하는 방법을 사용하였다. 물론 화장실 내부의 변기나 칸막이 위치도 시선을 차단하기 위해 효과적으로 배치하였다. 그렇게 함으로써 많은 사람이 다니는 출입 동선에 방해되는 문을 없애면서도 사생활을 보호할 수 있게 되었다.

이와 같이 ㉠출입문을 없앤 화장실은 문을 열고 닫을 때 나는 쿵쿵거리는 소음까지 완전히 없애는 부수적*인 효과도 거둘 수 있었다. 사람들이 화장실을 드나들 때마다 출입문 여닫는 소리가 계속 들린다면 그 소음은 많은 사람들에게 피해를 주었을 것이다.

대부분의 사람들은 화장실 입구에 출입문이 있는지 없는지를 전혀 의식하지 못하고 사용해 왔을 것이다. 하지만 거기에는 사람들이 조금이라도 더 건물을 편리하게 사용할 수 있도록 하기 위한 건축가의 노력과 건축 기술이 숨어 있다.

* 구획(구분할 區, 그을 劃): 토지 따위를 경계를 갈라 정함. 또는 그 구역.
* 번잡하다(괴로워할 煩, 섞일 雜––): 번거롭고 혼잡하다.
* 차단(막을 遮, 끊을 斷): 막아서 멈추게 함. 가로막아 사이를 끊음.
* 부수적(붙을 附, 따를 隨 과녁 的): 종속적으로 덧붙거나 한데 따르는 이차적인. 또는 그런 것.

주제 쓰기

_____

_____

1 <보기>는 윗글을 읽고 학생들이 나눈 대화 내용이다. 윗글을 <u>잘못</u> 이해한 학생은?

┤ 보 기 ├

학생 1: 화장실을 만들 때 기본적으로 해결해야 할 문제는 무엇일까?
학생 2: 사생활 보호에 대한 문제를 해결해야 해. ·· ①
학생 3: 위생과 청결 문제도 해결해야 해. ·· ②
학생 1: 그러면 공공 건물 화장실 출입구에 출입문을 없앰으로써 얻을 수 있는 효과는
　　　　무엇이 있을까?
학생 4: 남녀 출입구를 분리하여 화장실에 잘못 들어가는 일이 줄어들게 했어. ····· ③
학생 5: 사람들이 많이 드나들 때 문을 열고 닫는 번잡함을 해결할 수 있어. ·········· ④
학생 6: 출입문을 열고 닫을 때 나는 소리도 해결할 수 있어. ······························ ⑤

2 ㉠에 대한 반응을 속담으로 나타낸 것으로 가장 적절한 것은?

① 꿩 먹고 알 먹는 격이군.
② 백지장도 맞들면 나은 격이군.
③ 소 잃고 외양간 고치는 격이군.
④ 까마귀 날자 배 떨어지는 격이군.
⑤ 자라 보고 놀란 가슴 솥뚜껑 보고 놀란 격이군.

독해의 기초 Tip

■**관용 표현**
　① 관용 표현: 둘 이상의 단어가 결합하여 원래의 의미와는 다른 특수한 의미를 가진 것을 말한다.
　② 관용 표현의 종류
　　• 고사성어: 유래가 있는 고사나 비유적 의미가 관습적으로 굳어진 한자 성어를 말한다.
　　　예 각주구검(刻舟求劍): 배에서 칼을 물속에 떨어뜨리고 뱃전에 빠뜨린 자리를 표시해 두
　　　었다가 배가 정박한 뒤에 칼을 찾으려 했다는 고사(故事)에서, 미련하고 융통성이 없음
　　　을 비유한 말.
　　• 숙어(관용구): 둘 이상의 단어가 결합되어 하나의 의미를 나타내는 표현을 말한다. 특히 신체 부위
　　　의 명칭과 연관된 표현이 많다.
　　　예 손이 크다: 씀씀이가 후하다
　　• 속담: 사람들의 오랜 생활 체험에서 얻어진 인생에 대한 경험이나 교훈을 간결하게 나타낸 문장을
　　　말한다.
　　　예 낫 놓고 기역 자도 모른다: 무식함을 이르는 말

중심 화제나 핵심 내용 등에는 ○, △, □, 밑줄 등과 같은 표시를 하면서 읽어보세요.

'눌비비'란 도구에 대해 들어본 적이 있는가? 생소한* 단어라서 '어떻게 생긴 도구이지?' 라는 생각을 갖게 하는 등 이름부터 궁금증을 유발한다. 우리 조상들은 오늘날의 전동 드릴처럼 구멍을 뚫을 수 있는 도구를 가지고 있었는데 이것이 바로 눌비비이다.

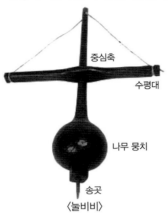

〈눌비비〉

중심축
수평대
나무 뭉치
송곳

㉠눌비비는 중심축 맨 아래에 송곳 모양의 단단한 나무가 달려 있고, 바로 윗부분에는 둥근 모양의 나무 뭉치를 붙여 무게를 나가게 했다. 중심축의 맨 위쪽에 구멍을 뚫어 거기에서 줄을 양쪽으로 늘이고, 중심축에 구멍 뚫린 긴 나무를 수평으로 끼웠는데 이를 수평대라고 한다. 중심축의 맨 위와 수평대의 양끝을 줄로 이어 자연스럽게 삼각 구도를 갖게 하여 수평대를 눌렀을 때 이 힘이 고르게 전달되어 안정감을 갖도록 만들었다. 즉 중심축을 돌리면 이 양쪽 줄이 엇갈리면서 감기게 되고 이에 따라 수평대가 올라가는데, 수평대 좌우를 잡고 위아래로 오르내리게 하면 중심축의 엇갈린 줄이 계속 풀렸다 감겼다 하면서 중심축을 돌려주게 된다.

이때 송곳 위의 나무 뭉치는 무게로 인해 계속 회전하게 되고, 수평대를 누르면 실을 풀어주고 올리면 실을 감아 주는 것을 반복하게 된다. 이렇게 수평대를 누르고 올리는 것을 반복함으로써 축이 계속 돌게 되어 물건에 구멍을 뚫게 된다. 이때 눌비비는 수평대만 아래로 움직이면 되므로 한 손으로 사용할 수 있고 다른 한 손은 구멍을 뚫는 물건을 잡거나 고정할 수 있는 장점이 있다.

눌비비에서 나타나는 힘은 일상생활 속에서 그 원리를 쉽게 찾을 수 있다. 단추 구멍에 실을 넣고 돌려서 양손으로 잡아 당겼다 놓으면 회전력을 유지하며* 끊임없이 돌아간다. 그리고 그 힘은 회전하는 안쪽 중심 방향으로 집중된다. 인간의 힘에서 기계의 힘으로 바뀌었을 뿐 구멍 뚫는 원리는 지금의 전동 드릴과 똑같다. 이처럼 눌비비에서는 우리 주변에서 나타나는 과학적 원리들을 적극적으로 이용했던 조상들의 슬기를 엿볼 수 있다.

* 생소하다(날 生, 성길 疎--): 어떤 대상이 친숙하지 못하고 낯이 설다.
* 유지하다(받칠 維, 보존할 持--): 어떤 상태나 상황을 그대로 보존하거나 변함없이 계속하여 지탱하다.

주제 쓰기 •
_____
_____

1 윗글을 통해 알 수 있는 내용이 <u>아닌</u> 것은?

① 눌비비의 구조
② 눌비비의 장점
③ 눌비비의 종류
④ 눌비비로 구멍을 뚫는 과정
⑤ 눌비비와 전동 드릴의 공통점

2 윗글의 ㉠과 <보기>의 ㉡을 비교한 내용으로 가장 적절한 것은?

┤ 보 기 ├

〈활비비〉

㉡활비비는 구멍을 뚫는 도구로, 활처럼 생겼다. 활비비는 축을 감아 돌리는 회전력을 이용한다. 활비비의 수직축에는 색연필 모양으로 다듬은 나무의 아랫부분에 송곳이 달려 있다. 윗부분을 잡고 활비비 줄을 수평으로 돌리면 수직축의 아랫부분이 돌아가 구멍을 뚫을 수 있는데 이때 양손을 모두 사용해야만 한다.

① ㉠은 ㉡과 달리 회전할 때 생기는 힘을 이용한다.
② ㉠은 ㉡과 달리 구멍을 뚫을 수 있는 도구이다.
③ ㉠은 ㉡과 달리 한 손으로 사용이 가능하다.
④ ㉡은 ㉠과 달리 인간의 힘을 필요로 한다.
⑤ ㉡은 ㉠과 달리 송곳이 부착되어 있다.

독해의 기초 Tip

■ 비교와 대조
　① 비교: 둘 또는 그 이상의 사물이 갖고 있는 비슷한 점을 밝히는 서술 방식
　② 대조: 둘 또는 그 이상의 사물이 갖고 있는 차이점을 밝히는 서술방식

■ 비교와 대조를 할 때 주의할 점
　비교와 대조를 하기 위해서는 그 대상들이 같은 범주에 속해야 한다. 예를 들어 과일인 사과와 배를 비교하거나 대조할 수는 있지만, 사과와 과일을 비교하거나 대조할 수는 없다.

01 유력하다 있을 有 힘 力––
가능성이 많다. 예 그가 우승 후보로 <u>유력</u>하다.

02 적절하다 갈 適 바로잡을 切––
꼭 알맞다. 예 그는 선생님의 질문에 <u>적절</u>하게 대답했다.

03 소모 사라질 消 줄 耗
써서 없앰. 예 사소한 일에 시간을 <u>소모</u>하다.

04 완만하다 느릴 緩 게으를 慢––
경사가 급하지 않다. 예 우리는 <u>완만</u>한 비탈길을 따라 천천히 산을 내려왔다.

05 균일 고를 均 하나 ―
한결같이 고름. 예 우주의 법칙은 <u>균일</u>하게 작용한다.

06 고안 생각할 考 책상 案
연구하여 새로운 안을 생각해 냄. 또는 그 안. 예 그는 우리 생활에 알맞은 의복을 <u>고안</u>해 왔다.

07 표제 겉 表 표제 題
신문이나 잡지 기사의 제목. 예 그 기사는 5단 짜리 <u>표제</u>로 크게 보도되었다.

08 부제 버금 副 표제 題
서적, 논문, 문예 작품 따위의 제목에 덧붙어 그것을 보충하는 제목. 예 그 논문의 주제는 '조선 후기 전쟁사'이고 <u>부제</u>는 '임진란을 중심으로'이다.

09 대체 대신할 代 바꿀 替
다른 것으로 대신함. 예 최근에는 통신 방식을 아날로그에서 디지털 방식으로 <u>대체</u>하기 시작했다.

10 탑재 탈 搭 실을 載
배, 비행기, 차 따위에 물건을 실음. 예 내일까지 그 물건들을 모두 배에 <u>탑재</u>해야 한다.

11 내장 안 內 감출 藏
밖으로 드러나지 않게 안에 간직함. 예 이 자동차는 첨단 기기들을 <u>내장</u>하고 있다.

12 호환 서로 互 바꿀 換
서로 교환함. 예 이 기기는 다른 회사 제품과 <u>호환</u>이 가능하다.

13 서술 차례 敍 지을 述
사건이나 생각 따위를 차례대로 말하거나 적음. 예 여행을 다녀온 소감을 <u>서술</u>할 때는 시간적 순서에 따라 쓰는 것이 바람직하다.

14 구획 구분할 區 그을 劃
토지 따위를 경계를 지어 가름. 또는 그런 구역. 예 도시를 동서남북의 4면으로 <u>구획</u>하다.

15 번잡 번거로울 煩 섞일 雜
번거롭게 뒤섞여 어수선함. 예 휴일에는 도심의 <u>번잡</u>을 피하여 교외로 나간다.

16 부수적 붙을 附 따를 隨 과녁 的
주된 것이나 기본적인 것에 붙어서 따르는. 또는 그런 것. 예 소비가 증가하면 <u>부수적</u>으로 쓰레기도 증가한다.

17 차단 막을 遮 끊을 斷
다른 것과의 관계나 접촉을 막거나 끊음. 예 통신이 끊어져 외부와의 연락이 완전히 <u>차단</u>된 상태이다.

18 생소하다 날 生 섬길 疏––
어떤 대상이 친숙하지 못하고 낯이 설다. 예 길이 <u>생소</u>하여 어디가 어딘지 도무지 알 수가 없었다.

19 유지 받칠 維 보존할 持
어떤 상태나 상황을 그대로 보존하거나 변함없이 계속하여 지탱함. 예 건강 <u>유지</u>의 지름길은 꾸준한 운동이다.

20 비교 견줄 比 비교할 較
둘 이상의 사물을 견주어 서로 간의 유사점, 차이점, 일반 법칙 따위를 고찰하는 일. 예 이 표를 통해 우리나라와 세계의 역사를 일목요연하게 <u>비교</u>하여 볼 수 있다.

[01~06] 다음 퍼즐의 가로와 세로에 적절한 어휘를 쓰시오.

01		04	
02			
05			06
		03	

〈가로 열쇠〉

01 주된 것이나 기본적인 것에 붙어서 따르는. 또는 그런 것.

02 가능성이 많다.

03 신문이나 잡지 기사의 제목.

〈세로 열쇠〉

04 꼭 알맞다.

05 연구하여 새로운 안을 생각해 냄. 또는 그 안.

06 서적, 논문, 문예 작품 따위의 제목에 덧붙어 그것을 보충하는 제목.

[07~12] 다음 뜻풀이에 해당하는 단어를 〈보기〉의 글자를 조합하여 쓰시오.

┤ 보 기 ├
균, 탑, 비, 지, 차, 교, 재, 서, 일, 단, 유, 술

07 한결같이 고름.

08 배, 비행기, 차 따위에 물건을 실음.

09 사건이나 생각 따위를 차례대로 말하거나 적음.

10 어떤 상태나 상황을 그대로 보존하거나 변함없이 계속하여 지탱함.

11 둘 이상의 사물을 견주어 서로 간의 유사점, 차이점, 일반 법칙 따위를 고찰하는 일.

12 다른 것과의 관계나 접촉을 막거나 끊음.

[13~17] 〈보기〉에서 알맞은 단어를 골라 다음 문장의 (   ) 안에 쓰시오.

┤ 보 기 ├
소모   구획   완만   번잡   생소

13 정부는 도시를 동서남북의 4면으로 (   )하였다.

14 여기는 (   )하니까 내일은 한가한 저쪽에서 보자.

15 길이 (   )하여 어디가 어딘지 알 수 없다.

16 (   )한 비탈길이어도 조심해야 한다.

17 도시 사람들은 출퇴근에 (   )하는 시간이 너무 많다.

[18~20] 다음 뜻에 알맞은 단어를 연결하시오.

18 밖으로 드러나지 않게 안에 간직함.   •   • ⓐ 내장

19 서로 교환함.   •   • ⓑ 호환

20 다른 것으로 대신함.   •   • ⓒ 대체

예술 제재에서는 주로 미술·음악·건축·공연·영상·사진·영화 등 구체적인 예술 분야와 관련된 글이나 예술을 바라보는 특정한 관점에 대한 글이 출제된다. 따라서 글의 중심 내용을 파악한 후 그 내용을 그림이나 사진 등의 시각 자료와 연결지어 살펴보거나, 글에 제시된 여러 작품이나 예술가의 관점을 비판적으로 받아들여 자신의 관점과 비교하며 읽는 연습을 하는 것이 좋다.

예술 V

미술, 건축, 거주의 공간 _ 김우창

정답 및 해설 82쪽

중심 화제나 핵심 내용 등에는
○, △, □, 밑줄 등과 같은
표시를 하면서 읽어보세요.

미술과 건축은 서로 밀접하게 연결되어 있는 인간의 활동 분야이다. 물론 집을 짓는 일차적 목적은 사람을 비바람과 추위로부터 보호해 주는 주거(住居)의 장소를 만드는 것이다. 반면에 미술은 주거나 다른 실용적인 목적과는 직접적인 연관성을 갖지 않는 표현 활동의 결과물이다. 다시 말해 실용이 아닌 미의 추구가 그 일차적 목표인 것이다. 그렇다면 미술과 건축은 함께 존재하지 못하는 것일까? 우리는 집을 짓고 나면 그 집을 아름답게 꾸미는 방법을 고민한다. 그림을 가져다 놓거나 벽지에 변화를 주는 것 등이 그 예이다. 이렇듯 미술과 건축의 두 분야는 아름다운 생활 공간을 창조하는 데에서 더 나아가 사람의 삶에 아름다움을 더하는 데에 함께 기여*한다.

그런데 이렇게 함께 작용하는 두 분야가 우리 사회에서는 지금껏 전혀 다른 분야로 인식되며 따로따로 존재해 왔다. 물론 다른 나라에서도 건축과 미술이 언제나 아름다움을 창조하는 것으로만 이해된 것은 아니었으며, 건축과 미술의 협동의 정도도 시대에 따라 강해지기도 하고 약해지기도 하면서 달라질 수밖에 없었다. 이제부터라도 우리 사회에서 건축과 미술의 두 분야는 더 긴밀한 협동이 이루어져야 한다. 건축이 아름다워져야 한다는 말이다.

그렇다면 왜 우리나라에서는 건축이 아름다워지지 못한 것일까? 우리나라에서 건축이 아름다워지지 못한 데에는 여러 가지 이유가 있었을 것이다. 미술과 건축 사이에 교류가 부족했던 점, 나아가 건축과 미술이 별도로 존재했던 현실이 무엇보다 커다란 요인이라 할 수 있을 것이다. 그리고 오늘날 여전히 우리가 아름다운 건축을 찾기 힘든 것은 우리에게 조화된 삶의 공간이 없고 조화된 삶의 비전이 없기 때문이다. 특히 주거 공간이 바로 경제적 가치와 직결*되는 현재의 우리 상황은 건물이 아름다운 공간이기보다는 효율적인 공간이기를 요구한다. 아름다움보다 효율성이 더 강조되는 우리 사회에서 아름다운 건축은 사치가 된다.

이는 결코 건축의 효율성을 고려하지 말라는 의미가 아니다. ㉠아름다운 건축의 가능성을 열어놓자는 것이다. 아름다움의 요체*는 조화이며 그것은 편안한 휴식의 느낌을 준다. 아름다움의 조화의 범위는 독립된 건축물과 그 주변 환경, 그리고 이를 통해 흐르고 있는 지속적인 역사를 포함한다. 우리의 삶이 이 넓은 시공간의 조화 안에서 제자리를 잡을 수 있도록 도와주는 인간 활동이 건축인 만큼, 아름다움의 영역을 포기하지 말고 함께 마련해 나갈 때 우리는 아름다운 건축물에서 살아가게 될 것이다.

* 기여(부칠 寄, 도울 與):
도움이 되도록 이바지함.
* 직결(곧을 直, 맺을 結):
사이에 다른 것이 개입
되지 않고 직접 연결됨.
* 요체(요긴할 要, 살필
諦): 중요한 점.

주제 쓰기 •

_____

_____

1 윗글의 내용과 일치하지 <u>않는</u> 것은?

① 건축과 미술은 지금까지 우리 사회에서만 유독 따로 존재해 왔다.

② 집을 짓는 일차적 목적은 인간을 보호해 주는 주거의 장소를 만드는 것이다.

③ 우리가 아름다운 건축을 찾기 어려운 것은 조화된 삶의 공간이 없기 때문이다.

④ 건축과 미술은 아름다운 생활공간을 창조함과 동시에 삶에 아름다움을 더한다.

⑤ 미술은 실용적인 목적과는 직접적인 연관을 갖지 않는 표현 활동의 결과물이다.

V · 예술

2 윗글의 논지* 전개 방식으로 가장 적절한 것은?

① 유사한 대상에 빗대어 설명하고 있다.

② 시대에 따른 인식의 변화를 설명하고 있다.

③ 전문가의 말을 인용하여 설득력을 높이고 있다.

④ 공통점을 기준으로 대상을 나누어 설명하고 있다.

⑤ 두 대상의 공통점과 차이점을 들어 설명하고 있다.

* 논지(논할 論, 뜻 旨):
논의의 취지.

3 ㉠에 대한 반응으로 가장 적절한 것은?

① 미리: 건축의 실용적인 면은 중요한 것이 아니군.

② 건호: 건축과 미술은 전혀 다른 분야임을 잊지 말아야겠군.

③ 서현: 아름다운 건축은 경제적 가치를 반영한 결과물이군.

④ 연우: 건축과 미술 두 분야의 긴밀한* 협동이 반드시 필요하겠군.

⑤ 도훈: 건축은 언제나 아름다움을 창조하는 것으로 이해해야겠군.

* 긴밀한(긴할 緊, 빽빽할
密): (서로의 관계가) 몹
시 긴하고 가까움.

공감각의 사진 _ 주기중

정답 및 해설 84쪽

주심 화제나 핵심 내용 등에는 ○, △, □, 밑줄 등과 같은 표시를 하면서 읽어보세요.

가 예술에서 감각은 한때 원초적이고 동물적인 것으로 여겨져 저급한 영역으로 치부*되었다. 그러나 르네상스 시대를 거치면서 문학과 미술, 음악 등 예술 전반에서 감각은 창의적이고 핵심적인 표현 형식으로 대우받고 있다. 현대의 예술은 사람의 감각을 자극하며 그 안에 많은 이야기를 담고 있는 것이다.

나 월트디즈니에서 제작한 「환타지아」는 음악을 색으로 표현한 애니메이션이다. 청각을 시각화하여 표현한 이 애니메이션은 바흐와 차이코프스키 등 유명 작곡가들의 작품을 음색에 따라 '색의 향연'으로 재창조한 것이다. 악기의 톤에 따라 색이 달라지고, 음의 높낮이에 따라 명도와 채도가 바뀌면서 애니메이션을 이름처럼 '환타지아(환상곡)'로 승화*시켰다. 소리가 색에, 또 색이 소리에 녹아들며 공감각의 명작을 만들어 낸 것이다.

다 시각이 미각을 자극하는 경우도 있다. 인체에서 단맛·신맛·쓴맛·짠맛 등 음식의 맛은 혀로 느낀다. 본다는 것, 즉 시각은 미각과 직접적인 관련이 없다. 그럼에도 불구하고 음식의 색과 형태는 미각을 자극한다. 철판 요리를 할 때 알코올 도수가 높은 술을 부어 불꽃을 일으키는 것을 본 적이 있을 것이다. 불은 시각적인 효과를 노린 것이지만 또 입맛을 돋우기도 한다. 불과 요리의 인과 관계가 우리의 의식 속에 녹아 있기 때문이다. ⓐ시각이 미각을 자극해 더 맛있어 보이게 하고 더 먹고 싶게 하는 것이다.

라 위의 두 예에서 살펴본 바와 같이 시각은 다른 감각과 어우러져 그에 적합한 이미지를 만들어 내곤 한다. 이처럼 어떤 대상에 대한 이미지는 시각을 중심으로 공감각적으로 만들어지고 기억으로 저장되는 것이다. 물론 그 이미지는 개인이 속한 사회와 문화 속에서 오랫동안 축적*된 고유한 경험에 따라 다르게 받아들여지기도 한다. 그래서 알프레드 턴넨은 '예술가는 사물을 있는 그대로는 보지 않는다. 도리어 마음의 있는 그대로 본다.'라고 했다. 예술가의 시각은 [　　　　　ⓛ　　　　　]이다.

마 따라서 예술 작품은 보이는 대로만 창작하고 해석해서는 안 된다. 시각 예술인 사진의 경우 시각에만 의존하면 곧 표현과 이해의 한계에 다다르게 된다. 사진에는 시각과 어우러지는 복합적인 감각이 들어 있어야 한다. 사진 작품을 볼 때도 시각을 청각·후각·촉각·미각과 결부시켜 공감각으로 확장시킬 필요가 있다. 그렇게 되면 사진을 보는 감동의 폭과 깊이가 확연하게 달라지기 때문이다.

* 치부(둘 置, 문서 簿): 마음속으로 그러하다고 보거나 여김.
* 승화(오를 昇, 빛날 華): 어떤 현상이 더 높은 상태로 발전하는 일.
* 축적(쌓을 蓄, 쌓을 積): 지식, 경험, 자금 따위를 모아서 쌓음. 또는 모아서 쌓은 것.

주제 쓰기

_____

_____

1 윗글의 내용으로 가장 적절한 것은?

① 시대를 막론하고 예술에서 감각은 저급한 영역으로 평가된다.
② 애니메이션 「환타지아」는 시각을 청각으로 표현한 작품이다.
③ 눈으로 보는 감각은 혀로 느끼는 감각과 직접적인 관련이 있다.
④ 시각에만 의존해야 사진을 보는 감동의 폭이 넓어지고 깊어진다.
⑤ 대상에 대한 이미지는 시각을 중심으로 공감각적으로 만들어진다.

2 ㉠과 의미가 통하는 속담으로 가장 적절한 것은?

① 떡 주고 뺨 맞는다.
② 싼 것이 비지떡*이다.
③ 떡 본 김에 제사 지낸다.
④ 보기 좋은 떡이 먹기도 좋다.
⑤ 떡 줄 사람은 꿈도 안 꾸는데 김칫국부터 마신다.

＊비지떡: 「1」 비지에 쌀가루나 밀가루를 넣고 반죽하여 둥글넓적하게 부친 떡. 「2」 보잘것없는 것을 비유적으로 이르는 말.

3 ㉡에 들어갈 말로 가장 적절한 것은?

① 보이는 것이 전부인 것
② 절대적으로 눈에만 의지하는 것
③ 다른 감각에 영향을 받지 않는 것
④ 마음에 저장된 기억이 작동하는 것
⑤ 고유한 경험과는 전혀 관계가 없는 것

윤두서의『자화상』에 숨겨진 선비정신 _ 이광표

정답 및 해설 86쪽

중심 화제나 핵심 내용 등에는
○, △, □, 밑줄 등과 같은
표시를 하면서 읽어보세요.

윤두서의『자화상』은 끔찍할 정도의 사실적인 표현을 통해 자신의 내면을 극명*하게 보여 주는 작품이다. 초상화의 면면을 살펴보면 부리부리한 눈매, 거울을 보고 그린 듯한 올 한 올 사실적으로 불타오르는 수염, 넘치는 생동감과 파격적인 구도가 한번에 시선을 빼앗는다. 더욱 충격적인 것은 마땅히 있어야 할 두 귀와 목과 상체가 없다는 점이다. 탕건* 윗부분이 잘려나간 채 화폭 위쪽에 매달린 듯한 얼굴이 매섭게 정면을 노려보고 있어 보는 이에게 공포감마저 준다. 이러한 파격적인 화풍은 이 그림이 과연 조선 시대 선비의 자화상인가 하는 의문까지 들게 한다.

어떻게 이런 그림이 나온 것일까? 일부러 그렇게 그린 것일까, 아니면 실수 혹은 미완성의 작품일까? 이러한 의심의 여지를 남기는 것은 이 그림이 조선 시대의 유교 윤리나 보편적 경향에서 벗어나 있기 때문이다. 조선 시대의 사대부가 부모로부터 물려받은 신체의 일부를 뗀 채 그림을 그리는 일은 있을 수 없다. 더욱이 윤두서는 윤선도의 증손자이자 정약용의 외증조부로 대대로 유학의 학풍이 짙게 묻어나는 가문의 선비이다. 그러하기에 이렇게 얼굴만을 덩그러니 그려놓은 초상화를 향한 궁금증이 꼬리를 물 수밖에 없다.

그런데 이 같은 의문이 오히려 이 작품을 더욱 매력적인 작품으로 만든다. 미완성으로 보이는 이 작품은 보는 이에게 탐구하고픈 욕망을 불러일으키기 때문이다. 윤두서의『자화상』은 이래저래 관심의 대상일 수밖에 없는 모양이다. 그렇다고 해서 이 작품의 예술성마저 미완성인 것은 아니다. 콧구멍의 코털까지 치밀하게 그려 낼 정도로 철저한 이 초상화의 사실성, 이는 ㉠'성실성의 산물'이라 평가받기에 충분하다.

* 극명(이길 克. 밝을 明):
속속들이 똑똑하게 밝
힘. 매우 분명함.
* 탕건(호탕할 宕. 수건
巾): 벼슬아치가 갓 아
래 받쳐 쓰던 관(冠)의
하나.
* 치밀하다(촘촘할 緻. 빽
빽할 密——): 자세하고
꼼꼼하다.
* 성찰(살필 省. 살필 察):
자기의 마음을 반성하
고 살핌.

조선 시대 선비들은 초상화를 그리며 대상 인물을 실물과 다름없이 표현하려 했다. 꾸며서 아름답게 보여 주는 것이 아니라 사실대로 표현함으로써 인물의 정신까지 담아내려 했던 것이다. 윤두서의『자화상』은 이러한 초상화의 원칙을 충실히 따른 작품이라 할 수 있다. 실물과 터럭 한 올이라도 다르다면 그게 어찌 윤두서 자신의 얼굴이겠는가. 이 사실성은 자신에 대한 치밀한* 관찰에서 나온 것이며, 그 관찰은 내면에 대한 냉엄한 성찰*이자 선비정신의 표출인 것이다.

〈윤두서,『자화상』〉

주제 쓰기 •

―――――――――――――
―――――――――――――

1 윗글을 통해 알 수 있는 내용으로 적절하지 <u>않은</u> 것은?

① 『자화상』에 드러난 선비정신
② 『자화상』과 당시 그림의 차이점
③ 『자화상』을 보고 가질 수 있는 궁금증
④ 『자화상』에서 공포감을 느끼게 하는 요인
⑤ 『자화상』이 그려진 조선시대 풍경화의 특징

2 ㉠의 이유로 가장 적절한 것은?

① 작품을 통해 작가의 내면을 잘 보여 주기 때문이다
② 넘치는 생동감과 파격적인 구도를 갖추고 있기 때문이다.
③ 윤선도의 증손자이자, 실학자 정약용의 외증조부이기 때문이다.
④ 조선 시대의 유교 윤리나 보편적 경향에서 벗어나 있기 때문이다.
⑤ 치밀한 관찰을 통해 수염 한 올까지도 사실적으로 담아냈기 때문이다.

3 윗글과 <보기>를 읽고 답할 수 있는 질문으로 가장 적절한 것은?

┤ 보 기 ├

　　조선 후기의 일반적인 초상화에는 전신이나 상반신이 그려져 있습니다. 하지만 윤두서의 『자화상』은 상반신을 생략하고 얼굴만을 강조하여 그린 특이한 양식으로 주목을 받고 있습니다. 이 작품을 적외선 카메라로 촬영해 보면 우리가 육안*으로는 볼 수 없었던 상반신의 모습이 나타납니다. 본래 밑그림에는 상반신이 있었던 것입니다. 아마도 이것은 윤두서가 작품을 완성하면서 밑그림 중 얼굴 부분만을 살려 강조한 것으로 생각됩니다.

＊육안(고기 肉, 보다 眼):
맨 눈, 안경을 쓰지않고
직접 보는 눈, 또는 그
시력.

① 이 그림은 무엇으로 그렸을까?
② 이 그림은 누구를 위해 그린 것일까?
③ 이 그림이 그려진 시기는 정확히 언제일까?
④ 이 그림에 얼굴만 그려져 있는 이유는 무엇일까?
⑤ 이 그림에 그려진 사람은 어떤 생각을 하고 있을까?

시대를 넘나드는 전통의 곡선 _ 이광표

정답 및 해설 88쪽

중심 화제나 핵심 내용 등에는 ○, △, □, 밑줄 등과 같은 표시를 하면서 읽어보세요.

평안남도 남포시에 있는 강서대묘(江西大墓, 7세기)의 청룡 벽화와 강서중묘(江西中墓, 7세기)의 백호 벽화는 고구려인의 호방한 기상을 잘 담아냈다. 어느 화가는 청룡·백호의 몸통 선이야말로 각도상으로 가장 날렵하고 힘찬 모습을 보여 준다며, 만일 이 곡선이 조금이라도 급하거나 완만*했다면 그 예리한 맛이 훨씬 떨어졌을 것이라고 했다. 그런데 고구려 벽화 가운데 최고의 걸작으로 손꼽히는 청룡·백호 그림의 몸통 선을 보면 놀랍게도 나이키 운동화의 곡선이 보인다. 더 빠르고, 더 힘차고, 더 좋은 이미지를 심어 주기 위한 ㉠나이키의 선이 고구려 고분 벽화 청룡·백호의 몸통 선과 일치하는 듯하다.

국보 94호로 지정된 고려청자 참외 모양 병 역시 선의 명품이다. 이 청자는 고려 인종의 무덤인 장릉에서 출토되었다. 1146년에 발간된 책과 함께 출토되어 제작 연대가 12세기 전반임을 확실하게 보여 주는 귀중한 유물로, 두 개의 곡선이 만나 물 흐르듯 뚝 떨어지는 선의 조화는 자연스러움에 우아함까지 담아낸다. 그런데 청자에 드러난 참외의 곡선은 언뜻 보면 코카콜라병의 곡선과 닮았다. 여인의 치마에서 모티프를 얻어 탄생했다는 ㉡코카콜라 병의 곡선과 전체적인 인상이 참으로 비슷하다는 생각을 지울 수 없다. 이런 사실을 어떻게 이해해야 할까?

[A]
고구려 고분 벽화의 청룡·백호의 선이나 고려청자 참외 모양 병의 선을 만들어 낸 그 옛날 우리 선인들의 미감이 지금도 통한다는 말이다. 세계화 시대인 지금도 여전히 빛을 발한다는 것이니, 이는 한국의 선, 한국의 미감이 지극히 현대적이며 인류 보편적이라는 말이기도 하다. 한국의 선은 일본인들이 말한 '비애의 곡선'이 결코 아니다. 엄숙해야 할 때는 엄숙한 선을, 당당해야 할 때는 당당한 선을, 상쾌해야 하거나 편안해야 할 때는 상쾌하고 편안한 선을 적재적소에 구사하며 새로운 선을 창출했다. 이것이 우리 선의 미학이다. 또 한국의 선은 고리타분하거나 고답적*이지 않다. 고구려 고분 벽화의 선이 그렇고, 고려청자 참외 모양 병의 선이 그렇다. 지극히 현대적인 곡선이 아닐 수 없다. 이 모두가 갇혀 있는 과거의 선이 아니라 지금도 감동을 전해 주는 현대적 감각의 선이다. 미래로 나아가는 진취적인 선인 것이다.

*완만(느릴 緩, 게으를 慢): 경사가 급하지 않음.
*고답적(높을 高, 밟을 踏, 과녁 的): 속세에 초연하며 현실과 동떨어진 것을 고상하게 여기는, 또는 그런 것.

주제 쓰기 ◦

_____

_____

1 윗글을 바탕으로 강연회를 개최하고자 할 때, 강연회 제목으로 가장 적절한 것은?

① 일본인이 바라본 우리 곡선의 한계
② 시대에 따라 급변하는 곡선의 활용도
③ 시대를 넘나드는 우리 곡선의 뛰어난 가치
④ 고구려 벽화와 고려청자 곡선의 역사적 의의
⑤ 나이키 운동화와 코카콜라병에 나타난 20세기 곡선의 아름다움

2 ㉠과 ㉡에 대한 설명으로 가장 적절한 것은?

① ㉠에는 고구려인의 호방한 기상이 담겨 있다.
② ㉡은 여인의 치마에서 모티프를 얻어 탄생했다.
③ ㉠은 ㉡과 달리 곡선 두 개가 조화를 이루고 있다.
④ ㉡은 ㉠과 달리 더 빠르고 더 힘찬 이미지를 심어 준다.
⑤ ㉠과 ㉡은 모두 이 시대를 대표하는 진취적인 곡선이다.

3 [A]에서 확인할 수 있는 한국의 선의 특징을 <보기>에서 골라 바르게 묶은 것은?

┤ 보 기 ├

㉠ 적재적소에 구사하는 새로운 선
㉡ 엄숙함을 담는 비애의 선
㉢ 고리타분하고* 고답적인 선
㉣ 감동을 주는 현대적 감각의 선

*고리타분하다: 「1」 냄새가 신선하지 못하고 역겹게 고리다. 「2」 하는 짓이나 성미, 분위기 따위가 새롭지 못하고 답답하다.

① ㉠, ㉡   ② ㉠, ㉢   ③ ㉠, ㉣
④ ㉡, ㉣   ⑤ ㉢, ㉣

대중가요의 표절과 리메이크 _ 신성희

정답 및 해설 90쪽

중심 화제나 핵심 내용 등에는
○, △, □, 밑줄 등과 같은
표시를 하면서 읽어보세요.

거의 매년 뉴스를 통해 우리 대중가요계의 표절 논란 기사를 접하곤 한다. 늘 반복되는 일이라서 이제는 멈출 것도 같은데, 계속되는 것을 보면 어쩔 수 없는 이유가 있는 것도 같다. 그렇지만 그런 소식을 접할 때마다 안타까움을 느끼게 된다. 왜냐하면 음악에 대한 이해를 조금만 넓힌다면 표절의 유혹에 휘말리지 않을 것이라고 생각하기 때문이다.

클래식 음악계에서는 어떨까? 클래식 음악에서도 어떤 곡들의 한두 마디 등이 거의 비슷한 선율이나 리듬으로 쓰여지기는 했지만, 그것을 표절이라고 말하지는 않는다. 오히려 음악의 역사 속에서 표절이 승인된 것이 아닐까 하는 의구심마저 품게 된다. 클래식 음악계에서는 정말 표절이 용납*되는 가치인 것일까?

결론부터 말하자면 그렇지 않다. 클래식 음악을 듣다 보면 상당수의 곡이 '누구누구 주제에 의한 변주곡'이라는 곡명으로 되어 있는 것을 알 수 있다. 이러한 음악들은 작곡자들이 이전 시대의 작곡가들의 곡이거나 혹은 동시대 작곡가의 곡일지라도 마음에 드는 음악들을 가져다가 자신이 만들려고 하는 곡의 주제로 채택한 후, 그 주제를 토대로 변주의 기법을 사용하여 새롭게 곡을 만들어 낸 것이다. 말하자면 요즘의 리메이크(remake)인 셈이다. 이러한 경우에 클래식에서는 제목의 앞부분에 '누구누구 주제'라는 곡명을 붙이는 것을 전례*로 해 왔다. 예를 들면 「하이든 주제에 의한 변주곡」 혹은 「파가니니 주제에 의한 변주곡」 등이다. 참으로 좋은 장치이다. 좋은 선율을 가져다가 새롭게 해석하는 과정을 통해 하나의 훌륭한 작품이 만들어지기까지 하니 말이다.

최근에 우리 대중음악계에서는 이전에 유행했던 기성 세대의 음악들을 새로운 형태의 리듬이나 창법으로 재구성하여 발표하는 리메이크 열풍이 일어나기도 했다. 옛것을 단순히 반복하는 것이 아니라 ㉠요즘의 감각으로 옛것을 재해석하거나 현재의 것에 과거의 감각을 조합하는 형태로 진화하고 있는 것이다. 항상 새로운 아이디어로 최신 유행을 선도해야 하는 음악인들이 리메이크라는 창작 과정을 통해 또 다른 방식으로 음악에 정성과 노력을 쏟아 붓는 것을 보면, 적어도 아무 거리낌 없이 남의 음악을 그대로 가져다 쓰는 어리석은 일은 하지 않을 것 같다.

＊ 용납(얼굴 容, 바칠 納): 너그러운 마음으로 남의 말이나 행동을 받아들임. 어떤 물건이나 상황을 받아들임.
＊ 전례(앞 前, 법식 例): 1. 전부터 있던 사례. 2. 예로부터 내려오는 일처리의 관습.

주제 쓰기

1 윗글의 내용과 일치하는 것은?

① 변주곡은 표절의 대표적인 방식 중 하나이다.
② 클래식에서는 표절을 원칙적으로 허용하기도 한다.
③ 리메이크는 옛것을 단순히 반복하거나 재해석하는 방식이다.
④ 클래식 음악 세계를 잘 이해한다면 보다 쉽게 표절을 할 수 있다.
⑤ 리메이크는 표절의 유혹에 휘말리지 않게 하는 새로운 창작 방식이다.

2 윗글의 주제로 가장 적절한 것은?

① 표절의 기원과 허용 범위
② 표절의 발생과 쇠퇴 과정
③ 표절과 리메이크의 차별성
④ 대중가요 표절의 문제점과 대안
⑤ 대중가요와 클래식의 상관관계*

＊ 상관관계(서로 相, 빗장
關, 빗장 關, 걸릴 係):
두 가지 가운데 한쪽이
변화하면 다른 한쪽도
따라서 변화하는 관계.

3 ㉠의 사례로 적절하지 않은 것은?

① 온돌을 응용하여 제작한 돌침대
② 절구와 맷돌을 응용하여 만든 믹서
③ 역사 기록을 참고하여 만든 거북선
④ 김장독을 응용하여 만든 김치냉장고
⑤ 전통 한복을 변형하여 만든 생활 한복

01 **기여** 부칠 寄 도울 與
도움이 되도록 이바지함. 예 그는 팀 승리에 결정적인 기여를 한 선수이다.

02 **직결** 곧을 直 맺을 結
사이에 다른 것이 개입되지 않고 직접 연결됨. 예 환경 문제는 인간의 생존과 직결된다.

03 **요체** 요긴할 要 살필 諦
중요한 점. 예 기술 개발은 경제 발전의 요체이다.

04 **치부** 둘 置 장부 簿
마음속으로 그러하다고 보거나 여김. 예 우리는 그를 겁쟁이로 치부하였다.

05 **향연** 잔치할 饗 잔치 宴
매우 성대하게 벌어지는 잔치. 예 지금 이 경기장에서는 백구의 향연이 펼쳐지고 있다.

06 **승화** 오를 昇 빛 華
어떤 현상이 더 높은 상태로 발전하는 일. 예 슬픔과 괴로움이 음악으로 승화되었다.

07 **명작** 이름 名 지을 作
이름난 훌륭한 작품. 예 이 소설은 세계적인 명작으로 꼽힐 만큼 훌륭하다.

08 **결부** 맺을 結 줄 付
일정한 사물이나 현상을 서로 연관시킴. 예 그 두 문제는 매우 밀접히 결부되어 있다.

09 **극명** 이길 克 밝을 明
속속들이 똑똑하게 밝힘. 매우 분명함. 예 이 책은 저자의 인생관을 극명하게 보여 준다.

10 **탕건** 호탕할 宕 수건 巾
벼슬아치가 갓 아래 받쳐 쓰던 관(冠)의 하나. 예 아버지는 구십 평생 망건과 탕건을 벗은 적이 없었다.

11 **치밀하다** 촘촘할 緻 빽빽할 密ーー
자세하고 꼼꼼하다. 예 그는 일 처리를 물샐틈없이 치밀하게 한다.

12 **성찰** 살필 省 살필 察
자기의 마음을 반성하고 살핌. 예 수도자는 자신의 내면적인 성찰과 자각을 게을리 하지 않아야 한다.

13 **육안** 고기 肉 보다 眼
안경을 쓰지 않고 직접 보는 눈. 또는 그 시력. 예 태양의 흑점은 육안으로는 볼 수 없다.

14 **걸작** 뛰어날 傑 지을 作
매우 훌륭한 작품. 예 그의 작품 중 걸작만을 모아 전시회를 열었다.

15 **미감** 아름다울 美 느낄 感
아름다움에 대한 느낌. 또는 아름다운 느낌. 예 박꽃은 한국적인 미감을 자아내는 꽃이다.

16 **적재적소** 갈 適 재목 材 갈 適 바 所
알맞은 인재를 알맞은 자리에 씀. 또는 그런 자리.
예 훌륭한 인재를 적재적소에 배치해야 회사가 발전한다.

17 **고답적** 높을 高 밟을 踏 과녁 的
속세에 초연하며 현실과 동떨어진 것을 고상하게 여기는. 또는 그런 것. 예 사람들은 흔히 그의 고답적인 자세에 거부감을 느끼곤 하였다.

18 **용납** 얼굴·몸가짐 容 바치다·거두다 納
1. 너그러운 마음으로 남의 말이나 행동을 받아들임.
2. 어떤 물건이나 상황을 받아들임. 예 약속 시간을 어기는 것은 절대로 용납이 되지 않는다.

19 **전례** 앞 前 법식 例
1. 전부터 있던 사례. 2. 예로부터 내려오는 일처리의 관습. 예 이번 사태의 처벌도 전례를 참고하여 진행되었다.

20 **상관관계** 서로 相 빗장 關 빗장 關 걸릴 係
두 가지 가운데 한쪽이 변화하면 다른 한쪽도 따라서 변화하는 관계. 예 더위와 아이스크림 판매량은 상관관계가 있다.

[01~05] 다음 뜻에 해당하는 단어를 제시된 초성을 참고하여 쓰시오.

01 전부터 있었던 사례. (ㅈㄹ) →

02 중요한 점. (ㅇㅊ) →

03 사이에 다른 것이 개입되지 않고 직접 연결됨. (ㅈㄱ) →

04 벼슬아치가 갓 아래 받쳐 쓰던 관(官)의 하나. (ㅌㄱ) →

05 매우 성대하게 벌어지는 잔치. (ㅎㅇ) →

[06~10] 다음 문장의 (   ) 안에 들어갈 말로 알맞은 것을 고르시오.

06 그에게는 세상 물정 모르는 (현실적 / 고답적) 경향이 있다.

07 박꽃은 한국적인 (미감 / 촉감)을 자아내는 꽃이다.

08 아무리 작은 것이라도 거짓말은 절대 (용납 / 거부)할 수 없다.

09 그는 매사에 (엉성하고 / 치밀하고) 정확하여 실수를 하지 않는다.

10 그 두 문제는 매우 밀접히 (결탁 / 결부)되어 있다.

[11~15] 다음 내용이 옳으면 ○표, 틀리면 ×표를 하시오.

11 '마음속으로 그러하다고 보거나 여김.'을 '치부'라고 한다. (   )

12 '이름난 훌륭한 작품'을 '명작'이라고 한다. (   )

13 '안경을 쓰지 않고 직접 보는 눈, 또는 그 시력'을 '용안'이라고 한다. (   )

14 '두 가지 가운데 한쪽이 변화하면 다른 한쪽도 따라서 변화하는 관계'를 '상관관계'라고 한다. (   )

15 '알맞은 인재를 알맞은 자리에 씀. 또는 그런 자리'를 '적재적소'라고 한다. (   )

[16~20] 밑줄 친 단어의 뜻을 〈보기〉에서 찾아 기호를 쓰시오.

┤ 보 기 ├
㉠ 도움이 되도록 이바지함.
㉡ 어떤 현상이 더 높은 상태로 발전하는 일.
㉢ 속속들이 똑똑하게 밝힘. 매우 분명함.
㉣ 자기의 마음을 반성하고 살핌.
㉤ 매우 훌륭한 작품.

16 수도자는 자신의 내면적인 성찰과 자각을 게을리 하지 않아야 한다. (   )

17 이 책은 저자의 인생관을 극명하게 보여 준다. (   )

18 그는 팀 승리에 결정적인 기여를 한 선수이다. (   )

19 슬픔과 괴로움이 음악으로 승화되었다. (   )

20 그의 작품 중 걸작만을 모아 전시회를 열었다. (   )

K-pop을 살리는 힘, 가창력 _ 임진모

 정답 및 해설 92쪽

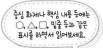

주심 화제나 핵심 내용 들에는 ○, △, □, 밑줄 등과 같은 표시를 하면서 읽어보세요.

    21세기 대중음악의 핵심 단어를 꼽으라면 단연 '아이돌' 음악의 ⊙해외 시장 진출이다. '케이 팝(K-pop)'이라는 신조어마저 단숨에 보통 명사로 만들어 버린 이 놀라운 흐름은 아이돌 음악에 대한 좋고 나쁨을 잠재우고 황금빛 미래를 개척했다는 점에서 매우 각별하다. 케이 팝의 성공이 기쁜 일임에는 틀림없지만 지금이야말로 케이 팝의 장래에 대해 진지하게 고민해야 할 때이다.

    대중음악의 역사를 돌이켜 보면, 세계적으로 인기를 끌며 여러 세대에 걸쳐 사랑받은 노래들은 모두 가창력을 바탕으로 하여 대중의 공감을 얻은 것들이다. 1950년대에 미국에서 발생하여 1960년대 몇몇 위대한 가수들에 의해 세계적인 흥행에 성공한 록 음악은 흑인 특유의 리듬 앤드 블루스와 백인의 컨트리 음악 등의 여러 요소가 어우러져 ⓒ강한 박자와 폭발적인 가창력으로 청중의 열광적인 호응을 이끌어 내었다. 1970년대를 풍미*했던 포크 송은 ⓒ서정적인 가사에 아름다운 가락, 호소력 짙은 음색 등으로 세계인의 마음에 파고들었다.

    어떤 장르의 노래든 가창력이 확보되지 않으면 짧은 흥행으로 끝날 수밖에 없다. 최근 들어 대중가요에서 외모와 춤이 차지하는 비중이 높아졌다고는 하지만, 가수들의 노래 실력이 받쳐 주지 않으면 대중의 마음을 사로잡을 수 없다. 대중들이 월등한 노래 실력을 갖춘 가수들이 등장하는 노래 경연 프로그램에 열광하는 것도 아이돌 가수로부터 경험하지 못했던 가창력과 감동적인 곡 때문이 아닐까? 이는 비단 우리나라의 음악 애호가들에게만 적용되는 것은 아니다. 지금의 아이돌이 부르는 짧은 후렴구에 반복된 가사로 이루어진 '맴돌이곡(후크송)'은 너무 틀에 박혀 있고 자극적이다. 요즘의 대중가요가 모두 비슷하다고 느껴지는 것도 이러한 이유에서일 것이다.

    물론 지금까지 케이 팝이 걸어온 길은 성공적이었으며, 이루어 낸 성과 또한 칭찬받아 마땅하다. (ⓐ   ) 여기서 만족할 수는 없다. 케이 팝이 더 오랜 기간 사랑받기 위해서는 무엇보다도 가수들이 ⓔ가창력의 연마*에 피와 땀을 흘려야 한다. 지금까지는 ⑩춤과 화려한 퍼포먼스로 해외 음악 애호가들의 눈을 사로잡았다면 앞으로는 귀를 장악해야 한다. 케이 팝이 지닌 화려한 무대 연출과 현란하고 역동적인 춤은 살리고, 해외에 더 알리려는 홍보 활동과 함께 해외 공연을 가속화하고 현지화하는 노력 등도 필요하다. 여기에 가창력까지 더해진다면 케이 팝은 세계인들이 진정으로 사랑하는 음악으로 발전해 나갈 것이다.

* 풍미(바람 風, 쓰러질 靡): 바람에 초목이 쓰러진다는 뜻으로, 어떤 사회적 현상이나 사조 따위가 널리 사회에 퍼짐을 이르는 말.
* 연마(갈 硏, 갈 磨): 학문이나 기술 따위를 힘써 배우고 닦음.

주제 쓰기 •

1 윗글을 통해 해결할 수 있는 질문으로 가장 적절한 것은?

① 케이 팝이라는 단어의 형성 과정은 어떠한가?
② 케이 팝이 세계 시장 정복에 실패한 이유는 무엇인가?
③ 케이 팝이 오래도록 사랑받기 위해 필요한 요소는 무엇인가?
④ 케이 팝과 같은 기로에 서 있는 외국 음악 사례는 무엇인가?
⑤ 케이 팝이 청소년들에게 미치는 부정적인 영향은 무엇인가?

V · 예술

2 ㉠~㉤ 중 윗글의 글쓴이가 케이 팝의 발전적인 미래를 위해 가장 중요한 요소로 강조하는 것은?

① ㉠   ② ㉡   ③ ㉢   ④ ㉣   ⑤ ㉤

3 ⓐ에 알맞은 접속 부사로 가장 적절한 것은?

① 그리고   ② 그렇지만   ③ 그래서
④ 그러므로   ⑤ 따라서

독해의 기초 Tip

■ 접속 부사
글은 여러 문장의 결합으로 완성된다. 연결어는 각각의 문장을 자연스럽게 이어주는 일종의 연결고리인 셈인데 그 대표적인 것이 바로 접속 부사이다. 접속 부사란 앞의 체언이나 문장의 뜻을 뒤의 체언이나 문장에 이어 주면서 뒤의 말을 꾸며 주는 부사를 일컫는다.

① 그러나: 앞의 내용과 뒤의 내용이 상반될 때 쓰는 접속 부사 (=‘그렇지만’, ‘하지만’)
② 그런데: 화제를 앞의 내용과 관련시키면서 다른 방향으로 이끌어 나갈 때 쓰는 접속 부사.
③ 그리고: 앞 문장의 뜻을 다음 문장에 대등하게 연결할 때 쓰는 접속부사
④ 그러므로: 원인과 결과의 관계로 연결할 때 쓰는 접속부사 (=‘그렇기 때문에’, ‘그러니까’)
⑤ 따라서: 앞에서 말한 일이 뒤에서 말할 일의 원인, 이유, 근거가 됨을 나타내는 접속 부사.
⑥ 그래서: 앞의 내용이 뒤의 내용의 원인이나 근거, 조건 따위가 될 때 쓰는 접속 부사

주심 화제나 핵심 내용 등에는 ○, △, □, 밑줄 등과 같은 표시를 하면서 읽어보세요.

가 종 꼭대기 용뉴 옆에 붙은 음통은 세계 어느 나라에서도 발견할 수 없는 통일신라·고려 시대 종만의 특징이다. 많은 전문가가 이 음통의 용도를 밝히려고 노력했지만 아직 제대로 밝혀지지 않았다. 그렇다면 음통의 정체는 과연 무엇일까?

용뉴 음통

나 첫째는 ㉠만파식적(萬波息笛)*으로 보는 설이다. 통일신라의 국가적 상징인 만파식적을 종 꼭대기에 붙임으로써 국가의 안녕*을 기원했다는 견해이다. 음통이 나무 피리 모양으로 된 것도 이 때문이라고 설명한다. 둘째는 ㉡잡음 제거설이다. 종을 치면 종의 내부 진동이 서로 충돌하거나 반사해 잡음이 일어나는데, 음통은 이런 잡음을 걸러내는 장치였다는 주장이다. 셋째는 ㉢장식설이다. 실용적인 목적이 아니라 종의 외관을 장식하기 위해 만들었다는 주장이다. 실제로 음통은 매우 정교하고 아름답게 만들어져 있다. 넷째는 ㉣용뉴 보강설이 있다. 용뉴만으로 종의 무게를 지탱하기 어렵기 때문에 여기에 음통을 붙여 보강했다는 주장이다. 다섯째는 ㉤깃발꽂이설이다. 이것은 일본 학계의 주장으로, 종을 배에 실어 옮길 때 이 음통에 배의 깃발을 꽂았을 것이라는 주장이다.

다 이처럼 다양한 주장이 있지만 어느 것 하나 딱 맞아 떨어지지 않는다. 다만 음통의 정체를 밝히기 위한 여러 주장은 결국 두 가지로 정리되는데 음통이 종소리와 관련된 실용적인 장치인지, 아니면 장식물 또는 상징물인지의 여부다.

라 1990년대 말 국립경주박물관에서는 성덕대왕신종 종소리의 비밀을 규명하기 위해 타종 실험을 했다. 음통의 실용성을 가름하기* 위한 실험이었다. 그 결과, 음통을 막고 쳤을 때나 그대로 두고 쳤을 때나 소리에는 별 차이가 없었다. 그러므로 종소리와 관련된 실용적 장치는 아닌 것이다.

마 그렇다면 소리와 관계없는 단순한 장식물일까? 용뉴에 음통을 붙이는 것은 고난도의 주조* 기술이자 힘들고 번거로운 작업이다. 그렇기 때문에 오로지 장식을 위해 음통을 붙였다는 주장도 근거가 약하다. 결국 다양한 의견 가운데 어느 것을 정답이라고 말할 수 없는 상황이다. 음통의 실체는 여전히 미스터리에 빠져 있는 셈이다. 하지만 이 미스터리 덕분에 음통이 더욱 신비로운 존재로 남아있는 것은 아닐까?

* 안녕(편안할 安, 편안할 寧): 아무 탈 없이 편안함.
* 가름하다: 승부나 등수 따위를 정하다.
* 주조(쇠부어 만들 鑄, 지을 造): 녹인 쇠붙이를 거푸집에 부어 물건을 만듦.

● 만파식적(萬波息笛): 신라 때의 전설상의 피리. 이것을 불면 적병이 물러가고 병이 낫는 등 나라의 모든 근심, 걱정이 사라졌다고 한다.

주제 쓰기 ●

1 (가)~(마)에 대한 설명으로 적절하지 <u>않은</u> 것은?

① (가): 음통의 용도에 대한 문제 제기로 독자의 관심을 끌고 있다.
② (나): 음통에 대한 다양한 견해들을 열거하며 설명하고 있다.
③ (다): 음통의 정체에 대한 주장을 두 가지로 요약하고 있다.
④ (라): 타종 실험을 예로 들어 음통의 가치를 평가하고 있다.
⑤ (마): 음통에 대한 견해를 검토한 후 자신의 의견을 더하고 있다.

2 윗글이 음통에 대한 과제물의 결과라 할 때, 과제의 제목으로 가장 적절한 것은?

① 음통의 기원과 설화
② 음통의 상징적 기능
③ 음통의 용도와 정체
④ 음통의 실용적 특징
⑤ 음통의 예술적 가치

3 윗글의 ㉠~㉤ 중, <보기>의 내용을 근거로 활용하기에 가장 적절한 것은?

┤ 보 기 ├

우리나라 범종의 전형*을 이루는 신라 종의 형태를 보면, 중국이나 일본의 종과는 달리 종 꼭대기에 한 마리 용으로 된 종고리와 음통(音筒)이 있다. 그런데 이 음통은 우리나라의 범종에만 있는 특징적인 요소로 매우 정교하고 아름답게 만들어져 멋스럽기까지 하다. 음통에는 연꽃무늬, 당초무늬● 그리고 악기를 연주하는 조각 등이 새겨져 있어 보는 이로 하여금 감탄을 자아내게 한다.

● 당초무늬: 덩굴무늬. 여러 가지 덩굴이 꼬이며 벋어 나가는 모양의 무늬.

* 전형(법 典, 모형 型): 「1」 기준이 되는 형. 「2」 같은 부류의 특징을 가장 잘 나타내고 있는 본보기.

① ㉠   ② ㉡   ③ ㉢   ④ ㉣   ⑤ ㉤

중심 화제나 핵심 내용 등에는
○, △, □, 밑줄 등과 같은
표시를 하면서 읽어보세요.

현실에 실재하는 인물이나 자연 등을 그리는 재현 회화는 일반적으로 '유사(類似)의 원리'를 따른다. 그림은 되도록 실물을 닮아야 하고, 그 닮음으로써 그림이 그 대상의 기호가 되어야 한다는 것이다. 하지만 현대의 많은 화가들은 '유사의 원리'를 부정하기도 한다.

왜 유사의 원리를 부정할까? 그것은 '상사(相似)'의 놀이를 즐기기 위해서이다. ㉠'유사'와 ㉡'상사'는 둘 다 '비슷하다'는 뜻을 지닌 낱말이나, 한편으로는 명확히 구별되는 두 개의 개념이다. 유사의 관계는 아버지와 아들의 관계처럼 원본과 복제* 사이에 위계 질서가 있다. 반면, 상사의 관계에는 형제 관계처럼 형과 아우 중 누가 원본이고 누가 복제인지를 알 수 없듯이 원본과 복제 사이에 위계 질서가 없다. 유사의 원리는 복제가 원본을 닮아야 한다는 '동일성'에 ⓐ집착*하지만, 상사의 놀이는 그 집착에서 벗어나 복제들 사이의 '차이'를 전개한다. 예를 들어, 앤디워홀과 마그리트의 작품 속 형상은 유사를 지향*하지 않는다. 오히려 '유사'로서 실물을 ⓑ지시하는 대신에, 그 원본과 반드시 닮게 그려야 한다는 수직적 의무에서 풀려나 원본에 구애*됨이 없이 맘껏 '상사'의 수평적 놀이를 즐긴다. 동일한 모티프가 그들의 여러 작품 속에서 종종 반복되는 것은 이 때문이다.

이 상사의 놀이는 놀라운 예술적 효과를 낸다. 앤디 워홀은 필름을 화폭 위에 영사해 놓고 연필로 그 이미지의 윤곽을 뜬 후에 거기에 채색을 하여 「마릴린 먼로」 연작을 ⓒ제작하였다. 왜 그런 그림을 그렸을까? 이 작품들의 본질은 저 유명한 대중문화의 우상인 먼로를 얼마나 닮았느냐에 있는 것이 아니다. 그 닮음으로써 '여기 이 사람은 마릴린 먼로'라는, 누구나 다 아는 상투적* 사실을 반복하는 데에 있는 것이 아니다. 그가 노리는 것은 유사의 진리가 아니라 상사의 진리이다. 즉 앤디워홀은 미세한 뉘앙스의 차이를 내며, ⓓ동일한 이미지를 여러 번 반복할 때 얻을 수 있는 시각적 효과를 살리기 위해 연작을 그렸던 것이다.

또 마그리트가 나뭇잎을 그렸을 때, 그에게 중요한 것은 나뭇잎이 나뭇잎이라는 상투적인 사실이 아니다. 그에게 중요한 것은 그 나뭇잎 형상을 가지고 할 수 있는 다양한 시각적 놀이였다. 그 나뭇잎에는 나무 하나가 통째로 들어가 있기도 하고, 뼈대만 남은 채 그대로 나무가 되기도 하고, 나뭇잎이 새가 되어 벌레에 갉아 먹히기도 한다. 이 상사의 놀이 속에서 우리는 문득 하나의 이미지 안에 들어 있는 무한한 조형적 잠재성을 깨닫게 된다.

유사의 원리에 입각*한 재현은 우리의 ⓔ상투적 시각을 강화하여 마릴린 먼로 그림은 마릴린 먼로만 보게 하고, 나뭇잎 그림은 나뭇잎만 보게 할 뿐이다. 유사의 진리는 이렇게 동어 반복이다. 반면 상사에 입각한 반복된 복제는 우리의 눈을 이 상투성에서 해방시켜 일상 사물들 속에서 우리가 미처 보지 못했던 것을 비로소 보게 한다. 이것이 바로 상사의 놀이가 추구한 진리이다.

* 복제(겹칠 複, 지을 製): 본디의 것과 똑같은 것을 만듦. 또는 그렇게 만든 것.
* 집착(잡을 執, 붙을 着): 어떤 것에 늘 마음이 쏠려 잊지 못하고 매달림.
* 지향(뜻 志, 향할 向): 어떤 목표로 뜻이 쏠리어 향함. 또는 그 방향.
* 구애(잡을 拘, 거리낄 礙): 거리끼거나 얽매임.
* 상투적(항상 常, 덮개 套, 과녁 的): 늘 써서 버릇이 되다시피 한. 또는 그런 것.
* 입각(설 立, 다리 脚): 어떤 사실이나 주장 따위에 근거를 두어 그 입장에 섬.

주제 쓰기 •———•

_____

_____

1 윗글의 중심 화제로 가장 적절한 것은?

① 마그리트 회화의 특징
② 재현 회화가 중시한 창작 방법
③ 회화에서 놀이와 상사의 중요성
④ 상사 놀이의 특징 및 예술적 효과
⑤ 재현 회화에 나타난 상사 놀이의 예

2 ㉠과 ㉡에 대한 이해로 가장 적절한 것은?

① ㉠의 원리를 지향하면 화가는 대상을 실물과 다르게 그리려 하겠군.
② ㉠의 관계에 있는 그림은 원본과 복제품의 위계 질서가 존재하지 않겠군.
③ ㉡의 원리를 따르면 한 작가의 여러 그림 속에서 동일한 모티프*가 반복되지 않겠군.
④ ㉡의 원리를 따르면 대상과 그 대상을 그린 그림 사이에는 비슷한 점이 없겠군.
⑤ ㉡의 원리를 지향하면 복제들 사이의 차이를 드러내는 효과에 집중하겠군.

＊ 모티프: 회화, 조각, 소
설 따위의 예술 작품을
표현하는 동기가 된 작
가의 중심 사상.

3 ⓐ~ⓔ와 바꾸어 쓰기에 가장 적절한 것은?

① ⓐ: 집중하지만
② ⓑ: 이해하는
③ ⓒ: 제시하였다
④ ⓓ: 비슷한
⑤ ⓔ: 틀에 박힌

주심 화제나 핵심 내용 등에는
○, △, □, 밑줄 등과 같은
표시를 하면서 읽어보세요.

가 오케스트라는 현악기, 관악기, 타악기로 이루어지는 조직화된 합주를 의미한다. 그 규모는 적게는 십 여 명에서 많게는 백 명이 넘는 인원을 필요로 하는 것까지 다양하다. 규모가 스물다섯 명 정도인 작은 오케스트라의 경우에도 각 파트는 두 명 이상의 연주자가 담당하며, 한 파트에 한 명을 원칙으로 하는 실내악과는 구별된다.

나 고대 그리스의 극장에는 무대와 객석 사이에서 코러스(chorus)가 노래하며 춤을 추고, 악기 주자가 연주를 할 수 있는 거의 원형에 가까운 장소가 마련되어 있었다. '오케스트라'라는 용어는 바로 이 장소를 의미하는 그리스 어 '오르케스트라'에서 유래*하였다.

다 오케스트라의 악기 편성에는 시대나 용도, 작곡가 또는 지휘자의 의도, 연주 장소, 그 밖의 조건에 따라서 다소의 변동이 있었으나, 오늘날 심포니 오케스트라는 대략 백 개 전후의 악기로 이루어져 있다. 그들은 제1, 2바이올린, 비올라, 첼로, 콘트라베이스의 현악기군과 피콜로, 플루트, 오보에, 잉글리시 호른, 클라리넷, 바순 등의 목관악기군, 그리고 호른, 트럼펫, 트럼본, 튜바 등의 금관악기군과 팀파니, 북, 트라이앵글, 캐스터네츠, 실로폰, 심벌즈 등의 타악기군과 같은 네 개의 악기군으로 구성된다. 오늘날의 오케스트라에 정해진 좌석이 있는 타악기는 팀파니뿐이고 다른 타악기는 필요에 따라 적당히 취사선택*되며, 타악기를 연주하는 연주자의 수도 일정하지 않다. 이 밖에 하프, 피아노, 오르간, 색소폰 등이 추가되는 경우도 있다.

라 오케스트라의 악기들을 어떻게 배치하는가는 합주의 기술적인 면이나 음향학적인 면에서 상당히 까다로운 문제이다. 따라서 배치에 대하여 절대적인 형식이나 틀이 이것이라고 딱 잘라서 말할 수는 없다. 그러나 오랫동안의 경험을 통해 과거의 연주회에서 오케스트라가 채택*하고 있는 배치법은 공통적으로 현악기가 중심 위치를 차지했으며, 이는 악기의 소리가 언제나 현악기를 중심으로 행해졌음을 의미한다.

마 반면 현대에 와서는 사람들의 다채로운 음향에 대한 욕구로 인해 지금까지 볼 수 없었던 새로운 악기를 활용한 여러 가지 연주법의 개발이나 특수 악기의 도입 및 그것들에 의한 특이한 관현악법 등이 나타나고 있다. 이에 어떤 사람은 기존의 방식이 변화하는 것에 대해 강한 거부감을 느끼거나 오케스트라에 큰 위해*를 가한다고 비판하기도 한다. 그러나 이러한 변화는 각 연주의 중심을 이루는 악기에 대한 지휘자의 해석을 반영한 변화이자 연주를 듣는 청중에게도 보다 다양한 감상의 포인트를 제공한다는 장점이 있다. 이에 따라 연주회장에서도 오케스트라의 전통적인 악기 배치와는 다른 새로운 형식의 악기 배치를 쉽게 만나 볼 수 있게 되었다.

* 유래(말미암을 由, 올來): 사물이나 일이 생겨남. 또는 그 사물이나 일이 생겨난 바.
* 취사선택(취할 取, 버릴捨, 가릴 選, 가릴 擇): 여럿 가운데서 쓸 것은 쓰고 버릴 것은 버림.
* 채택(캘 採, 가릴 擇): 작품, 의견, 제도 따위를 골라서 다루거나 뽑아 씀.
* 위해(위태할 危, 해칠害): 위험과 재해를 아울러 이르는 말.

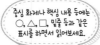

주제 쓰기

_____

_____

1 윗글의 내용과 일치하지 <u>않는</u> 것은?

① 실내악에서는 한 파트에 한 명의 연주자를 원칙으로 한다.
② 오케스트라의 악기 편성은 시대, 지휘자의 의도 등에 따라 달라질 수도 있다.
③ 호른은 잉글리시 호른과 달리 트럼본이나 튜바와 같은 금관악기군에 속한다.
④ 현대에는 다채로운 음향에 대한 욕구로 인해 다양한 연주법이 나타나기도 한다.
⑤ 오케스트라는 일반적으로 현악기의 규모에 따라 다른 악기군의 규모가 정해진다.

V · 예술

2 (가)~(마)의 중심 화제로 적절하지 <u>않은</u> 것은?

① (가): 오케스트라의 개념과 규모
② (나): 오케스트라의 어원
③ (다): 오케스트라의 악기 편성
④ (라): 오케스트라의 악기 배치 형태
⑤ (마): 오케스트라의 한계와 전망

3 윗글의 내용을 고려할 때, <보기>의 ㉠~㉤ 중 적절하지 <u>않은</u> 것은?

┤ 보 기 ├

민후: 이렇게 다 같이 공연장에 오니 정말 신난다. ㉠오늘 ○○○ 오케스트라 연주에서
는 백 개 전후의 악기가 등장하면 무대가 꽉 차겠지.
시은: ㉡그렇다면 그 안에 현악기군, 목관악기군, 금관악기군, 타악기군의 악기들이 있
겠네.
범주: ㉢난 오늘 심벌즈를 보고 싶은데, 심벌즈는 정해진 자리가 없다니 잘 살펴봐야
겠어.
수아: 우와. 이제 연주 시작이야. 그런데 ㉣일반적으로 오케스트라에서 중심을 잡아 주
는 팀파니가 보이지 않네.
하율: ㉤오늘 오케스트라에서는 전통적인 악기 배치와는 다른 형식으로 악기를 배치
했군.

① ㉠   ② ㉡   ③ ㉢   ④ ㉣   ⑤ ㉤

중심 화제나 핵심 내용 등에는 ○, △, □, 밑줄 등과 같은 표시를 하면서 읽어보세요.

　영화는 사람들에게 꿈과 희망을 주기 때문에 '꿈의 공장'으로 불린다. 프랑스의 뤼미에르 형제가 1895년에 처음으로 영화를 만들었을 때 그것은 채 1분도 되지 않는 다큐멘터리에 불과했다. 초창기의 영화는 대부분 카메라를 관현악단 지휘자처럼 무대 앞쪽의 중앙에 세워 두고 찍은 영상이었다. 다시 말해 단순히 연극을 카메라로 찍은 동영상에 불과하였던 것이다. 그러다가 허구적 내용의 영화가 등장한 것은 20세기 초 무렵이었다.

　1910년대에 미국의 그리피스는 오늘날처럼 카메라를 이동하며 시각적 이미지를 촬영하고, 그렇게 촬영한 화면을 편집을 통해 적절하게 이어 붙이는 것이 중요하다는 것을 터득*하여 영상 언어를 획기적으로 발전시켰다. 이후 영화는 비약적*인 발전을 거듭하여 독일, 러시아, 프랑스 등에서 독자적인 예술로 자리잡았다. 특히 러시아의 에이젠슈테인 감독은 「전함 포템킨」이라는 영화에서 내용이 서로 다른 화면들을 동시에 보여 줌으로써 새로운 의미를 만들어 내는 '몽타주' 기법을 확립*하였다.

　화면과 동시에 소리를 들려주는 유성 영화는 1927년에 처음 상영되었는데, 이는 영상 언어의 수준을 한 단계 높이는 결과를 가져왔다. 이어 1930년대에는 마침내 컬러 영화가 등장하여 관객들은 실제 현실과 거의 비슷한 영상을 접하게 되었다. 텔레비전의 등장으로 영화는 한때 위기에 처하기도 하였지만, 1950년대에 등장한 프랑스의 '누벨 바그' 영화 감독들이 새로운 영상 언어를 개발함으로써 다시 발전할 수 있었다. 그들은 장면을 빠르게 전환하거나 연속성이 깨지도록 장면을 편집하는 등 이전과는 전혀 다른 방법으로 영화를 만들었다.

　오늘날에는 두 개 이상의 화면을 겹쳐서 입체적으로 보여 주는 삼차원(3D) 영화가 많은 인기를 끌고 있다. 1950년대에 처음 개발된 이러한 영화는 한동안 인기를 끌지 못하다가, 최근에는 렌즈가 두 개 달린 카메라가 개발되는 등 기술이 발전하면서 다시 사람들의 관심을 끌고 있다. 이제까지 그래 왔듯이, 영화는 앞으로도 　　　 ⑤　　　 의 발전을 바탕으로 계속 발전할 수 있을 것이다.

* 터득(펼 攄, 얻을 得): 깊이 생각하여 이치를 깨달아 알아냄.
* 비약적(날 飛, 뛸 躍, 과녁 的): 지위나 수준 따위가 갑자기 빠른 속도로 높아지거나 향상되는. 또는 그런 것.
* 확립(굳을 確, 설 立): 체계나 견해, 조직 따위가 굳게 섬. 또는 그렇게 함.

주제 쓰기 •

_____

_____

1 윗글의 내용과 일치하는 것은?

① 영화는 초창기부터 허구적인 내용을 다루었다.

② 미국의 그리피스는 몽타주 기법의 기초를 마련했다.

③ 유성 영화의 등장이 영상 언어 발전에 큰 영향을 미쳤다.

④ 텔레비전의 등장으로 영화에 대한 관심은 극대화 되었다.

⑤ 삼차원(3D) 영화는 등장과 동시에 사람들의 뜨거운 호응을 얻었다.

2 ___㉠___ 에 들어갈 말로 가장 적절한 것은?

① 연극

② 카메라

③ 텔레비전

④ 영상 언어

⑤ 꿈의 공장

3 윗글 다음에 이어질 내용으로 가장 적절한 것은?

① 영화에 등장한 영상 언어의 특성

② 유성 영화와 무성 영화의 차이점

③ 몽타주 기법이 사용된 작품의 예

④ 삼차원(3D) 영화의 개념 및 기술

⑤ 새롭게 등장할 영상 언어의 발전 방향

01 **각별** 각각 各 나눌 別
어떤 일에 대한 마음가짐이나 자세 따위가 유달리 특별함. 예 그는 사진에 대한 관심이 각별하였다.

02 **풍미** 바람 風 쓰러질 靡
바람에 초목이 쓰러진다는 뜻으로, 어떤 사회적 현상이나 사조 따위가 널리 사회에 퍼짐을 이르는 말. 예 사실주의 기법이 세계를 풍미했다.

03 **연마** 갈 研 갈 磨
학문이나 기술 따위를 힘써 배우고 닦음. 예 그들은 협동 정신을 기르고 강인한 체력을 연마하였다.

04 **장악** 손바닥 掌 쥘 握
손안에 잡아 쥔다는 뜻으로, 무엇을 마음대로 할 수 있게 됨을 이르는 말. 예 그들은 권력 장악에 혈안이 되어 있었다.

05 **안녕** 편안할 安 편안할 寧
아무 탈 없이 편안함. 예 사회의 안녕과 질서를 유지하다.

06 **가름하다**
승부나 등수 따위를 정하다. 예 이번 경기는 선수들의 투지가 승패를 가름했다고 해도 과언이 아니다.

07 **주조** 쇠부어 만들 鑄 지을 造
녹인 쇠붙이를 거푸집에 부어 물건을 만듦. 예 정부에서는 다량의 올림픽 기념주화를 주조했다.

08 **복제** 겹칠 複 지을 製
본디의 것과 똑같은 것을 만듦. 또는 그렇게 만든 것. 예 벽면에 렘브란트의 풍경화가 걸렸다. 물론 복제일 것이지만 화폭이 꽤 크고 장중하다.

09 **집착** 잡을 執 붙을 着
어떤 것에 늘 마음이 쏠려 잊지 못하고 매달림. 예 할아버지는 재산에 강한 집착을 가지고 있다.

10 **지향** 뜻 志 향할 向
어떤 목표로 뜻이 쏠리어 향함. 또는 그 방향. 예 그는 아직도 이상을 지향하는 이상주의자이다.

11 **구애** 잡을 拘 거리낄 礙
거리끼거나 얽매임. 예 자료가 부족해서 논문을 쓰는 데 구애를 받았다.

12 **상투적** 항상 常 덮개 套 과녁 的
늘 써서 버릇이 되다시피 한. 또는 그런 것. 예 그의 대답은 항상 상투적으로 들린다.

13 **입각** 설 立 다리 脚
어떤 사실이나 주장 따위에 근거를 두어 그 입장에 섬. 예 그것은 사실에 입각한 주장이 아니다.

14 **유래** 말미암을 由 올 來
사물이나 일이 생겨남. 또는 그 사물이나 일이 생겨난 바. 예 이 민속 행사의 유래는 신라 때로 거슬러 올라간다.

15 **취사선택** 취할 取 버릴 捨 가릴 選 가릴 擇
여럿 가운데서 쓸 것은 쓰고 버릴 것은 버림. 예 여러 원고 가운데 편집자의 의도에 맞는 것을 취사선택하여 잡지에 실었다.

16 **채택** 캘 採 가릴 擇
작품, 의견, 제도 따위를 골라서 다루거나 뽑아 씀. 예 이번 사건은 증인 채택에 어려움이 많다.

17 **위해** 위태할 危 해칠 害
위험과 재해를 아울러 이르는 말. 예 그가 내 가족에게 직접적인 위해를 가한 적은 아직 한 번도 없었다.

18 **터득** 펼 攄 얻을 得
깊이 생각하여 이치를 깨달아 알아냄. 예 이번 캠프를 통해 많은 학생들이 자연의 이치를 터득했다.

19 **비약적** 날 飛 뛸 躍 과녁 的
지위나 수준 따위가 갑자기 빠른 속도로 높아지거나 향상되는. 또는 그런 것. 예 지난 30년간 우리나라는 비약적인 경제 성장을 이루었다.

20 **확립** 굳을 確 설 立
체계나 견해, 조직 따위가 굳게 섬. 또는 그렇게 함. 예 새 왕조는 통치 체제의 확립에 주안점을 두었다.

[01~05] **다음 뜻에 해당하는 단어를 제시된 초성을 참고하여 쓰시오.**

01 체계나 견해, 조직 따위가 굳게 섬. 또는 그렇게 함. (ㅎㄹ) →

02 녹인 쇠붙이를 거푸집에 부어 물건을 만듦. (ㅈㅈ) →

03 본디의 것과 똑같은 것을 만듦. 또는 그렇게 만든 것. (ㅂㅈ) →

04 어떤 사회적 현상이나 사조 따위가 널리 사회에 퍼짐. (ㅍㅁ) →

05 위험과 재해를 아울러 이르는 말. (ㅇㅎ) →

[06~10] **다음 문장의 (　　　) 안에 들어갈 말로 알맞은 것을 고르시오.**

06 전년 대비 실적이 (비약적 / 순차적)으로 증가한 것은 놀랄 일이다.

07 권력에 대한 (집착 / 밀착)에서 벗어나는 것이 중요하다.

08 그는 아직도 이상을 (지양 / 지향)하는 이상주의자이다.

09 (합리적 / 상투적)이고 허황된 진술은 증언으로 채택될 수 없다.

10 그들은 권력 (장악 / 장려)에 혈안이 되어 있다.

[11~15] **다음 내용이 옳으면 ○표, 틀리면 ×표를 하시오.**

11 '사물이나 일이 생겨남. 또는 그 사물이나 일이 생겨난 바'를 '사례'라고 한다. (　　　)

12 '작품, 의견, 제도 따위를 골라서 다루거나 뽑아 씀.'을 '채택'이라고 한다. (　　　)

13 '거리끼거나 얽매임.'을 '구애'라고 한다. (　　　)

14 '아무 탈 없이 편안함.'을 '안위'라고 한다. (　　　)

15 '어떤 일에 대한 마음가짐이나 자세 따위가 유달리 특별함.'을 '각별'이라고 한다. (　　　)

[16~20] **밑줄 친 단어의 뜻을 〈보기〉에서 찾아 기호를 쓰시오.**

┤ 보 기 ├

㉠ 어떤 사실이나 주장 따위에 근거를 두어 그 입장에 섬.

㉡ 여럿 가운데서 쓸 것은 쓰고 버릴 것은 버림.

㉢ 깊이 생각하여 이치를 깨달아 알아냄.

㉣ 승부나 등수 따위를 정하다.

㉤ 학문이나 기술 따위를 힘써 배우고 닦음.

16 그것은 사실에 입각한 주장이 아니다. (　　　)

17 그들은 협동 정신을 기르고 강인한 체력을 연마하였다. (　　　)

18 이번 캠프를 통해 많은 학생들이 자연의 이치를 터득했다. (　　　)

19 이번 경기는 선수들의 투지가 승패를 가름했다고 해도 과언이 아니다. (　　　)

20 여러 원고 가운데 편집자의 의도에 맞는 것을 취사선택하여 잡지에 실었다. (　　　)

MEMO

MEMO

MEMO

MEMO

MEMO

미래를 생각하는
(주)이룸이앤비

이룸이앤비는 항상 꿈을 갖고 무한한 가능성에 도전하는 수험생 여러분과 함께 할 것을 약속드립니다.
수험생 여러분의 미래를 생각하는 이룸이앤비는 항상 새롭고 특별합니다.

내신·수능 1등급으로 가는 길
이룸이앤비가 함께합니다.

| 이룸이앤비 | Q |

인터넷 서비스

라이트 **수학**

- 이룸이앤비의 모든 교재에 대한 자세한 정보
- 각 교재에 필요한 듣기 MP3 파일
- 교재 관련 내용 문의 및 오류에 대한 수정 파일

숨마쿰라우데®

굿비 좋은 시작, 좋은 기초

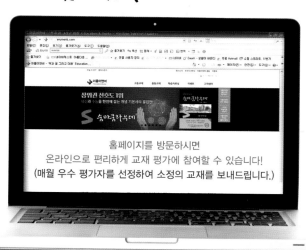

홈페이지를 방문하시면
온라인으로 편리하게 교재 평가에 참여할 수 있습니다!
(매월 우수 평가자를 선정하여 소정의 교재를 보내드립니다.)

이룸이앤비의 특별한 중등 국어교재 시리즈

숨마 주니어® 중학국어 **어휘력** 시리즈

중학교 국어 실력을 완성시키는 **국어 어휘 기본서** (전 3권)

– 중학국어 **어휘력 ❶**
– 중학국어 **어휘력 ❷**
– 중학국어 **어휘력 ❸**

숨마 주니어® 중학국어 **비문학 독해 연습** 시리즈

모든 공부의 기본! 글 읽기 능력을 향상시키는
국어 비문학 독해 기본서 (전 3권)

– 중학국어 **비문학 독해 연습 ❶**
– 중학국어 **비문학 독해 연습 ❷**
– 중학국어 **비문학 독해 연습 ❸**

숨마 주니어® 중학국어 **문법 연습** 시리즈

중학국어 **주요 교과서 종합!**
중학생이 꼭 알아야 할 필수 문법서 (전 2권)

– 중학국어 **문법 연습 1** 기본
– 중학국어 **문법 연습 2** 심화

숨마 주니어®

글 읽기 능력 향상을 위한

중학 국어 **비문학 독해 연습**

1

예비 중 1 ~ 중 2 대상

비문학 독해(글 읽기) = 이해력, 사고력 및 모든 학습의 기초!

1일 2지문 독해 연습 25일 완성!

중 1·2·3 학년에 따른 수준별, 단계별 구성

수록 지문 인문 · 사회 · 과학 · 기술 · 예술 등
다양한 독서를 위한 교과서 밖 50개 글감

중학 프리미엄
EBS
인터넷강의 교재

교보문고 · YES24 · 알라딘 · 구정
1위
중학 국어 판매
6년 연속

글 읽기가 재미있으면
★자기주도 학습서★
공부가 쉬워진다

SUB NOTE 정답 및 해설

상세한 지문 분석 및 문제 해설

▶ 학생에게는 **자기주도학습을 위한 가이드**가

▶ 선생님들에게는 수업을 위한 **지도자료로 활용**될 수 있습니다.

정답 및 해설

유배지에서 보낸 편지 _ 정약용

○ 1문단: 남의 도움을 받지 못한다고 탄식하지 마라.

너희들은 편지에서 항상 버릇처럼 말하기를 일가친척 중에 한 사람도 불쌍히 여겨 돌보아 주는 사람이 없다고 @탄식하더구나. 더러는 삶이 험난한 물길 같다느니, 꼬불꼬불한 길고 긴 험악한 길을 살아간다고 한탄하는데, 이는 모두 하늘을 원망하고 사람을 미워하는 말투니 큰 잘못이다. 전에 내가 벼슬하고 있을 때에는 근심할 일이나 질병의 고통이 있으면 다른 사람들이 돌봐 주게 마련이어서, 날마다 어떠시냐는 안부를 전해 오고 약도 주고 양식*까지 보내 주는 사람도 있어서 너희들은 이런 일에 익숙해져 있었을 것이다. 그래서 지금도 항상 은혜를 베풀어 줄 사람을 바라고 있으니, 가난하고 힘든 현실을 ⓑ망각하고 있는 것이다. 예나 지금이나 남의 도움만을 바라면서 사는 법은 없다. 오늘날 이처럼 집안이 망하긴 했으나 아직도 다른 ⓒ일가들에 비하면 오히려 나은 형편이다.

○ 2문단: 남의 도움을 바라는 마음을 버려라.

다만 우리보다 못한 사람을 도와줄 여유가 없을 뿐이다. 남을 돌볼 만한 여유는 없지만 그렇다고 ⓓ극심하게 가난하지도 않으니, 굳이 남의 도움을 바랄 필요는 없지 않겠느냐? 마음속으로 남의 은혜를 바라는 생각을 버린다면 저절로 마음이 평안하고 기분이 화평스러워져 하늘을 원망하거나 사람을 미워하는 잘못은 없어질 것이다.

○ 3문단: 다른 사람을 도와주어라.

* 양식(양식 糧, 밥 食): 생존을 위하여 필요한 사람의 먹을거리.
* 쌀되: 한 되 남짓한 얼마 안 되는 쌀.
* 면하게: 어떤 상태나 처지에서 벗어나게.

여러 날 밥을 해 먹지 못하는 집도 있는데, 너희는 그런 집에 쌀되*라도 퍼다가 굶주림을 면하게* 해 주고 있는지 모르겠구나. ㉠눈이 쌓여 쓰러져 있는 집에는 장작개비라도 나누어 주어 따뜻하게 해 주고, 병들어 약을 먹어야 할 사람들에게는 한 푼의 돈이라도 쪼개어 약을 지어 일어날 수 있게 도와주고, 가난하고 외로운 노인이 있는 집에는 때때로 찾아가 따뜻하고 공손한 마음으로 공경하여야 하고, 근심 걱정이 쌓인 집에 가서는 그 고통을 함께 나누고 잘 처리할 방법을 함께 고민해야 할 것이다. 그런데 너희들은 그것을 잘하고 있는지 궁금하구나. 이런 일도 하지 못하는데 어떻게 너희들이 위급할 때 다른 집에서 허겁지겁 달려와 도와줄 것을 바라겠느냐?

○ 4문단: 다른 사람을 돕되, 보답을 바라지 마라.

남이 어려울 때 자기는 은혜를 베풀지 않으면서, 남이 먼저 은혜를 베풀어 주기만 바라는 것은 잘못이다. 이후로는 항상 공손하게 마음을 다하여 다른 일가들의 마음을 얻는 일에 힘쓰고 보답을 바라는 생각을 갖지 않도록 하여라. 훗날 너희들에게 걱정거리가 생겼을 때 다른 사람들이 보답해 주지 않더라도, 이해하고 용서하는 마음으로 "그분들이 마침 도와줄 수 없는 사정이 있거나 여유가 없는 모양이구나."라고 생각하여라. "나는 지난번에 이리저리 해 주었는데 저들은 이렇다니!" 하는 소리는 농담으로라도 하지 말아야 한다. 만약 이런 말이 한 번이라도 입 밖에 나오게 된다면 지난날 쌓은 ⓔ공덕(功德)이 하루아침에 사라져 버릴 것이다.

▶ 주제: 남의 도움을 바라지 말고 도와주어라.

[지문 해제]

　이 글은 정약용의 『유배지에서 보낸 편지』 중 일부이다. 『유배지에서 보낸 편지』는 총 61편으로, 1부 「두 아들에게 보낸 편지」, 2부 「두 아들에게 주는 가훈」, 3부 「둘째 형님께 보낸 편지」, 4부 「제자들에게 당부하는 말」로 구성되어 있다. 이 글은 1부 「두 아들에게 보낸 편지」 중 일부로, 다른 사람의 도움을 바라지 말고, 오히려 다른 사람을 도와주되 보답을 바라지 말라는 교훈이 담겨 있다.

[문단 요지]

　1문단: 남의 도움을 받지 못한다고 탄식하지 마라.
　2문단: 남의 도움을 바라는 마음을 버려라.
　3문단: 다른 사람을 도와주어라.
　4문단: 다른 사람을 돕되, 보답을 바라지 마라.

[주제]

　남의 도움을 바라지 말고 도와주어라.

1 핵심 내용 파악하기 | 정답 ① |

윗글에 제시된 글쓴이의 생각을 〈보기〉에서 찾아 바르게 묶은 것은?

┤ 보 기 ├

ㄱ. 남의 도움을 바라지 마라. 1, 2문단
ㄴ. 서운할 때는 솔직하게 말하라.
ㄷ. 도와준 후 보답을 바라지 마라. 4문단
ㄹ. 끼니를 거르지 말고 건강을 챙겨라.

① ㄱ, ㄷ　　② ㄱ, ㄹ　　③ ㄴ, ㄷ
④ ㄴ, ㄹ　　⑤ ㄷ, ㄹ

✔ 정답 풀이

ㄱ. 1문단에서 '예나 지금이나 남의 도움만을 바라면서 사는 법은 없다.', 2문단에서 '굳이 남의 도움을 바랄 필요는 없지 않겠느냐?'라며 남의 도움을 바라지 말라고 당부하고 있다.

ㄷ. 4문단에서 '항상 공손하게 마음을 다하여 다른 일가들의 마음을 얻는 일에 힘쓰고 보답을 바라는 생각을 갖지 않도록 하여라.'라며 '훗날 너희들에게 걱정거리가 생겼을 때 다른 사람들이 보답해 주지 않더라도, 이해하고 용서하는 마음'을 가져야 한다고 말하고 있다.

✘ 오답 풀이

ㄴ. 1문단을 보면 '일가친척 중에 한 사람도 불쌍히 여겨 돌보아 주는 사람이 없다고 탄식'하는 것에 대해 '이는 모두 하늘을 원망하고 사람을 미워하는 말투니 큰 잘못'이라고 책망하고 있다.

이를 통해 도움을 주지 않는 것에 대해 서운해 하는 것 자체를 잘못이라고 여기고 있음을 알 수 있다. 따라서 서운할 때는 솔직하게 말하라는 진술은 적절하지 않다.

ㄹ. 3문단에서 '여러 날 밥을 해 먹지 못하는 집도 있는데, 너희는 그런 집에 쌀이라도 퍼다가 굶주림을 면하게 해 주고 있는지 모르겠구나.'라고 말하면서, 끼니를 거르는 집이 있으면 도와주라고 가르치고 있다. 하지만 끼니를 거르지 말고 건강을 챙기라고 말하는 부분은 찾아볼 수 없다.

2 설명 방법 파악하기 | 정답 ① |

㉠에 쓰인 설명 방법으로 가장 적절한 것은?
① 여러 가지 예나 사실을 늘어놓고 있다. 예시
② 어떤 말의 뜻을 분명하게 밝혀 주고 있다. 정의
③ 어떤 대상을 종류별로 나누어 설명하고 있다. 분류
④ 어떤 일을 원인과 결과를 중심으로 설명하고 있다. 인과
⑤ 둘 이상의 대상을 차이점을 중심으로 설명하고 있다. 대조

✔ 정답 풀이

㉠에서는 다른 집을 도와줄 수 있는 방법의 구체적인 예를 제시하고 있다. 이처럼 구체적인 예를 들어 설명하는 방법을 '예시'라고 한다.

✘ 오답 풀이

② 어떤 말이나 사물의 뜻을 명확하게 밝히는 설명 방법은 '정의'이다.
③ 대상을 공통되는 성질에 따라 종류별로 나누어 설명하는 방법은 '분류'이다.
④ 어떤 일을 원인과 결과를 중심으로 설명하는 방법은 '인과'이다.
⑤ 둘 이상의 대상을 차이점을 중심으로 설명하는 방법은 '대조'이다.

3 사전적 의미 파악하기 | 정답 ⑤ |

ⓐ~ⓔ의 사전적 의미로 적절하지 않은 것은?
① ⓐ: 한탄하여 한숨을 쉬더구나.
② ⓑ: 어떤 사실을 잊어버리고.
③ ⓒ: 한집안.
④ ⓓ: 매우 심하게.
⑤ ⓔ: 말이나 행동이 겸손하고 예의 바름.
'공손'의 사전적 의미

✔ 정답 풀이

'공덕(功德)'의 사전적 의미는 '착한 일을 하여 쌓은 업적과 어진 덕'이다. '말이나 행동이 겸손하고 예의 바름.'은 '공손(恭遜)'의 사전적 의미이다.

정답 **1** ⑤ **2** ①

● 1문단: 유대인을 구별하여 포로수용소로 보내는 임무를 맡은 아이히만

● 2문단: 윗사람의 명령에 따랐을 뿐이라며 자신의 무죄를 주장하는 아이히만

● 3문단: 아이히만의 죄를 '생각하지 않은 죄'라고 명명함.

● 4문단: 자신의 행동이 상대방에게 미칠 영향을 생각하지 않는 것 자체가 잘못임.

＊관료(벼슬 官, 동료 僚): 직업적인 관리. 또는 그들의 집단. 특히, 정치에 영향력이 있는 고급 관리.

＊이송(옮길 移, 보낼 送): 다른 데로 옮겨 보냄.

＊명명(목숨 命, 이름 名): 사람, 사물, 사건 등의 대상에 이름을 지어 붙임.

▶ 주제: 자신의 행동이 상대방에게 미칠 영향을 생각해야 함.

아이히만은 아주 성실한 독일의 관료＊였다. 그는 주어진 규칙을 잘 지키고, 자신의 일에 최선을 다하는 사람이었다. 그에게 맡겨진 일은 히틀러의 명령에 따라 유대인을 구별하여 모으고 기차에 실어서 포로수용소로 보내는 일이었다. [아이히만의 임무] 그는 주어진 서류를 성실하게 작성하였고 이에 따라 유대인들은 포로수용소로 끌려갔다. 그리고 그 유대인들은 가스실에서 비참하게 죽어 갔다. 하지만 그는 유대인들이 어떻게 되었는지는 관심이 없었다. [시키는 대로 했을 뿐, 자신의 행동이 상대방에게 미친 영향을 생각하지 않음.]

16년간의 추적 끝에 체포된 아이히만은 1961년 유대인 학살의 핵심 인물로서 재판을 받게 되었다. [아이히만이 체포된 이유] [자신의 생각 없는 행동으로 다수의 유대인이 죽어갔으므로] 사람들은 그가 자신의 잘못을 뉘우치는 모습을 기대했다. 하지만 그는 자신은 유대인뿐 아니라 어떤 인간도 죽인 적이 없으며, 단지 포로수용소로 이송＊하라는 명령을 받아 이를 실행했을 뿐이라고 말했다. [아이히만이 자신의 무죄를 주장하는 근거] 윗사람의 명령에 따랐을 뿐이니 잘못은 자신이 아니라 윗사람에게 있다는 아이히만의 말에 사람들은 충격을 받았다. [자신의 행동에 대한 잘못을 인정하지 않아서] 그에게 정말 죄가 없을까?

8개월이 넘는 지루한 재판을 끝까지 지켜 본 철학자 한나 아렌트는 아이히만의 죄를 ㉠'생각하지 않은 죄'라고 명명＊했다. [중심 화제] 아이히만은 성실한 인간이지만, 유죄인 명백한 이유는 아무 생각이 없었기 때문이라고 말했다. 즉, 아이히만이 명령을 따르기 전에 그 명령이 사람들에게 어떤 영향을 미칠 것인지를 반드시 생각했어야 한다고 주장한다. 자신이 서명한 서류 때문에 포로수용소로 끌려간 유대인들이 어떤 상황에 처하게 될지 생각했어야 한다는 것이다. [아이히만의 행동에 대한 한나 아렌트의 주장] 그러나 아이히만은 그저 명령에 따랐을 뿐 명령의 의미는 생각하지 않았던 것이다. [한나 아렌트가 아이히만의 유죄를 주장하는 근거]

'나는 보기만 했다.', '나는 시키는 대로 했을 뿐이다.'라는 말에는 죄책감은 다른 사람에게 미루고 스스로 착한 사람이라고 여기는 이기적인 마음이 숨어 있다. 하지만 직접 하지 않았더라도, 보기만 했더라도, 시키는 대로 했을 뿐이더라도 자신의 그런 행동이 상대방에게 미칠 영향을 생각하지 않았다면 그것 자체가 바로 잘못이다. [이 글의 중심 내용]

[지문 해제]

이 글은 '생각하지 않은 죄'에 대해 설명하는 글이다. 유대인 학살의 핵심 인물로 재판을 받은 아이히만은, 자신은 단지 윗사람의 명령에 따라 유대인들을 포로수용소로 보내는 일을 실행했을 뿐이라면서 자신은 잘못이 없다고 주장한다. 그러나 한나 아렌트는 아이히만의 죄를 '생각하지 않은 죄'라고 명명하면서, 아이히만은 명령을 따르기 전에 그 명령이 사람들에게 어떤 영향을 미칠 것인지를 반드시 생각했어야 한다고 주장하고 있다.

[문단 요지]

1문단: 유대인을 구별하여 포로수용소로 보내는 임무를 맡은 아이히만

2문단: 윗사람의 명령에 따랐을 뿐이라며 자신의 무죄를 주장하는 아이히만

3문단: 아이히만의 죄를 '생각하지 않은 죄'라고 명명함.

4문단: 자신의 행동이 상대방에게 미칠 영향을 생각하지 않는 것 자체가 잘못임.

[주제]

자신의 행동이 상대방에게 미칠 영향을 생각해야 함.

---

1 세부 내용 파악하기 | 정답 ⑤ |

윗글에 제시된 '아이히만'에 대한 이해로 적절하지 않은 것은?

① 유대인을 구별해서 포로수용소로 보내는 일을 성실하게 했다. 1문단

② 포로수용소로 끌려간 유대인들이 어떻게 되었는지 관심이 없었다. 1문단

③ 16년간의 추적 끝에 체포되어 유대인 학살 관련 재판을 받게 되었다. 2문단

④ 사람들은 유대인 학살에 가담한 아이히만이 잘못을 뉘우치기를 기대했다. 2문단

⑤ 아이히만은 자신의 행동에 <u>죄책감을 느꼈지만</u> 윗사람의 명령을 따를 수밖에 없었다.
　죄책감을 느끼지 않음.

✔ 정답 풀이

2문단에서 아이히만은 '윗사람의 명령에 따랐을 뿐이니 잘못은 자신이 아니라 윗사람에게 있다'고 말했다. 따라서 자신의 행동에 죄책감을 느꼈다는 진술은 적절하지 않다.

✘ 오답 풀이

① 1문단에 '아이히만은 아주 성실한 독일의 관료였다.', '그에게 맡겨진 일은 히틀러의 명령에 따라 유대인을 구별하여 모으고 기차에 실어서 포로수용소로 보내는 일이었다.'라고 언급되어 있다.

② 1문단에 '그는 유대인들이 어떻게 되었는지는 관심이 없었다.'라고 언급되어 있다.

③ 2문단에 '16년간의 추적 끝에 체포된 아이히만은 1961년 유대인 학살의 핵심 인물로서 재판을 받게 되었다.'라고 언급되어 있다.

④ 2문단에 '사람들은 그가 자신의 잘못을 뉘우치는 모습을 기대했다.'라고 언급되어 있다.

---

2 문맥의 의미 파악하기 | 정답 ① |

윗글의 흐름을 고려할 때, ㉠의 의미로 가장 적절한 것은?

① 자신의 행동이 상대방에게 미칠 영향을 생각하지 않은 죄

② 명령에 복종하지 않을 때 발생할 문제를 생각하지 않은 죄
　아이히만은 명령에 복종했음.

③ 자신의 잘못을 뉘우치지 않을 때 발생할 문제를 생각하지 않은 죄

④ 규칙을 지키지 않는 행동이 상대방에게 미칠 영향을 생각하지 않은 죄
　아이히만은 규칙을 잘 지켰음.

⑤ 유대인을 제대로 구별하지 않았을 때 발생할 문제를 생각하지 않은 죄

✔ 정답 풀이

3문단을 보면 한나 아렌트는 아이히만의 죄를 '생각하지 않은 죄'라고 명명하면서, 그가 유죄인 이유는 아무 생각이 없었기 때문이라고 말했다. 즉, 명령이 사람들에게 어떤 영향을 미칠 것인지를 반드시 생각했어야 한다고 주장하였다. 또한 4문단에 '자신의 그런 행동이 상대방에게 미칠 영향을 생각하지 않았다면 그것 자체가 바로 잘못이다.'라고 언급되어 있다. 이를 통해 볼 때, '생각하지 않은 죄'란 자신의 행동이 상대방에게 미칠 영향을 생각하지 않은 죄라고 볼 수 있다.

✘ 오답 풀이

② 1문단과 2문단을 보면 아이히만은 윗사람의 명령에 복종했으며, 한나 아렌트가 명명한 아이히만의 '생각하지 않은 죄'는 명령에 대한 복종 여부와 관련이 없다.

③ 2문단에서 아이히만은 자신의 잘못을 뉘우치지 않고 있으며, 사람들은 이에 충격을 받았다. 하지만 '생각하지 않은 죄'가 '자신의 잘못을 뉘우치지 않을 때 발생할 문제를 생각하지 않은 죄'를 의미하는 것은 아니다.

④ 1문단에서 아이히만은 주어진 규칙을 잘 지켰다고 언급되어 있다. '생각하지 않은 죄'는 생각 없이 주어진 규칙만을 따랐기 때문에 발생한 것이다.

⑤ 1문단에서 아이히만은 유대인을 구별하여 포로수용소에 보내는 임무를 성실하게 수행했다. 그러나 '생각하지 않은 죄'가 유대인 구별 여부와 그에 따른 문제 발생과 관련이 없다.

○ **(가)**: 쓰기 윤리의 개념

가 글을 쓰기가 어렵고 힘들다고 해서 남이 쓴 글을 자기가 쓴 글처럼 가져다 쓰는 것은 남의 생각을 훔치는 일이다. 글쓰기는 글쓴이와 독자의 상호 작용이므로 예의를 지켜야 하는데, 글을 쓸 때 지켜야 할 규범*을 '쓰기 윤리'라고 한다. 쓰기 윤리를 위반한 대표적 사례인 표절, 왜곡, 과장, 악성 댓글 등에 대해 간단히 살펴보도록 하자.

○ **(나)**: 비윤리적 글쓰기 태도 ① – 표절

나 표절이란 다른 사람이 쓴 글을 정당한 승인이나 인용* 표시 없이 몰래 따다 쓰는 행위를 말한다. 인터넷에서 내려 받은 자료를 출처*를 밝히지 않은 채 그대로 사용하거나, 자료를 적당히 잘라 내고 붙여서 마치 자기가 쓴 것처럼 하는 일은 흔히 저지르는 표절 행위이다. 타인의 글을 자신의 글에 넣고 싶을 때에는 출처를 정확히 밝히고 자신의 글과 구별해서 써야 한다.

○ **(다)**: 비윤리적 글쓰기 태도 ② – 왜곡과 과장

다 모든 연구자는 연구하는 절차와 그 결과를 보고할 때 사실에 근거해야 한다는 윤리를 지킬 의무가 있다. 그런데 연구 과정을 인위적으로 조작하거나 자료를 자기 마음대로 변형 또는 삭제하는 행위를 왜곡*이라 한다. 또, 별로 중요하지도 않은 결과를 굉장한 것처럼 강조하거나 부풀려서 서술하는 행위를 과장이라 한다. 어떤 글이든 마찬가지이지만, 특히 연구 보고서는 정확성과 객관성이 생명이므로 이러한 쓰기 윤리가 지켜지지 않으면 보고서로서 가치가 없어진다. 따라서 글을 쓸 때 왜곡과 과장은 피해야 한다.

○ **(라)**: 비윤리적 글쓰기 태도 ③ – 악성 댓글

라 인터넷은 글을 쓴 사람이 누구인지 잘 드러나지 않는, 이른바 익명성에 의해 글쓰기가 이루어지는 소통 공간이다. 익명성은 자신의 의견을 솔직하고 적극적으로 표현하게 하고 부정과 불의에 용감하게 대응하게 하는 순기능을 지닌다. 그러나 익명성 뒤에 숨어 언어 예절을 무시하고 타인의 감정과 생각을 배려하지 않는 태도로 악성 댓글을 다는 사람이 많다. 또한 사실이 아닌 내용을 마구 퍼뜨리는 무책임한 글쓰기를 하는 사람도 있다. 인터넷에서 만나는 사람들도 눈에 보이지 않을 뿐 엄연한 인격체이므로, 인터넷에 자신의 의견을 올릴 때에는 읽는 이를 존중하는 태도를 지녀야 한다.

＊ **규범**(법 規, 법 範): 인간이 행동하거나 판단할 때에 마땅히 따르고 지켜야 할 가치 판단의 기준.

＊ **인용**(끌 引, 쓸 用): 남의 말이나 글을 자신의 말이나 글 속에 끌어 씀.

＊ **출처**(날 出, 곳 處): 사물이나 말 따위가 생기거나 나온 근거.

＊ **왜곡**(기울 歪, 굽을 曲): 사실과 다르게 해석하거나 그릇되게 함.

▶ **주제**: 쓰기 윤리의 개념과 올바른 태도

① (나)에서 '표절이란 다른 사람이 쓴 글을 정당한 승인이나 인용 표시 없이 몰래 따다 쓰는 행위'로, '타인의 글을 자신의 글에 넣고 싶을 때에는 출처를 정확히 밝히고 자신의 글과 구별해서 써야 한다.'라고 하였다. 따라서 표절 문제를 해결하기 위해서는 인용 표시를 하고 출처를 정확히 밝힌다는 ㉠의 해결 방안은 적절하다.

② (다)에서 '모든 연구자는 연구하는 절차와 그 결과를 보고할 때 사실에 근거해야 한다는 윤리를 지킬 의무가 있다.'라고 하면서 왜곡이나 과장은 배격해야 할 비윤리적인 글쓰기 태도라고 하고 있다.

④ (라)에서 '익명성 뒤에 숨어 언어 예절을 무시하고 타인의 감정과 생각을 배려하지 않는 태도로 악성 댓글을 다는 사람'에 대해 지적하고 있다. 이로 미루어 볼 때, '악성 댓글'이라는 비윤리적 글쓰기의 해결 방안으로 타인의 감정과 생각을 배려하고 인정하여 글을 쓰는 것은 적절하다.

⑤ (라)에서 익명성의 문제점으로 '사실이 아닌 내용을 마구 퍼뜨리는 무책임한 글쓰기를 하는 사람도 있다.'라고 하였다. 이로 미루어 볼 때, '악성 댓글'이라는 비윤리적 글쓰기의 해결 방안으로 사실이 아닌 내용을 마구 퍼뜨리지 않는 것은 적절하다.

2 문단 구조 파악하기 | 정답 ① |

윗글 전체의 흐름을 고려할 때, (가)~(라)의 구조로 가장 적절한 것은?

(가)에서 '쓰기 윤리'와 관련된 화제를 제시한 후 '쓰기 윤리'의 개념을 설명하고 있다. 이어서 이를 위반한 대표적 사례로 '표절, 왜곡과 과장, 악성 댓글' 등을 제시하고 있다. 그런 다음 (나)에서 '표절', (다)에서 '왜곡과 과장', (라)에서 '악성 댓글'이라는 비윤리적 글쓰기와 그에 대한 해결 방안을 구체적으로 설명하고 있다. 따라서 (나), (다), (라)는 대등한 관계로 볼 수 있다. 이와 같은 글의 구조를 가장 바르게 나타낸 것은 ①이다.

[지문 해제]

이 글은 쓰기 윤리의 개념 및 중요성과 비윤리적 글쓰기 태도에 대해 설명하고 있다. 표절, 왜곡과 과장, 익명성에서 비롯된 악성 댓글 등 비윤리적 글쓰기 태도와 그 해결 방안을 제시함으로써, 글을 쓰는 과정에서 지켜야 할 윤리적 규범을 강조하고 있다.

[문단 요지]

(가): 쓰기 윤리의 개념
(나): 비윤리적 글쓰기 태도 ① – 표절
(다): 비윤리적 글쓰기 태도 ② – 왜곡과 과장
(라): 비윤리적 글쓰기 태도 ③ – 악성 댓글

[주제]

쓰기 윤리의 개념과 올바른 태도

1 세부 내용 파악하기 | 정답 ③ |

〈보기〉는 윗글의 내용을 정리한 것이다. 적절하지 <u>않은</u> 것은?

┤ 보 기 ├

비윤리적 글쓰기	해결 방안
표절	• 인용 표시를 하고, 출처를 정확히 밝힌다. ……………………… ㉠ • 타인의 글을 자신의 글과 구별해서 쓴다.
왜곡	• 사실에 근거해서 글을 쓴다. …… ㉡
과장 <small>중요하지 않은 결과를 지나치게 강조하거나 부풀림.</small>	• <u>연구 과정을 조작하거나 자료를 마음대로 변형 또는 삭제</u>하지 않는다. ……………………… ㉢ <small>왜곡</small>
악성 댓글	• 타인의 감정과 생각을 배려하고 인정하여 글을 쓴다. …………… ㉣ • 사실이 아닌 내용을 마구 퍼뜨리지 않는다. ……………………… ㉤

① ㉠   ② ㉡   ③ ㉢   ④ ㉣   ⑤ ㉤

(다)에서 '연구 과정을 인위적으로 조작하거나 자료를 자기 마음대로 변형 또는 삭제하는 행위'를 '왜곡'이라고 하였다. 따라서 ㉢은 '과장'이 아닌 '왜곡'의 해결 방안으로 볼 수 있다. '과장'은 '별로 중요하지도 않은 결과를 굉장한 것처럼 강조하거나 부풀려서 기술하는 행위'이다.

○ 1문단: 안중근의 업적

<u>안중근</u>은 1879년 황해도 해주에서 안태훈의 아들로 태어났다. 어린 시절부터 활쏘기
와 사격에 뛰어난 실력을 보이던 안중근은 1905년 일본이 강제로 을사늑약을 맺어 나라
의 주권을 빼앗자 경영하던 상점을 팔아 그 돈으로 <u>1906년 삼흥학교와 돈의학교를 세워</u>
인재 양성에 힘썼다. ㉠<u>그러나 한일 신협약</u>*<u>에 의해 우리나라의 국운이 극도로 기울자</u>
<u>연해주로 건너가 의병</u>* <u>운동에 참가한다.</u> 30세가 되던 1909년 10월, <u>을사늑약</u>*을 강요
한 이토 히로부미가 하얼빈에 온다는 소식을 듣고 처단을 결의, 하얼빈 역에 잠입하여
이토 히로부미에게 총을 쏘고 하늘을 향해 큰 소리로 "대한 만세!"를 세 번 외친다. 체
포된 안중근은 하얼빈 역 구내에 있는 러시아 헌병 파견대로 끌려갔다.

○ 2문단: 러시아 헌병에
게 잡혀갔지만 담담
한 안중근

헌병들은 안중근의 온몸을 샅샅이 뒤졌다. 권총을 이미 버렸으니 더 나올 무기가 있
을 리 없었다. 러시아 검찰관이 조선인 통역을 데리고 와 조사를 시작했다. 이름, 국적,
주소를 묻고 나서 왜 이토 히로부미를 저격*했느냐고 물었다. ㉡<u>안중근은 요약해서 설</u>
<u>명했다.</u> 그런데 통역관이 하는 조선말을 잘 알아들을 수가 없었다. 서너 명의 사진사가
계속 안중근을 찍어 댔다. ㉢<u>안중근은 두려워하거나 불안해하는 기색 없이 태연하고 담</u>
<u>담했다.</u> 전혀 엄청난 일을 저지른 사람의 모습 같지가 않았다.

○ 3문단: 일본 영사관으
로 끌려가서 신문을
받은 안중근

어두워지기 시작하는 오후 여덟 시쯤 러시아 헌병 장교가 안중근을 마차에 태웠다.
한참을 달려 어딘가에 도착했다. 마차에서 내린 안중근은 그곳이 일본 영사관* 앞이라
는 것을 알았다. 안중근은 숨을 깊이 들이쉬었다. 영사관 관리가 나서서 두 차례 신문을
했다. 안중근은 아무것도 감출 것도 없고, 꾸며 댈 것도 없었다. 있는 그대로 술술 대답
해 나갔다.

"뒤에서 조정한 자가 누구냐?"

"그런 사람 없다. 다 내가 알아서 한 일이다."

"다시 묻는다. 시킨 자가 누구냐?"

㉣"그런 사람 없다."

관리는 이 대목에서 딱 멈추어 똑같은 말을 몇 번이고 계속해서 물었다. ㉤<u>안중근이</u>
<u>지칠 지경이었다.</u>

* 의병(옳을 義, 군사 兵):
나라가 외적의 침입으
로 위급할 때 국가의 명
령을 기다리지 않고 민
중이 스스로 외적에 대
항하여 싸우는 사람들.
* 저격(엿볼 狙, 칠 擊):
일정한 대상을 노려서
치거나 총을 쏨.
* 영사관(거느릴 領, 일
事, 집 館): 외국에 있으
면서 자기 나라의 무역
이익을 얻기 위해 대책
과 방법을 세우며, 아울
러 자국민의 보호를 담
당하는 곳.

● 한일 신협약: 일본이 한국을 강점하기 위해 마지막으로 강행한 7개항의 조약.
● 을사늑약: 1905년 러·일 전쟁에서 승리한 일본이 우리나라의 외교권을 빼앗기 위해 강제로 체결한 조약.

▶ 주제: 이토 히로부미
를 저격한 후 신문을
받는 안중근

[지문 해제]

이 글은 안중근 전기의 일부로, 안중근의 출생과 유년 시절 및 업적의 일부가 제시되어 있다. 특히 을사늑약을 강요했던 이토 히로부미를 저격하여 죽인 이후의 이야기가 중점적으로 제시되어 있다. 전체적으로는 시간 순서대로 사건을 나열하는 방식으로 서술되어 있으며, 마지막 부분에는 일본 영사관 관리와 안중근의 대화가 짧게 제시되어 있다.

[문단 요지]

1문단: 안중근의 업적
2문단: 러시아 헌병에게 잡혀갔지만 담담한 안중근
3문단: 일본 영사관으로 끌려가서 신문을 받은 안중근

[주제]

이토 히로부미를 저격한 후 신문을 받는 안중근

---

1 세부 내용 파악하기 | 정답 ③ |

〈보기〉는 윗글을 읽고 안중근의 삶을 요약한 것이다. 적절하지 <u>않은</u> 것은?

┌─── 보 기 ───┐

• **출생**

1879년 황해도 해주에서 태어남. ················· ①

• **유년 시절**

활쏘기와 사격에 뛰어난 실력을 보임. ·········· ②

• **업적**

－1905년 삼흥학교와 돈의학교를 세워 인재 양성에 힘씀. (1906년) ························· ③

－한일 신협약 이후 연해주로 건너가 의병 운동에 참가함. ························· ④

－1909년 하얼빈에서 이토 히로부미에게 총을 쏘고 체포됨. ························· ⑤

└──────────────┘

✔ 정답 풀이

1문단의 내용으로 미루어 볼 때, 1905년은 일본이 강제로 을사늑약을 맺어 나라의 주권을 빼앗은 해이고, 경영하던 상점을 판 돈으로 삼흥학교와 돈의학교를 세워 인재 양성에 힘쓴 것은 1906년이다.

✖ 오답 풀이

① 1문단에 1879년 황해도 해주에서 태어났다고 언급되어 있다.
② 1문단에 어린 시절부터 활쏘기와 사격에 뛰어난 실력을 보였다고 언급되어 있다.

④ 1문단에 한일 신협약에 의해 우리나라의 국운이 극도로 기울자 연해주로 건너가 의병 운동에 참가하였다고 언급되어 있다.
⑤ 1문단에 1909년 10월, 을사늑약을 강조한 이토 히로부미가 하얼빈에 온다는 소식을 듣고 하얼빈 역에 잠입하여 이토 히로부미에게 총을 쏜 뒤 러시아 헌병 파견대로 끌려갔다고 언급되어 있다.

---

2 글의 내용 추론하기 | 정답 ③ |

㉠~㉤에서 드러나는 안중근의 성품을 추론한 것으로 가장 적절한 것은?

① ㉠: 학교를 세운 지 얼마 되지 않아 의병 운동을 한 것을 보니, 우유부단한 분인 것 같아.
② ㉡: 묻지도 않은 것까지 대답한 것을 보니, 인간관계를 중요하게 생각한 분인 것 같아.
③ ㉢: 헌병 파견대로 끌려갔음에도 담담한 것을 보니, 용감하고 의지가 굳센 분인 것 같아.
④ ㉣: 모든 사실을 알고 있으면서도 모른 척 한 것을 보니, 능청스러운 분인 것 같아.
⑤ ㉤: 똑같은 질문을 반복하는 상대방을 이해하지 못하는 것을 보니, 불의를 보면 참지 못한 분인 것 같아.

✔ 정답 풀이

2문단에서 안중근은 이토 히로부미를 저격한 후 러시아 헌병 파견대로 끌려갔음에도 두려워하거나 불안해하는 기색 없이 태연하고 담담한 태도를 보였다. 이를 통해 용감하고 의지가 굳센 성품을 추론할 수 있다.

✖ 오답 풀이

① 1문단에서 안중근은 1906년에 삼흥학교와 돈의학교를 세웠고, 얼마 지나지 않아 의병 운동에 참가한다. 그러나 이는 안중근이 우유부단하기 때문이 아니라, 한일 신협약에 의해 우리나라의 국운이 극도로 기울었기 때문이다.
② 2문단에서 안중근은 러시아 검찰관의 질문에 요약해서 설명했다. 따라서 묻지도 않은 것까지 대답한 것으로 볼 수 없다.
④ 3문단에 '안중근은 아무것도 감출 것도 없고, 꾸며 댈 것도 없었다. 있는 그대로 술술 대답해 나갔다.'라고 언급되어 있다. 따라서 모든 사실을 알고 있으면서도 모른 척했다고 볼 수 없다. 또한 '능청스럽다'는 '속으로는 엉큼한 마음을 숨기고 겉으로는 천연스럽게 행동하는 데가 있다.'는 뜻인데, ㉣에서 안중근이 속으로 엉큼한 마음을 숨기고 있다고 보기는 어렵다.
⑤ 3문단에서 영사관 관리가 안중근에게 저격을 시킨 자가 누군지 반복해서 묻는 것은 시킨 사람이 있을 것이라고 확신하기 때문에 끈질기게 물은 것이다. 그러므로 안중근이 상대방을 이해하지 못한 것으로 볼 수 없으며, 이러한 행동을 통해 불의를 보면 참지 못하는 성품임을 추론하는 것은 적절하지 않다.

(가): 의미와 말소리가 결합된 언어

가 언어는 기본적으로 의사소통을 위한 기호이다. 기호는 전달하고자 하는 내용과 그것을 실어 나르는 형식이 결합되어 이루어지는데, 언어 또한 마찬가지이다. 언어의 내용은 '의미'이고, 형식은 '말소리'이다. '나무'를 예로 들어 살펴보자. '뿌리, 줄기, 잎을 가진 식물'이라는 의미(내용)를 전달하기 위해 우리는 [나무]라는 말소리(형식)를 사용한다. 이렇게 의미와 말소리의 결합으로 이루어진 기호로서의 언어는 다음과 같은 다양한 특성을 가지고 있다.

(나): 언어의 특성 ① –자의성

나 '뿌리, 줄기, 잎을 가진 식물'을 우리는 [나무]라는 말소리로 나타내지만 그 물체를 꼭 [나무]라고 말해야 하는 필연적*인 이유가 있는 것은 아니다. 이러한 특성을 언어의 '자의성(恣意性)'이라고 한다. 다시 말하면 언어의 내용인 의미와 형식인 말소리는 필연적인 관련성이 없이 임의적*으로 연결되어 있다는 것이다. 언어가 자의성을 지닌다는 것은 우리말과 외국어를 비교해 보면 쉽게 이해된다. 한국어에서는 '사람'이라는 의미를 지닌 말을 [사람]이라고 말하지만, 영어에서는 'man[맨]'이라 하고, 중국어에서는 '人[런]'이라고 한다. 이처럼 모든 언어가 어떤 의미를 전하기 위하여 한 가지로 정해진 말소리를 사용하는 것은 아니다.

(다): 언어의 특성 ② –규칙성

다 우리는 일정한 규칙에 따라 언어를 사용한다. 우리는 '나는 모레 편지를 읽고 있다.'라고 하지 않고 '나는 모레 편지를 읽겠다.'라고 말하고, '배이 고프다.'라고 하지 않고 '배가 고프다.'라고 말한다. 이는 우리가 일정한 규칙에 따라 언어를 사용하고 있다는 것을 잘 보여 주는 예이다. 모든 언어에는 규칙이 존재하며, 언어를 사용하는 사람들은 그 규칙에 따라 언어생활을 하는데, 이를 언어의 '규칙성(規則性)'이라고 한다.

(라): 언어의 특성 ③ –사회성

라 어떤 사람이 '연필'을 '목까망'이라고 부르겠다고 정하고 사람들에게 "목까망 좀 빌려 줘."라고 말한다면 어떻게 될까? 아무도 그 말을 이해하지 못해서 의사소통하기가 어려울 것이다. 언어는 그 언어를 사용하는 사회 구성원들 사이의 약속이므로 개인이 마음대로 바꾸어 쓸 수 없다. 이러한 특성을 언어의 '사회성(社會性)'이라고 한다. 언어는 누구나 지켜야 할 사회적 약속의 성격을 지니기 때문에 어떤 사회에서 언어가 언어로서의 자격을 가지려면 그것을 사용하는 사람들 모두가 그 언어를 그러한 의미로 사용하는 것에 동의해야 한다.

* 필연적(반드시 必, 그럴 然, 과녁 的): 사물의 관련이나 일의 결과가 반드시 그렇게 될 수밖에 없는. 또는 그런 것.
* 임의적(맡길 任, 뜻 意, 과녁 的): 일정한 원칙이나 기준 없이 하고 싶은 대로 하는. 또는 그런 것.

▶ 주제: 언어의 본질적 특성

[지문 해제]

이 글은 의사소통을 위한 기호인 언어의 본질적 특성에 대해 설명하고 있다. 언어의 특성 중 자의성(언어의 내용인 의미와 형식인 말소리는 필연적인 관련성이 없다.), 규칙성(언어를 사용하는 사람들은 일정한 규칙에 따라 언어생활을 한다.), 사회성(언어는 사회 구성원 사이의 약속이므로 개인이 마음대로 바꾸어 쓸 수 없다.)에 관한 구체적인 예를 들어 독자의 이해를 돕고 있다.

[문단 요지]

(가): 의미와 말소리가 결합된 언어
(나): 언어의 특성 ① – 자의성
(다): 언어의 특성 ② – 규칙성
(라): 언어의 특성 ③ – 사회성

[주제]

언어의 본질적 특성

---

1 세부 내용 파악하기 | 정답 ④ |

윗글의 내용을 이해한 것으로 적절하지 않은 것은?

① 언어는 '의미'와 '말소리'가 결합되어 이루어진 기호이다. (가)
② 언어는 내용인 의미와 형식인 말소리가 자의적으로 결합되어 있다. (나)
③ 언어에는 일정한 규칙이 존재하며 사람들은 규칙에 따라 언어를 사용한다. (다)
④ 어떤 의미를 전하기 위해서 모든 언어는 한 가지로 정해진 말소리를 사용한다.
⑤ 언어는 그 언어를 사용하는 사회 구성원들 사이의 약속이므로 개인이 마음대로 바꾸어 쓸 수 없다. (라)

✅ **정답 풀이**

(나)에서 '모든 언어가 어떤 의미를 전하기 위하여 한 가지로 정해진 말소리를 사용하는 것은 아니다.'라고 하였다.

❌ **오답 풀이**

① (가)에서 언어는 '의미와 말소리의 결합으로 이루어진 기호'라고 하였다.
② (나)에서 '언어의 내용인 의미와 형식인 말소리는 필연적인 관련성이 없이 임의적으로 연결되어 있다'고 하였다.
③ (다)에서 '모든 언어에는 규칙이 존재하며, 언어를 사용하는 사람들은 그 규칙에 따라 언어생활을 하는데, 이를 언어의 '규칙성'이라고 한다.'라고 하였다.
⑤ (라)에서 '언어는 그 언어를 사용하는 사회 구성원들 사이의 약속이므로 개인이 마음대로 바꾸어 쓸 수 없다.'라고 하였다.

---

2 구체적 사례에 적용하기 | 정답 ④ |

윗글을 참고할 때, 〈보기〉의 ㉠과 ㉡의 사례와 관련 있는 언어의 특성으로 적절한 것은?

┤ 보 기 ├

㉠ '수범이가 바나나를 다 먹었다.'라고 말하는 것은 자연스럽지만, '수범이가 바나다가 다 먹었다.'라고 말하는 것은 어색하다.
언어의 규칙성을 어김.

㉡ 수범이는 '신발'을 '바나나'로 부르겠다고 마음먹었다. 친구들에게 "내 바나나 예쁘지?"라고 말하자 아무도 이해하지 못했다.
언어의 사회성을 어김.

	㉠	㉡
①	자의성	규칙성
②	자의성	사회성
③	규칙성	자의성
④	규칙성 (다)	사회성 (라)
⑤	사회성	규칙성

✅ **정답 풀이**

㉠ '수범이가 바나나가 다 먹었다.'가 어색한 것은 언어에 존재하는 일정한 규칙을 지키지 않았기 때문이다. 이처럼 언어를 사용하는 사람들은 일정한 규칙에 따라 언어생활을 하는데, 이를 언어의 '규칙성'이라 한다.
㉡ 수범이가 "내 바나나 예쁘지?"라고 말했을 때 아무도 이해하지 못한 것은, 사회 구성원들이 '신발'이라고 부르기로 한 것을 수범이가 마음대로 바꾸어 '바나나'라고 불렀기 때문이다. 이와 같이 언어는 그 언어를 사용하는 사회 구성원들 사이의 약속이므로 개인이 마음대로 바꾸어 쓸 수 없다. 이를 언어의 '사회성'이라 한다.

❌ **오답 풀이**

①, ②, ③ 자의성은 언어의 내용인 의미와 형식인 말소리는 필연적인 관련성이 없이 임의적으로 연결되어 있는 것이다.

인문 01~05 독해력 쑥쑥, 어휘 테스트

01 ⓑ	02 ⓓ	03 ⓒ	04 ⓐ	05 ⓔ
06 탄식	07 윤리	08 규범	09 구조	10 관료
11 ○	12 ×	13 ○	14 ×	15 ×
16 극심하다	17 요약	18 출처	19 이송	20 양성

○ 1문단: 사전에 오를 수 없는 유행어

우리가 말하고 쓰는 모든 단어가 사전에 오르는 것은 아니다. 사전의 성격에 따라 차이가 있기는 하지만, 유행어 사전과 같은 특별한 목적의 사전이 아니라면 <u>단어로서의 자격을 안정적으로 갖춘 단어만이 사전에 오르는 것이다.</u> 아무리 널리 사용되는 단어라 해도 그것이 일시적으로 사용되는 유행어라면 사전에 오를 수 없다.

○ 2문단: '얼짱'이 사전에 오를 수 있는지 여부에 대한 문제 제기

그러면 <u>'얼짱'은 사전에 오를 수 있는가?</u> 이에 대한 답은 '얼짱'이 유행어인가 아닌가에 따라 달라진다. 이 단어는 <u>2002년 신어* 자료집에 올랐고 지금까지 쓰이고 있으므로</u> 유행어라고 하기에는 목숨이 길다. 그렇다면 계속 사용되어 단어의 자격을 얻게 될 것인가? 이에 대한 답을 내리기는 지극히 어렵지만, 몇 가지를 고려해 볼 수 있다.

○ 3문단: 단어의 자격 획득 조건 ① – 단어의 필요성

<u>첫째는 이 단어를 써야 할 필요가 지속적으로 있겠는가 하는 점이다.</u> 외모 지상주의*에 휩싸인 사회 분위기를 타고 퍼진 말이 '얼짱'인데 과연 그런 분위기가 지속될 것인가? 그렇지 않을 것이다. 분위기가 바뀌면 그런 말을 쓸 일이 없어진다.

○ 4문단: 단어의 자격 획득 조건 ② – 단어의 구성

<u>둘째는 단어의 구성이다.</u> 단어의 구성이 자연스러우면 계속 사용될 가능성이 높지만, '얼짱'은 그렇지 않다. 익히 알려졌듯이 이 말은 '얼굴'과 청소년층에서 속어*로 사용하는 '짱'이 결합한 말이다. <u>'얼굴'에서 '얼'을 따서 단어를 만드는 방식은 국어에서는 매우 낮선 방식이어서, 이것만으로도 거부감을 갖는 사람들이 있다.</u> 뿐만 아니라 <u>'얼짱'의 '짱'은 청소년층의 속어이기 때문에 아무 자리에서나 쓰기에는 부담스러운 말이다.</u>

○ 5문단: 일시적 유행어로 그칠 가능성이 높아 사전에 오를 수 없는 '얼짱'

<u>'얼짱'이 유사품인 '몸짱, 쌈짱, 껨짱' 등을 만들어 내고 있으니 살아남을 수 있을 것이라고 보는 견해도 있다.</u> <u>그러나 시간이 지나면서 유사품을 포함하여 말이 사라진 사례는 많다. 유사품이 많다고 해서 반드시 오랫동안 유지되는 것은 아니다.</u> 이런 점을 고려하면 '얼짱'은 잠시 사용되는 유행어로 그칠 가능성이 높다. 마치 일제 강점기에 한동안 쓰였던 '모던 보이, 모던 걸' 정도의 지위에 그칠 가능성이 높다.

● 외모 지상주의: 인생을 살아가거나 성공하는 데 외모를 제일 중요한 것으로 보는 사고 방식.

* 신어(새로울 新, 말씀 語): 새로 생긴 말. 또는 새로 귀화한 외래어.

* 속어(풍속 俗, 말씀 語): 통속적으로 쓰는 저속한 말.

▶ 주제: '얼짱'은 사전에 오를 수 없음.

[지문 해제]

이 글은 '얼짱'이 사전에 오를 수 있는지에 대한 글쓴이의 생각이 제시되어 있다. 어떤 단어가 사전에 오르기 위해서는 단어로서의 자격을 안정적으로 확보해야 하는데, '얼짱'이라는 단어는 외모 지상주의에 휩싸인 사회 분위기를 타고 퍼진 말이라는 점, 단어의 구성이 자연스럽지 않다는 점, 아무 자리에서나 쓰기에는 어렵다는 점 때문에 사전에 오를 수 없다.

[문단 요지]

1문단: 사전에 오를 수 없는 유행어
2문단: '얼짱'이 사전에 오를 수 있는지 여부에 대한 문제 제기
3문단: 단어의 자격 획득 조건 ①－단어의 필요성
4문단: 단어의 자격 획득 조건 ②－단어의 구성
5문단: 일시적 유행어로 그칠 가능성이 높아 사전에 오를 수 없는 '얼짱'

[주제]

'얼짱'은 사전에 오를 수 없음.

1 글의 의도 파악하기 | 정답 ① |

〈보기〉는 윗글에 나타난 글쓴이의 주장과 근거를 요약한 것이다. ㉮에 들어갈 내용으로 적절하지 않은 것은?

─────── 보 기 ───────

'얼짱'은 사전에 오를 수 없다. 왜냐하면 ___㉮___ .
　　　　　　　주장　　　　　　　　　　　　　　근거

① '얼짱'은 널리 사용되는 단어가 아니기 때문이다.
　2002년 신어 자료집에 올랐고 지금까지 쓰이고 있음.
② '얼짱'은 잠시 사용되는 유행어로 그칠 가능성이 높기 때문이다. 5문단
③ '얼짱'은 아무 자리에서나 거리낌 없이 사용하기 어렵기 때문이다. 4문단
④ '얼짱'은 단어의 구성이 국어에서는 매우 낯선 방식이기 때문이다. 4문단
　　　　　　　　　　　　　　'얼굴'에서 '얼'을 따서 단어를 만드는 방식
⑤ '얼짱'은 사회 분위기가 바뀌면 써야 할 필요성이 사라질 것이기 때문이다. 3문단
　　　　　외모 지상주의

✓ 정답 풀이

2문단의 '2002년에 신어 자료집에 올랐고 지금까지 쓰이고 있으므로 유행어라고 하기에는 목숨이 길다.'로 보아 '얼짱'은 널리 사용되는 단어임을 알 수 있다.

✗ 오답 풀이

② 5문단에 '"얼짱'은 잠시 사용되는 유행어로 그칠 가능성이 높다.'라고 언급되어 있다.
③ 4문단에 '"얼짱'의 '짱'은 청소년층의 속어이기 때문에 아무 자리에서나 쓰기에는 부담스러운 말이다.'라고 언급되어 있다.

④ 4문단에 '"얼굴'에서 '얼'을 따서 단어를 만드는 방식은 국어에서는 매우 낯선 방식이어서, 이것만으로도 거부감을 갖는 사람들이 있다.'라고 언급되어 있다.
⑤ 3문단에 '외모 지상주의에 휩싸인 사회 분위기를 타고 퍼진 말이 '얼짱'인데 과연 그런 분위기가 지속될 것인가? 그렇지 않을 것이다. 분위기가 바뀌면 그런 말을 쓸 일이 없어진다.'라고 언급되어 있다.

2 구체적 사례에 적용하기 | 정답 ⑤ |

윗글의 글쓴이가 〈보기〉에 대해 보일 반응으로 적절하지 않은 것은?

─────── 보 기 ───────

'K팝스타', '꿀피부'와 같이 유행어이지만 일상에서 자주 사용되는 단어는 사전에 등재되어야 한다.
지문에서 '얼짱'과 같은 사례

① 우리가 말하고 쓰는 단어라고 해서 모두 사전에 오르는 것은 아니다. 1문단
② 'K팝스타'라는 단어의 구성이 자연스럽다면 계속 사용될 가능성이 높다. 4문단
③ 'K팝스타'를 유행어 사전과 같이 특별한 목적의 사전에는 올릴 수도 있다. 1문단
④ '꿀피부'라는 단어를 써야 할 필요가 지속적으로 있는지 생각해 보아야 한다. 3문단
⑤ '꿀잠', '꿀잼' 등 '꿀피부'와 비슷한 말이 많이 생겼으니 '꿀피부'는 단어로 인정할 수 있다.
　　　　　　　　　　　　　　　　　　　　　　　　　　　　　없다

✓ 정답 풀이

5문단에 '시간이 지나면서 유사품을 포함하여 말이 사라진 사례는 많다. 유사품이 많다고 해서 반드시 오랫동안 유지되는 것은 아니다.'라고 언급되어 있다. 따라서 글쓴이는 '꿀피부'와 비슷한 '꿀잠', '꿀잼'과 같은 말이 많이 생긴다 해도 '꿀피부'라는 말이 사라질 수도 있다고 생각할 것이다.

✗ 오답 풀이

① 1문단에 '우리가 말하고 쓰는 모든 단어가 사전에 오르는 것은 아니다.'라고 언급되어 있다.
② 4문단에 '단어의 구성이 자연스러우면 계속 사용될 가능성이 높'다고 언급되어 있다. 따라서 'K팝스타'라는 단어의 구성이 자연스럽다면 계속 사용될 수 있을 것이다.
③ 1문단에서 '유행어 사전과 같은 특별한 목적의 사전이 아니라면 단어로서의 자격을 안정적으로 갖춘 단어만이 사전에 오르는 것이다.'라고 언급되어 있다.
④ 3문단에서 어떤 단어가 단어의 자격을 획득할 수 있는지 고려해 볼 수 있는 사항으로 '이 단어를 써야 할 필요가 지속적으로 있겠는가 하는 점'을 들고 있다.

○ 1문단: 공리주의의 개념

　　1700년대 말 영국에서는 '공리주의'가 크게 발전했다. 공리주의는 어떤 행동의 옳고 그름을 판단하는 기준을 사람들의 이익과 행복에 두는 사상이다. 그래서 공리주의 입장에서 볼 때 사람들에게 이익과 행복을 준 행동은 옳은 것이고, ⊙그렇지 않은 행동은 그른 것이다.

○ 2문단: '최대 다수의 최대 행복'을 주장한 벤담

　　공리주의를 연구한 제레미 벤담은 인생의 목적이 행복에 있다고 생각했다. 더 나아가 행복은 한 사람의 차원에서 그치면 안 되고, 많은 사람이 누리는 단계로 발전해야 한다고 주장했다. 즉, 많은 사람들이 행복을 느끼면 그것이 바로 옳은 것이라 생각했다. 이런 이유로 벤담은 가장 많은 사람에게 최대의 행복을 주는 '최대 다수*의 최대 행복'을 주장했다.

○ 3문단: 양적 공리주의의 개념과 한계

　　벤담은 쾌락*의 양을 늘리고 고통의 양을 줄여야 행복해질 수 있다고 생각했다. 그는 쾌락의 양을 객관적으로 계산할 수 있다면서 쾌락 계산법을 내놓았다. 쾌락을 평가하는 기준 7가지를 제시한 뒤, 쾌락은 '+'로, 고통은 '-'로 계산하였다. 이처럼 벤담의 공리주의는 쾌락의 양을 추구했다고 해서 '양적 공리주의'라고 한다. 그러나 사람들은 쾌락의 양을 계산한다는 것에 의문을 가졌다. 사람마다 쾌락을 느끼는 정도는 다르며, 같은 사람이라도 상황에 따라 느끼는 쾌락의 양이 다르기 때문이었다.

○ 4문단: 질적 공리주의의 개념과 한계

　　존 스튜어트 밀은 벤담처럼 더 많은 사람에게 더 많은 쾌락을 주는 행동이 옳다고 믿는 공리주의자였다. 하지만 단순히 쾌락이 양적으로 많을수록 더 행복하다고 생각한 벤담과 달리, 밀은 쾌락에도 질적 차이가 있다고 주장했다. 즉, 정신적 쾌락이 육체적 쾌락보다 더 높은 수준의 쾌락이라고 보았다. 밀의 공리주의는 쾌락의 질적 차이를 고려했다고 해서 '질적 공리주의'라고 하는데, 이는 어떤 것이 더 높은 수준의 쾌락인지 판단할 수 있는 근거가 분명하지 않다는 한계가 있다.

* 다수(많을 多, 셈 數): 수효가 많음.
* 쾌락(쾌할 快, 즐길 樂): 유쾌하고 즐거움. 또는 그런 느낌.

▶ 주제: 공리주의의 개념과 종류

[지문 해제]

　이 글은 공리주의의 개념과 종류 및 각각의 한계에 대해 설명하고 있다. 공리주의는 어떤 행동의 옳고 그름을 판단하는 기준을 사람들의 이익과 행복에 두는 사상으로, 더 많은 사람에게 더 많은 행복을 주는 것이 옳은 행동이라고 여긴다. 벤담은 쾌락의 양이 많을수록 좋다고 생각했기 때문에 그가 추구한 공리주의를 '양적 공리주의'라고 한다. 이에 반해 밀은 쾌락에도 질적 차이가 있다고 생각했는데, 밀이 추구한 공리주의를 '질적 공리주의'라고 한다.

[문단 요지]

　1문단: 공리주의의 개념
　2문단: '최대 다수의 최대 행복'을 주장한 벤담
　3문단: 양적 공리주의의 개념과 한계
　4문단: 질적 공리주의의 개념과 한계

[주제]

　공리주의의 개념과 종류

1 세부 내용 파악하기 | 정답 ③ |

윗글의 내용을 다음과 같이 정리할 때, ㉮와 ㉯에 들어갈 내용으로 적절하지 않은 것은?

┤ 보 기 ├

	벤담 양적 공리주의	밀 질적 공리주의
공통점	더 많은 사람에게 더 많은 쾌락을 주는 행동이 옳다. 최대 다수의 최대 행복	
차이점	㉮	㉯

① ㉮: 쾌락의 양을 추구했다고 해서 '양적 공리주의'라고 한다. 3문단

② ㉮: 쾌락을 평가하는 기준 7가지를 이용한 쾌락 계산법을 제시하였다. 3문단

③ ㉮: 쾌락 중 정신적 쾌락을 더 높은 수준의 쾌락이라고 보았다. 밀의 주장

④ ㉯: 쾌락에도 질적 차이가 있음을 고려했기 때문에 '질적 공리주의'라고 한다. 4문단

⑤ ㉯: 쾌락의 수준을 판단할 수 있는 근거가 분명하지 않다는 점에서 한계를 지닌다. 4문단

✅ **정답 풀이**

4문단에 존 스튜어트 밀은 '정신적 쾌락이 육체적 쾌락보다 더 높은 수준의 쾌락이라고 보았다.'라고 언급되어 있다. 그러므로 ③은 밀의 주장이다.

❌ **오답 풀이**

① 3문단에 '벤담의 공리주의는 쾌락의 양을 추구했다고 해서 '양적 공리주의'라고 한다.'라고 언급되어 있다.

② 3문단에서 벤담은 쾌락의 양을 객관적으로 계산할 수 있는 쾌락 계산법 즉, 쾌락을 평가하는 기준 7가지를 제시한 뒤, 쾌락은 '+'로, 고통은 '−'로 계산했다고 하였다.

④ 4문단에 '밀의 공리주의는 쾌락의 질적 차이를 고려했다고 해서 '질적 공리주의'라고 언급되어 있다.

⑤ 4문단에 '질적 공리주의'는 '어떤 것이 더 높은 수준의 쾌락인지 판단할 수 있는 근거가 분명하지 않다는 한계가 있다.'라고 언급되어 있다. 따라서 밀의 공리주의는 쾌락의 수준을 판단할 근거가 분명하지 않음을 알 수 있다.

2 글의 내용 추론하기 | 정답 ② |

㉠의 의미를 추론한 것으로 가장 적절한 것은?

① 사람들에게 이익을 준 행동은 잘못된 것이다.

② 사람들에게 행복을 주지 못하는 행동은 잘못된 것이다.

③ 사람들에게 행복을 준 행동이 때로는 잘못된 것일 수도 있다.

④ 사람들에게 행복이 왜 중요한지 설명하지 못하면 잘못된 것이다. 이 글을 통해 추론할 수 없음.

⑤ 사람들에게 행복은 주지 못했더라도 이익을 주었다면 옳은 행동이다. 행복과 이익은 같은 의미임.

✅ **정답 풀이**

1문단에서 '공리주의는 어떤 행동의 옳고 그름을 판단하는 기준을 사람들의 이익과 행복에 두는 사상'으로, '공리주의 입장에서 볼 때 사람들에게 이익과 행복을 준 행동은 옳은 것'이라고 하였다. ㉠에서 '그렇지 않은 행동'은 '사람들에게 이익과 행복을 주지 않은 행동'일 것이다. 따라서 '그렇지 않은 행동은 그른 것이다.'는 '사람들에게 이익과 행복을 주지 않은 행동은 잘못된 것이다.'라고 추론할 수 있다.

❌ **오답 풀이**

① 글의 문맥상 '이익'과 '행복'은 같은 의미이다. 따라서 사람들에게 이익을 준 행동은 옳은 것으로 볼 수 있다.

③ ㉠ 바로 앞부분을 보면 사람들에게 이익과 행복을 준 행동은 옳은 것이라고 언급되어 있다. 따라서 사람들에게 행복을 준 행동이 때로는 잘못된 것일 수도 있다는 추론은 적절하지 않다.

④ 사람들에게 행복이 왜 중요한지 설명하지 못하면 잘못된 것이라는 점은 이 글을 통해 추론할 수 없다.

⑤ 이 글에서 '이익'과 '행복'은 문맥상 같은 의미로 사용되었다. 따라서 '행복은 주지 못했더라도 이익을 주'는 상황에 대해서는 가정할 수 없다.

서희의 협상 _ 김기흥

● 1문단: 거란의 침입에 대한 대응 논쟁

● 2문단: 소손녕과의 협상을 자원한 서희

● 3문단: 소손녕의 주장 – 거란이 고려를 침입한 이유

● 4문단: 서희의 주장 – 거란의 주장에 대한 반박

● 5문단: 서희의 협상 성과

서기 993년, 강대국 거란이 80만 명의 군대를 이끌고 고려를 침입하였다. 고려 조정*은 거란의 침입에 몹시 놀라 두려움에 떨었다. 거란에 항복해야 한다는 입장과 거란을 이길 도리가 없으므로 서경 이북의 땅을 거란에게 주자는 입장이 팽팽하게 맞섰다.

땅을 떼어 주자는 쪽의 입장으로 거의 결정되려는 때에 서희가 강력히 반론을 제기하였다. 우선 거란이 '왜' 고려를 침입했는지 그 이유를 정확히 파악한 뒤에 대응해야 하며, 만약 항복해야 한다면 싸워 보고 난 뒤에 결정해도 늦지 않다고 주장했다. 표면적으로만 사건을 볼 것이 아니라 숨어 있는 근본적인 의도를 읽어야 한다는 의견이었다. 그러자 성종은 거란의 진영*으로 누가 갈 것인지 물었다. 아무도 대답하지 않을 때에 서희가 나섰다. 이리하여 우리 역사에 길이 남을 ⊙서희와 소손녕의 협상이 시작되었다.

7일간에 걸친 협상에서 소손녕의 주장은 다음과 같이 요약된다.

"당신네 나라는 옛 신라 땅에서 시작했고, 고구려의 옛 땅은 우리나라 소속인데 당신들이 침범했다. 또 우리나라와 가까이 있으면서도 바다 건너 송나라를 섬기는 까닭에 이번 정벌*을 하게 된 것이다."

서희는 이런 두 가지 침략 이유에 대해 반박을 하며 자신의 주장을 펼쳤다. 「첫째, 나라 이름을 고려라고 한 것은 고구려의 후계자이기 때문이며, 오히려 거란의 동쪽 부분이 고려의 국토 안에 들어와야 한다. 둘째, 거란과 국교를 맺지 못하는 것은 거란과 고려를 가로막고 있는 여진 때문이다. 따라서 여진을 몰아내고 고려의 옛 땅을 돌려주어 길이 연결되게 한다면 외교 관계를 맺을 것이다.」

이런 주장이 거란 왕에게 받아들여져 소손녕은 서희와 협정을 체결하였다. 이로써 고려는 80만 대군의 한반도 침입을 막았을 뿐만 아니라, 더 나아가 여진이 차지하고 있던 압록강 동쪽에 위치한 강동 6주를 고려의 영토로 삼을 수 있게 되었다. 이는 우리나라 역사상 가장 성공한 실리적 외교로 평가받는다.

＊조정(아침 朝, 조정 廷): 임금이 나라의 정치를 신하들과 의논하거나 집행하는 곳.

＊진영(진 칠 陣, 경영할 營): 군대가 진을 치고 있는 곳.

＊정벌(칠 征, 칠 伐): 적 또는 죄 있는 무리를 무력으로써 침.

▶ 주제: 서희의 성공적 협상

[지문 해제]

이 글은 서희의 협상 내용과 그 성과에 대해 설명하고 있다. 소손녕은 고구려의 옛 땅은 거란의 땅인데 고려가 침범했다는 점, 고려가 거란이 아닌 송나라를 섬긴다는 점을 들어 고려를 침입하였다. 이에 서희는 고려가 고구려의 후계자인 점, 거란과 고려 사이를 여진이 가로막고 있다는 점을 들어 소손녕의 주장을 반박했다. 협상의 결과, 거란의 침입을 막을 수 있었고, 강동 6주를 고려의 영토로 삼을 수 있었다.

[문단 요지]

1문단: 거란의 침입에 대한 대응 논쟁
2문단: 소손녕과의 협상을 자원한 서희
3문단: 소손녕의 주장 – 거란이 고려를 침입한 이유
4문단: 서희의 주장 – 거란의 주장에 대한 반박
5문단: 서희의 협상 성과

[주제]

서희의 성공적 협상

---

1 글의 흐름 이해하기 | 정답 ② |

〈보기〉에 제시된 내용을 윗글의 흐름에 따라 나열하고자 할 때, 가장 적절한 것은?

┌─────── 보 기 ───────┐
ㄱ. 서희가 소손녕과 협상을 함.₃문단, ₄문단
ㄴ. 거란이 80만 명의 군대를 이끌고 고려를 침입함.₁문단
ㄷ. 여진이 차지하고 있던 강동 6주가 고려의 영토가 됨.₅문단
ㄹ. 거란에게 서경 이북의 땅을 주자는 의견에 서희가 반론을 제기함.₂문단
└────────────────────┘

① ㄴ – ㄱ – ㄹ – ㄷ
② ㄴ – ㄹ – ㄱ – ㄷ
③ ㄴ – ㄹ – ㄷ – ㄱ
④ ㄷ – ㄱ – ㄹ – ㄴ
⑤ ㄷ – ㄹ – ㄴ – ㄱ

✔️ 정답 풀이

거란이 80만 명의 군대를 이끌고 고려를 침입하자(ㄴ) 서경 이북의 땅을 떼어 주자는 쪽의 입장에 서희가 반론을 제기하였다(ㄹ). 아무도 거란의 진영으로 가고자 하지 않을 때 서희가 자원하여 거란의 소손녕과 협상을 하였다(ㄱ). 서희와 소손녕의 협상 결과 여진이 차지하고 있던 강동 6주가 고려의 영토가 되었다(ㄷ).

---

2 핵심 내용 파악하기 | 정답 ⑤ |

다음은 ⊙의 내용을 정리한 것이다. 적절하지 않은 것은?

소손녕의 주장	• 고구려의 옛 땅은 거란의 땅인데 고려가 빼앗았다.₃문단 ··········· ①
	• 고려는 거란과 접해 있는데, 거란이 아닌 송나라를 섬긴다.₃문단 ·········· ②
서희의 주장	• 고려가 고구려의 후계자이다.₄문단 ····· ③
	• 거란의 동쪽 부분이 고려의 국토 안에 들어와야 한다.₄문단 ·········· ④
	• 고려가 거란과 국교를 맺지 못하는 것은 ~~송나라~~ 때문이다. ·········· ⑤

✔️ 정답 풀이

4문단에서 서희는 '거란과 국교를 맺지 못하는 것은 거란과 고려를 가로막고 있는 여진 때문이다.'라고 말하고 있다. 따라서 고려가 거란과 국교를 맺지 못하는 것은 송나라 때문이라는 ⑤의 진술은 적절하지 않다.

❌ 오답 풀이

①, ② 3문단에 "당신네 나라는 옛 신라 땅에서 시작했고, 고구려의 옛 땅은 우리나라 소속인데 당신들이 침범했다. 또 우리나라와 가까이 있으면서도 바다 건너 송나라를 섬기는 까닭에 이번 정벌을 하게 된 것이다."라는 소손녕의 주장이 제시되어 있다.

③, ④ 4문단에 '나라 이름을 고려라고 한 것은 고구려의 후계자이기 때문이며, 오히려 거란의 동쪽 부분이 고려의 국토 안에 들어와야 한다.'라는 서희의 반론이 제시되어 있다.

---

3 문맥적 의미 파악하기 | 정답 ④ |

윗글의 물었다 와 문맥적 의미가 가장 유사한 것은?

① 사탕을 입에 물었다.입 속에 넣어 두다.
② 모기가 팔을 물었다.이, 빈대, 모기 따위의 벌레가 주둥이 끝으로 살을 찌르다.
③ 아기가 젖병을 물었다.윗니나 아랫니 또는 양 입술 사이에 끼운 상태로 떨어지거나 빠져나가지 않도록 다소 세게 누르다.
④ 지나가는 사람에게 길을 물었다.
⑤ 집 앞에 묶여 있던 개가 다리를 물었다.윗니와 아랫니 사이에 끼운 상태로 상처가 날 만큼 세게 누르다.

✔️ 정답 풀이

'성종은 거란의 진영으로 누가 갈 것인지 물었다.'에서 '물었다'의 기본형은 '묻다'로, '묻다'는 '무엇을 밝히거나 알아내기 위하여 상대편의 대답이나 설명을 요구하는 내용으로 말한다'라는 뜻이다. 이와 비슷한 의미로 사용된 것은 ④의 '길을 물었다'의 '물었다'이다.

○ 1문단: 강도 살해 현장을 목격하고도 아무도 신고하지 않은 사건

　　1964년 새벽 3시경, 미국의 한 주택가에서 제노비스라는 여성이 강도에게 살해되었다. 그런데 제노비스가 칼에 찔려 비명을 지르는 30분 동안, 목격자가 38명이나 있었음에도 경찰에 신고한 사람은 물론, 고함 한 번 지르는 사람이 없었다. 사건이 발생한 지 2주 뒤에 「뉴욕타임스」가 '살인을 ㉠목격한 38명은 경찰에 신고하지 않았다'라는 제목으로 기사를 내면서 비로소 이 사건은 주목을 받게 되었다. 다른 신문들도 이 사건에 대한 분노를 ㉡표출하는 기사를 경쟁적으로 실었으며, 목격자들의 이름과 주소를 공개하라는 독자들의 비난이 거세게 쏟아졌다.

○ 2문단: 방관자 효과의 개념과 유래

　　이 사건에서 알 수 있듯이 주위에 사람이 많을수록 위험에 처한 사람을 도와주지 않고 방관*하게 되는데, 이러한 심리 현상을 피해자 제노비스의 이름을 따서 '제노비스 신드롬' 또는 <u>방관자 효과</u>, '구경꾼 효과'라고 한다. 지켜보는 사람이 많으면 책임감이 분산*돼 자신이 아니더라도 누군가 도움을 줄 것이라고 생각하게 된다는 것이다.

> *방관자 효과의 개념*
> *방관자 효과의 명칭 유래*
> *중심 화제*
> *방관자 효과의 원인*

○ 3문단: 방관자 효과와 관련 있는 실험

　　사회심리학자 존 달리와 빕 라테인은 대화 도중 한 학생이 간질 발작을 일으키는 상황을 만들어 놓고 실험을 하였다. ㉯2명씩 1대 1로 대화를 나누던 학생의 85%는 상대방이 발작을 일으키자 즉시 이 사실을 알렸다. 하지만 4명이 함께 대화하던 그룹은 62%, 7명이 대화하던 그룹은 31%만이 학생의 발작 사실을 알리는 데 그쳤다. 보고를 하지 않은 학생들은 발작 상황을 알려야 되는지 잘 몰랐고, 나 대신에 누군가가 할 것이라 생각했다고 말했다.

> *목격 인원↑ → 보고 인원↓*
> *발작 사실을 알리지 않은 이유 ①*
> *발작 사실을 알리지 않은 이유 ②*

○ 4문단: 방관자 효과의 극복 방안

　　문제는 이러한 현상이 다른 사람의 고통에 관심이 없고 ㉢이기적인 사람들에게만 나타나는 것이 아니라, 평범한 사람들에게 보편적*으로 나타난다는 점이다. 위급한 상황에서 머뭇거리는 ㉣타인의 도움을 얻기 위해서는 그들에게 책임감을 줄 필요가 있다. "노란 티셔츠를 입은 아저씨, 경찰 좀 불러주세요!" 등과 같이 구체적이고 ㉤명확하게 지목하여 도움을 구하는 것이 좋다. 그러면 요청을 받은 사람도 자신이 직접적으로 도움을 줄 책임이 있다고 받아들이게 될 것이다.

> *목격 인원이 많은 상황에서 도움을 얻는 방법*

* 방관(곁 傍, 볼 觀): 어떤 일에 직접 나서서 관여하지 않고 곁에서 보기만 함.
* 분산(나눌 分, 흩을 散): 갈라져 흩어짐. 또는 그렇게 되게 함.
* 보편적(넓을 普, 두루 遍, 과녁 的): 두루 널리 미치는. 또는 그런 것.

▶ 주제: 방관자 효과의 개념과 극복 방안

[지문 해제]

이 글은 방관자 효과의 개념과 유래, 발생 이유 및 극복 방안에 대해 설명하고 있다. 방관자 효과는 주위에 사람이 많을수록 위험에 처한 사람을 도와주지 않고 방관하게 되는 심리 현상을 가리키는 것으로, 글쓴이는 위급한 상황에서 다른 사람의 도움을 얻기 위해서는 구체적이고 명확하게 지목하여 도움을 구하는 것이 좋다고 제시하고 있다.

[문단 요지]

1문단: 강도 살해 현장을 목격하고도 아무도 신고하지 않은 사건
2문단: 방관자 효과의 개념과 유래
3문단: 방관자 효과와 관련 있는 실험
4문단: 방관자 효과의 극복 방안

[주제]

방관자 효과의 개념과 극복 방안

1 세부 내용 파악하기 | 정답 ④ |

윗글에 대한 이해로 적절하지 않은 것은?

① '제노비스'가 살해당하는 동안 경찰에 신고한 목격자가 없었다. 1문단
② '제노비스' 사건을 접한 많은 사람들은 사건의 목격자들을 비난했다. 1문단
③ '방관자 효과'는 '제노비스 신드롬', '구경꾼 효과'라고 불리기도 한다. 2문단
④ '방관자 효과'는 타인의 고통에 무관심한 사람에게만 나타나는 현상이다.
평범한 사람들에게도 보편적으로 나타남.
⑤ 위급한 상황에서 다른 사람의 도움을 얻으려면 구체적으로 지목하는 것이 좋다. 4문단

✔️ **정답 풀이**

4문단에 '문제는 이러한 현상이 다른 사람의 고통에 관심이 없고 이기적인 사람들에게만 나타나는 것이 아니라, 평범한 사람들에게 보편적으로 나타난다는 점이다.'라고 언급되어 있다.

❌ **오답 풀이**

① 1문단에 '제노비스가 칼에 찔려 비명을 지르는 30분 동안, 목격자가 38명이나 있었음에도 경찰에 신고한 사람은 물론, 고함 한 번 지르는 사람이 없었다.'라고 언급되어 있다.
② 1문단에 '다른 신문들도 이 사건에 대한 분노를 표출하는 기사를 경쟁적으로 실었으며, 목격자들의 이름과 주소를 공개하라는 독자들의 비난이 거세게 쏟아졌다.'라고 언급되어 있다.
③ 2문단에 "'제노비스 신드롬' 또는 '방관자 효과', '구경꾼 효과'라

고 한다.'라고 언급되어 있다.
⑤ 4문단에 '위급한 상황에서 머뭇거리는 타인의 도움을 얻기 위해서는 ~ 구체적이고 명확하게 지목하여 도움을 구하는 것이 좋다.'라고 언급되어 있다.

2 글의 내용 추론하기 | 정답 ① |

다음은 ㉮에서 추론할 수 있는 내용을 한 문장으로 요약한 것이다. ㉯에 들어갈 말로 가장 적절한 것은?

┤ 보 기 ├
위급한 상황을 지켜보는 사람이 적을수록 ___㉯___.

① 개인이 느끼는 책임감은 높아진다.
② 도움을 주어야 하는지 머뭇거리게 된다.
③ 서로에게 책임을 미루는 비율이 높아진다.
④ 자신이 아니라도 누군가 도움을 줄 것이라 생각한다.
⑤ 위험에 처한 사람을 방관하게 되는 비율이 높아진다.
└ 지켜보는 사람이 많을수록 나타나는 효과

✔️ **정답 풀이**

2문단을 통해 '주위에 사람이 많을수록 위험에 처한 사람을 도와주지 않고 방관하게 되'며, '책임감이 분산돼 자신이 아니더라도 누군가 도움을 줄 것이라고 생각하게' 됨을 알 수 있다. ㉮에서는 학생의 발작 사실을 알리는 비율이 2명일 때는 85%, 4명일 때는 62%, 7명일 때는 31%로, 지켜보는 사람이 많을수록 낮아졌다. 발작 사실을 알린 비율이 2명일 때 가장 높았으므로, 지켜보는 사람이 적을수록 개인이 느끼는 책임감은 높아짐을 알 수 있다.

❌ **오답 풀이**

위험한 상황을 지켜보는 사람이 많을수록 도움을 주어야 하는지 머뭇거리게 되고(②), 서로에게 책임을 미루는 비율이 높아지며(③), 자신이 아니라도 누군가 도움을 줄 것이라 생각하게 된다(④). 따라서 위험에 처한 사람을 방관하게 되는 비율이 높아진다(⑤).

3 사전적 의미 파악하기 | 정답 ④ |

㉠~㉤의 사전적 의미로 적절하지 않은 것은?

① ㉠: 눈으로 직접 본.
② ㉡: 겉으로 나타내는.
③ ㉢: 자기 자신의 이익만을 꾀하는. 또는 그런 것.
④ ㉣: 모르는 사람.
⑤ ㉤: 명백하고 확실하게.

✔️ **정답 풀이**

'타인(他人)'은 '모르는 사람'이 아니라, '남, 다른 사람'이라는 의미이다.

○ 1문단: 오류 유형에
대한 이해의 필요성

　　산골 오두막집에 어머니와 어린 오누이가 살고 있었는데, 일을 하고 돌아오던 어머니를 잡아먹은 호랑이가 오누이의 집으로 가서 "엄마가 왔다."라고 말하고, 엄마라고 생각한 오누이는 문을 열어준다. 호랑이는 자신이 엄마가 아니면서 엄마라고 했으므로 '정직하지 못한 틀린 판단', 즉 '거짓말'을 했다. 한편, 오누이는 정말 엄마라고 생각했지만 잘못 판단했으므로 '정직하지만 틀린 판단', 즉 '오류'를 저질렀다. 말하는 이가 알면서도 저지르는 '거짓말'과 달리, '오류'는 모르고 저지르는 경우가 많으므로, 오류를 피하기 위해서는 오류의 유형을 알 필요가 있다. 다음은 오류의 몇 가지 유형이다.

○ 2문단: 오류의 유형과
개념 및 사례

　　첫째, 인신 공격*의 오류는 주장의 내용과는 상관없이, 말하는 사람의 인품이나 성격, 신상 정보 등을 트집 잡아 주장을 비판하는 오류이다. "네 생각은 틀렸어. 너는 10살밖에 안 됐잖아.", "그 사람 말은 들을 필요도 없어. 대학도 안 나온 사람이잖아."와 같은 예를 들 수 있으며, 이는 논쟁에서 감정을 통제하지 못할 때 빠지기 쉬운 오류이다. 둘째, 성급한 일반화의 오류는 대표하기 어려운 한 개 또는 몇 개의 사례를 들어 전체가 다 그런 특성을 가지고 있다고 주장하는 오류이다. "서울 사람들은 부자야. 서울에서 사는 내 친구는 갖고 싶은 건 다 사더라고"와 같은 예를 들 수 있다. 셋째, ㉠잘못된 인과* 관계의 오류는 "네가 겁이 많은 건 키가 작기 때문이야."와 같이 어떤 결과에 적절하지 않은 원인을 제시하거나, "까마귀 날자 배 떨어진다."와 같이 우연한 일치를 인과 관계로 잘못 생각하는 오류이다. 넷째, 흑백 논리의 오류는 양 극단으로만 구분하고 다른 가능성은 인정하지 않는 오류이다. "너는 일본을 싫어하지 않는 걸 보니 일본을 좋아하는구나.", "그 분은 차가운 커피를 싫어한다고 했으니까 뜨거운 커피를 좋아할 거야."와 같은 예를 들 수 있다.

○ 3문단: 논리적 오류를
피해야 하는 이유

　　우리는 살아가면서 이와 같은 오류를 종종 저지르게 되는데, 자신의 주장을 설득력 있게 펼치기 위해서 논리적 오류를 피해야 한다. 또한 다른 사람의 말을 들을 때도 논리적 오류가 없는지 판단하면서 들어야 한다.

＊인신 공격(사람 人, 몸
身, 칠 攻, 칠 擊): 남의
신상에 관한 일을 들어
비난함.

＊인과(인할 因, 실과 果):
원인과 결과.

▶ 주제: 논리적 오류의
개념과 유형 및 사례

[지문 해제]

이 글은 구체적인 사례를 통해 논리적 오류의 개념과 대표적 유형에 대해 설명하고 있다. '정직하지 못한 틀린 판단'을 의미하는 '거짓말'과 달리, '오류'는 '정직하지만 틀린 판단'을 뜻한다. 오류의 대표적 유형에는 인신 공격의 오류, 성급한 일반화의 오류, 잘못된 인과 관계의 오류, 흑백 논리의 오류 등이 있다.

[문단 요지]

1문단: 오류 유형에 대한 이해의 필요성
2문단: 오류의 유형과 개념 및 사례
3문단: 논리적 오류를 피해야 하는 이유

[주제]

논리적 오류의 개념과 유형

1 세부 내용 파악하기 | 정답 ② |

다음은 학교 누리집에 올라온 질문이다. 윗글에서 답을 찾을 수 <u>없는</u> 질문은?

```
◁◁ ▷▷ [                    ] ×         ⊟ ⊡ ☒

          ? 무엇이든 물어보세요.

  Q '거짓말'과 '오류'의 차이점은 무엇인가요? ········· ①
  A  • 거짓말: 정직하지 못한 틀린 판단 ─1문단
     • 오류: 정직하지만 틀린 판단
  Q 거짓말의 대표적 유형에는 어떤 것이 있나요? ········· ②
  A
  Q '인신 공격의 오류'는 무엇인가요? ········· ③
  A 주장의 내용과는 상관없이, 말하는 사람을 트집 잡아  2문단
    주장을 비판하는 오류
  Q '성급한 일반화의 오류'에 해당하는 예를 들어주세요. ······· ④
  A 서울 사람들은 부자야. 서울에서 사는 내 친구는 갖고  2문단
    싶은 건 다 사더라고.
  Q 논리적 오류는 왜 피해야 하는 거죠? ········· ⑤
  A 자신의 주장을 설득력 있게 펼치기 위해서 논리적 오류를 피해야 함.  3문단
```

✅ 정답 풀이

2문단에서 오류의 대표적 유형에 대해 설명하고 있을 뿐, 거짓말의 대표적 유형에 대해서는 언급하고 있지 않다.

❌ 오답 풀이

① 1문단에 '거짓말'은 '정직하지 못한 틀린 판단'을, '오류'는 '정직하지만 틀린 판단'을 뜻한다고 언급되어 있다.
③ 2문단에 '인신 공격의 오류'는 '주장의 내용과는 상관없이, 말하는 사람을 트집 잡아 주장을 비판하는 오류'라고 언급되어 있다.
④ 2문단에서 "서울 사람들은 부자야. 서울에서 사는 내 친구는 갖고 싶은 건 다 사더라고."라며 '성급한 일반화의 오류'의 예를 들고 있다.
⑤ 3문단에 '자신의 주장을 설득력 있게 펼치기 위해서 논리적 오류를 피해야 한다.'라고 언급되어 있다.

2 구체적 사례에 적용하기 | 정답 ③ |

㉠의 예로 가장 적절한 것은?

① 그는 국회의원이 되어선 안 돼. 인상이 좋지 않잖아. → 인신 공격의 오류
② 영희를 좋아하지 않는 걸 보니 너는 영희를 싫어하는구나. → 주장 / 양 극단 / 흑백 논리의 오류
③ 오늘 우리 축구팀이 진 것은 네가 축구 경기를 봤기 때문이야. → 결과 / 원인
④ 매년 크리스마스 때는 눈이 와. 작년과 재작년에도 눈이 왔거든. → 일반화 / 성급한 일반화의 오류
⑤ 지은이는 놀이공원이 싫지 않다고 했어. 그러니까 놀이공원을 좋아할 거야. → 양 극단 / 흑백 논리의 오류

✅ 정답 풀이

2문단에서 '잘못된 인과 관계의 오류'는 "네가 겁이 많은 건 키가 작기 때문이야."와 같이 어떤 결과에 적절하지 않은 원인을 제시하는 오류라고 언급하고 있다. 이와 비슷한 오류를 범하고 있는 것은 ③이다. ③에서는 우리 축구팀이 진 것이 결과인데, 원인으로 '네가 축구 경기를 봤기 때문'이라고 말하고 있다. 누군가가 축구 경기를 봤기 때문에 우리 축구팀이 졌다고 말하는 것은 적절하지 않은 원인을 제시한 것으로 볼 수 있다.

❌ 오답 풀이

① 그는 국회의원이 되어서는 안 된다고 주장하면서, 인상이 좋지 않기 때문이라는 이유를 들고 있다. 이는 주장의 내용과 상관없이 말하는 사람의 인상을 트집 잡아 비판하고 있으므로 '인신 공격의 오류'이다.
② 영희를 좋아하지 않는 사람은 영희를 싫어한다고 생각하는 것은 양 극단으로만 구분하고 다른 가능성은 인정하지 않는 '흑백 논리의 오류'이다.
④ 작년과 재작년 크리스마스 때 눈이 온 것을 근거로 매년 크리스마스 때 눈이 온다고 주장하는 것은 '성급한 일반화의 오류'이다.
⑤ 놀이공원이 싫지 않다는 의미가 꼭 좋아한다는 의미가 아닐 수도 있다. 이와 같이 양 극단으로만 구분하고 다른 가능성은 인정하지 않는 것은 '흑백 논리의 오류'이다.

인문 06~10	독해력 쑥쑥, 어휘 테스트

01 일시적	02 다수	03 지상주의	04 인신 공격
05 쾌락	06 정벌	07 근거	08 유형	09 속어
10 표출	11 조정	12 진영	13 인과	14 주장
15 반론	16 새로 생긴 말.	17 어떤 일에 직접 나서지 않고 곁에서 보기만 함.	18 갈라져 흩어짐.
19 ⓑ	20 ⓐ		

● (가): 광고주가 잠재적
인 고객에게 다가가
는 방법

● (나): 쿠키와 제3자 쿠
키의 특성과 기능상
의 차이점

＊ 대중 매체(큰 大, 무리
衆, 중매 媒, 몸 體): 불
특정의 많은 사람들에
게 대량의 정보를 전달
하는 매체.

＊ 소유(바 所, 있을 有):
가지고 있음. 또는 그
물건.

● 3문단: 제3자 쿠키의
기능을 보여 주는 구
체적 사례

＊ 표적(표할 標, 과녁 的):
목표로 삼는 대상.

＊ 실마리: 일이나 사건을
풀어 나갈 수 있는 첫
머리.

● (라): 온라인 광고주가
인터넷 이용자를 추
적하는 방법

● (마): 제3자 쿠키에 의
한 광고의 장점과 유
의할 점

▶ 주제: 온라인 광고주
에 의한 광고의 특성

가 광고주는 언제나 자기네 상품을 살 가능성이 가장 높은 이들에게 다가갈 방법을 찾
아왔다. 텔레비전과 같은 전통적인 대중 매체＊의 경우, 광고주는 오랜 경험을 바탕으
로 어떤 사람들이 어떤 프로그램을 좋아하는지 따져 봐서 잠재적인 고객에게 다가간
다. 인터넷에서는 라디오나 텔레비전보다 광고주가 고려해야 할 것이 훨씬 적다. 인
터넷에서 광고주는 고객을 찾기 위해 특정 웹사이트만 이용할 필요가 없다. 그 대신
특정한 관심사를 가진 사람들에게 다가가는 데 초점을 맞춘다. 그런 사람들을 어떻게
찾아낼 수 있을까? 그 방법은 아주 간단하다. 바로 쿠키라는 것이다.

나 쿠키는 사람들이 어떤 웹사이트를 방문했을 때 생기는 정보를 담은 파일이다. 웹사
이트를 방문할 때마다 그 웹사이트는 수많은 쿠키를 여러분의 컴퓨터에 옮긴다. 그중
일부는 그 웹사이트가 소유＊한 것으로 검색을 도와준다. 예를 들어, 쿠키는 아이디나
비밀번호 같은 것을 기억하여 사람들이 접속할 때마다 그것을 입력할 필요가 없게 해
준다. 하지만 제3자 쿠키는 사람들이 방문하는 웹사이트를 추적하는 회사가 운영하는
것이다. 제3자 쿠키는 여러 사이트에 광고를 올리는 온라인 광고망에 사람들의 정보
를 전달한다. 이들 제3자 쿠키는 사람들이 어떤 사이트를 방문하고 얼마나 오래 그 사
이트에 머무르며 어떤 키워드를 검색하는지 추적한다.

다 그러면 이제 무슨 일이 벌어질까? 예를 들어 내 컴퓨터에 온라인 광고망을 심어 놓
은 제3자 쿠키가 있는데, 내가 어느 게임 회사에서 낸 최신 게임을 검색하고 그 게임
을 판매하는 온라인 쇼핑몰을 방문했다고 하자. 그러고 나서 내가 다른 웹사이트를
방문하면 조금 전에 검색했던 최신 게임에 관련된 광고물을 보게 되는 것이다. 그 사
이트에 나에 관한 정보를 아무것도 준 적이 없는데도 말이다.

라 웹 브라우저의 환경 설정에서 쿠키를 차단하도록 설정하여 제3자 쿠키를 막는다 하
더라도 온라인 광고주는 갖은 방법을 써서 인터넷 이용자를 추적한다. 예를 들어 웹
사이트에서 '티셔츠'라는 낱말을 검색하면, 이 낱말과 연관된 광고가 검색 결과와 함
께 나타난다. 그리고 SNS(소셜 네트워크 서비스)의 팬 페이지에서 '좋아요'를 클릭하
거나 여러분의 관심사, 나이, 성별 등을 등록하면, 이 사이트는 여러분 같은 소비자한
테 다가가려는 광고주에게 광고 공간을 판매한다.

마 이런 광고가 반드시 나쁜 것만은 아니다. 웹 브라우저에 광고 차단 프로그램을 설치
해 놓지 않는 한 우리는 인터넷에서 무엇을 검색하든 광고를 보게 될 테고, 관심 없는
상품보다는 관심 있는 상품의 광고를 보는 것이 때로는 기분 좋은 일이 될 수도 있다.
하지만 여러분이 광고의 표적＊이라는 것, 그리고 여러분이 인터넷에 등록한 정보가
광고주에게 판매를 위한 좋은 실마리＊를 제공한다는 것을 알아야 한다.

[지문 해제]

이 글은 인터넷에서 광고주가 잠재적 고객에게 다가가기 위한 방법으로 활용하고 있는 '쿠키', 그중에서도 '제3자 쿠키'에 대해 설명하고 있다. 쿠키는 사람들이 어떤 웹사이트를 방문했을 때 생기는 정보를 담은 파일로, 그 웹사이트가 소유한 쿠키의 경우 검색을 도와주기도 한다. 한편 제3자 쿠키는 사람들이 방문하는 웹사이트를 추적하는 회사가 운영하는 것으로, 사람들이 어떤 사이트를 방문하고 어떤 키워드를 검색하는지를 추척하여 이와 관련된 광고를 제공한다.

[문단 요지]

(가): 광고주가 잠재적인 고객에게 다가가는 방법

(나): 쿠키와 제3자 쿠키의 특성과 기능상의 차이점

(다): 제3자 쿠키의 기능을 보여 주는 구체적 사례

(라): 온라인 광고주가 인터넷 이용자를 추적하는 방법

(마): 제3자 쿠키에 의한 광고의 장점과 유의할 점

[주제]

온라인 광고주에 의한 광고의 특성

1 세부 내용 파악하기 | 정답 ⑤ |

윗글의 내용과 일치하지 <u>않는</u> 것은?

① 제3자 쿠키는 온라인 광고망에 사람들의 정보를 전달한다. (나)

② 쿠키는 사람들이 웹사이트를 방문했을 때 생기는 정보를 담은 파일이다. (나)

③ 광고주는 자신의 상품을 살 가능성이 가장 높은 이들에게 다가갈 방법을 찾는다. (가)

④ 웹 브라우저의 환경 설정에서 쿠키를 차단하도록 설정하면 제3자 쿠키를 막을 수 있다. (라)

⑤ 제3자 쿠키는 아이디나 비밀번호 등을 기억하여 우리가 웹사이트에 접속하는 것을 도와준다. (나)
　　쿠키

정답 풀이

(나)에서 쿠키 중 일부는 사람들이 방문한 웹사이트가 소유한 것으로 검색을 도와준다고 하면서, 그 예로 아이디나 비밀번호 같은 것을 기억하여 사람들이 접속할 때마다 그것을 입력할 필요가 없게 해 주는 것을 들고 있다. ⑤는 '제3자 쿠키'가 아닌 '쿠키'에 대한 설명이다.

오답 풀이

① (나)에서 '제3자 쿠키는 여러 사이트에 광고를 올리는 온라인 광고망에 사람들의 정보를 전달한다.'라고 하였다.

② (나)에서 '쿠키는 사람들이 어떤 웹사이트를 방문했을 때 생기는 정보를 담은 파일'이라고 하였다.

③ (가)에서 '광고주는 언제나 자기네 상품을 살 가능성이 가장 높은 이들에게 다가갈 방법을 찾아왔다.'라고 하였다.

④ (라)에서 '웹 브라우저의 환경 설정에서 쿠키를 차단하도록 설정하여 제3자 쿠키를 막는다 하더라도 온라인 광고주는 갖은 방법을 써서 인터넷 이용자를 추적한다.'라고 하였다. 이를 통해 웹 브라우저 환경 설정에서 쿠키를 차단하도록 설정하면 제3자 쿠키를 막을 수 있음을 알 수 있다.

2 중심 내용 파악하기 | 정답 ② |

(가)~(마)의 중심 내용을 요약한 것으로 적절하지 <u>않은</u> 것은?

① (가): 광고주는 매체의 특성에 맞는 방법으로 자신의 상품을 살 가능성이 가장 높은 이들에게 다가간다.
　　전통적 대중 매체 – 오랜 경험, 인터넷 – 쿠키

② (나): 웹사이트를 방문하면 그 웹사이트는 수많은 쿠키를 우리의 컴퓨터에 옮긴다.

③ (다): 제3자 쿠키는 내가 방문한 사이트와 검색한 키워드를 추적하여 이와 관련된 광고를 보여 준다.
　　조금 전에 검색했던 최신 게임에 관한 광고물

④ (라): 제3자 쿠키를 막아도 온라인 광고주는 갖은 방법을 써서 인터넷 이용자를 추적한다.
　　검색어나 SNS 등록 정보를 이용함.

⑤ (마): 우리가 광고의 표적이며, 인터넷에 등록한 정보가 광고주에게 판매를 위한 실마리를 제공한다는 것을 알아야 한다.
　　유의할 점 강조

정답 풀이

②는 쿠키의 특성에 대한 부연 설명이므로 (나)의 중심 내용으로 볼 수 없다. (나)에서는 쿠키와 제3자 쿠키의 특성을 비교하여 설명하고 있으므로, '쿠키는 검색을 도와주는 역할을 하지만, 제3자 쿠키는 온라인 광고망에 사람들의 정보를 전달하는 역할을 한다.'라는 것이 중심 내용이라 할 수 있다.

오답 풀이

① (가)에서는 광고주가 잠재적 고객에게 다가가는 방법을 전통적인 대중 매체의 경우와 인터넷의 경우로 나누어 설명하고 있다.

③ (다)에서는 온라인 광고망이 내 컴퓨터에 제3자 쿠키를 심어 놓았을 경우, 제3자 쿠키는 내가 방문한 사이트와 검색한 키워드를 추적하여 이와 관련된 광고를 보여 줌을 구체적 사례를 들어 설명하고 있다.

④ (라)에서는 우리가 제3자 쿠키를 막는다 하더라도 온라인 광고주는 인터넷 이용자의 검색어나 SNS에 등록한 정보를 이용하는 등 갖은 방법을 써서 인터넷 이용자를 추적함을 설명하고 있다.

⑤ (마)에서는 제3자 쿠키에 의한 광고 등이 반드시 나쁜 것만은 아니지만 우리가 광고의 표적이며, 우리가 인터넷에 등록한 정보가 광고주에게 판매를 위한 실마리를 제공한다는 것을 알아야 한다고 강조하고 있다.

◯ 1문단: 공정 무역을 통
한 윤리적 소비의 개념

'착한 커피'란 소비자들이 유통업자를 거치지 않고 직접 생산자들과 연결하여 커피 원
두를 적정* 가격으로 사는 것이다. 그렇게 하면 중간 이윤을 없애는 대신 가난한 나라의
유기농 커피 생산자들이 좀 더 잘살도록 도울 수 있다. 이것은 커피에만 해당하는 것이
아니다. 우리가 즐겨 마시는 코코아나 차, 바나나, 설탕, 축구공 같은 것도 마찬가지이
다. 이런 움직임을 국제 무역 차원에서는 '공정 무역' 운동이라고 하고, 소비자의 입장에
서는 '윤리적 소비' 운동이라고 한다. 그렇다면 공정 무역을 통한 윤리적 소비의 장점은
무엇일까?

◯ 2문단: 공정 무역을
통한 윤리적 소비의
장점 ①

첫째, 가난한 나라의 생산자들에게 정당한 대가를 지불하게 되니 그들이 인간답게 살
수 있도록 돕게 된다. 힘센 선진국 기업의 요구에 따라 가난한 생산자들이 원료와 상품,
노동력을 헐값*에 넘기면 계속 손해를 보게 된다. 그만큼 더 벌기 위해 그들은 더 많이
일해야 하고, 결국 일을 계속해도 가난에서 벗어나기 어려운 악순환이 반복된다. 이 때
문에 공정 무역을 통해 가난한 이들을 돕는 것은 '정의의 경제'를 실천하는 것이다.

◯ 3문단: 공정 무역을
통한 윤리적 소비의
장점 ②

둘째, 공정 무역을 하게 되면 그 나라 농민들도 누가 그 생산물을 소비하는지 알게 되
니 함부로 농약을 치거나 제초제를 마구잡이로 쓰지 않게 된다. 그래서 생산자 농민은
물론 소비자들의 건강도 좋아지게 되고, 게다가 소비자들은 공정 무역 물품을 쓰면서
인간과 자연을 생각하는 철학까지 함께 나눈다는 자부심을 가져 기분도 좋아진다. 이렇
게 공정 무역이 이루어지면 '건강의 경제'가 실현되는 셈이다.

◯ 4문단: 공정 무역을
통한 윤리적 소비의
장점 ③

셋째, 기업가가 '자유 시장'에서 자기 상품을 더 많이 팔아 큰 이윤을 남기려면 상품
가격을 최대한 낮춰 경쟁력을 확보해야 한다. 그러려면 기업은 원료나 노동력을 더 싸
게 구입해야 한다. 이 과정에서 흔히 자연 생태계 훼손이나 아동 노동 문제, 노동력 착
취* 같은 문제가 발생한다. 그런데 공정 무역을 하게 되면 농민, 노동자, 어린이, 자연
등을 구할 수 있다. 이렇게 공정 무역이란 소비자와 생산자가 서로를 살리고 참된 관계
를 맺는 '연대의 경제'라고 할 수 있다.

* 적정(맞을 適, 바를 正):
알맞고 올바른 정도.
* 헐값: 그 물건이 가지고
있는 원래 값어치보다
훨씬 저렴한 값.
* 착취(짤 搾, 취할 取):
계급 사회에서 생산 수
단을 소유한 사람이 생
산 수단을 갖지 않은 직
접 생산자로부터 그 노
동의 성과를 무상으로
취득함. 또는 그런 일.

▶ 주제: 공정 무역을 통
한 윤리적 소비의 개
념과 장점

[지문 해제]

이 글은 공정 무역을 통한 윤리적 소비의 개념과 장점을 소개하고 있다. 공정 무역을 통한 윤리적 소비는 가난한 나라의 생산자들이 인간답게 살 수 있도록 돕게 된다는 측면에서 '정의의 경제'를 실천하게 되며, 생산자는 물론 소비자의 건강이 좋아지게 된다는 측면에서 '건강의 경제'를 실현하게 된다. 또한 자연 생태계 훼손이나 아동 노동 문제, 노동력 착취 같은 문제가 발생하지 않아 농민, 노동자, 어린이, 자연을 구할 수 있다는 측면에서 '연대의 경제'를 실천하게 된다.

[문단 요지]

1문단: 공정 무역을 통한 윤리적 소비의 개념
2문단: 공정 무역을 통한 윤리적 소비의 장점 ①
3문단: 공정 무역을 통한 윤리적 소비의 장점 ②
4문단: 공정 무역을 통한 윤리적 소비의 장점 ③

[주제]

공정 무역을 통한 윤리적 소비의 개념과 장점

1 글을 쓴 목적 파악하기 | 정답 ② |

윗글의 글쓴이가 글을 쓴 목적으로 가장 적절한 것은?

① 자유 무역과 공정 무역의 공통점과 차이점을 설명하고자 한다. 4문단
② 공정 무역을 통한 윤리적 소비의 개념과 장점을 설명하고자 한다.
③ 원료와 상품, 노동력을 헐값에 사들이는 선진국 기업을 비판하고자 한다. 2문단
  비판적 시각은 드러나지만 주목적 ×
④ 가난한 나라의 유기농 커피 생산자들의 열악한 노동 환경을 고발하고자 한다. 언급되지 않음.
⑤ 농약과 제초제가 생산자는 물론 소비자의 건강까지 해치고 있음을 경고하고자 한다.
  3문단에서 짐작할 수 있는 내용이지만 주목적 ×

정답 풀이

1문단에서 공정 무역을 통한 윤리적 소비의 개념을 설명한 후, 2~4문단에서 이를 실천하면 좋은 점을 제시하고 있다. 이러한 글의 내용과 짜임으로 볼 때 글쓴이는 독자들에게 공정 무역을 통한 윤리적 소비의 개념과 장점을 설명하고자 이 글을 썼음을 알 수 있다.

오답 풀이

① 4문단에서 자유 시장에서와 달리 공정 무역을 하게 되면 자연 생태계 훼손이나 아동 노동 문제, 노동력 착취 같은 문제가 발생하지 않아 농민, 노동자, 어린이, 자연 등을 구할 수 있다며 자유 무역과 공정 무역의 차이점을 언급하였으나, 공통점에 대해서는 언급하지 않았다.

③ 2문단에서 힘센 선진국 기업이 원료와 상품, 노동력을 헐값으로 사들이기 때문에 가난한 생산자들이 일을 계속해도 가난에서 벗어나기 어렵다며 선진국 기업의 행위에 대한 비판의식을 간접적으로 드러내기는 하였지만, 이는 부분적인 내용일 뿐 글을 쓴 주목적이라고 보기는 어렵다.

④ 1문단에서 '착한 커피'가 유기농 커피 생산자들이 좀 더 잘살도록 도울 수 있다고는 하였으나, 이들의 열악한 노동 환경은 언급하지 않았다.

⑤ 3문단에서 함부로 농약을 치거나 제초제를 마구잡이로 쓰지 않게 되면 생산자 농민은 물론 소비자의 건강이 좋아진다고 하였다. 이를 통해 농약과 제초제가 건강에 악영향을 미친다는 것을 짐작할 수는 있지만, 농약과 제초제가 건강을 해치고 있음을 경고하기 위해 글을 썼다고 보기는 어렵다.

2 반응의 적절성 파악하기 | 정답 ① |

윗글을 읽고 보인 반응으로 적절하지 않은 것은?

① 가난한 나라의 생산자들이 지금보다 더 많이 일한다면 가난에서 벗어날 수 있겠군. 2문단
② 코코아나 차, 바나나, 설탕, 축구공 등도 공정 무역을 통한 윤리적 소비의 대상에 해당하는군. 1문단
③ '착한 커피'를 사 마시면 가난한 나라의 유기농 커피 생산자들이 좀 더 잘살도록 도울 수 있겠군. 1문단
④ 기업이 원료나 노동력을 더 싸게 구입하려는 과정에서 아동 노동 문제나 노동력 착취 문제가 발생할 수 있군. 4문단
⑤ 공정 무역은 생산자와 소비자가 직접 연결되어 농민들이 누가 그 생산물을 소비하는지 알게 되니 함부로 농약을 치지 못하겠군. 1문단, 3문단

정답 풀이

2문단을 보면 힘센 선진국 기업의 요구에 따라 가난한 생산자들이 원료와 상품, 노동력을 헐값에 넘기면 계속 손해를 보게 되며, 그만큼 더 벌기 위해 더 많이 일해야 하고, 결국 일을 계속해도 가난에서 벗어나기 어려운 악순환이 반복된다고 하였다. 따라서 가난한 나라의 생산자들이 지금보다 더 많이 일한다고 해도 가난에서 벗어나기는 어렵다.

오답 풀이

④ 4문단에서 기업이 상품 가격을 낮추려면 원료나 노동력을 더 싸게 구입해야 하는데 이 과정에서 흔히 자연 생태계 훼손이나 아동 노동 문제, 노동력 착취 같은 문제가 발생한다고 하였다.

⑤ 1문단에서 공정 무역은 소비자들이 유통업자를 거치지 않고 직접 생산자들과 연결하여 생산물을 구입하는 것이라고 하였다. 또 3문단에서 공정 무역을 하게 되면 그 나라 농민들도 누가 그 생산물을 소비하는지 알게 되니 함부로 농약을 치거나 제초제를 마구잡이로 쓰지 않게 된다고 하였다.

＊풍토(바람 風, 흙 土):
어떤 일의 배경이 되는
환경이나 경향, 양상,
풍습, 제도 따위를 비유
적으로 이르는 말.

＊교묘하게(공교할 巧, 묘
할 妙ーー): 솜씨나 재주
따위가 재치 있게 약삭
빠르고 묘하게.

＊본질(근본 本, 바탕 質):
사물을 그 자체이도록
하는 고유한 성질.

＊변질(변할 變, 바탕 質):
성질이 달라지거나 물
질의 질이 변함. 또는
그런 성질이나 물질.

외모 지상주의란 외모를 가장 중요한 가치로 보는 관점으로, 외모가 개인의 우열을 결정하며 인생에 큰 영향을 미친다고 생각하는 가치관이나 사회적 풍토＊를 의미한다. 외모 지상주의의 가장 큰 문제는 개인이 자신의 뜻으로 그것을 선택한 것처럼 보이지만, 실은 자본주의의 상품 논리가 이를 교묘하게＊ 부추기고 있다는 점이다.

근대 산업 혁명 이전에는 사람들이 육체에 대해 큰 관심이 없었다. 외모에 마음을 쓴다고 해도 수많은 사람들이 표준처럼 받아들일 수 있는 모델도 없었고, 그것을 널리 퍼뜨릴 수도 없었으며, 아름다운 것을 상품으로 만드는 문화 산업도 제대로 발달하지 못했기 때문이다.

그런데 자본주의의 대량 생산과 상품 경제가 자리 잡으면서 공장에서 생산되는 생필품은 물론 지식, 문화, 취미 등 삶과 관계된 모든 것이 상품화되기 시작했다. ⊙인간의 몸도 예외가 아니다. 사람을 자신만의 고유한 개성이나 능력으로 평가하는 사회에서는 겉으로 드러난 미가 절대적 기준이 되지 않는다. 그러나 육체를 상품처럼 여기는 사회에서는 겉으로 드러난 미를 기준으로 우월한 육체와 열등한 육체로 나눈다. 사람의 가치는 그 자체로 누구나 소중하게 존중받아야 하는데 마치 시장에서 같은 상품이라도 더 비싸고 좋은 물건이 있고 싼 물건이 있는 것처럼 사람의 가치도 등급을 매기는 것이다.

또한 대중 매체의 발달로 대중의 사랑을 받는 스타의 영향력이 커지면서 사람의 육체는 투자 대상이 되기 시작했다. 스타에 열광하면서 외모에 지나친 관심을 쏟고, 끊임없이 세련되게 자신을 연출하고 신체적 매력을 가꾸면서 몸의 본질＊을 잘못 생각하게 되는 것이다.

이처럼 아름다워지고 싶은 욕망이 내 안에서 생기는 것 같지만 사실은 사람의 몸을 사물로 변질＊시키고 상품처럼 만드는 소비 사회가 만들어 낸 것이다. 내가 살고 존재하기 위해서는 건강한 몸이 필요하고 그것은 남과 비교할 필요가 없다. 또한 타인의 시선과 인정은 절대 우리의 행복을 보장해 주지 않는다. 그러므로 진정으로 자신을 아끼는 방법이 무엇인지, 외모가 아니라 진정한 정체성은 어디에서 찾을 수 있는지 생각해 보아야 한다.

[지문 해제]

이 글은 자본주의의 상품 논리에 의한 외모 지상주의의 문제점과 해결 방안에 대해 다루고 있다. 근대 산업 혁명 이전에는 사람들이 육체에 큰 관심이 없었으나, 자본주의의 대량 생산과 상품 경제가 자리 잡고 대중 매체가 발달하면서 인간의 몸이 상품화되고 투자의 대상이 되기 시작했다. 하지만 사람은 살고 존재하기 위해 건강한 몸이 필요한 것이며 자신의 몸을 남과 비교할 필요가 없다. 따라서 외모 지상주의에서 벗어나 진정으로 자신을 아끼는 방법이 무엇인지, 진정한 정체성은 어디에서 찾을 수 있는지 생각해 보아야 한다.

[문단 요지]

1문단: 외모 지상주의의 개념과 문제점
2문단: 근대 산업 혁명 이전에 외모 지상주의가 존재하지 않았던 이유
3문단: 자본주의의 대량 생산과 상품 경제가 외모 지상주의에 미친 영향
4문단: 대중 매체의 발달이 외모 지상주의에 미친 영향
5문단: 외모 지상주의의 문제점과 해결 방안

[주제]

외모 지상주의의 발생 원인과 해결 방안

---

1 세부 내용 파악하기 | 정답 ④ |

윗글에 나타난 외모 지상주의 의 특성으로 적절하지 않은 것은?

① 외모를 가장 중요한 가치로 본다. 1문단
② 외모가 인생에 큰 영향을 미친다고 생각한다. 1문단
③ 끊임없이 세련되게 자신을 연출하고 신체적 매력을 가꾼다. 4문단
④ 개인이 자신의 뜻으로 선택한 것으로 내 안에서 생긴 욕망이다. 1문단, 5문단
⑤ 겉으로 드러난 미를 기준으로 육체를 우월한 육체와 열등한 육체로 나눈다. 3문단

✔ 정답 풀이

1문단을 보면 외모 지상주의의 가장 큰 문제는 개인이 자신의 뜻으로 그것을 선택한 것처럼 보이지만, 실은 자본주의의 상품 논리가 이를 교묘하게 부추기고 있다는 점이라고 하였다. 또한 5문단에서 아름다워지고 싶은 욕망이 내 안에서 생기는 것 같지만 사실은 사람의 몸을 사물로 변질시키고 상품처럼 만드는 소비 사회가 만들어 낸 것이라 하였다. 따라서 외모 지상주의가 개인의 뜻으로 선택한 것으로 내 안에서 생긴 욕망이라는 ④의 진술은 적절하지 않다.

❌ 오답 풀이

① 1문단에서 외모 지상주의는 '외모를 가장 중요한 가치로 보는 관점'이라고 하였다.
② 1문단에서 외모 지상주의는 '외모가 개인의 우열을 결정하며 인생에 큰 영향을 미친다고 생각하는 가치관이나 사회적 풍토를 의미한다.'라고 하였다.
③ 4문단에서 외모 지상주의에 지배를 받기 시작하면서 '끊임없이 세련되게 자신을 연출하고 신체적 매력을 가꾸면서 몸의 본질을 잘못 생각하게 되'었다고 하였다.
⑤ 3문단에서 외모 지상주의 사회에서는 인간의 육체를 '겉으로 드러난 미를 기준으로 우월한 육체와 열등한 육체로 나눈다.'라고 하였다.

---

2 문맥의 의미 파악하기 | 정답 ④ |

윗글의 문맥을 고려할 때, ㉠의 의미로 가장 적절한 것은?

① 인간의 몸이 그 자체로 누구나 소중하게 존중받게 되었다. 사람의 가치도 등급을 매김.
② 인간의 몸과 관련된 지식, 문화, 취미 산업이 발달하기 시작했다. 지식, 문화, 취미 등과 마찬가지로 인간의 몸도 상품화됨.
③ 인간의 몸을 자신만의 고유한 개성이나 능력으로 평가하게 되었다. 겉으로 드러난 미를 기준으로 평가함.
④ 인간의 몸도 상품화되어 겉으로 드러난 미를 기준으로 등급을 매기게 되었다.
⑤ 인간의 몸을 이용하여 공장에서 생필품이나 삶과 관계된 모든 것을 대량 생산하게 되었다. ㉠의 발생 배경

✔ 정답 풀이

㉠의 앞문장에서는 자본주의의 대량 생산과 상품 경제가 자리 잡으면서 삶과 관계된 모든 것이 상품화되기 시작했다고 하였다. ㉠의 뒤에 이어지는 내용에서는 이로 인해 사람의 가치도 겉으로 드러난 미를 기준으로 등급을 매기게 되었다고 하였다. 따라서 ㉠은 인간의 몸도 상품화되기 시작했다는 의미임을 알 수 있다.

❌ 오답 풀이

① 인간의 몸이 그 자체로 누구나 소중하게 존중받는 것은 인간의 몸이 상품화되지 않은 사회의 특징이다. ㉠은 인간의 몸이 상품화된 사회의 특징이므로 적절하지 않다.
② ㉠은 인간의 몸도 상품화되기 시작했다는 의미이지, 인간의 몸과 관련된 산업이 발달하기 시작했다는 의미가 아니다.
③ 인간의 몸을 자신만의 고유한 개성이나 능력으로 평가하는 것은 외모 지상주의가 존재하지 않는 사회에서 나타나는 특징이다.
⑤ 인간의 몸을 이용해서 대량 생산을 하게 되었다는 내용은 글을 통해 확인할 수 있다. 또한 공장에서 생필품이나 삶과 관계된 모든 것을 대량 생산하게 된 것은 ㉠의 발생 배경에 해당한다.

● 1문단: 재판 결과의 공정성에 대한 논란

● 2문단: 상소 제도의 개념과 존재 이유

＊제기하다(끌 提, 일어날 起--): 의견이나 문제를 내어놓다.

● 3문단: 대법원 판결의 중요성과 대법원의 구성

● 4문단: 전원 합의체의 역할 및 판결의 원칙

＊사안(일 事, 책상 案): 법률이나 규정 따위에서 문제가 되는 일이나 안.

● 5문단: 소수 의견과 별개 의견을 공개하는 이유와 그 효과

＊판례(판단할 判, 법식 例): 법원에서 동일하거나 유사한 소송 사건을 판결한 전례.

＊회부하다(돌 回, 붙을 附--): (사람이나 단체가 회의나 재판 따위에 사건이나 안건, 사람을) 처리를 맡기려고 돌려보내거나 넘기다.

▶ 주제: 상소 제도의 의의와 대법원의 역할

　　사법부는 재판을 통해 국가와 개인, 단체와 단체, 단체와 개인, 개인과 개인 간에 일어나는 다툼을 해결하고 사회 질서를 유지하고자 한다. 그런데 모든 재판이 전부 공정한 결과를 낳을 수 있을까? 만약 재판 결과가 정당하지 못하다고 생각한 사람이나 여전히 자신의 억울함이 해소되지 않았다고 생각하는 사람이 있을 경우, 그 사람은 어떻게 행동할 수 있을까?

　　이때 등장하는 것이 상소 제도이다. '상소'란 상급 법원에 소(訴)를 제기한다＊는 뜻으로, 1심 법원에서 2심 법원으로, 2심 법원에서 3심 법원으로 한 번 더 판단해 줄 것을 요구하는 것이다. 이러한 제도는 상급 법원에서 재판을 바로잡을 기회를 주어 소송 절차를 더 신중하게 하기 위해 존재한다.

　　상소 제도를 통한 재판의 끝은 대법원이다. 그것이 어떤 사안＊이든 또 아무리 더 재판을 하고 싶은 마음이 있든 제도상 삼세판 이상을 할 수는 없는 노릇이니, 상소 제도의 끝인 대법원의 판결이 갖는 의미는 매우 크다. 대법원은 대법원장 1인을 포함한 대법관 14인으로 구성된다. 본디 대법원장이 재판장이 되고 대법관 전원의 3분의 2 이상으로 구성된 전원 합의체에서 판결하는 것이 원칙이나, 운영의 합리화와 재판이 신속하게 이루어지게 하기 위해 대법관들이 4인씩 3개의 부로 나뉘어 재판을 한다.

　　하지만 판례＊의 변경이라든지 명령 또는 규칙의 헌법 위반 등의 사건과 같이 일반적인 사건보다 중요한 사건은 전원 합의체에 회부한다.＊ ㉠각 부의 판결은 4인의 구성 대법관들 전원이 일치해야만 선고될 수 있지만, 전원 합의체에서는 다수결의 원칙에 따라 결론을 내린다. 이때 다수를 형성하지 못한 '소수 의견'을 내었거나, 다수 의견과 결론은 같으나 결론에 이르는 논리는 전혀 다른 '별개 의견'을 낸 대법관의 이름과 그 내용을 공개하도록 한다.

　　이렇게 하면 어떤 논리로 다수 의견의 결론이 내려지게 되었는지가 드러나게 되므로 사회 전체가 그 결론을 ㉡받아들이기 쉽고 결론에 대해 신뢰하게 된다. 반대로 소수 의견의 논리도 유심히 바라볼 필요가 있다. 사회는 계속 변화하므로 언젠가는 소수 의견의 논리가 널리 받아들여지게 될 수도 있기 때문이다. 그렇게 된다면 현재의 소수 의견을 근거로 하여 대법원이 유사 사건의 결론을 변경하는 데 따르는 부담을 줄일 수 있게 된다.

[지문 해제]

이 글은 상소 제도의 의의와 대법원의 역할에 대해 설명하고 있다. 상소 제도란 재판 결과가 정당하지 못하다고 생각할 경우 상급 법원에 한 번 더 재판해 줄 것을 요구하는 것으로 상소 제도를 통한 재판의 끝은 대법원이다. 대법원에서는 대법관들이 4인씩 3개의 부로 나뉘어 재판을 하는데 다만, 일반적인 사건보다 중요한 사건은 전원 합의체에 회부한다. 전원 합의체에서는 다수결의 원칙에 따라 결론을 내리는데 이때 소수 의견이나 별개 의견을 낸 대법관의 이름과 그 내용을 공개하도록 한다. 이렇게 하면 어떤 논리로 다수 의견의 결론이 내려지게 되었는지가 드러나게 되어 사회 전체가 그 결론에 대해 신뢰하게 되기 때문이다.

[문단 요지]

1문단: 재판 결과의 공정성에 대한 논란
2문단: 상소 제도의 개념과 존재 이유
3문단: 대법원 판결의 중요성과 대법원의 구성
4문단: 전원 합의체의 역할 및 판결의 원칙
5문단: 소수 의견과 별개 의견을 공개하는 이유와 그 효과

[주제]

상소 제도의 의의와 대법원의 역할

1 세부 내용 파악하기 | 정답 ② |

윗글에서 알 수 있는 내용으로 적절하지 않은 것은?

① 대법원의 구성과 조직 3문단
② 대법원장을 임명하는 방법
③ 상소 제도의 절차와 존재 이유 2문단
④ 전원 합의체에서 다루는 사건의 예 4문단
⑤ 소수 의견과 별개 의견의 내용을 공개하는 이유 5문단

✅ **정답 풀이**

3문단에서 대법원의 구성원에 대법원장이 포함되고, 전원 합의체에서 대법원장이 재판장이 된다고 설명하였으나 대법원장을 임명하는 방법에 대해서는 설명하고 있지 않다.

❌ **오답 풀이**

① 3문단에서 대법원은 대법원장 1인을 포함한 대법관 14인으로 구성된다고 하였다.
③ 2문단에서 상소 제도는 1심 법원에서 2심 법원으로, 2심 법원에서 3심 법원으로 한 번 더 판단해 줄 것을 요구하는 것이라며 그 절차를 설명하였다. 또 상소 제도는 상급 법원에서 재판을 바로잡을 기회를 주어 소송 절차를 더 신중하게 하기 위해 존재한다며 존재 이유를 밝히고 있다.
④ 4문단에서 판례의 변경이라든지 명령 또는 규칙의 헌법 위반

등의 사건과 같이 일반적인 사건보다 중요한 사건은 전원 합의체에 회부한다고 하였다.
⑤ 5문단에서 소수 의견과 별개 의견을 공개하면 어떤 논리로 다수 의견의 결론이 내려지게 되었는지가 드러나게 되므로 사회 전체가 그 결론을 받아들이기 쉽고 결론에 대해 신뢰하게 된다고 하였다.

2 내용 전개 방법 파악하기 | 정답 ③ |

㉠에 쓰인 내용 전개 방법으로 가장 적절한 것은?

① 구체적인 예를 들고 있다. 예시
② 대상의 뜻을 풀이하고 있다. 정의
③ 두 대상의 차이점을 밝히고 있다. 대조
④ 대상을 일정한 기준에 따라 나누고 있다. 분류
⑤ 대상을 구성 요소로 나누어 설명하고 있다. 분석

✅ **정답 풀이**

㉠에서는 각 부는 전원이 일치해야만 재판의 판결을 선고할 수 있지만, 전원 합의체에서는 전원이 일치하지 않아도 다수결의 원칙에 따라 결론을 내릴 수 있다며 각 부와 전원 합의체가 사건의 결론을 내리는 원칙에 차이가 있음을 설명하고 있다.

3 어휘 바꿔 쓰기 | 정답 ① |

㉡과 바꾸어 쓰기에 가장 적절한 것은?

① 수용하기 어떠한 것을 받아들임. ② 적용하기 알맞게 이용하거나 맞추어 씀.
③ 반영하기 다른 것에 영향을 받아 어떤 현상을 나타냄. ④ 수락하기 요구를 받아들임.
⑤ 채택하기 작품, 의견, 제도 따위를 골라서 다루거나 뽑아 씀.

✅ **정답 풀이**

㉡은 사람들이 대법원의 전원 합의체에서 내린 판결을 '찬성하여 따르거나 옳다고 인정한다'는 뜻이다. 이와 바꾸어 쓰기에 적절한 말로는 '어떠한 것을 받아들이다.'라는 뜻을 가진 '수용하다'가 적절하다.

❌ **오답 풀이**

② '적용하다'는 '알맞게 이용하거나 맞추어 쓰다.'라는 뜻으로, '나는 수학 공식을 적용해 이 문제를 풀었다.'와 같이 쓴다.
③ '반영하다'는 '다른 것에 영향을 받아 어떤 현상을 나타내다.'라는 뜻으로, '그 대학이 내신 성적을 평가에 중요하게 반영한다.'와 같이 쓴다.
④ '수락하다'는 '요구를 받아들이다.'라는 뜻으로, '그는 국무총리 직을 수락하기로 결정했다.'와 같이 쓴다.
⑤ '채택하다'는 '작품, 의견, 제도 따위를 골라서 다루거나 뽑아 쓰다.'라는 뜻으로, '건의안을 채택하다.'와 같이 쓴다.

● 1문단: 농약을 치기 시작한 시기와 치는 이유

* 선조(먼저 先, 조상 祖): 먼 윗대의 조상.

● 2문단: 농약으로 인한 문제 상황을 해결하기 위해 나온 유기농산물

* 생산(날 生, 낳을 産): 자연자원이나 가공물의 원재료를 이용하여 인간 생활에 필요한 많은 물품을 만들어 냄.

● 3문단: 유기농산물을 생산하는 방법

● 4문단: 비싼 가격 때문에 사 먹기가 쉽지 않은 유기농산물

● 5문단: 유기농산물을 사 먹어야 하는 이유

* 선뜻: 동작이 매우 시원스럽고 빠른 모양을 나타내는 말.
* 빠듯한: 어떤 정도나 한도에 겨우 미치는 상태에 있는.

▶ 주제: 유기농산물이 나오게 된 배경과 이를 먹어야 하는 이유

농약은 언제부터, 왜 치기 시작했을까? 우리 선조*들은 농약을 치지 않고도 채소를 가꾸고 과일도 심어 먹었다. 왜냐하면 내가 먹고, 식구들이 먹고, 이웃하고 나눠 먹으려고 농사를 지었기 때문이다. 그런데 시장에 내다 팔아 돈을 벌기 위한 목적으로 농사를 짓기 시작하면서부터 더 많은 양을 생산*하기 위해 농약을 치게 되었다. 농약을 쳐도 아주 듬뿍 친다. 그래야 모양도 좋고, 크기도 크고, 벌레 먹은 자국도 없는 깨끗한 채소와 과일이 나와 잘 팔리기 때문이다.

채소나 과일에 농약을 안 치면 벌레들이 와글와글 붙어서 잎사귀나 과일을 뜯어 먹는다. 그러면 구멍이 숭숭 뚫리고 상처투성이가 되어서 우리들이 못 먹게 되는 것도 생긴다. 사람들이 그런 채소를 선뜻* 살 리가 없다. 농약을 안 치면 벌레가 많이 먹어서 우리가 먹기 힘들고, 농약을 치면 모양은 좋지만 우리 몸에는 안 좋으니 이를 어떡하면 좋을까? 이 문제를 해결하기 위해서 나온 것이 바로 '유기농산물'이다. 유기농산물은 농약을 안 쳤는데도 모양도 좋고 맛도 좋은 농산물을 말한다. 어떻게 그런 농산물을 생산할 수 있을까?

예를 들어 채소에 떡잎이 나고 조금 자라면 '목초액'을 뿌린다. 목초액은 나무로 아궁이에 불을 땔 때 굴뚝에서 떨어지는 매운 액체를 말한다. 목초액을 뿌리면 벌레가 채소를 많이 먹지 못한다. 벌레가 먹긴 해도 조금만 먹기 때문에 ㉠모양도 괜찮고 사람이나 땅에도 해롭지 않다.

누구나 유기농산물을 먹을 수 있다면 좋겠지만 그게 쉽지만은 않다. 유기농산물은 농약을 뿌려 거둔 농산물보다 훨씬 비싸기 때문이다. 농약을 쳐서 기르는 것보다 힘도 더 들고, 한꺼번에 많이 심을 수도 없으니까 당연히 비쌀 수밖에 없다. 그래서 살림살이가 빠듯한* 어른들은 농약을 쳤다는 것을 뻔히 알면서도 대개 값싼 것을 사다 먹는다.

하지만 조금만 멀리 내다보면 달리 생각할 수도 있다. 만일 지금보다 훨씬 더 많은 사람들이 유기농산물을 찾게 된다면 이를 생산하는 사람도 늘 테고, 그렇게 되면 가격도 좀 낮아질 것이다. 농약은 우리의 몸뿐만 아니라 땅도 병들게 한다. 그렇게 되면 결국 우리는 아주 비싼 대가를 치러야 할지도 모른다. 조금 비싼 값을 주고 유기농산물을 먹는 것하고는 비교도 할 수 없을 만큼 말이다.

[지문 해제]

이 글은 유기농산물을 생산하게 된 배경과 유기농산물이 가격이 비싸지만 사 먹어야 하는 이유를 설명하고 있다. 농산물에 농약을 쳐서 생기는 문제를 해결하기 위해 나온 유기농산물은 농약을 안 쳤는데도 모양도 좋고 맛도 좋지만 농약을 뿌려 거둔 농산물보다 가격이 비싸 경제적 형편이 넉넉지 않은 사람들이 사 먹기가 어렵다. 그러나 지금보다 더 많은 사람들이 유기농산물을 먹으면 가격이 좀 낮아지게 될 것이며, 농약이 생태계를 해친 후에 이를 회복하는 데 드는 비용을 생각하면 유기농산물을 사 먹는 것이 훨씬 적은 비용이 들 것이다.

[문단 요지]
1문단: 농약을 치기 시작한 시기와 치는 이유
2문단: 농약으로 인한 문제 상황을 해결하기 위해 나온 유기농산물
3문단: 유기농산물을 생산하는 방법
4문단: 비싼 가격 때문에 사 먹기가 쉽지 않은 유기농산물
5문단: 유기농산물을 사 먹어야 하는 이유

[주제]
유기농산물이 나오게 된 배경과 이를 먹어야 하는 이유

1 반응의 적절성 파악하기 | 정답 ⑤ |

윗글을 읽고 보인 반응으로 적절하지 않은 것은?
① 유기농산물은 농약을 치지 않았는데도 모양도 좋고 맛도 좋은 농산물이군. 2문단
② 채소나 과일에 농약을 치지 않으면 벌레가 많이 먹어서 우리가 못 먹게 되는 것도 생기는군. 2문단
③ 유기농산물은 기르기가 힘들고 한꺼번에 많이 심을 수 없어 농약을 친 농산물보다 가격이 더 비싼 것이군. 4문단
④ 시장에 내다 팔아 돈을 벌기 위한 목적으로 농사를 짓기 시작하면서부터 과일과 채소에 농약을 치게 되었군. 1문단
⑤ 유기농산물을 찾는 사람이 늘면 생산하는 사람도 늘어 생산량이 많아지므로 유기농산물의 **가격이 높아질 수 있겠군**. 5문단
가격이 낮아짐.

✔ 정답 풀이

5문단에서 '만일 지금보다 훨씬 더 많은 사람들이 유기농산물을 찾게 된다면 이를 생산하는 사람도 늘 테고, 그렇게 되면 가격도 좀 낮아질 것이다.'라고 하였다. 따라서 유기농산물을 찾는 사람이 늘어나면 유기농산물의 가격이 높아질 것이라는 ⑤의 진술은 적절하지 않다.

✖ 오답 풀이

① 2문단에서 '유기농산물은 농약을 안 쳤는데도 모양도 좋고 맛도 좋은 농산물을 말한다.'라고 하였다.
② 2문단에서 채소나 과일에 농약을 안 치면 벌레들이 많이 붙어서 잎사귀나 과일을 뜯어 먹어 우리들이 못 먹게 되는 것도 생긴다고 하였다.
③ 4문단에서 유기농산물은 농약을 쳐서 기르는 것보다 힘도 더 들고, 한꺼번에 많이 심을 수도 없기 때문에 농약을 쳐서 거둔 농산물보다 훨씬 비싸다고 하였다.
④ 1문단에서 '시장에 내다 팔아 돈을 벌기 위한 목적으로 농사를 짓기 시작하면서부터 더 많은 양을 생산하기 위해 농약을 치게 되었다.'라고 하였다.

2 속담에 적용하기 | 정답 ② |

㉠의 상황을 속담으로 표현한 것으로 가장 적절한 것은?
① 가는 날이 장날
어떤 일을 하려고 하는데 뜻하지 않은 일을 공교롭게 당함.
② 꿩 먹고 알 먹기
한 가지 일로 두 가지 이익을 보는 경우를 비유적으로 이르는 말.
③ 공든 탑이 무너지랴
정성을 다하여 한 일은 그 결과가 반드시 헛되지 아니함.
④ 아니 땐 굴뚝에 연기 날까
원인이 없으면 결과가 있을 수 없음.
⑤ 하늘이 무너져도 솟아날 구멍이 있다
아무리 어려운 경우에 처하더라도 살아 나갈 방도가 생긴다는 말.

✔ 정답 풀이

㉠에서는 농산물에 목초액을 뿌리면 벌레가 농산물을 많이 먹지 못해 농산물의 모양도 괜찮고 사람이나 땅에도 해롭지 않다고 하였다. 이러한 상황을 표현한 것으로 한 가지 일로 두 가지 이익을 보는 경우를 비유적으로 이르는 속담인 '꿩 먹고 알 먹기'가 적절하다.

✖ 오답 풀이

① 어떤 일을 하려고 하는데 뜻하지 않은 일을 공교롭게 당함을 비유적으로 이르는 말이다.
③ 힘을 다하고 정성을 다하여 한 일은 그 결과가 반드시 헛되지 아니함을 비유적으로 이르는 말이다.
④ 원인이 없으면 결과가 있을 수 없음을 비유적으로 이르는 말이다.
⑤ 아무리 어려운 경우에 처하더라도 살아 나갈 방도가 생긴다는 말이다.

사회 01~05	독해력 쑥쑥, 어휘 테스트			
01 잠재적	02 빠듯하다	03 선뜻	04 변질	05 고유
06 공정	07 사안	08 소유	09 판례	10 본질
11 ○	12 ○	13 ○	14 ×	15 ×
16 ⓒ	17 ⓔ	18 ⓓ	19 ⓐ	20 ⓑ

◉ 1문단: SNS의 개념과
　발달 원인

◉ 2문단: 중앙선거관리
　위원회의 SNS의 선거
　참여 규제

＊냉소적(찰 冷, 웃을 笑,
　과녁 的): 쌀쌀한 태도
　로 비웃는, 또는 그런
　태도.

◉ 3문단: 선관위의 SNS
　규제에 대한 소송 청구
　와 헌법재판소의 판결

＊규제하다(법 規, 마를
　制--): 규칙이나 규정
　에 의하여 일정한 한도
　를 정하거나 정한 한도
　를 넘지 못하게 막다.

◉ 4문단: 헌법재판소가
　선관위의 SNS 규제가
　부적절하다고 판단한
　이유

＊취지(뜻 趣, 뜻 旨): 어
　떤 일의 근본이 되는
　목적이나 긴요한 뜻.

◉ 5문단: 헌법재판소의
　판결이 지닌 의의

＊조성(지을 造, 이룰 成):
　분위기나 정세 따위를
　만듦.

＊매체(중매 媒, 몸 體):
　어떤 작용을 한쪽에서
　다른 쪽으로 전달하는
　물체. 또는 그런 수단.

▶ 주제: 사회적 미디어
　의 선거 참여 규제에
　대한 헌법재판소의
　판결과 그 의의

　　트위터나 페이스북처럼 사람들이 온라인을 통해 서로 연결되어 연락을 주고받는 현상
을 소셜 네트워크 서비스(SNS), 또는 사회적 관계망 서비스라고 한다. 개개인의 표현
욕구가 강해지면서 사람들 사이에 사회적 관계를 맺게 하고, 친분 관계를 유지하고 강
화해 주며, 개인인 나 자신이 중심이 되어 자기 관심사와 개성을 함께 담아 갈 수 있는
SNS 또한 점점 발달하고 있다.

　　SNS 열풍은 정치권에서도 불고 있다. SNS는 정치인과 국민 사이의 거리를 좁혀 줌
으로써 정치에 대해 냉소적＊이고 무관심했던 국민의 시선을 완화해 주고 있다. 그런데
지난 2010년, 중앙선거관리위원회(이하 선관위)가 지방 선거를 앞두고 SNS를 단속 대
상에 포함시키겠다며 사회적 미디어의 선거 참여를 규제하고＊ 나섰다.

　　이에 대해 사회적 미디어를 활용하는 사람들은 선관위의 규제가 민주주의 국가의 헌
법 정신에 어긋난다며 헌법재판소에 소송을 청구했다. 이에 헌법재판소는 사회적 미디
어를 이용해 특정 정당이나 후보를 지지하거나 반대하는 행위를 금지하는 것은 헌법에
어긋난다고 결정했다. 헌법재판소는 사회적 미디어 활동을 규제하는 것은 사전 선거 운
동 금지 취지＊에 맞지 않는다고 본 것이다.

　　공직 선거법이 사전 선거 운동을 못하도록 한 이유는 정당이나 후보자들의 경제력이
평등하지 않기 때문이다. 광고, 벽보, 인쇄물 등을 이용한 사전 선거 운동을 허용하면
경제력 좋은 후보에게 유리한 환경이 조성＊될 가능성이 높아지므로 선거의 공정성을 위
해 규제를 하는 것이다. 그러나 헌법재판소는 인터넷은 누구나 손쉽게 접근할 수 있는
매체＊이고 이용 비용이 거의 들지 않기 때문에 인터넷상의 선거 운동이 후보자 간의 경
제력 차이에 따른 불균형을 발생시키지 않는다고 보았다. 이에 사회적 미디어인 SNS를
활용한 선거 운동에 대한 규제가 적절하지 않다고 판단한 것이다.

　　헌법재판소의 결정에 따라 2012년부터 SNS를 비롯한 사회적 미디어를 활용하여 적
극적으로 선거 운동을 할 수 있게 되었다. 그동안 국회와 행정부 중심의 대의제 민주주
의＊에서 유권자들은 선거를 통해서만 정치 참여가 가능했다. 하지만 이제 누구나 정치
에 참여할 수 있는 길이 조금 넓어진 셈이다.

● 대의제 민주주의: 국민들이 스스로 선출한 대표자들을 통해 법률 제정 및 정책 결정에 참여하는 정치 제도.

[지문 해제]

이 글은 사회적 미디어를 활용한 선거 참여 규제에 대해 설명하고 있다. 2010년, 선관위가 지방 선거를 앞두고 SNS를 단속 대상에 포함시키자 사회적 미디어를 활용하는 사람들은 선관위의 규제가 민주주의 국가의 헌법 정신에 어긋난다며 헌법재판소에 소송을 청구했다. 이에 헌법재판소는 사회적 미디어를 이용해 특정 정당이나 후보를 지지하거나 반대하는 행위를 금지하는 것은 헌법에 어긋난다고 결정했다. 왜냐하면 인터넷은 누구나 접근하기 쉽고 이용 비용이 거의 들지 않기 때문에 후보자 간의 경제력 차이에 따른 불균형을 발생시키지 않는다고 보았기 때문이다. 이러한 결정에 따라 사회적 미디어를 활용하여 적극적으로 선거 운동을 할 수 있게 되었다.

[문단 요지]

1문단: SNS의 개념과 발달 원인
2문단: 중앙선거관리위원회의 SNS의 선거 참여 규제
3문단: 선관위의 SNS 규제에 대한 소송 청구와 헌법재판소의 판결
4문단: 헌법재판소가 선관위의 SNS 규제가 부적절하다고 판단한 이유
5문단: 헌법재판소의 판결이 지닌 의의

[주제]

사회적 미디어의 선거 참여 규제에 대한 헌법재판소의 판결과 그 의의

---

1 세부 내용 파악하기 | 정답 ④ |

윗글을 읽고 답할 수 있는 질문으로 적절하지 않은 것은?

① 소셜 네트워크 서비스란 무엇인가? 1문단
온라인을 통해 서로 연결되어 연락을 주고받는 현상
② 사전 선거 운동을 금지하는 취지는 무엇인가? 4문단
선거의 공정성을 지키기 위해
③ 사전 선거 운동으로 규제 받는 매체에는 무엇이 있는가? 4문단
광고, 벽보, 인쇄물 등
④ 국민이 정치에 대해 냉소적이고 무관심했던 이유는 무엇인가? 2문단에 관련 내용이 있으나 그 이유는 언급하지 않음.
⑤ 선관위의 SNS의 선거 참여 규제에 대한 헌법재판소의 판결 내용은 무엇인가? 3, 4문단
선관위의 SNS 선거 참여 규제는 헌법에 어긋남.

✔ **정답 풀이**

2문단에서 'SNS는 정치인과 국민 사이의 거리를 좁혀 줌으로써 정치에 대해 냉소적이고 무관심했던 국민의 시선을 완화해 주고 있다.'라고 했을 뿐, 그 이유에 대해서는 언급하지 않았다.

✘ **오답 풀이**

① 1문단에서 '온라인을 통해 서로 연결되어 연락을 주고받는 현

상'을 소셜 네트워크 서비스라고 하였다.
② 4문단에서 사전 선거 운동을 금지하는 이유는 선거의 공정성을 지키기 위해서라고 하였다.
③ 4문단에 언급한 광고, 벽보, 인쇄물 등이 사전 선거 운동으로 규제 받는 매체임을 확인할 수 있다.
⑤ 3, 4문단에서 헌법재판소가 선관위의 SNS 선거 참여 규제를 헌법에 어긋난다고 결정했다고 하였다.

---

2 핵심 내용 파악하기 | 정답 ④ |

윗글의 제목으로 가장 적절한 것은?

① 정치권에서 부는 SNS 열풍이 정치인에게 미치는 영향 글에 언급되지 않음.
② 정당이나 후보자들 간의 경제적 평등을 이루기 위한 방안 글에 언급되지 않음.
③ 개개인의 표현 욕구가 강해지면서 더욱 발달해 가는 SNS 1문단에서 언급한 부분적인 내용임.
④ 사회적 미디어의 선거 참여 규제에 대한 헌법재판소의 판결
⑤ 대의제 민주주의의 문제점과 사회적 미디어를 통한 해결 방안 5문단에서 언급한 부분적인 내용임.

✔ **정답 풀이**

이 글의 중심 내용은 사회적 미디어의 선거 참여를 규제하고 나선 선관위의 규제가 부당하다며 사회적 미디어를 활용하는 사람들이 헌법재판소에 소송을 청구했고, 이에 헌법재판소는 선관위의 규제가 헌법에 어긋난다고 결정하였다는 것이다. 따라서 글의 제목으로는 '사회적 미디어의 선거 참여 규제에 대한 헌법재판소의 판결'이 가장 적절하다.

✘ **오답 풀이**

① 2문단에서 SNS는 정치인과 국민 사이의 거리를 좁혀 준다고 하였다. 하지만 이러한 현상이 정치인에게 미치는 영향에 대해 언급하지 않았으며, 이를 글의 중심 내용으로 보기도 어렵다.
② 4문단에서 경제력이 좋은 후보에게 유리한 환경이 조성되지 않게 하기 위해 사전 선거 운동을 규제한다고 하였다. 하지만 이는 경제적 불평등으로 인한 문제가 발생하는 것을 방지하기 위한 것이지, 경제적 평등을 이룰 수 있는 방안은 아니다.
③ 1문단에서 개개인의 표현 욕구가 강해지면서 SNS 또한 점점 발달하고 있다고 하였다. 하지만 이는 부분적인 내용이므로 글 전체의 제목으로 적절하지 않다.
⑤ 5문단에서 대의제 민주주의에서 유권자들은 선거를 통해서만 정치 참여가 가능했는데 SNS로 인해 누구나 정치에 참여할 수 있는 길이 넓어졌다고 하였다. 하지만 이는 부분적인 내용이므로 글 전체의 제목으로 적절하지 않다.

○ 1문단: 은행의 특성으로 인해 발생할 수 있는 상황

＊대출(빌릴 貸, 날 出): 돈이나 물건 따위를 빌려 주거나 빌림.

○ 2문단: 은행이 예금을 충분히 보관해 두지 않았을 경우 발생할 수 있는 문제

＊차익(어긋날 差, 더할 益): 매매의 결과나 가격의 변동 따위로 생기는 이익.

○ 3문단: 중앙은행의 설립 목적과 역할

○ 4문단: 중앙은행의 중요한 역할인 화폐 가치 유지

＊지급(지탱할 支, 줄 給): 돈이나 물건 따위를 정해진 몫만큼 내줌.
＊시중(저자 市, 가운데 中): 사람들이 많이 오가며 일상적으로 생활하거나 활동하는 곳.
＊경기(볕 景, 기운 氣): 매매나 거래에 나타나는 호황·불황 따위의 경제 활동 상태.

▶ 주제: 중앙은행의 주요 역할

우리가 은행에 돈을 예금하면 은행은 그 돈을 필요로 하는 사람들이나 기업에 돈을 빌려 주어 이익을 얻는다. 예금 이자율보다 대출＊ 이자율이 높기 때문에 그 차익＊을 통해 은행은 돈을 버는 것이다. 그런데 은행이 너무 이익만 추구하다 보면 대출에만 신경을 쓴 나머지 예금을 충분히 보관해 두지 않을 가능성이 있다.

○만약 예금했던 사람이 은행에 가서 돈을 찾으려는데 돈이 부족해서 찾을 수가 없다면 큰일이 아닐 수 없다. 은행은 일반 기업과 달라서 사람들이 은행에 대한 신뢰를 잃게 되면 아무도 돈을 맡기려 하지 않을 것이다. 그러면 여유 자금이 없어 기업에게 대출이 안 되고, 결국 나라 경제가 제대로 돌아가지 않아 경제 전체에 엄청난 위협이 될 수 있다.

그래서 역사적인 경험을 거치면서 대부분의 나라에서 중앙은행이 자리를 잡게 되었다. 일반적으로 한 국가에는 하나의 중앙은행이 있는데, 우리나라의 중앙은행은 1950년 6월에 창립된 한국은행이다. 중앙은행은 일반 은행이 사람들에게 예금을 지급＊하지 못하는 상황을 막기 위해 예금의 일정 부분을 강제로 맡기게 하고, 맨 마지막에 일반 은행에 돈을 빌려 주는 역할을 한다. 때문에 중앙은행은 흔히 '은행의 은행'이라는 이름으로 불린다. 또한 중앙은행은 국가의 금고 역할도 하며 돈을 얼마나 찍어 낼 것인지, 이자율은 어떻게 유지할 것인지 등의 금융 정책 전반에 걸쳐 의사 결정을 한다.

중앙은행의 매우 중요한 역할 중의 하나는 바로 화폐 가치를 안정적으로 유지하는 데 있다. 화폐 가치가 너무 큰 폭으로 변동하면 사람들이 정상적으로 계획을 세워 생활을 하는 것이 불가능해지기 때문이다. 현대 경제에서는 시중＊에 유통되고 있는 화폐의 양이 너무 많아 돈의 가치가 지나치게 빠른 속도로 떨어지는 인플레이션의 경우가 문제가 된다. 이 때문에 중앙은행은 국가 경제가 과열되었다고 판단되면 금리를 올리거나 돈을 거두어 들여 경기＊를 진정시키고 적정 속도의 성장을 지속할 수 있도록 유도한다.

[지문 해제]

이 글은 중앙은행의 역할에 대해 설명하고 있다. 은행이 대출에 집중하여 예금을 충분히 보관해 두지 않으면 예금했던 사람이 은행에서 돈을 찾으려 할 때 돈이 부족해서 찾을 수 없는 상황이 발생할 수도 있다. 이를 방지하기 위해 만든 중앙은행은 일반 은행의 예금의 일정 부분을 강제로 맡기게 하고 맨 마지막에 돈을 빌려 주는 역할을 한다. 또한 중앙은행은 국가의 금고 역할과 국가 금융 정책 전반에 걸친 의사 결정을 하며, 화폐 가치를 안정적으로 유지하여 국가 경제가 적정 속도의 성장을 지속할 수 있도록 유도한다.

[문단 요지]

1문단: 은행의 특성으로 인해 발생할 수 있는 상황
2문단: 은행이 예금을 충분히 보관해 두지 않았을 경우 발생할 수 있는 문제
3문단: 중앙은행의 설립 목적과 역할
4문단: 중앙은행의 중요한 역할인 화폐 가치 유지

[주제]

중앙은행의 주요 역할

1 세부 내용 파악하기 | 정답 ⑤ |

윗글에 대한 이해로 적절하지 <u>않은</u> 것은?

① 일반적으로 한 국가에는 하나의 중앙은행이 있다. 3문단
② 일반 은행은 예금의 일정 부분을 중앙은행에 맡겨야 한다. 3문단
③ 중앙은행은 국가의 금융 정책 전반에 걸쳐 의사 결정을 한다. 3문단
④ 은행은 예금 이자율과 대출 이자율의 차익을 통해 이익을 얻는다. 1문단
⑤ 중앙은행은 인플레이션이 발생하면 금리를 내려 경기를 진정시킨다. 4문단
인플레이션이 발생하면 금리를 올리거나 돈을 거두어 들여 경기를 진정시킴.

✔ 정답 풀이

4문단에서 중앙은행은 인플레이션이 발생하는 경우가 문제가 되기 때문에 국가 경제가 과열되었다고 판단되면 금리를 올리거나 돈을 거두어 들여 경기를 진정시킨다고 하였다.

✘ 오답 풀이

① 3문단에서 일반적으로 한 국가에는 하나의 중앙은행이 있으며, 우리나라의 경우 한국은행이 중앙은행이라고 하였다.
② 3문단에서 일반 은행이 예금 지급 요구에 대응하지 못하는 상황을 막기 위해 중앙은행에 예금의 일정 부분을 강제로 맡기게 한다고 하였다.
③ 3문단에서 중앙은행은 돈을 얼마나 찍어 낼 것인지, 이자율은

어떻게 유지할 것인지 등의 금융 정책 전반에 걸쳐 의사 결정을 한다고 하였다.
④ 1문단에서 예금 이자율보다 대출 이자율이 높기 때문에 그 차익을 통해 은행은 돈을 번다고 하였다.

2 추론하기 | 정답 ⑤ |

㉠의 이유를 〈보기〉와 같이 정리하였을 때, ㉮에 들어갈 내용으로 가장 적절한 것은?

┤ 보 기 ├

예금주가 은행에 대한 신뢰를 잃게 됨. → 사람들이 은행에 돈을 맡기지 않으려 함. → ㉮ → 나라 경제가 제대로 돌아가지 않음. → 나라 경제 전체에 위협이 될 수 있음.

① 일반 은행이 중앙은행에 돈을 빌림. 3문단
② 은행이 고객의 신뢰 회복을 위해 힘씀. 글에서 언급하지 않음.
③ 은행이 예금을 충분히 보관해 두지 않음. 1문단
④ 시중에 유통되고 있는 화폐의 양이 적어짐. 화폐의 양이 늘어남.
⑤ 은행에 여유 자금이 없어 기업에 대출이 안 됨. 2문단

✔ 정답 풀이

2문단의 ㉠에서 만약 예금했던 사람이 은행에 가서 돈을 찾으려는데 돈이 부족해서 찾을 수가 없다면 큰일이 아닐 수 없다고 하였다. 왜냐하면 은행에 대한 신뢰를 잃어버리면 → 아무도 돈을 맡기려 하지 않을 것이고 → 그렇게 되면 여유 자금이 없어 기업에게 대출이 안 되고 → 결국 나라 경제가 제대로 돌아가지 않아 → 경제 전체에 엄청난 위협이 될 수 있기 때문이다.

✘ 오답 풀이

① 3문단을 통해 일반 은행이 중앙은행에 돈을 빌릴 수 있음을 알 수 있지만, 이는 ㉠과 같은 일이 발생하지 않게 하기 위해 마련된 제도이다. 또한 중앙은행에 돈을 빌리면 ㉮의 뒤에 이어지는 상황이 발생하지 않으므로 ㉮에 들어갈 내용으로 적절하지 않다.
③ 1문단에서 은행이 너무 이익만 추구하다 보면 예금을 충분히 보관해 두지 않을 가능성이 있다고 하였다. 이는 ㉠과 같은 상황이 일어나게 된 원인이므로, ㉠으로 인한 결과 중 하나인 ㉮에 들어갈 내용으로는 적절하지 않다.
④ 이 글에서는 사람들이 은행에 돈을 맡기려 하지 않을 경우 시중에 유통되고 있는 화폐의 양에 어떠한 영향을 미치는지에 대해서는 직접적으로 설명하고 있지 않다. 하지만 4문단에서 시중에 유통되고 있는 화폐의 양이 늘어날 경우 금리를 올리거나 돈을 거두어 들여 경기를 진정시킨다고 한 내용을 고려하면 사람들이 은행에 돈을 맡기지 않으면 시중에 유통되고 있는 화폐의 양이 늘어날 것이라고 짐작할 수 있다.

미성년자도 일을 할 수 있을까? _크리스티아네 오퍼만

정답 1 ⑤ 2 ⑤

● 1문단: 「해리 포터」 시리즈의 제작 기간이 길었던 까닭

 　2001년 제1편 '해리 포터와 마법사의 돌'로 시작된 영화 「해리 포터」 시리즈는 2011년이 되어서야 마지막편이 나왔다. 이처럼 제작 기간이 길었던 까닭은 여러 가지 이유가 있겠지만, 청소년의 노동 시간을 제한하는 영국의 노동법도 한몫을 했다. 다니엘 래드
중심 화제
클리프나 엠마 왓슨 같은 배우들은 어린 나이부터 이 영화에 출연을 했다. 그런데 영국의 노동법은 어린 배우들의 노동 시간을 성인보다 적게 해야 한다고 규정하고* 있다. 그
영국 노동법의 내용
래서 긴 시간 촬영을 하는 것이 불가능했기 때문에 제작 기간이 길어지게 된 것이다.
「해리 포터」 시리즈의 제작 기간이 길었던 까닭

● 2문단: 우리나라 근로기준법의 미성년자 노동 관련 조항 ①

 　우리나라 또한 영국과 마찬가지로 미성년자의 노동에 제한을 두고 있다. 근로기준법에 따르면, 만 13세 미만일 경우에는 연기자, 가수 등과 같은 공연 예술 활동을 하는 경
만 13세 미만의 노동을 인정하는 예외적 경우
우를 제외하고는 고용이 금지되어 있다. 만 13세~14세 청소년이 취업을 하기 위해서는
원칙
고용노동부에서 발급하는 취직을 허가한다는 증명서를 받아야 한다.

● 3문단: 우리나라 근로기준법의 미성년자 노동 관련 조항 ②

 　만 15세~18세까지는 일을 할 수는 있지만 법정 대리인●의 동의서가 필요하며, 청소
만 15세~18세가 취업을 하기 위한 전제 조건 ①
년 보호 차원에서 잠수 작업, 술을 만들거나 도살하는 작업, 교도소나 정신병원 업무 등
취직 업종에 제한을 두는 이유   위험하거나 유해한 업종의 예 ①
의 위험하거나 유해한 업종에는 취직할 수가 없다. 또한 편의점이나 비디오 대여점에서
만 13세~14세가 취업을 하기 위한 전제 조건 ②   위험하거나 유해한 업종의 예 ②
도 일을 할 수 없다. 편의점에서는 대부분 담배와 술을 판매하는데, 담배와 술은 청소년
청소년에게 허용되지 않는 품목 ①
에게 허용되지 않는 품목이기 때문이다. 청소년에게 허용되지 않는 품목을 판매하는 일
청소년이 편의점이나 비디오 대여점에서 일할 수 없는 이유
에 청소년을 고용할 수는 없는 것이다. 비디오 대여점도 마찬가지이다. 비디오 대여점이나 만화 대여점에는 청소년들이 볼 수 없는 '19세 미만 금지' 등급의 비디오나 만화가
청소년에게 허용되지 않는 품목 ②
있다. 그래서 청소년을 고용할 수 없다.

● 4문단: 미성년자 노동에 연령 제한을 두는 이유

 　이처럼 미성년자 노동에 연령 제한을 두는 이유는 만 15세가 안 된 청소년은 의무교육을 받아야 하기 때문이다. 우리나라는 질병이나 발육 상태 등 부득이한* 사유로 취학
〈교육 기본법〉 제8조 [의무교육] 조항의 내용
이 불가능한 경우를 제외하고는 모든 국민이 자신이 보호하는 자녀 또는 아동이 중학교를 졸업할 때까지 다니게 하여야 함을 법률로 제정하고* 있다. 때문에 청소년이 일을 할수 있는 최대 시간은 하루 7시간, 일주일에 42시간을 넘을 수 없다. 또 일하는 시간도오전 10시부터 오후 6시까지의 수업 시간은 제외해야 한다.

* 규정하다(법 規, 정할 定--): 규칙으로 정하다.

* 부득이하다(아닐 不, 얻을 得, 이미 己--): 마지못하여 할 수 없다.

* 제정하다(마를 制, 정할 定--): 제도나 법률 따위를 만들어서 정하다.

● 법정 대리인: 본인의 위임을 받지 않고도 법률의 규정에 의하여 당연히 대리할 권리가 있는 사람. 미성년자에 대한 친권자나 후견인 따위이다.

▶ 주제: 우리나라의 미성년자 노동에 대한 법률 내용과 제정 목적

[지문 해제]

　이 글은 우리나라가 미성년자 노동에 대해 여러 가지 제한을 두고 있음을 설명하고 있다. 근로기준법에 따르면, 만 13세 미만일 경우에는 공연 예술 활동을 하는 경우를 제외하고는 고용이 금지되어 있다. 만 13~14세의 경우는 취직 허가 증명서를 받아야 일을 할 수 있으며, 만 15~18세의 경우 일을 할 수는 있지만 법정 대리인의 동의서가 필요하다. 또한 위험하거나 유해한 업종, 청소년에게 허용되지 않는 품목을 판매하는 업종에는 고용될 수 없다. 이처럼 미성년자 노동에 연령 제한을 두는 이유는 만 15세가 안 된 청소년은 의무교육을 받아야 하기 때문이다. 때문에 청소년이 일하는 시간도 수업 시간은 제외해야 한다.

[문단 요지]

1문단: 「해리 포터」 시리즈의 제작 기간이 길었던 까닭
2문단: 우리나라 근로기준법의 미성년자 노동 관련 조항 ①
3문단: 우리나라 근로기준법의 미성년자 노동 관련 조항 ②
4문단: 미성년자 노동에 연령 제한을 두는 이유

[주제]

우리나라의 미성년자 노동에 대한 법률 내용과 제정 목적

1 세부 내용 파악하기 ┃ 정답 ⑤ ┃

윗글의 내용과 일치하는 것은?

① 우리나라는 영국의 영향을 받아 미성년자에 대한 노동법을 만들었다. 글에서 언급하지 않음.
② 만 15세~18세부터는 편의점이나 비디오 대여점에서 일을 할 수 있다. 3문단
③ 우리나라는 만 18세까지는 부득이한 사유가 없는 한 의무교육을 받아야 한다. 4문단 (만 15세)
④ 영국 노동법은 미성년자의 노동 시간을 성인과 같게 해야 한다고 규정하고 있다. 1문단 (성인보다 적게)
⑤ 만 13세 미만은 연기자, 가수 등과 같은 공연 예술 활동을 하는 경우에만 일을 할 수 있다. 2문단

✅ 정답 풀이

2문단에서 '만 13세 미만일 경우에는 연기자, 가수 등과 같은 공연 예술 활동을 하는 경우를 제외하고는 고용이 금지되어 있다.'라고 하였다.

❌ 오답 풀이

① 2문단에서 우리나라 또한 영국과 마찬가지로 미성년자의 노동에 제한을 두고 있다며 이와 관련한 근로기준법의 세부 내용을 설명하고 있다. 하지만 이러한 노동법이 영국의 영향을 받은 것이라고 하지는 않는다.

② 3문단에서 만 15~18세까지는 일을 할 수는 있지만 위험하거나 유해한 업종에는 취직할 수 없으며, 편의점이나 비디오 대여점처럼 청소년에게 허용되지 않는 품목을 판매하는 업종에도 고용될 수 없다고 하였다.

③ 4문단에서 만 15세가 안 된 청소년은 의무교육을 받아야 하기 때문에 미성년자 노동에 연령 제한을 두는 것이라고 하였다.

④ 1문단에서 영국의 노동법은 어린 배우들의 노동 시간을 성인보다 적게 해야 한다고 규정하고 있다고 하였다.

2 구체적 상황에 적용하기 ┃ 정답 ⑤ ┃

윗글을 참고할 때, 〈보기〉의 ㉠~㉤ 중 근로기준법에 위반되는 것은?

┤ 보 기 ├

　㉠만 17세인 동윤이는 요즘 아르바이트를 하고 있다. 집 앞 ㉡분식집에서 음식을 나르고 청소를 하는 일이다. 자신의 용돈만큼은 스스로 벌어 쓰고 싶었기 때문이다. 동윤이는 분식집 사장님이 요구한 ㉢법정 대리인의 동의서를 내고 근로 계약서를 쓴 뒤에야 정식으로 일을 시작할 수 있었다. ㉣평일에는 학교에 가야 하기 때문에 오후 7시부터 9시까지 일을 하고, ㉤주말에는 오전 9시부터 오후 6시까지 일을 한다. 일을 하는 것이 조금 힘들기는 하지만 재미도 있고 보람도 느끼고 있다.

① ㉠　② ㉡　③ ㉢　④ ㉣　⑤ ㉤

✅ 정답 풀이

4문단에서 청소년이 일을 할 수 있는 최대 시간은 하루 7시간이라고 하였다. 그런데 ㉤을 보면 동윤이는 주말에는 오전 9시부터 오후 6까지 일을 한다고 하였다. 즉, 동윤이는 주말에는 하루에 9시간을 근무하였으므로 근로기준법에 위반된다.

❌ 오답 풀이

①, ③ 3문단에서 만 15세~18세까지는 법정 대리인의 동의서가 있으면 일을 할 수 있다고 하였다.

② 3문단에서 위험하거나 유해한 업종, 청소년에게 허용되지 않는 품목을 취급하는 업종은 청소년을 고용할 수 없다고 하였다. 분식집은 이러한 조건에 해당되지 않으므로 청소년이 일을 할 수 있는 업종이다.

④ 4문단에서 청소년이 일하는 시간은 오전 10시부터 오후 6시까지의 수업 시간은 제외해야 한다고 하였다. ㉣에서 동윤이는 오후 7시부터 9시까지 일을 하였으므로 근로기준법을 위반하지 않았다.

＊세분화(가늘 細, 나눌 分,
될 化): 사물이 여러 갈
래로 자세히 갈라짐. 또
는 그렇게 갈라지게 함.

＊소모하다(사라질 消, 쓸
耗——): 써서 없애다.

＊유독성(있을 有, 독 毒,
성품 性): 독이 있는
성질.

▶ 주제: 육식 문명이 지
구 온난화에 미치는
영향과 해결 방안

　　지구 온난화의 원인으로는 주로 산업 사회의 과다한 화석 연료 의존성이 지적되고 있다. 화석 연료가 연소하면서 발생하는 이산화탄소로 인해 지구 온난화 문제가 발생한다는 것이다. 하지만 최근 환경 이론이 세분화＊되면서 과다한 육식 문명 또한 지구 환경 오염에 큰 책임이 있다는 주장이 설득력을 얻고 있다.

　　인류는 원래 농사를 지을 때 가축의 힘을 이용하거나 거름을 얻으려고 가축을 길렀다. 고기는 잔치 때나 먹었으니 그리 중요한 목표가 아니었다. 그러나 서구의 음식 문화가 고기를 많이 먹는 쪽으로 바뀌고, 개발도상국들도 경제 성장을 통해 고기 중심의 기름진 밥상을 쫓아 오게 되면서 가축을 기르는 주 목적이 고기를 얻기 위한 것으로 변하게 되었다.

　　가축은 대부분 사료로 키운다. 그런데 우리나라에서는 비용 문제 때문에 사료용 곡물을 직접 생산하기보다는 주로 미국에서 수입을 한다. 미국산 사료용 곡물은 넓은 땅에서 트랙터, 콤바인 같은 농기계와 화학 비료, 농약으로 재배된다. 이는 석유를 엄청나게 소모하는＊ 생산 방식이다. 가령 공기 중의 질소로 화학 비료 1톤을 생산하려면 석유 2톤이 들어가기 때문이다. 게다가 곡물을 화물선으로 한국까지 실어 오려면 또 엄청난 연료가 소모된다.

　　공장식으로 대량 사육되는 가축들이 트림이나 방귀로 뿜어내는 메탄가스도 무시할 수 없다. 메탄가스는 이산화탄소보다 11배나 강한 온실가스로, 농장 가축들이 자동차보다 40%나 많은 온실가스를 배출한다는 UN(국제연합)의 발표 자료도 있다. 또한 이들 가축의 배설물에서 발생하는 암모니아 가스, 메탄, 황화수소, 이산화탄소 등 많은 양의 유독성＊ 오염 물질은 지구 온난화뿐 아니라 산성비 생성과 오존층 파괴 등의 환경 문제까지 일으키고 있다.

　　물론 지구 온난화는 단지 육식 위주의 식습관으로 인해 발생하는 문제는 아니다. 조금만 덥거나 추워도 냉난방을 하고, 가까운 거리도 자동차로 가는 등 필요 이상으로 화석 연료를 소비하는 우리의 모든 행동이 지구 온난화의 원인이 된다. 하지만 우리가 지구 온난화를 예방하기 위해 에어컨 대신 선풍기를 사용하거나 대중 교통을 이용하는 것처럼, 우리의 식탁에서 고기를 줄이기 위한 노력도 필요할 것이다.

[지문 해제]

이 글은 육식 위주의 식습관이 지구 온난화의 원인임을 설명하고, 고기 소비를 줄여 지구 온난화를 예방할 것을 촉구하고 있다. 우리나라에서 수입하는 미국산 사료용 곡물은 석유를 엄청나게 소모하는 생산 방식으로 재배되며, 곡물을 한국까지 실어오는 운송 과정에서 엄청난 연료가 소모된다. 또한 공장식으로 사육되는 가축들이 트림이나 방귀로 내뿜는 메탄가스와 가축들의 배설물에서 발생하는 유독성 오염 물질도 지구 온난화에 영향을 미친다. 따라서 지구 온난화를 예방하기 위해서는 고기 소비를 줄이려는 노력을 해야 한다.

[문단 요지]

1문단: 최근 지구 온난화의 원인으로 지적되고 있는 과다한 육식 문명
2문단: 사람들이 가축을 기르는 주 목적의 변화와 그 배경
3문단: 가축의 사료 생산과 유통 과정이 지구 온난화에 미치는 영향
4문단: 공장식 사육 가축들의 트림이나 방귀 및 배설물이 지구 온난화에 미치는 영향
5문단: 지구 온난화를 예방하기 위해 고기 소비를 줄일 것을 권유함.

[주제]

육식 문명이 지구 온난화에 미치는 영향과 해결 방안

---

1 글을 쓴 목적 파악하기 | 정답 ② |

윗글을 쓴 목적으로 가장 적절한 것은?

① 현대 사회의 육식 위주의 식습관이 발생한 원인을 분석하고자 한다. 원인을 언급하지 않음. 2문단
②지구 온난화를 예방하기 위해 고기 소비를 줄일 것을 권유하고자 한다.
③ 가축의 배설물에서 발생하는 유독성 오염 물질의 위험성을 알리고자 한다. 부분적인 내용일 뿐임. 4문단
④ 화석 연료의 과도한 사용이 지구 온난화에 미치는 영향을 설명하고자 한다. 부분적 내용일 뿐임. 1문단
⑤ 미국산 사료용 곡물의 재배 방식이 지닌 문제점과 해결 방안을 제시하고자 한다. 해결 방안을 제시하지 않음. 3문단

✔ 정답 풀이

1문단에서 최근 과다한 육식 문명이 지구 온난화에 큰 책임이 있다는 주장이 설득력을 얻고 있다고 소개한 뒤, 2~4문단에서 주장의 근거를 제시하고, 마지막 문단에서 고기 소비를 줄이기 위해 노력할 것을 권유하고 있다. 따라서 이 글을 쓴 주요 목적은 지구 온난화를 예방하기 위해 고기 소비를 줄일 것을 권유하고자 한 것이라 할 수 있다.

✖ 오답 풀이

① 2문단에서 서구의 음식 문화가 고기를 많이 먹는 쪽으로 바뀌게 되었다고 하였으나 이는 육식 위주의 식습관을 갖게 되었다는 결과일 뿐 그 원인에 대해 설명하고 있지는 않다.
③ 4문단에서 가축의 배설물 문제는 과도한 육식 문명이 지구 온난화의 원인임을 보여 주는 근거 중 하나로 제시된 것이므로 글을 쓴 목적으로 볼 수 없다.
④ 이 글은 화석 연료뿐 아니라 과다한 육식 문명 또한 지구 온난화의 주요 원인임을 설명하고 있다. 화석 연료의 과도한 사용이 지구 온난화에 영향을 미친다는 것은 부분적인 내용으로, 글을 쓴 목적이라고 볼 수 없다.
⑤ 3문단에서 미국산 사료용 곡물의 재배 방식이 지구 온난화에 영향을 미친다고 설명하였으나 그 해결 방안을 제시하지는 않았다.

---

2 세부 내용 파악하기 | 정답 ④ |

윗글에서 제시한 지구 온난화의 원인으로 적절한 것을 〈보기〉에서 모두 골라 바르게 짝지은 것은?

┤ 보 기 ├
㉠ 자동차가 배출하는 온실가스 4문단
㉡ 사람이 숨을 쉴 때 내뱉는 이산화탄소
㉢ 가축의 배설물에서 발생하는 암모니아 가스 4문단
㉣ 화석 연료가 연소하면서 발생하는 이산화탄소 1문단
㉤ 공장식 사육 가축들의 트림이나 방귀로 뿜어내는 메탄가스 4문단

① ㉠, ㉢, ㉤   ② ㉡, ㉢, ㉣
③ ㉡, ㉢, ㉤   ④ ㉠, ㉢, ㉣, ㉤
⑤ ㉠, ㉡, ㉢, ㉣, ㉤

✔ 정답 풀이

ㄴ. 사람이 숨을 쉴 때 내뱉는 이산화탄소가 지구 온난화의 원인이 된다는 내용은 찾아볼 수 없다.

✖ 오답 풀이

ㄱ. 4문단에서 자동차 또한 온실가스를 배출하지만, 농장 가축들이 더 많은 온실가스를 배출한다고 하였다. 이를 통해 자동차가 배출하는 온실가스도 지구 온난화의 원인임을 알 수 있다.
ㄷ. 4문단에서 가축의 배설물에서 발생하는 암모니아 가스, 메탄 등 많은 유독성 물질은 지구 온난화뿐 아니라 여러 환경 문제까지 일으킨다고 하였다.
ㄹ. 1문단에서 화석 연료가 연소하면서 발생하는 이산화탄소로 인해 지구 온난화가 발생한다고 하였다.
ㅁ. 4문단에서 가축들이 트림이나 방귀로 뿜어내는 메탄가스는 이산화탄소보다 11배나 강한 온실가스라고 하였다.

우리의 권리, 보편적 복지 _ 박병현

○ **1문단:** 선별적 복지와
보편적 복지의 개념

사회 복지 제도는 크게 선별적 복지와 보편적 복지로 구분할 수 있다. 선별적 복지는
_{사회 복지 제도의 종류}
노동자와 중산층이 부담한 복지 비용으로 저소득층에게 복지 혜택을 제공하는 방식이
다. 반면 보편적 복지는 소득 수준에 상관없이 일정한 조건에 해당되는 사람 모두에게
_{보편적 복지의 개념}
복지 혜택을 부여하는* 것을 의미한다.

○ **2문단:** 보편적 복지의
성격

이중 보편적 복지는 부자가 가진 것을 뺏어서 가난한 사람에게 나누어 주는 복지가 아
_{중심 화제}
니라, 우리가 낸 세금을 서비스 형태로 돌려받는 권리 성격의 복지이다. 다만 가난한 사
_{보편적 복지의 성격 ① – 권리 성격의 복지}
람들이 부자들보다 세금을 적게 내고 동일한 수준의 복지를 받기 때문에 상대적으로 좀
_{보편적 복지의 성격 ② – 상대적 성격의 복지}
더 혜택을 본다.

○ **3문단:** 보편적 복지를
실시해야 하는 분야
와 그 이유

그러면 어떤 경우에 보편적 복지를 제공하는 것이 바람직할까? 유아기부터 노년기에
_{질문의 형태로 문단의 화제를 제시함.}
이르기까지 누구나 겪게 되는 기본적인 욕구에 대해서는 보편적 복지를 제공하는 것이
_{보편적 복지를 제공하는 것이 바람직한 경우}
사회 통합적* 차원에서 바람직하다. 이러한 경우에 해당되는 것으로는 대표적으로 의료
_{기본적 욕구에 대해 보편적 복지를 실시해야 하는 이유}
서비스와 보육 서비스가 있다. 부자이건 가난한 사람이건 건강하게 살고 싶은 욕구가
_{보편적 복지를 제공하는 것이 바람직한 경우의 구체적 예} _{의료 서비스 분야에 보편적 복지를 실시해야 하는 이유}
있고, 아동들도 질 좋은 보육을 받고 싶은 욕구가 있다. 또한 우리나라에서 보편적 보육
_{보육 서비스 분야에 보편적 복지를 실시해야 하는 이유 ①}
서비스는 저출산 문제를 해결하는 가장 현실적인 방안이 될 수 있다. 아이를 낳고 기르
_{보육 서비스 분야에 보편적 복지를 실시해야 하는 이유 ②}
는 것은 개인만의 문제가 아니라 사회의 문제이고 국가의 존망*이 달린 문제이다. 그래
서 보육 서비스는 아동을 키우는 모든 계층에게 보편적 복지로 제공하는 것이 더더욱
바람직하다.

○ **4문단:** 의료 · 보육
서비스를 보편적 복
지로 제공하기 위한
방법

ⓐ이처럼 의료 서비스, 보육 서비스를 보편적 복지 서비스의 형태로 제공하기 위해서
_{질문의 형태로 문단의 화제를 제시함.}
는 어떻게 해야 할까? 국민들이 지금보다 더 많은 세금을 납부해야* 한다. 이를 위해서
_{의료, 보육 서비스를 보편적 복지 서비스의 형태로 제공하기 위한 방법}
는 세금을 적게 내고 적은 복지를 받는 지금의 체제, 즉 저부담–저복지 체제를 벗어나
야 한다. 그러나 세금을 지금보다 상당히 많이 내고 매우 좋은 복지를 받는 고부담–고
복지 체제로 급격하게 바꾸려 하면 무리가 많이 따른다. 때문에 우선 세금을 조금 더 내
_{고부담–고복지 체제로 급격하게 바꿀 경우 국민들의 세금 부담이 매우 커져 문제가 발생할 수 있음.}
고 조금 더 나은 복지를 받는 중부담–중복지 체제로 옮겨 간 이후 점차 고부담–고복지
_{무리 없이 의료, 보육 서비스를 보편적 복지 서비스로 제공하기 위한 방안}
체제로 변화하는 제도적 유연성이 필요하다.

* **부여하다**(붙을 附, 줄
與--): 사람에게 권
리 · 명예 · 임무 따위를
지니도록 해 주거나, 사
물이나 일에 가치 · 의
의 따위를 붙여 주다.

* **통합적**(거느릴 統, 합할
合, 과녁 的): 둘 이상의
조직이나 기구 따위를
하나로 합치는. 또는 그
런 것.
* **존망**(있을 存, 망할 亡):
존속과 멸망 또는 생존
과 사망을 아울러 이르
는 말.
* **납부하다**(바칠 納, 줄
付--): 세금이나 공과
금 따위를 관계 기관에
내다.

▶ **주제:** 보편적 복지를
실시해야 하는 분야
와 실현 방법

[지문 해제]

이 글은 사회 복지 제도의 유형 중 보편적 복지에 초점을 두고, 보편적 복지의 성격과 이를 실시해야 하는 분야에 대해 설명하고 있다. 보편적 복지란 소득 수준에 상관없이 일정한 조건에 해당되는 사람 모두에게 복지 혜택을 부여하는 것으로, 우리가 낸 세금을 서비스 형태로 돌려받는 권리 성격의 복지이나 가난한 사람들이 상대적으로 좀 더 혜택을 받는다. 의료 서비스와 보육 서비스와 같이 기본적인 욕구에 대해서는 보편적 복지를 실시하는 것이 사회 통합적 차원에서 바람직하다. 하지만 이를 보편적 복지 형태로 제공하기 위해서는 지금의 저부담-저복지 체제를 벗어나 중부담-중복지 체제로 옮겨 간 후 점차 고부담-고복지 체제로 변화해야 한다.

[문단 요지]

1문단: 선별적 복지와 보편적 복지의 개념
2문단: 보편적 복지의 성격
3문단: 보편적 복지를 실시해야 하는 분야와 그 이유
4문단: 의료 · 보육 서비스를 보편적 복지로 제공하기 위한 방법

[주제]

보편적 복지를 실시해야 하는 분야와 실현 방법

1 세부 내용 파악하기 | 정답 ⑤ |

윗글의 내용을 이해한 것으로 적절한 것은?

① 보편적 복지는 저소득층에게 복지 혜택을 제공하는 방식이다. 선별적 복지
② 보편적 복지는 부자가 가진 것을 뺏어서 가난한 사람에게 나누어 주는 것이다. 보편적 복지는 권리 성격의 복지임.
③ 보육 서비스를 선별적 복지로 제공하면 우리나라의 저출산 문제를 해결할 수 있다. 보편적 복지로 제공
④ 선별적 복지는 일정한 조건에 해당되는 사람 모두에게 복지 혜택을 부여하는 것이다. 보편적 복지
⑤ 삶의 과정에서 누구나 겪게 되는 기본적 욕구에 대해서는 보편적 복지를 제공하는 것이 바람직하다. 3문단

✔ 정답 풀이

3문단에서 유아기부터 노년기에 이르기까지 누구나 겪게 되는 기본적인 욕구에 대해서는 보편적 복지를 제공하는 것이 사회 통합적 차원에서 바람직하다고 하였다.

✘ 오답 풀이

①, ④ 1문단에서 선별적 복지는 노동자와 중산층이 부담한 복지 비용으로 저소득층에게 복지 혜택을 제공하는 방식이라고 하였고, 보편적 복지는 소득 수준에 상관없이 일정한 조건에 해당되

는 사람 모두에게 복지 혜택을 부여하는 방식이라고 하였다.
② 2문단에서 보편적 복지는 부자가 가진 것을 뺏어서 가난한 사람에게 나누어 주는 복지가 아니라, 우리가 낸 세금을 서비스 형태로 돌려받는 권리 성격의 복지라고 하였다.
③ 3문단에서 보편적 보육 서비스는 저출산 문제를 해결하는 가장 현실적인 방안이 될 수 있다고 하였다.

2 문맥의 의미 파악하기 | 정답 ④ |

윗글을 참고할 때, ㉠에 대한 대답으로 가장 적절한 것은?

① 국민들이 지금보다 더 적은 세금을 납부해야 한다. 더 많은 세금을 납부해야 함.
② 세금은 적게 내고 많은 복지를 받는 체제로 바꾸어 나가야 한다. 글에서 언급하지 않음.
③ 세금을 적게 내고 적은 복지를 받는 지금의 체제를 유지해야 한다. 지금의 체제에서 벗어나야 함.
④ 중부담-중복지 체제로 옮겨 간 후 점차 고부담-고복지 체제로 변화해야 한다. 4문단
⑤ 세금을 상당히 많이 내고 매우 좋은 복지를 받는 체제로 급격하게 바꾸어야 한다. 급격하게 바꾸려 하면 무리가 따름.

✔ 정답 풀이

4문단에서 의료 서비스, 보육 서비스를 보편적 복지 서비스의 형태로 제공하기 위해서는 국민들이 지금보다 더 많은 세금을 납부해야 한다고 하였다. 이를 위해서는 지금의 저부담-저복지 체제를 벗어나야 하지만 고부담-고복지 체제로 급격하게 바꿀 경우 무리가 따르기 때문에 중부담-중복지 체제로 옮겨 간 후 점차 고부담-고복지 체제로 변화해야 한다고 하였다.

✘ 오답 풀이

③ 4문단에서 ㉠을 위해서는 세금을 적게 내고 적은 복지를 받는 지금의 체제에서 벗어나야 한다고 하였다.
⑤ 4문단에서 세금을 지금보다 상당히 많이 내고 매우 좋은 복지를 받는 고부담-고복지 체제로 급격하게 바꾸려 하면 무리가 많이 따르기 때문에 점차적으로 변화해 가야 한다고 하였다.

사회 06~10 독해력 쑥쑥, 어휘 테스트

01 ⓑ	02 ⓐ	03 ⓒ	04 ⓓ	05 ⓔ
06 ⓔ	07 ⓛ	08 ⓜ	09 ⓒ	10 ⓒ
11 통합하려는		12 납부하려고		13 허용하는
14 냉소하는		15 소모하는		
16 ○	17 ×	18 ○	19 ×	20 ○

● 1문단: 몰포나비의 색과 그 이유

중남미 아마존강 유역에서 서식하고 있는 몰포(Morpho)라는 나비의 날개는 푸른색을 내는 색소 성분이 전혀 없는데도 푸른빛이 나는데, 그 이유를 날개의 표면 구조에서 찾을 수 있다. <u>몰포나비 날개의 특징</u> 몰포나비의 날개를 전자 현미경으로 확대하면 나노미터˚ 크기의 기와지붕 같은 단백질 구조가 층층이 쌓여 있는 것을 볼 수 있다. <u>몰포나비의 날개 구조</u> 이러한 구조를 지닌 나비의 날개에 빛을 쏘이면 날개의 두께에 따라 빛은 간섭 현상을 일으키게 되고 결국 우리는 <u>빛의 간섭 현상이 일어나는 이유</u> 푸른빛의 몰포나비를 보게 되는 것이다. <u>우리 눈에 보이는 몰포나비의 색깔</u>

● 2문단: 간섭 현상의 개념과 종류– 보강 간섭과 상쇄 간섭

그러면 <u>빛의 간섭 현상</u>은 무엇일까? <u>중심 화제</u> 간섭 현상이란 두 개 이상의 파동˚이 만났을 때 중첩의 원리에 따라 파동이 더해지면서 나타나는 현상으로 <u>간섭 현상의 개념</u> 보강 간섭과 상쇄˚ 간섭이 있다. <u>간섭 현상의 종류(분류)</u> 그림(a)와 같이 모양이 같은 파동이 겹쳐지면 그 세기가 더욱 강해지는 보강 간섭이 나타나고 <u>보강 간섭의 개념</u> 그림(b)와 같이 모양이 서로 어긋나는 파동이 겹쳐지면 그 세기가 약해지는 상쇄 간섭이 나타난다. <u>상쇄 간섭의 개념</u> 그런데 우리의 눈에 잘 보이는 경우는 보강 간섭이 일어나는 경우이며 <u>보강 간섭의 특징</u> 색 변환 잉크 역시 이러한 빛의 간섭 현상을 활용하고 있다. <u>몰포나비와 색 변환 잉크의 공통점</u>

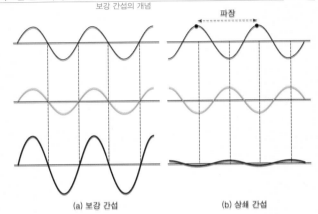

파장

(a) 보강 간섭   (b) 상쇄 간섭

● 3문단: 색 변환 잉크의 원리와 이점

색 변환 잉크 안에 있는 얇은 조각은 크롬, 불화마그네슘, 알루미늄의 층으로 이루어져 있는데 층마다 빛을 반사하는 정도가 다르다. <u>색 변환 잉크의 특징</u> 빛의 간섭이 일어나는 파장˚의 영역은 불화마그네슘의 두께에 따라 결정되는데 <u>빛의 간섭이 일어나는 파장 영역 결정</u> 만 원권 지폐의 경우 위에서 내려다 봤을 때에는 노란색 파장이, 옆에서 봤을 때에는 초록색 파장이 강한 보강 간섭을 일으킨다. 그래서 우리가 만 원권 뒷면 오른쪽 아랫부분의 '10000'이라고 찍힌 부분을 위에서 보면 황금색으로 보이지만 옆에서 보면 초록색으로 보이는 것이다. 이러한 만 원권 지폐의 특성은 위조 지폐를 방지하는 데 효과적이라고 평가되고 있다. <u>색 변환 잉크를 사용한 지폐의 장점</u>

＊상쇄(서로 相, 빠를 殺): 상반되는 것이 서로 영향을 주어 효과가 없어지는 일.

● 나노미터: 빛의 파장같이 짧은 길이를 나타내는 단위.
● 파동: 공간의 한 점에 생긴 물리적인 상태의 변화가 차츰 둘레에 퍼져 가는 현상. 수면(水面)에 생기는 파문이나 음파, 빛 따위를 이른다.
● 파장: 파동에서, 같은 위상을 가진 서로 이웃한 두 점 사이의 거리.

▶ 주제: 색 변환 잉크의 원리인 빛의 간섭 현상

[지문 해제]

이 글은 몰포나비와 만 원권 지폐에 나타나는 빛의 간섭 현상에 대해 설명하고 있다. 빛의 간섭 현상이란 두 개 이상의 파동이 만났을 때 중첩의 원리에 따라 파동이 더해지면서 나타나는 현상으로, 보강 간섭과 상쇄 간섭이 있다. 보강 간섭은 모양이 같은 파동이 겹치면서 그 세기가 더욱 강해지며, 상쇄 간섭은 모양이 서로 어긋나는 파동이 겹치면서 그 세기가 약해지는 것이다. 만 원권 지폐에서는 빛의 간섭 현상을 활용한 색 변환 잉크를 사용하고 있는데, 이것은 위조 지폐를 방지하는 데 효과적이라고 평가되고 있다.

[문단 요지]

1문단: 몰포나비의 색과 그 이유
2문단: 간섭 현상의 개념과 종류 – 보강 간섭과 상쇄 간섭
3문단: 색 변환 잉크의 원리와 이점

[주제]

색 변환 잉크의 원리인 빛의 간섭 현상

---

1 세부 내용 파악하기 | 정답 ③ |

윗글의 내용과 일치하는 것은?

① 몰포나비는 푸른색의 색소를 가지고 있다. 1문단
  푸른색의 색소가 없음.
② 빛의 세기에 따라 나비의 날개에서 간섭 현상이 일어난다. 1문단
  날개의 두께에 따라
③ 몰포나비와 색 변환 잉크는 빛의 간섭 현상을 활용하고 있다.
④ 위상이 같은 파동이 겹쳐지면 세기가 강해지는 상쇄 간섭이 일어난다. 2문단
  보강 간섭
⑤ 색 변환 잉크에서 간섭이 일어나는 파장 영역은 알루미늄의 두께에 따라 결정된다. 3문단
  불화마그네슘의 두께에 따라

✔ 정답 풀이

1문단에서 몰포나비는 빛의 간섭 현상을 활용하고 있다고 설명하고 있으며, 3문단에서 색 변환 잉크 역시 빛의 간섭 현상을 활용하고 있다고 언급하고 있다.

✖ 오답 풀이

① 1문단에서 몰포나비는 푸른색의 색소가 전혀 없음에도 불구하고 푸른색으로 보인다고 설명하고 있다.
② 2문단에서 몰포나비의 날개는 단백질로 이루어져 있으며, 날개의 두께에 따라 빛의 간섭 현상이 일어난다고 하였다.
④ 2문단에서 위상이 같은 파동이 겹쳐지면 세기가 강해지는 보강 간섭이 일어난다고 하였다.
⑤ 3문단에서 색 변환 잉크에서 간섭이 일어나는 파장의 영역은 불화마그네슘의 두께에 따라 결정된다고 하였다.

---

2 다른 상황에 적용하기 | 정답 ② |

윗글을 참고하여 〈보기〉를 이해한 내용으로 적절한 것은?

┤ 보 기 ├

비눗방울 용액은 특별한 색소를 첨가하지 않기 때문에 대부분 투명하거나 뿌옇게 보인다. 하지만 비눗방울은 무지갯빛을 띠며 공중을 날아다닌다. 이는 색의 비밀이 색소 자체에 있지 않고 빛에 있다는 사실을 말해 준다. 비눗방울 표면에 도달한 빛의 일부는 비누막 표면에서 반사되고, 나머지는 굴절되어 막으로 들어간다. 내부로 들어간 빛은 다시 반사되어 비눗방울 밖으로 나오게 되는데 이렇게 막 표면과 내부에서 반사된 빛이 간섭 현상을 일으켜 비눗방울이 무지갯빛을 띠게 되는 것이다. 또한 비눗방울의 두께가 일정하지 않아서 같은 비눗방울 용액을 사용하더라도 다양한 색의 비눗방울이 만들어지게 된다.

① 비눗방울의 무지갯빛과 몰포나비의 푸른빛은 모두 색소로 인해 나타난 것이겠군.
  모두 색소와 관련이 없음.
② 비눗방울의 무지갯빛과 몰포나비의 푸른빛은 모두 빛의 간섭 현상과 관련이 있겠군.
③ 비눗방울 용액이 뿌옇게 보이는 이유는 몰포나비가 푸른빛으로 보이는 이유와 비슷하겠군.
  몰포나비가 푸른빛으로 보이는 이유와 비슷한 것은 비눗방울이 무지갯빛으로 보이는 것임.
④ 비눗방울과 몰포나비 날개의 두께는 비눗방울과 몰포나비의 색깔에 영향을 미치지 않겠군.
  영향을 미침.
⑤ 비눗방울의 무지갯빛은 용액의 표면 구조로 인한 것이고, 몰포나비의 푸른빛은 날개의 표면 구조로 인한 것이겠군. 비눗방울의 무지갯빛은 표면과 내부에서 반사된 빛이 간섭 현상을 일으키기 때문임.

✔ 정답 풀이

〈보기〉에서 비눗방울은 무지갯빛을 띠는데 이것은 막 표면과 내부에서 반사된 빛이 간섭 현상을 일으키기 때문이며, 1문단에서 몰포나비가 푸른빛이 나는 이유는 날개의 두께에 따라 빛이 간섭 현상을 일으키기 때문이다.

✖ 오답 풀이

③ 1문단에서 몰포나비가 푸른빛으로 보이는 이유는 날개의 두께에 따라 빛이 간섭 현상을 일으키기 때문이며, 이것은 〈보기〉에서 비눗방울이 무지갯빛을 띠는 이유와 비슷하다.
④ 〈보기〉에서 비눗방울의 두께가 일정하지 않아서 다양한 색의 비눗방울이 만들어지는 것이며, 1문단에서 몰포나비 날개의 두께에 따라 빛이 간섭 현상을 일으켜 몰포나비가 푸른색으로 보이게 된다고 하였다.
⑤ 〈보기〉에서 비눗방울의 표면과 내부에서 반사된 빛이 간섭을 일으켜 무지갯빛이 나는 것이며, 1문단에서 몰포나비가 푸른빛이 나는 이유는 날개의 표면 구조 때문이라고 설명하고 있다.

　　최근 사람들은 오로라를 볼 수 있는 여행지를 선호*하는 경향을 보이고 있다. 그렇다면 이렇게 사람들의 주목을 받고 있는 <u>오로라의 정체</u>는 무엇일까?
_{중심 화제}

　　「로마 신화에서는 새벽의 여신이 태양이 솟도록 하늘의 문을 여는 과정이라며 오로라를 신비하면서도 긍정적인 현상으로 언급하였다. 반면 알래스카의 에스키모 족은 오로라를 불길한 징조로 여겨 외출할 때 무기를 가지고 나갔다고 한다. 우리나라의 「삼국사기」나 「삼국유사」, 「고려사」 등에도 오로라에 관한 기록이 남아 있는데 이러한 사실은 확률적으로 우리나라에서도 1년에 하루 정도 오로라가 나타날 가능성이 있음을 알려주고 있다.」 물론 일반적으로 오로라는 <u>고위도인 북극권과 남극권</u>에서 볼 수 있는데, 그 이유
_{오로라를 볼 수 있는 지역}
는 <u>태양에서 날아온 고에너지 입자가 지구 가까이에 와서 지구의 자기장을 따라 남쪽과
_{북극권과 남극권에서 오로라를 볼 수 있는 이유}</u>
북쪽으로 빨려 들어가기 때문</u>이다.

　　오로라는 <u>태양에서 날아온 전기적 성질을 띤 입자가 지구 대기에 있는 입자들과 충돌
_{오로라의 개념}</u>
하면서 일어나는 현상이다. 「그 입자는 강력한 에너지를 가지고 있는데 우주 공간에서는
_{「」: 태양에서 날아온 입자의 특징}
에너지를 잃지 않고 그대로 가지고 있다가 지구의 대기권*에 들어온 순간부터 산소, 질소 분자와 충돌하며 지상으로 내려간다. 그리고 이때 충돌한 산소, 질소 분자는 주변에 있는 다른 분자에게 에너지를 전달해 불안정한 상태를 해소하고자 한다.」 하지만 <u>고층
대기는 공기가 매우 희박*하여 근처에 다른 입자*가 없다. 그래서 불안정한 상태인 산
_{고층 대기의 상태}</u>
소, 질소 분자는 충돌하면서 얻게 된 에너지를 오랜 시간 동안 천천히 전자기파의 형태
로 방출하게 되는데 이것이 바로 우리가 보는 오로라인 것이다.
_{오로라의 발생 원인}

　　오로라는 <u>지상에서 90~250km 상공</u>에 <u>거대한 커튼처럼 펼쳐지기</u> 때문에 오로라 커
_{오로라 현상이 발생하는 위치　　　　　　오로라의 모양}
튼이라고도 부른다. 우리의 눈에는 <u>오로라의 가장 아래쪽이 색이 강하고 위로 올라갈수
_{우리 눈에 보이는 오로라의 색}</u>
록 흐릿해 보이지만 실제로 커튼의 아래와 위쪽은 밝기 차이가 없다. 이러한 오로라의
_{실제 오로라의 특징}
특성을 인지하고 오로라 여행을 계획한다면 신비한 현상을 조금 더 가까이 접할 수 있을 것이다.

● 대기권: 지구를 둘러싸고 있는 대기의 범위. 지상 약 1,000km까지를 이르며, 온도의 분포에 따라 밑에서부터 대류권,
　성층권, 중간권, 열권으로 나눈다.
● 입자: 물질의 일부로서, 구성하는 물질과 같은 종류의 매우 작은 물체.

* 선호(가릴 選, 좋을 好):
　여럿 가운데서 특별히
　가려 좋아함.
* 희박(드물 稀, 엷을 薄):
　기체, 액체 따위의 농도
　나 밀도가 엷거나 낮음.

▶ 주제: 오로라의 발생
　원인

[지문 해제]

이 글은 오로라의 개념과 발생 원인에 대해 설명하고 있다. 오로라는 태양에서 날아온 전기적 성질을 띤 입자가 지구 대기에 있는 입자들과 충돌하면서 일어나는 현상으로, 태양에서 날아온 고에너지 입자가 지구 가까이에 와서 지구의 자기장을 따라 남쪽과 북쪽으로 빨려 들어가기 때문에 고위도인 북극권과 남극권에서 볼 수 있다. 오로라는 우리의 눈에 아래와 위쪽 간 밝기의 차이가 있는 듯 보이지만 실제로 밝기 차이는 없다. 이러한 오로라의 특성을 인지하고 오로라를 관찰하면 신비한 현상을 조금 더 가까이 접할 수 있다.

[문단 요지]

1문단: 오로라에 대한 관심 증대
2문단: 오로라에 대한 인식
3문단: 오로라의 개념과 발생 원인
4문단: 오로라가 커튼처럼 보이는 이유

[주제]

오로라의 발생 원인

---

1 내용 전개 방식 파악하기 | 정답 ② |

윗글의 내용 전개 방식으로 적절하지 않은 것은?

① 오로라의 개념을 분명하게 설명하고 있다. 3문단
② 오로라를 구성하는 성분을 비교하여 설명하고 있다.
③ 오로라가 발생하는 원인을 분석적으로 설명하고 있다. 3문단
④ 오로라에 대한 상반된 인식을 대조하여 설명하고 있다. 로마 신화 ↔ 알레스카의 에스키모 족
⑤ 오로라에 대한 과거 사람들의 인식을 예를 들어 설명하고 있다. • 로마 신화─긍정적
• 알레스카의 에스키모 족─부정적

✔ **정답 풀이**

3문단에서 오로라는 태양에서 날아온 전하를 띤 입자가 지구 대기에 있는 입자들과 충돌하면서 일어나는 현상이라고 설명한 후, 태양에서 날아온 전기적 성질을 띤 입자의 특징을 오로라가 발생하는 원인과 연관 지어 분석적으로 설명하고 있다. 하지만 오로라를 구성하는 성분에 대해 언급하고 있지 않다.

✖ **오답 풀이**

① 3문단에서 '오로라는 태양에서 날아온 전기적 성질을 띤 입자가 지구 대기에 있는 입자들과 충돌하면서 일어나는 현상'이라며 오로라의 개념을 제시하고 있다.
③ 3문단에서 태양에서 날아온 전하를 띤 입자는 강력한 에너지를 가지고 있는데 이 입자와 충돌한 지구 대기권의 산소와 질소 분

자가 다른 원자나 분자에게 에너지를 전달하지 못해 오로라가 발생하는 것이라고 설명하고 있다.
④ 2문단에서 로마 신화에서는 새벽의 여신이 태양이 솟도록 하늘의 문을 여는 과정이라며 오로라를 신비하면서도 긍정적인 현상으로 인식하고 있다고 언급하였으며, 알래스카의 에스키모 족은 오로라를 불길한 징조로 여겨 외출할 때 무기를 가지고 나갔다고 언급하고 있다. 그러므로 오로라에 대한 상반된 인식을 대조하여 설명하고 있다는 진술은 적절하다.
⑤ 2문단에서 로마 신화, 알래스카의 에스키모 족, 우리나라 사람들이 오로라를 어떻게 인식하고 있는지를 제시하고 있으므로 오로라에 대한 과거 사람들의 인식을 예를 들어 설명하고 있다는 진술은 적절하다.

---

2 세부 내용 파악하기 | 정답 ⑤ |

윗글의 내용과 일치하지 않는 것은?

① 오로라에 대한 사람들의 관심이 높아지고 있다. 1문단
② 일반적으로 오로라는 고위도에서 볼 수 있다. 2문단
③ 지구의 고층 대기는 공기가 매우 희박하여 다른 입자가 존재하지 않는다. 3문단
④ 오로라는 보이는 것과 다르게 실제로는 위아래의 밝기 차이가 거의 없다. 4문단
⑤ 오로라는 지구의 대기에 존재하는 입자들끼리 충돌하면서 일어나는 현상이다. 태양에서 날아온 입자와 지구 대기의 입자가 충돌하면서 발생하는 현상

✔ **정답 풀이**

3문단에서 오로라는 태양에서 날아온 전하를 띤 입자와 지구 대기의 입자가 충돌하면서 발생하는 현상이라고 설명하고 있다. 따라서 지구의 대기에 존재하는 입자들끼리 충돌하면서 일어나는 현상이라는 ⑤의 진술은 적절하지 않다.

✖ **오답 풀이**

① 1문단에서 최근 사람들은 오로라를 볼 수 있는 여행지를 선호한다고 하였다. 따라서 오로라에 대한 사람들의 관심이 높아지고 있다고 볼 수 있다.
② 2문단에서 우리나라에서도 1년에 하루 정도 오로라가 나타날 가능성이 있지만, 일반적으로 오로라는 고위도인 북극권과 남극권에서 볼 수 있다고 설명하고 있다.
③ 3문단에서 태양에서 날아온 입자와 충돌한 산소, 질소 분자는 주변에 있는 다른 분자에게 에너지를 전달해 불안정한 상태를 해소하고자 하지만 고층의 대기는 공기가 매우 희박하여 근처에 다른 입자가 없다고 설명하고 있다. 따라서 지구의 고층 대기는 공기가 희박하여 다른 입자가 존재하지 않음을 알 수 있다.
④ 5문단에서 우리의 눈에는 오로라의 가장 아래쪽이 색이 강하고 위로 올라갈수록 흐릿해 보여 커튼처럼 보이지만, 실제로 커튼의 아래와 위쪽은 밝기 차이가 거의 없다고 설명하고 있다.

○ 1문단: 충수에 대한
　일반적인 생각

진화론의 선구자인 찰스 다윈은 맹장, 정확하게 말하면 맹장 끝에 붙어 있는 작은 돌기인 충수가 있는 이유에 대해 다음과 같은 가설을 세웠다. 그는 「유인원의 먼 조상은 잎사귀를 먹고 살았기 때문에, 이것을 소화할 수 있는 미생물이 사는 큰 맹장이 필요했다고 가정했다. 그러나 시간이 지나 유인원들의 조상들은 소화하기 쉬운 과일을 주식*으로 먹게 됐고, 쓸모가 없어진 맹장은 점점 작아졌다는 것이다. 특히 충수는 맹장이 수축*할 때 접히면서 남은 주름살 중 하나로, 아무 쓸모가 없는 기관이라고 생각했다. 이렇게 쓸모없게 보이는 충수는 급성 충수염을 일으키기도 해서 일반적으로 사람들은 충수는 쉽게 제거해도 된다고 생각하게 되었다.

○ 2문단: 장내 미생물의
　피난처인 충수

그런데 이렇게 골칫거리로 여겨졌던 충수가 유익한 장내 미생물의 피난처라는 연구 결과가 발표되었다. 대장이 병을 일으키는 미생물에 감염된 경우, 설사로 대장이 깨끗하게 비워지고 나면 충수에 숨어 있던 기존의 미생물들이 나와 다시 원래대로의 장내 미생물 생태계를 만든다는 것이다. 특히 윌리엄 파커 교수팀은 급성 충수염의 원인이 되기도 하는 충수 주위의 림프 조직에 풍부하게 존재하는 특정 단백질이 장내 미생물의 성장을 돕는다는 사실도 밝혀냈다.

○ 3문단: 충수에 대한
　인식 전환의 필요성

[A] 그래서 최근 단순 충수염에 한해 소아를 중심으로 충수를 잘라내지 않고 보존하는 치료 방법, 즉 항생제를 이용해 충수의 염증을 가라앉히는 방법이 연구되고 있다. 충수가 있는 다른 동물들은 사람처럼 급성 충수염에 쉽게 ⊙걸리지 않는다. 이에 대해 파커 교수는 급성 충수염은 서구화에 의한 병이라고 지목하면서 사람들이 실내에서 일하기 때문에 생기는 비타민D 결핍*이나, 지방이 많은 식이습관, 운동 부족, 스트레스, 환경의 변화에 따라 장내 미생물의 불균형 등으로 사람은 급성 충수염에 쉽게 노출*된다고 설명하고 있다. 따라서 우리는 그동안 하찮게 여겼던 충수에 대한 인식을 전환*하고 충수를 지키기 위해 치료 방법과 생활 습관의 변화를 꾀해야 할 것이다.

＊주식(주인 主, 밥 食):
　밥이나 빵과 같이 끼니
　에 주로 먹는 음식.
＊수축(거둘 收, 줄일 縮):
　근육 따위가 오그라듦.
＊결핍(이지러질 缺, 모자
　랄 乏): 있어야 할 것이
　없어지거나 모자람.
＊노출(이슬 露, 날 出):
　겉으로 드러나거나 드
　러냄.
＊전환(구를 轉, 바꿀 換):
　다른 방향이나 상태로
　바뀌거나 바꿈.

▶ 주제: 충수에 대한 인
　식 변화

1 세부 내용 파악하기 | 정답 ③ |

윗글의 내용과 일치하지 <u>않는</u> 것은?
① 충수는 맹장 끝에 붙어 있는 작은 돌기이다. 1문단
② 충수는 급성 충수염을 일으키는 원인이 된다. 1문단
③ 충수가 있는 동물들 역시 사람처럼 쉽게 급성 충수염에 걸린다. 3문단
  다른 동물은 사람처럼 쉽게 급성 충수염에 걸리지 않음.
④ 유인원들의 조상들은 과일을 주식으로 먹게 되면서 맹장이 작아지게 되었다. 1문단
⑤ 과거 골칫거리로 여겨졌던 충수가 긍정적인 역할을 한다는 것이 최근에 밝혀졌다. 2문단

✔ 정답 풀이

3문단에서 '충수가 있는 다른 동물들은 사람처럼 급성 충수염에 쉽게 걸리지 않는다.'라고 하였다.

✘ 오답 풀이

① 1문단에서 충수는 '맹장 끝에 붙어 있는 작은 돌기'라고 하였다.
② 1문단에서 충수는 급성 충수염을 일으킨다고 하였다.
④ 1문단에서 유인원들의 조상들이 소화하기 쉬운 과일을 주식으로 먹게 되면서 쓸모가 없어진 맹장은 점점 작아졌다고 하였다.
⑤ 2문단에서 과거에 골칫거리로 여겨졌던 충수가 장내 미생물의 피난처라는 연구 결과가 발표되었다고 하였다.

2 특정 정보 이해하기 | 정답 ③ |

[A]에 드러난 충수에 대한 새로운 인식으로 적절하지 <u>않</u>은 것은?

① 충수는 유익한 장내 미생물의 피난처이다.
② 단순 충수염은 항생제를 이용해서 치료할 수 있다.
③ 충수는 급성 충수염의 원인이므로 쉽게 제거해도 된다.
  과거에는 충수를 하찮게 여겨 쉽게 제거했지만,
  연구 결과 충수의 긍정적 역할이 밝혀짐.
④ 서구화로 인해 실내에서 일하게 됨에 따라 급성 충수염에 쉽게 노출된다.
⑤ 장내 미생물의 불균형 때문에 사람들은 급성 충수염에 쉽게 걸릴 수 있다.

✔ 정답 풀이

과거에는 충수를 아무 쓸모가 없는 기관이라고 생각하였으며, 충수가 급성 충수염을 일으키는 원인이라고 여겨 충수를 쉽게 제거해도 된다고 생각했다. 하지만 최근 충수가 유익한 장내 미생물의 피난처라는 연구 결과가 발표되면서 충수를 지키기 위해 치료 방법의 개선과 식습관, 생활 방식의 변화가 필요하다고 언급하고 있다. 따라서 ③의 진술은 충수에 대한 새로운 인식에 해당하지 않는다.

✘ 오답 풀이

① 2문단에서 대장이 미생물에 감염된 경우, 설사로 대장이 비워지고 나면 충수에 숨어 있던 기존의 미생물들이 나와 다시 원래대로의 장내 미생물 생태계를 만든다는 사실이 밝혀졌다고 하였다.
② 3문단에서 최근 소아를 중심으로 단순 충수염에 한해 항생제를 이용해 충수의 염증을 가라앉히는 방법이 연구되고 있다고 하였다.
④, ⑤ 3문단에서 파커 교수는 급성 충수염은 서구화에 의한 병이라면서 실내에서 일하기 때문에 생기는 비타민D 결핍이나, 지방이 많은 식이습관, 운동 부족, 스트레스, 환경의 변화에 따라 장내 미생물의 불균형 등으로 급성 충수염에 쉽게 노출된다고 하였다.

3 문맥적 의미 파악하기 | 정답 ② |

㉠과 문맥적 의미가 가장 유사한 것은?
  병이 들다.
① 친구와의 다툼이 마음에 걸린다. 눈이나 마음 따위에 만족스럽지 않고 언짢다.
② 날씨가 추워지자 감기에 걸렸다.
③ 오후가 되자 해가 중천에 걸렸다. 해나 달이 떠 있다.
④ 그는 규정에 걸릴 일은 하지 않았다. 어떤 것에 어긋나다.
⑤ 숱한 말들이 목에 걸려 한 마디도 할 수 없었다. 말이 막히다.

✔ 정답 풀이

㉠과 ②의 '걸리다'는 '병이 들다.'라는 의미이다.

✘ 오답 풀이

① '눈이나 마음 따위에 만족스럽지 않고 언짢다.'라는 의미이다.
③ '해나 달이 떠 있다.'라는 의미이다.
④ '어떤 것에 어긋나다.'라는 의미이다.
⑤ '말이 막히다.'라는 의미이다.

Ⅲ · 과학

＊간과(볼 看, 지날 過): 큰 관심 없이 대강 보아 넘김.
＊융합(화할 融, 합할 合): 다른 종류의 것이 녹아서 서로 구별이 없게 하나로 합하여지거나 그렇게 만듦. 또는 그런 일.

＊우려(근심할 憂, 생각할 慮): 근심하거나 걱정함. 또는 그 근심과 걱정.

모든 배아˙의 시작은 정자와 난자의 만남, 즉 수정이다. 그런데 수정의 순간을 담고 있는 몇몇 애니메이션은 과학적 오류를 담고 있어 문제가 되고 있다. 학생들에게 잘못된 정보를 습득하도록 하여 수정의 과정을 제대로 전달하지 못하고 있기 때문이다. 그러면 수정을 다루고 있는 애니메이션에 담긴 과학적 오류는 무엇일까?

애니메이션에서는 수많은 정자가 꼬리를 힘차게 흔들면서 난자를 향해 간다. 하지만 난자에 도착하는 정자는 단 하나뿐이다. 난자는 정자를 기다리고 있다가 가장 먼저 도착한 정자와 수정이 된다. 애니메이션의 초점은 선택 받은 정자이기 때문에 난자의 선택 과정은 간과＊되고 있으며 정자에 대한 묘사도 사실과 다르다.

여성은 태어날 때 약 200만 개의 미성숙한 난자를 가지고 태어나는데 사춘기가 시작되면서 이 난자들이 성숙하게 되고, 한 달에 한 번, 하나의 난자가 배란된다. 배란˙이 되기 약 10일 전, 12개가 넘는 미성숙한 난자들이 성숙 과정을 거쳐 결국 단 하나의 난자만이 성숙 과정을 마치고 배란된다. 하나의 난자만이 성숙 과정을 마칠 수 있는 이유는 성숙에 필요한 난포 호르몬이 아주 적은 양으로 분비되기 때문이다. 이렇듯 난자 역시 수정을 위해 정자처럼 치열하게 경쟁하고 있는 것이다.

그러면 가장 먼저 도착한 정자가 난자와 융합＊하는 것일까? 정자도 난자처럼 성숙 과정이 필요하다. 성숙 과정은 정자가 난자에 도착하기 전까지 이루어지는데 이 과정을 통해 정자는 난자를 둘러싸고 있는 막을 뚫을 수 있는 능력을 갖게 된다. 무작정 빨리 헤엄쳐서 난자에게 가장 빨리 온 정자는 성숙될 시간이 오히려 적었기 때문에 수정될 확률이 적다고 할 수 있다. 그리고 정자가 꼬리를 흔들면서 난자에게 가까이 가는 것이 아니라 자궁의 근육 운동으로 인해 정자가 난자 가까이 이동할 수 있는 것이다. 정자의 꼬리는 난자 주변에 가서야 비로소 힘차게 움직여 난자 주변을 둘러싼 막을 뚫고 들어가는 역할을 한다.

애니메이션을 통해 수정의 과정을 보여 주는 것은 학생들에게 흥미를 유발시키고 수정과 관련된 정보를 효과적으로 제공해 줄 수 있다. 하지만 지나친 흥미 위주의 설정은 사실과 다른 정보를 제공하여 학생들이 잘못된 정보를 습득할 우려＊가 있으므로 과학적 정보를 제공할 때에는 주의를 기울여 과학적으로 모순이 없는지를 신중히 판단해야 한다.

● 배아: 난할을 시작한 이후의 개체. 사람의 경우 7주가 지나면 태아라고 한다.
● 배란: 성숙한 난자가 난소에서 배출되는 일.

[지문 해제]

이 글은 애니메이션에 드러난 과학적 오류에 대해 설명하고 있다. 수정을 다루고 있는 애니메이션에서는 일반적으로 빨리 도착한 정자가 난자와 수정이 이뤄지는 것으로 구성되어 있다. 그러나 빨리 도착한 정자는 오히려 미성숙한 상태일 확률이 높기 때문에 수정될 가능성이 적으며, 난자도 단 하나의 난자만 성숙이 되므로 정자처럼 치열하게 경쟁하고 있는 것이다. 과학적 애니메이션은 보는 사람으로 하여금 흥미를 유발시킬 수는 있지만 잘못된 정보를 제공하는 경우에는 문제가 되기에 과학적 사실에 일치하는 정보를 제공해야 한다.

[문단 요지]

1문단: 애니메이션에 담긴 과학적 오류에 대한 문제 제기
2문단: 애니메이션에 담긴 과학적 오류
3문단: 수정을 위해 경쟁하는 난자
4문단: 정자의 성숙 과정과 꼬리의 역할
5문단: 과학적 애니메이션의 역할

[주제]

과학적 애니메이션의 문제점과 앞으로의 방향

---

1 표제와 부제 찾기　　　　　| 정답 ⑤ |

윗글을 신문 기사화할 때 표제와 부제로 가장 적절한 것은?

① 생명의 신비
　－ 난자와 정자의 만남
② 과학 애니메이션의 장점
　－ 사실 확인만이 유력한 대안
③ 배아의 시작인 수정
　－ 수정 과정에서 난자와 정자의 역할
④ 수정 과정에 담긴 비밀
　－ 사실에 부합하는 정보 제공만이 살 길
⑤ 애니메이션의 과학적 오류
　－ 수정 과정에 대한 정확한 정보 제공 필요

✅ 정답 풀이

1문단과 2문단에서 수정을 다루고 있는 애니메이션의 과학적 오류를 제시한 후, 3문단과 4문단에서 과학적 사실과 다른 난자의 선택과 정자의 성숙 과정을 언급하고 있다. 그리고 5문단에서 흥미를 유발시킬 수 있는 애니메이션은 정보를 제공할 때 과학적 사실에 적합한 지식을 제공해야 한다고 말하고 있다. 그러므로 '애니메이션의 과학적 오류'를 표제로, 오류에 대한 해결 방안인 '수정 과정에 대한 정확한 정보 제공 필요'를 부제로 제시한 ⑤가 가장 적절하다.

❌ 오답 풀이

① 정자와 난자의 수정 과정을 다루고 있기는 하지만 이 글에 제시된 과학 애니메이션의 문제점이 드러나 있지 않으므로 적절하지 않다.
② 5문단에서 애니메이션이 학생들의 흥미를 일으킨다고 언급하고 있기는 하지만 글의 중심 내용은 과학 애니메이션의 문제점이다. 따라서 표제를 '과학 애니메이션의 장점'이라고 하는 것은 적절하지 않다. 또한 애니메이션의 문제점 역시 과학적 내용을 사실대로 반영하고 있지 못하다고 하였으므로 '사실 확인만이 유력한 대안'을 부제로 삼는 것은 적절하지 않다.
③ 이 글의 핵심 내용인 애니메이션에 담긴 과학적 오류의 문제점이 언급되고 있지 않으므로 적절하지 않다.
④ 부제인 '사실에 부합하는 정보 제공만이 살 길'은 적절하지만, 표제로 제시한 '수정 과정에 담긴 비밀'에 애니메이션에 담긴 과학적 오류와 관련된 문제점이 언급되고 있지 않으므로 적절하지 않다.

---

2 반응의 적절성 파악하기　　　　　| 정답 ② |

윗글을 읽은 후의 반응으로 적절하지 않은 것은?

① 여성은 한 달에 한 번 하나의 난자가 배란되는군. 3문단
② 가장 먼저 도착한 정자가 난자와 만나 수정이 이뤄지는군.
　성숙이 된 정자
③ 자궁의 근육 운동으로 인해 정자가 난자 가까이 이동할 수 있군. 4문단
④ 정자의 꼬리는 난자 주변을 둘러싼 막을 뚫고 들어가는 역할을 하는군. 4문단
⑤ 난포 호르몬 때문에 한 달에 한 개의 난자만이 성숙 과정을 끝낼 수 있군. 3문단

✅ 정답 풀이

4문단에서 무작정 빨리 도착한 정자는 오히려 성숙될 시간이 짧았기 때문에 수정 가능성이 적다고 설명하고 있으므로 ②의 진술은 적절하지 않다.

❌ 오답 풀이

① 3문단에서 여성은 200만 개의 미성숙한 난자를 가지고 태어나며 사춘기가 되면서 한 달에 한 번 난자를 배란한다고 하였다.
③ 4문단에서 정자가 꼬리를 흔들며 난자에게 가는 것이 아니라 자궁의 근육 운동으로 인해 난자 가까이 이동할 수 있다고 하였다.
④ 4문단에서 정자의 꼬리는 난자 주변을 둘러싼 막을 뚫고 들어가는 역할을 한다고 하였다.
⑤ 3문단에서 배란이 되기 약 10일 전, 12개가 넘는 미성숙한 난자들이 성숙 과정을 거쳐 결국 단 하나의 난자만이 배란된다고 하였는데, 그 이유는 성숙에 필요한 난포 호르몬이 적은 양으로 분비되기 때문이라고 하였다.

○ 1문단: 뇌의 활동과 뇌파의 개념

　뇌의 활동은 뇌를 구성하는 신경 세포들의 활동이라고 할 수 있다. 신경 세포들은 서로 전기적 신호를 주고받으며 의사소통을 하는데, 세포들 간에 일어나는 이 같은 의사소통 신호를 측정함으로써 뇌의 활동에 대한 정보를 얻을 수 있다. 뇌세포가 발생시키는 전기적 신호를 뇌파라고 하는데 사람의 뇌파를 측정하면 깨어 있을 때와 잠이 들었을 때 각각 다른 뇌파가 발생된다.

○ 2문단: 각성 상태와 수면 상태의 뇌의 활동

　사람이 깨어 있을 때에는 진폭[●]이 작고 주파수[●]가 높은 형태인 뇌파가 발생하지만 수면의 초기에는 뇌의 활동 정도가 서서히 줄어들면서 뇌파의 진폭은 점점 커지고 주파수는 늘어지게 된다. 사람이 잠이 들면 뇌파의 특성과 안구의 움직임에 따라 렘수면(REM)과 비(非) 렘수면 단계로 나눌 수 있는데 평균적으로 렘수면은 전체 수면 시간의 25%, 비 렘수면은 75%를 차지한다고 알려져 있다. 일반적으로 렘수면은 급속한 안구 운동이 나타나는 시기이며 비 렘수면은 깊은 잠을 자는 시기를 말한다.

○ 3문단: 렘수면 단계에서 발생하는 뇌파와 그 역할

　우리는 렘수면 단계에서 꿈을 꾼다. 일반적으로 사람은 하룻밤에 네 번 가량 렘수면 상태를 경험함에도 불구하고 렘수면일 때 우리 뇌에서 벌어지는 현상은 거의 알려지지 않았다. 하지만 국내 연구진이 최근 쥐의 뇌에 전극[●]을 직접 넣어 렘수면 중 뇌파를 관찰한 결과 느린 뇌파와 빠른 뇌파가 동시에 관찰되었다. 일반적으로 특정한 뇌파마다 그 역할이 알려져 있는데 느린 뇌파는 뇌세포의 피로를 풀어 주고 빠른 뇌파는 기억을 형성하는 등의 뇌 활동을 반영한다. 그런데 렘수면 상태에서 느린 뇌파와 빠른 뇌파가 모두 관찰되었다는 것은 렘수면이 뇌의 피로 회복과 기억 형성에 기여한다는 사실이 입증[*]된 것이라는 점에서 그 의미를 찾을 수 있다.

● 진폭: 진동의 중심으로부터 최대로 움직인 거리.
● 주파수: 단위 시간 내에 몇 개의 패턴이 반복되었는가를 나타내는 수.
● 전극: 전기가 드나드는 곳. 전지, 발전기 따위의 전원에서 전류가 나오는 곳을 양극, 전류가 들어가는 곳을 음극이라 하는데 전위의 높고 낮음으로 양극과 음극을 구별한다.

＊입증(설 立, 증거 證): 어떤 증거 따위를 내세워 증명함.

▶ 주제: 렘수면 단계에서 발생하는 뇌파의 특징

이 글은 렘수면 단계에서 발생하는 뇌파의 특징에 대해 설명하고 있다. 각성 상태와 수면 상태의 뇌 활동과 신체의 움직임을 구체적으로 설명한 후, 수면 상태를 렘수면과 비 렘수면의 상태로 구분하여 소개하고 있다. 최근 연구 결과 렘수면 단계에서 빠른 뇌파와 느린 뇌파가 동시에 관찰되었는데, 빠른 뇌파는 일반적으로 기억을 형성하고 느린 뇌파는 뇌의 피로를 풀어 주는 등의 뇌 활동을 반영하고 있음이 보고되고 있다. 렘수면 상태에서 빠른 뇌파와 느린 뇌파가 관찰되었다는 것은 렘수면 상태에서 기억이 형성되고 피로 회복이 된다는 것을 알려주는 것이다. 이러한 실험 결과는 렘수면일 때 뇌에서 벌어지는 현상이 밝혀진 것이기에 그 의의가 있다.

[문단 요지]
1문단: 뇌의 활동과 뇌파의 개념
2문단: 각성 상태와 수면 상태의 뇌의 활동
3문단: 렘수면 단계에서 발생하는 뇌파와 그 역할

[주제]
렘수면 단계에서 발생하는 뇌파의 특징

1 세부 내용 파악하기 | 정답 ⑤ |

윗글을 통해 답을 찾을 수 없는 질문은?
① 뇌파란 무엇인가?1문단
　뇌세포가 발생시키는 전기적 신호
② 빠른 뇌파의 역할은 무엇인가?3문단
　기억 형성
③ 전체 수면 중 렘수면의 비중은 어떻게 되는가?2문단
　전체 수면 시간의 25%
④ 수면 초기에 발생하는 뇌파의 진폭은 어떠한가?2문단
　점점 커짐
⑤ 비 렘수면 중 발생하는 뇌파의 특징은 무엇인가?
　비 렘수면 중 발생하는 뇌파에 대한 설명은 제시되어 있지 않음.

✔ 정답 풀이

3문단에 렘수면일 때 발생하는 뇌파의 종류와 그 특징이 제시되어 있지만, 비 렘수면 중 발생하는 뇌파에 대한 설명은 제시되어 있지 않다. 2문단에서 잠이 들면 뇌파의 특성과 안구의 움직임에 따라 렘수면과 비 렘수면의 단계로 나눌 수 있는데, 이때 비 렘수면은 전체 수면의 75%를 차지하는 깊은 잠을 자는 시기라고 언급했을 뿐이다. 따라서 ⑤의 질문에 대한 답은 찾을 수 없다.

✘ 오답 풀이

① 1문단에서 '뇌세포가 발생시키는 전기적인 신호'를 뇌파라고 설명하고 있다.
② 3문단에서 빠른 뇌파는 기억을 형성하는 등의 뇌 활동을 반영한다고 설명하고 있다.
③ 2문단에서 평균적으로 렘수면은 전체 수면 시간의 25%를 차지한다고 설명하고 있다.

④ 2문단에서 수면 초기에는 뇌의 활동 정도가 서서히 줄어들면서 뇌파의 진폭은 점점 커지고 주파수는 늘어지게 된다고 설명하고 있다.

2 반응의 적절성 파악하기 | 정답 ② |

윗글을 읽은 후의 반응으로 적절하지 않은 것은?
① 렘수면 단계에서 꿈을 꾸게 되는 것이군.3문단
② 일반적으로 빠른 뇌파는 뇌세포의 피로를 풀어 주는군.
　느린 뇌파
③ 깨어 있을 때 진폭이 작고 주파수가 높은 뇌파가 발생하는군.2문단
④ 세포들 간에 일어나는 의사소통 신호를 측정하여 뇌의 활동을 알 수 있군.1문단
⑤ 뇌파의 특성과 안구의 움직임에 따라 렘수면과 비 렘수면으로 나눌 수 있군.2문단

✔ 정답 풀이

3문단에서 일반적으로 특정한 뇌파마다 그 역할이 알려져 있는데 느린 뇌파는 뇌세포의 피로를 풀어 주고, 빠른 뇌파는 기억을 형성하는 등의 뇌 활동을 반영한다고 설명하고 있다. 따라서 빠른 뇌파가 뇌세포의 피로를 풀어 준다는 ②의 진술은 적절하지 않다.

✘ 오답 풀이

① 3문단에서 렘수면 단계에서 꿈을 꾼다고 하였다.
③ 2문단에서 깨어 있을 때 진폭이 작고 주파수가 높은 형태인 뇌파가 발생한다고 하였다.
④ 1문단에서 세포들 간에 일어나는 전기적 의사소통 신호를 측정함으로써 뇌의 활동에 대한 정보를 얻을 수 있다고 하였다.
⑤ 2문단에서 잠이 들면 뇌파의 특성과 안구의 움직임에 따라 렘수면과 비 렘수면 단계로 나눌 수 있다고 하였다.

과학 01~05	독해력 쑥쑥 , 어휘 테스트			
01 ⓒ	02 ⓓ	03 ⓐ	04 ⓕ	05 ⓑ
06 ⓔ	07 ⓗ	08 ⓛ	09 ⓜ	10 ㉠
11 ㉢	12 ㉣	13 ㉄	14 ⓑ	15 ⓐ
16 ⓓ	17 ⓒ	18 ⓕ	19 ⓔ	20 ⓖ

○ 1문단: 미생물의 종류
 와 특성

빵을 먹다 남기면 곰팡이가 피고 풀이나 나뭇잎은 썩어 거름이 된다. 이러한 현상들에서 공통적으로 발견할 수 있는 존재는 바로 미생물이다. 현미경을 통해서 확인할 수 있는 미생물은 눈에 보이지 않을 뿐 생물과 살아가는 모습이 비슷하다. 미생물에는 곰팡이, 박테리아(세균), 바이러스 등이 있는데 이들은 여러 가지 병을 일으키는 원인으로 더 잘 알려져 있다. 앞서 말했듯이 미생물도 생물이므로 양분을 섭취하고 이를 소화시켜 에너지를 얻고, 다시 이것을 이용해 생장*과 증식* 그리고 변이*를 일으키는 생명 현상을 영위한다.

○ 2문단: 바이러스의
 특성

그런데 바이러스는 다른 미생물과 달리 완전한 세포 구조를 가지고 있지 않아 스스로 양분을 먹지도 않고 스스로 자라지도 않는다. 게다가 다른 모든 생물들이 가지고 있는 핵을 가지고 있지 않은 대신에 유전 정보를 간직한 DNA(디옥시리보핵산) 분자나 RNA(리보핵산) 분자를 가지고 있다. 또한 바이러스는 핵산 분자를 보호하는 단백질 분자가 효과적으로 합쳐진 아주 간단한 모습이지만 어떻게 해서든지 자신과 똑같은 자손을 만들어 내는 증식 능력이 있다. 이처럼 바이러스는 이렇게 숙주●가 없을 때에는 무생물에 가깝지만 숙주 세포만 있다면 생물처럼 증식할 수 있기 때문에 흔히 바이러스를 살아 있는 유전 물질, 생물과 무생물의 중간 존재라고 말한다.

○ 3문단: 바이러스에 대
 항하기 위한 백신의
 역할

그러면 바이러스가 이용하는 숙주는 무엇일까? 바이러스는 사람을 비롯하여 다른 동물과 식물, 심지어 곰팡이, 박테리아 등의 살아 있는 세포를 숙주로 이용한다. 바이러스는 다른 생물체가 있어야만 생존과 증식을 할 수 있는데 이러한 바이러스의 특징은 다른 숙주 생물에게는 ⓐ해로운 영향을 미친다. 바이러스는 숙주 세포에 ⓑ기생하고 있기 때문에 곰팡이, 박테리아와 달리 약을 사용하여 바이러스를 직접 죽일 수는 없다. 그래서 과학자들은 이미 알려진 바이러스의 피해를 다시 겪지 않으려고 백신을 만들어 바이러스에 ⓒ대항하는 방법을 찾아냈다. 병에 걸리기 전, 우리 몸에 아주 약한 바이러스나 병을 일으키지 못하는 바이러스 종류를 미리 주사하여 병을 막는 것이다. 하지만 바이러스들은 자신의 모습을 새롭게 바꾸는 변이를 일으킨다. ㉠사람들은 매년 독감을 예방하기 위해 독감 백신을 접종하고 있지만 백신을 맞고도 독감에 걸린다. 그 이유는 독감 바이러스가 변이가 잦아 그것을 100% ⓓ방어할 수 있는 백신을 만들기가 어렵기 때문이다. 이렇게 끊임없이 변이하는 독감 바이러스를 상대로 백전백승을 ⓔ단언하기란 쉽지 않지만 국내외 과학자들이 연구에 힘쓰고 있기 때문에 널리 쓰일 수 있는 백신이 만들어질 것이라고 기대해 본다.

＊생장(날 生, 길 長): 나서 자람. 또는 그런 과정.
＊증식(불을 增, 번성할 殖): 생물이나 조직 세포 따위가 세포 분열을 하여 그 수를 늘려 감. 또는 그런 현상.
＊변이(변할 變, 다를 異): 같은 종에서 성별, 나이와 관계없이 모양과 성질이 다른 개체가 존재하는 현상.

▶ 주제: 바이러스의 특
 성과 백신의 개발

● 숙주: 기생 생물에게 영양을 공급하는 생물.

[지문 해제]

이 글은 미생물의 한 종류인 바이러스에 대해 설명하고 있다. 바이러스는 미생물의 특성을 지니면서도 곰팡이, 박테리아와 차이점이 있는데 이러한 특성 때문에 바이러스는 숙주에게 해로운 영향을 미치기도 한다. 그래서 과학자들은 바이러스에 대항하는 백신을 만들어 냈지만 최근 독감 바이러스는 변이가 잦아 이에 대한 방어가 쉽지 않다. 국내외 과학자들의 연구로 새로운 백신이 만들어질 것이라고 기대해 본다.

[문단 요지]

1문단: 미생물의 종류와 특성
2문단: 바이러스의 특성
3문단: 바이러스에 대항하기 위한 백신의 역할

[주제]

바이러스의 특성과 백신의 개발

1 세부 내용 파악하기 | 정답 ② |

윗글의 내용과 일치하지 않는 것은?

① 바이러스는 핵을 가지고 있지 않다. 2문단
② 바이러스는 RNA 분자를 가지고 있지 않다. RNA 분자를 가짐
③ 바이러스는 스스로 양분을 섭취하지 않는다. 2문단
④ 바이러스는 증식을 위해 숙주 세포를 필요로 한다. 3문단
⑤ 바이러스, 곰팡이, 박테리아 모두 증식 능력이 있다. 1문단, 2문단

✔ 정답 풀이

2문단에서 바이러스는 다른 모든 생물들이 가지고 있는 핵을 갖지 않은 대신에 유전 정보를 간직한 DNA(디옥시리보핵산) 분자나 RNA(리보핵산) 분자를 가지고 있다고 하였다.

✖ 오답 풀이

① 2문단에서 바이러스는 다른 모든 생물들이 가지고 있는 핵을 가지고 있지 않다고 하였다.
③ 2문단에서 바이러스는 다른 미생물과 달리 완전한 세포 구조를 가지고 있지 않아 스스로 양분을 먹지도 않고 자라지도 않는다고 하였다.
④ 3문단에서 바이러스는 사람을 비롯하여 다른 동물과 식물, 심지어 곰팡이, 박테리아 등의 살아 있는 세포를 숙주로 이용하여 생존과 증식을 할 수 있다고 하였다.
⑤ 1문단에서 곰팡이와 박테리아는 양분을 섭취하고 소화시켜 에너지를 얻고 다시 이것을 이용해 생장, 증식, 그리고 변이를 일으킨다고 하였으며, 2문단에서 바이러스도 자신과 똑같은 자손을 만들어 내는 증식 능력이 있다고 하였다.

2 근거의 적절성 파악하기 | 정답 ② |

독감 바이러스의 특징으로 미루어 ㉠의 이유로 가장 적절한 것은?

① 독감 바이러스를 직접 죽이지 않았기 때문이다. 바이러스는 직접 죽일 수 없음
② 독감 바이러스의 모습이 매년 바뀌기 때문이다.
③ 독감 바이러스의 증식 능력이 탁월하기 때문이다. 변이가 잦음
④ 독감 바이러스가 살아 있는 세포를 숙주로 이용하기 때문이다.
⑤ 독감 바이러스를 방어하는 백신을 독감이 걸리기 전에 투여하기 때문이다.

✔ 정답 풀이

㉠의 앞문장과 뒷문장을 고려하면 독감 바이러스가 모습을 새롭게 바꾸기 때문에 백신을 맞고도 독감에 걸리는 것이다.

✖ 오답 풀이

①, ④ 3문단에서 바이러스는 살아 있는 숙주 세포에 기생하고 있기 때문에 약으로 죽일 수 없고 백신을 만들어 대항한다고 하였다. 그러나 이는 독감 백신을 맞고도 독감에 걸리는 이유와 거리가 멀다.
③ 독감 백신을 맞고도 독감에 걸리는 이유는 독감 바이러스가 모습을 바꾸기 때문이지, 바이러스의 증식 능력이 탁월하기 때문이 아니다.
⑤ 3문단에서 백신은 병에 걸리기 전, 바이러스를 미리 주사하여 병을 막는 것이라고 언급되어 있다. 독감 백신 역시 독감에 걸리기 전에 주사하는 것이다. 그러나 백신 투여 시기는 독감 백신을 접종하고도 독감에 걸리는 이유와 거리가 멀다.

3 사전적 의미 파악하기 | 정답 ⑤ |

ⓐ~ⓔ의 사전적 의미로 적절하지 않은 것은?

① ⓐ: 해가 되는 점이 있는.
② ⓑ: 서로 다른 종류의 생물이 함께 생활하며 한쪽이 이익을 얻고 한쪽이 해를 입고 있는 일.
③ ⓒ: 굽히거나 지지 않으려고 맞서서 버티거나 항거함.
④ ⓓ: 상대편의 공격을 막음.
⑤ ⓔ: 어물어물 망설이기만 하고 결단성이 없음. 우유부단

✔ 정답 풀이

ⓔ '단언'의 사전적 의미는 '주저하지 아니하고 딱 잘라 말함.'이다. ⑤는 '우유부단'의 사전적 의미이다.

- **(가):** 유전자 치료의 개념

가 <u>유전자 치료</u>란 유전자 이상으로 인해 손상된 세포 안에 치료용 유전자를 넣어 질병
　　　중심 화제　　　　　　　　　　　　　　　　　　　유전자 치료의 개념
을 치료하는 방법을 말한다. 이러한 유전자 치료의 핵심은 <u>치료용 유전자를 손상된</u>
　　　　　　　　　　　　　　　　　　　　　　　　　유전자 치료의 핵심
<u>세포의 핵까지 안전하게 전달하는 것</u>이다.

- **(나):** 유전자 치료에 쓰이는 벡터의 개념과 종류

나 치료용 유전자를 핵까지 전달하는 데에 가장 문제가 되는 점은 유전자를 세포에 직
접 넣게 되면 수초 내에 분해되어 사라져 버린다는 것이다. 이를 막기 위해 <u>벡터</u>를 활
　　　　　　　　　핵까지 전달되기 어려운 치료용 유전자의 문제점　　　　　벡터의 역할
용한다. <u>벡터란 치료용 유전자를 핵까지 안전하게 운반하는 전달체</u>이다. 핵에 도달한
　　　　　　　　　　　　　벡터의 개념
치료용 유전자는 유전자 발현*을 통해 질병을 치료한다. 벡터에는 <u>바이러스를 이용하</u>
<u>는 바이러스성 벡터와 화학 물질을 이용하는 비바이러스성 벡터</u>가 있다.
　　　　　　벡터의 종류– 바이러스성 벡터, 비바이러스성 벡터

- **(다):** 바이러스성 벡터의 장점과 단점

다 ㉠<u>바이러스성 벡터는 세포막과 잘 결합하고</u>, 치료용 유전자를 핵까지 쉽게 전달할
　　　　　　　　　　　　　　　　　　　　바이러스성 벡터의 장점
수 있기 때문에 유전자의 발현 효율이 매우 높다. 그러나 바이러스는 원래 질병을 유
발*하는 물질이기 때문에 이를 벡터로 사용하기 위해서는 질병을 일으키는 기능을 최
대한 억제시켜야 한다. 하지만 그럼에도 불구하고 <u>언제든지 질병을 일으킬 가능성이</u>
　　　　　　　　　　　　　　　　　　　　　　　　　바이러스성 벡터의 단점 ①
<u>남아 있다는 문제점</u>이 있다. 또한 바이러스성 벡터는 <u>크기가 매우 작아 삽입할 수 있</u>
　　　　　　　　　　　　　　　　　　　　　　　　바이러스성 벡터의 단점 ②
<u>는 치료용 유전자의 크기에 제한</u>이 있다.

- **(라):** 비바이러스성 벡터의 특징

라 이러한 문제점을 해결하기 위해 ㉡<u>비바이러스성 벡터</u>를 개발하고 있다. 비바이러스
성 벡터는 바이러스의 도움 없이 유전자를 전달해야 하므로 <u>세포 안으로 들어갈 수 있</u>
　　　　　　　　　　　　　　　　　　　　　　　　　　　　비바이러스성 벡터의 특징 ①
<u>을 정도로 작아야 한다.</u> 이 때문에 비바이러스성 벡터는 <u>화학 물질을 이용하여 작게</u>
　　　　　　　　　　　　　　　　　　　　　　　　비바이러스성 벡터의 특징 ②
<u>압축되는 과정을 거쳐야 한다.</u> 또한 비바이러스성 벡터는 <u>세포 안에서 분해될 가능성</u>
<u>이 높기 때문에 분해되기 전에 세포의 핵까지 이동해야만 하고,</u> <u>바이러스성 벡터보다</u>
　　　　　　　　비바이러스성 벡터의 특징 ③　　　　　　　　　　　　　비바이러스성 벡터의 특징 ④
복잡한 단계를 거쳐 핵에 도달한다.

- **(마):** 비바이러스성 벡터의 장단점과 유전자 치료 연구에 대한 전망

마 이렇게 비바이러스성 벡터가 핵까지 도달하는 것이 바이러스성 벡터보다 쉽지 않기
때문에 비바이러스성 벡터는 바이러스성 벡터에 비해 <u>유전자 발현 효율이 낮을 수밖</u>
　　　　　　　　　　　　　　　　　　　　　　비바이러스성 벡터의 단점
<u>에 없다.</u> 하지만 비바이러스성 벡터는 <u>비교적 제조 방법이 간단</u>하고 <u>벡터에 실리는 유</u>
　　　　　　　　　　　　　　　　비바이러스성 벡터의 장점 ①
<u>전자 크기에 제한이 없다</u>는 장점이 있다. 특히 <u>독성으로 인한 부작용과 질병 유발의</u>
비바이러스성 벡터의 장점 ②　　　　　　　　　　　　　비바이러스성 벡터의 장점 ③
<u>우려가 거의 없다</u>는 점에서 비바이러스성 벡터에 대한 연구가 더욱 주목받고 있다.

- **＊발현(쏠 發, 나타날 現):** 속에 있거나 숨은 것이 밖으로 나타나거나 그렇게 나타나게 함. 또는 그런 결과.
- **＊유발(꾈 誘, 쏠 發):** 어떤 것이 다른 일을 일어나게 함.

▶ **주제:** 유전자 치료 방법인 바이러스성 벡터와 비바이러스성 벡터

[지문 해제]

이 글은 유전자 이상으로 손상된 세포 안에 치료용 유전자를 넣어 질병을 치료하는 유전자 치료 방법의 종류인 바이러스성 벡터와 비바이러스성 벡터를 비교·대조하여 설명하고 있다. 바이러스성 벡터의 장점과 단점에 대해 설명하면서 이를 보완하기 위해 개발된 비바이러스성 벡터의 특징을 소개하고 있다. 비바이러스성 벡터는 바이러스성 벡터보다 유전자 발현 효율이 낮지만 여러 가지 강점으로 인해 최근 유전자 치료에서 주목받고 있다는 점을 강조하고 있다.

[문단 요지]

(가): 유전자 치료의 개념
(나): 유전자 치료에 쓰이는 벡터의 개념과 종류
(다): 바이러스성 벡터의 장점과 단점
(라): 비바이러스성 벡터의 특징
(마): 비바이러스성 벡터의 장단점과 유전자 치료 연구에 대한 전망

[주제]

유전자 치료 방법인 바이러스성 벡터와 비바이러스성 벡터

1　내용 전개 방식 파악하기　| 정답 ⑤ |

윗글의 전개 방식으로 가장 적절한 것은?

① 동일한 현상에 대한 다양한 이론을 설명하고 있다.
② 객관적인 수치를 제시하여 신뢰성을 높이고 있다.
③ 상반된 주장을 절충하여 새로운 결론을 이끌어 내고 있다.
④ 특정 현상의 원리를 활용하여 중심 화제에 대해 설명하고 있다.
⑤ 대상의 구체적인 종류를 제시한 후 각각의 특성을 설명하고 있다.

✅ **정답 풀이**

이 글은 유전자 치료 방법인 바이러스성 벡터와 비바이러스성 벡터를 제시한 후 각각의 특성에 대해 설명하고 있다.

❌ **오답 풀이**

① 유전자 치료 방법을 설명하고 있으므로 동일한 현상이라고 할 수 없으며, 다양한 이론을 설명하고 있지도 않다.
② 유전자 치료 방법이나 바이러스성 벡터, 비바이러스성 벡터와 관련된 객관적인 수치를 제시하고 있지 않다.
③ 상반된 주장이 제시되고 있지 않으며, 새로운 결론 역시 제시되고 있지 않다.
④ 유전자 치료 방법인 바이러스성 벡터와 비바이러스성 벡터를 비교·대조하여 설명하고 있을 뿐, 특정 현상의 원리를 활용하고 있지 않다.

2　핵심 내용 파악하기　| 정답 ④ |

(가)~(마)의 핵심 내용으로 적절하지 않은 것은?

① (가): 유전자 치료의 개념
② (나): 유전자 치료에 쓰이는 벡터의 개념과 종류
③ (다): 바이러스성 벡터의 장점과 단점
④ (라): 비바이러스성 벡터의 압축 과정
⑤ (마): 비바이러스성 벡터의 장단점과 유전자 치료 연구에 대한 전망

✅ **정답 풀이**

(라)에서는 비바이러스성 벡터가 세포의 핵까지 이동하기 위해 작게 압축되어야 한다고 설명하고 있다. 그러나 이는 비바이러스성 벡터의 특징 중 하나일 뿐, 압축 과정이 아니다.

3　특정 정보 비교하기　| 정답 ③ |

㉠과 ㉡에 대한 설명으로 적절하지 않은 것은?

① ㉠은 ㉡보다 유전자를 핵까지 쉽게 전달한다. (마)
② ㉠은 ㉡보다 유전자를 발현시키는 효율이 높다. (마)
③ ㉡은 ㉠보다 질병을 유발시킬 가능성이 크다.
④ ㉡은 ㉠보다 벡터에 실리는 유전자 크기에 제한이 없다. (다), (마)
⑤ ㉠과 ㉡은 모두 유전자 발현을 통해 질병을 치료한다. (나)

✅ **정답 풀이**

(다)에서 바이러스성 벡터는 질병을 일으킬 가능성이 남아 있어서 문제라고 하였으며, (마)에서 비바이러스성 벡터는 독성으로 인한 부작용과 질병 유발의 우려가 거의 없다고 하였다.

❌ **오답 풀이**

① (마)에서 비바이러스성 벡터가 핵까지 도달하는 것은 바이러스성 벡터보다 쉽지 않다고 설명하고 있다.
② (마)에서 비바이러스성 벡터는 바이러스성 벡터에 비해 유전자 발현 효율이 낮을 수밖에 없다고 설명하고 있다.
④ (마)에서 비바이러스성 벡터는 벡터에 실리는 유전자 크기에 제한이 없다는 장점이 있다고 설명하고 있으며, (다)에서 바이러스성 벡터는 크기가 매우 작아 삽입할 수 있는 치료용 유전자의 크기에 제한이 있다고 설명하고 있다.
⑤ (나)에서 벡터는 유전자 발현을 통해 병을 치료한다고 설명하고 있으며, 바이러스성 벡터는 바이러스를 이용하고 비바이러스성 벡터는 고분자 등의 화학 물질을 이용한다고 하였다.

외부 기온이 높아져 신체의 온도가 오르는 일이 생기면 몸에서는 땀이 난다. 땀이 증발*되어 날아가는 증발열로 몸을 식혀서 신체 온도를 정상으로 유지하는 것은 항상성의 하나라고 볼 수 있다. 한여름에 태양에 그을린 피부도 이러한 항상성의 한 방편이다.

태양빛은 눈에 보이는 청색, 녹색 등의 가시광선과 자외선, 적외선 등이 포함되어 있다. 그중 피부에 가장 많은 영향을 주는 것은 자외선이다. 자색, 즉 보라색의 외부에 있는 자외선은 보라색보다 파장이 짧아서 그만큼 강한 에너지를 가진다. 이러한 특성 때문에 자외선은 살균 등으로 쓰인다.

태양빛을 쏘인다는 것은 강한 자외선을 피부에 쪼인다는 이야기다. 균을 죽이기도 하는 자외선을 피부가 받으면 무슨 일이 생길까? 당연히 피부 세포는 피해를 입는다. 피부의 가장 바깥에 있는 각질 형성 세포가 자외선의 공격을 받으면 우선 중요한 유전 물질인 DNA가 손상*을 입는다. 손상된 유전자는 대부분 치료가 되어 복구*되지만 손상 정도가 심해서 엉뚱한 DNA 염기끼리 짝을 이루게 되며, 이로 인해 DNA 복제 때 손상된 DNA가 생긴다. 이런 경우 암이 발생할 확률이 높아진다. 즉 피부암을 일으키는 주요 요인이 자외선인 것이다.

피부는 인체의 마지막 방어선이다. 피부는 자외선의 공격에 대항*하여 피부를 검게 만든다. 자외선을 받았을 때 피부 세포는 멜라닌이라는 검은 색소를 만들어 DNA가 들어 있는 피부 세포의 핵을 둘러싼다. 그리고 외부 자극이 없어지면 더 이상 멜라닌을 만들지 않는다. 한 번 만들어진 멜라닌은 스스로 분해되기도 하지만 피부 껍질이 벗겨지면서 점점 연해져 다시 원래의 피부색이 된다.

그러면 여름 휴가 때 건강한 피부를 유지할 수 있는 방법은 없는 것일까? 이미 잘 알고 있듯이 자외선 차단제를 반드시 발라야 한다. 자외선 차단제는 자외선 흡수제와 자외선 산란*제로 구분할 수 있는데 이들은 각각 장단점을 가지고 있으므로 그 특징을 잘 숙지*하여 사용해야 피부를 보호할 수 있다.

● 증발: 어떤 물질이 액체 상태에서 기체 상태로 변함. 또는 그런 현상.
● 산란: 파동이나 입자선이 물체와 충돌하여 여러 방향으로 흩어지는 현상.

2 세부 내용 파악하기 | 정답 ④ |

윗글에서 답을 찾을 수 있는 물음을 〈보기〉에서 찾아 있는 대로 고른 것은?

| 보 기 |

ㄱ. 몸에서 땀이 나는 이유는 무엇일까? 1문단
   외부 기온이 높아 신체의 온도가 오르기 때문

ㄴ. 피부암을 일으키는 주요 요인은 무엇일까? 2문단
   자외선

ㄷ. 가시광선, 자외선, 적외선의 역할은 무엇일까?
   자외선의 역할만 제시됨.

ㄹ. 피부가 자외선을 받으면 검게 변하는 이유는 무
   엇일까? 4문단
   멜라닌 색소

① ㄱ, ㄴ   ② ㄴ, ㄹ   ③ ㄱ, ㄷ, ㄹ
④ ㄱ, ㄴ, ㄹ   ⑤ ㄴ, ㄷ, ㄹ

✔ 정답 풀이

몸에서 땀이 나는 이유는 1문단에, 피부암을 일으키는 주요 요인은 자외선이라는 사실은 2문단에 제시되어 있다. 그리고 피부가 자외선을 받으면 피부 세포는 멜라닌이라는 검은 색소를 만들기 때문에 피부가 검게 변한다는 사실은 4문단에 제시되어 있다.

✘ 오답 풀이

ㄷ. 태양빛은 가시광선, 자외선, 적외선으로 이루어져 있다는 사실이 2문단에 제시되어 있지만, 가시광선, 적외선의 역할은 제시되어 있지 않다.

3 반응의 적절성 파악하기 | 정답 ④ |

윗글을 읽고 난 후 학생들이 보인 반응으로 적절하지 않은 것은?

① 각질 형성 세포는 피부의 가장 바깥에 존재하는군.
   3문단

② 태양빛은 가시광선과 자외선, 적외선 등을 포함하고 있겠군. 2문단

③ 검게 변한 피부는 시간이 지나면 원래 피부색으로 돌아오겠군. 4문단

④ 땀이 증발되어 날아갈 때 발생하는 열로 인해 신체의 온도가 올라가겠군.
   내려가겠군.

⑤ 파장이 짧은 자외선은 강한 에너지를 가지고 있어 살균 등으로 쓰이는군. 2문단

✔ 정답 풀이

1문단에서 외부 기온이 높아져 신체의 온도가 올라가면 몸에서 땀이 나는데, 땀이 증발되어 날아가는 증발열로 몸을 식혀서 신체 온도를 정상으로 유지한다고 설명하고 있다. 즉 올라갔던 신체의 온도가 증발열로 인해 다시 내려가 원래의 상태로 돌아오게 됨을 알 수 있다.

[지문 해제]

이 글은 피부가 자외선을 받으면 검게 변하는 이유와 건강한 피부를 유지하는 방법에 대해 설명하고 있다. 태양빛을 쏘일 때 피부가 검게 되는 이유는 DNA를 보호하기 위해 멜라닌 색소를 만들기 때문이다. 피부가 직접 자외선을 쏘이게 되면 피부암이 유발될 수 있으므로 자외선 차단제를 발라 건강한 피부를 유지해야 한다.

[문단 요지]

1문단: 항상성의 방법인 그을린 피부
2문단: 강한 에너지를 가진 자외선
3문단: 자외선이 피부에 미치는 영향
4문단: 피부가 검게 되는 원인과 멜라닌 색소의 역할
5문단: 건강한 피부를 유지하는 방법

[주제]

피부가 검게 되는 이유와 건강한 피부를 유지하는 방법

1 중심 내용 파악하기 | 정답 ③ |

윗글을 다음과 같이 요약할 때, 적절하지 않은 것은?

① 1문단: 태양에 피부가 그을리는 것은 항상성을 유지하려는 방법임.

② 2문단: 태양빛에 속하는 자외선은 피부에 가장 많은 영향을 줌.

③ 3문단: 피부가 자외선을 쏘이면 피부 세포 안 모든 DNA는 손상을 입어 암이 발생함.
   대부분 치료가 되어 복구되지만 손상 정도가 심하면 피부암을 유발시키기도 함.

④ 4문단: 피부는 자외선에 대항하기 위해 멜라닌을 만들어 DNA를 보호함.

⑤ 5문단: 건강한 피부 유지를 위해 자외선 차단제의 특징을 숙지하여 사용해야 함.

✔ 정답 풀이

3문단에서 피부의 가장 바깥에 있는 각질 형성 세포가 자외선을 쏘이면 유전 물질인 DNA가 손상을 입지만 대부분 치료가 된다고 설명하고 있다. 다만 손상 정도가 심해 엉뚱한 DNA 염기끼리 짝을 이루어 손상된 DNA가 생길 경우 암이 발생할 수 있다고 하였다. 그러므로 피부가 자외선을 쏘이면 모든 DNA가 손상을 입어 암이 발생한다는 진술은 적절하지 않다.

✘ 오답 풀이

① 신체 온도가 높아지면 땀이 나는 것처럼 피부가 자외선을 받으면 검게 변하는 것은 항상성의 방편이라는 것이 1문단의 핵심이다.

④ 피부가 자외선에 대항하기 위해 멜라닌 색소를 만들어 DNA를 보호한다는 내용이 4문단의 핵심이다.

○ 1문단: 양은 냄비의
특성

  라면이 대개 꼬불꼬불한 모양인 이유는 면발과 뜨거운 물이 만나는 면적을 넓혀 빨리
익히기 위함이다. 라면은 어디에 끓이느냐에 따라 맛이 달라지는데 더 맛있게 라면을
끓일 수 있는 냄비가 바로 양은 냄비이다. 양은 냄비는 열전도율이 높은 금속인데 열전
도율이란 온도가 다른 두 물체가 만났을 때 온도가 높은 쪽에서 온도가 낮은 쪽으로 열
이 이동하는 현상을 말한다. 양은 냄비는 열전달이 빠르게 일어나 같은 양의 물을 끓였
을 때 다른 소재의 냄비보다 온도가 훨씬 빨리 올라가며 이러한 특징은 라면의 맛에 영
향을 미친다.

○ 2문단: 라면의 특징과
양은 냄비

  라면의 면은 밀가루로 이루어져 있다. 밀가루의 전분은 뜨거운 물과 만나 점점 부피
를 늘리고 탄성*을 잃기 때문에, 라면을 오래 끓일 경우 면이 퍼져 버린다. 그래서 라면
을 단시간에 끓여 내야 면이 덜 붙고 쫄깃한데, 양은 냄비는 빨리 끓기 때문에 면발이
쫄깃한 상태에서 금방 면을 익혀 낼 수 있다. 또한 양은 냄비는 빠르게 식기 때문에 면
이 붙는 속도를 조금 늦출 수 있다. 결국 양은 냄비에서는 라면이 빨리 익고 늦게 퍼지
니 쫄깃한 면발의 맛있는 라면을 먹을 수 있는 것이다.

○ 3문단: 양은 냄비와
관련된 논란

  이렇게 양은 냄비는 라면에 최적화된 냄비이지만, 안전에 대한 논란*이 있다. 양은 냄
비의 주재료가 되는 알루미늄이 음식에 녹아 나오기 때문이다. 알루미늄을 섭취하면 어
지럼증을 유발할 수 있고, 심하면 치매와 같은 뇌신경 질환을 일으킬 수도 있지만 전문
가들은 양은 냄비가 우리 몸에 해를 끼칠 만큼 해롭다고 보지는 않는다. 알루미늄을 소
량 섭취했을 경우, 몸에 흡수되지 않고 오줌으로 배출된다는 과학적 근거가 있기 때문
이다. 하지만 지속적으로 알루미늄을 섭취했을 때에는 문제가 될 수 있으니, 양은 냄비
를 자주 사용하는 것은 지양*해야 한다.

* 논란(논할 論, 어려울
難): 여럿이 서로 다른
주장을 내며 다툼.
* 지양(그칠 止, 날릴 揚):
더 높은 단계로 오르기
위하여 어떠한 것을 하
지 아니함.

● 탄성: 물체에 외부에서 힘을 가하면 부피와 모양이 바뀌었다가, 그 힘을 제거하면 본디의 모양으로 되돌아가려고 하
는 성질.

▶ 주제: 양은 냄비에 라
면을 끓이면 맛있는
이유

[지문 해제]

이 글은 양은 냄비에 라면을 끓이면 맛있는 이유에 대해 설명하고 있다. 양은 냄비는 열전도율이 높은 금속이며, 라면의 주재료인 밀가루는 뜨거운 물과 만나면 점점 부피를 늘리고 탄성을 잃어버린다. 때문에 라면은 단시간에 끓여야 맛이 있는데 양은 냄비는 열전도율이 높으므로 단시간에 밀가루를 익힐 수 있다. 따라서 양은 냄비에 라면을 끓이면 맛있다고 느껴지는 것이다. 하지만 양은 냄비의 알루미늄 성분이 건강에 미치는 영향에 대한 논란이 있으므로 이를 유의해야 한다.

[문단 요지]
1문단: 양은 냄비의 특성
2문단: 라면의 특징과 양은 냄비
3문단: 양은 냄비와 관련된 논란

[주제]
양은 냄비에 라면을 끓이면 맛있는 이유

1 세부 내용 파악하기 | 정답 ④ |

윗글의 내용과 일치하는 것은?
① 라면은 대부분 곧은 모양이다. 1문단
　　꼬불꼬불한 모양
② 양은 냄비의 안전성에는 문제가 없다. 3문단
　　지속적으로 알루미늄을 섭취하면 문제가 될 수 있음.
③ 라면을 어디에 끓이든지 맛은 비슷하다. 1문단
　　어디에 끓이느냐에 따라 맛이 달라짐.
④ 양은 냄비는 열전달이 빠르게 일어난다.
⑤ 라면을 오래 끓여야 면이 덜 붙고 쫄깃하다. 2문단
　　오래 끓이면 면이 퍼짐.

✔ 정답 풀이

1문단에서 양은 냄비는 열전도율이 높은 금속으로, 열전달이 빠르게 일어나 같은 양의 물을 끓였을 때 다른 소재의 냄비보다 온도가 훨씬 빨리 올라간다고 하였다.

✘ 오답 풀이

① 1문단에서 라면은 대부분 꼬불꼬불한 모양으로, 이는 면발과 뜨거운 물이 만나는 면적을 넓혀 빨리 익히기 위함이라고 하였다.
② 3문단에서 양은 냄비에 대한 안전성 논란에 대해 설명하고 있다. 소량 섭취한 알루미늄은 몸에 흡수되지 않고 오줌으로 배출된다는 과학적 근거가 있기는 하지만, 지속적으로 알루미늄을 섭취했을 때에는 문제가 될 수 있다며 잦은 양은 냄비의 사용은 지양해야 한다고 말하고 있다. 따라서 양은 냄비의 안전성에는 문제가 없다는 진술은 적절하지 않다.
③ 1문단에서 라면을 어디에 끓이는지에 따라 맛이 달라진다고 하였으며, 이 글에서는 특히 열전도율이 높은 양은 냄비에 끓일 때 맛있다고 말하고 있다.
⑤ 2문단에서 라면을 오래 끓이면 면이 퍼져버린다고 하였다. 따라서 오래 끓여야 면이 덜 붙고 쫄깃쫄깃하다는 진술은 적절하지 않다.

2 핵심 내용 파악하기 | 정답 ⑤ |

윗글을 과학 잡지에 싣는다고 할 때, 제목으로 적절한 것은?
① 냄비와 라면
② 라면의 이중성
③ 라면을 맛있게 끓이는 과정
④ 라면의 모양이 꼬불꼬불한 이유
⑤ 양은 냄비에 라면을 끓이면 맛있는 이유

✔ 정답 풀이

1문단에서 열전도율이 높은 양은 냄비의 특징에 대해 언급한 후, 2문단에서 라면의 특징에 대해 설명하고 있다. 이어서 양은 냄비에 끓인 라면이 맛있는 이유를 중점적으로 설명한 후 3문단에서 양은 냄비와 관련된 논란을 함께 제시하고 있다. 따라서 ⑤의 '양은 냄비에 라면을 끓이면 맛있는 이유'가 제목으로 가장 적절하다.

✘ 오답 풀이

① 냄비 중에서도 양은 냄비로 한정하고 있기 때문에 '냄비와 라면'이라는 제목은 적절하지 않다.
② 라면의 장점과 단점에 대해 언급하고 있지 않다.
③ 양은 냄비에 라면을 끓이면 맛있는 이유에 대해 설명하고 있을 뿐, 라면을 맛있게 끓이는 과정에 대해 언급하고 있지 않다.
④ 1문단에서 라면의 모양이 꼬불꼬불한 이유에 대해 언급하고 있으나, 부분적인 내용일 뿐이다.

3 글쓰기 과정 파악하기 | 정답 ④ |

〈보기〉는 윗글을 쓰기 위한 메모이다. 글을 쓰는 과정에 반영된 것을 골라 바르게 묶은 것은?

┤ 보 기 ├
ㄱ. 라면의 종류　　　　ㄴ. 라면의 특징
ㄷ. 라면의 변천 과정　　ㄹ. 양은 냄비의 특징

① ㄱ, ㄴ　　② ㄱ, ㄹ　　③ ㄴ, ㄷ
④ ㄴ, ㄹ　　⑤ ㄷ, ㄹ

✔ 정답 풀이

1문단에서 열전도율이 높은 양은 냄비의 특징에 대해 언급하고 있고, 2문단에서 라면의 특징에 대해 언급하고 있다.

✘ 오답 풀이

ㄱ. 라면의 종류에 대해 언급하고 있지 않다.
ㄹ. 라면의 변천 과정에 대해 언급하고 있지 않다.

기후 변화를 막아야 산다 _ 이필렬

○ 1문단: 이산화탄소의 역할

지구의 대부분은 질소와 산소로 이루어져 있지만 이산화탄소와 아르곤 같은 기체도 조금씩 섞여 있다. 이들 기체 중 이산화탄소는 지구의 평균 기온을 일정한 범위 안에서 유지시킴으로써 지구상에서 생물체가 살 수 있는 환경을 조성*해 준다. 이산화탄소가 없으면 지구는 매우 추워질 것이다. 이산화탄소는 지구의 기온이 낮아지지 않도록 하는데, 이는 이산화탄소가 지구에 온실 효과를 일으키기 때문이다. 이러한 온실 효과로 지구의 대기 온도는 26~33도 가량 상승한다.

○ 2문단: 온실 효과를 일으키는 온실가스

이산화탄소가 만들어 내는 온실 효과는 대기 중의 이산화탄소 농도*에 따라 달라진다. 농도가 낮으면 온실 효과도 낮고, 농도가 높으면 온실 효과도 커진다. 이산화탄소의 농도 변화는 기온의 차이와 거의 일치하는데, 이것은 이산화탄소가 지구 기온에 매우 큰 영향을 미치고 있음을 알려준다. 이산화탄소뿐만 아니라 메탄, 수증기, 염화불화탄소도 온실 효과를 일으킨다. 수십 년 전까지만 해도 대기 중의 메탄이나 염화불화탄소의 농도는 이산화탄소와 비교할 때 무시할 수 있을 만큼 낮았다. 그래서 이들 기체가 만들어 내는 온실 효과도 거의 없었다. 하지만 산업화 이후 이산화탄소와 메탄, 염화불화탄소의 농도가 증가하여 문제가 되고 있다.

○ 3문단: 지구의 평균 기온 상승에 따른 문제점

이에 따라 지구의 평균 기온은 과거에 비해 상승하였다. 평균 기온이 올랐다는 것이 단순하게 365일 기온이 고르게 상승하였음을 의미하지는 않는다. 우리나라는 여름보다 겨울에 기온 상승이 더 크게 일어났고 여름에는 게릴라성 호우*가 잦아졌다. 이를 강수 강도가 높아졌다고 하는데 이것은 큰 비나 눈으로 인해 피해가 커진다는 것을 의미하며 앞으로 기후 변화가 더 심해지면 이러한 피해는 더욱 크게 그리고 자주 나타날 것이다.

○ 4문단: 기후 변화를 막기 위한 방안

이러한 기후 변화를 막으려면 온실가스* 배출량을 줄여야 하며 화석 연료 대신 재생 가능 에너지*를 사용해야 한다. 재생 가능 에너지는 고갈*되지 않으면서 온실가스도 만들어 내지 않는다. 기후 변화는 전 지구적인 특성이기 때문에 한 지역, 한 나라의 노력만으로 억제될 수 있는 것이 아니다. 따라서 지구상의 모든 국가, 모든 사람이 힘을 합쳐서 온실가스 배출량을 줄여 가기 위해 최선의 노력을 기울여야 한다.

● 게릴라성 호우: 좁은 지역에 단시간 내에 많은 양의 강한 비가 내리는 현상.
● 온실가스: 지구 대기를 오염시켜 온실 효과를 일으키는 가스를 통틀어 이르는 말. 이산화탄소, 메탄 따위의 가스를 말함.
● 재생 가능 에너지: 계속 써도 무한에 가깝도록 다시 공급되는 에너지.

＊ 조성(지을 造, 이룰 成): 무엇을 만들어서 이룸.
＊ 농도(짙을 濃, 법도 度): 어떤 성질이나 성분이 깃들어 있는 정도.
＊ 고갈(마를 枯, 목마를 渴): 어떤 일의 바탕이 되는 돈이나 물자, 소재, 인력 따위가 다하여 없어짐.

▶ 주제: 온실 효과 발생 원인과 이를 막기 위한 방안

[지문 해제]

　이 글은 온실 효과에 대해 설명하고 있다. 이산화탄소는 지구의 평균 기온을 일정한 범위 안에서 유지시킴으로써 생물체가 살 수 있는 환경을 조성하는 온실 효과를 일으킨다. 수십 년 전까지만 해도 온실가스로 인한 온실 효과는 미미했는데 산업화 이후 이산화탄소 이외의 온실가스 배출량이 증가함으로써 지구의 평균 기온이 상승하였다. 이로 인해 눈, 비로 인한 피해와 게릴라성 호우로 인한 피해가 발생하고 있다. 온실 가스 배출로 인한 지구의 기후 변화를 막으려면 화석 연료 대신 재생 가능 에너지를 사용해야 하며 모든 국가, 모든 사람들이 온실가스 배출량을 줄여 가기 위해 노력해야 한다.

[문단 요지]

　1문단: 이산화탄소의 역할
　2문단: 온실 효과를 일으키는 온실가스
　3문단: 지구의 평균 기온 상승에 따른 문제점
　4문단: 기후 변화를 막기 위한 방안

[주제]

　온실 효과 발생 원인과 이를 막기 위한 방안

1 세부 내용 파악하기　　　| 정답 ⑤ |

윗글의 내용과 일치하는 것은?
① 지구는 질소와 산소 기체로만 이루어져 있다. 1문단
　　　　　　　이산화탄소, 아르곤과 같은 기체도 있음
② 이산화탄소는 지구의 기온을 낮아지게 만든다. 1문단
　　　　　　　　　　　　　높게
③ 현재 지구의 평균 기온은 과거와 비슷한 상태이다.
　　　　　　　　　　　과거에 비해 상승함. 3문단
④ 산업화 이후 이산화탄소, 메탄의 농도가 감소하고
　있다. 2문단　　　　　　　　　　　증가하고
⑤ 이산화탄소의 농도에 따라 온실 효과의 정도가 달라진다. 2문단

✅ 정답 풀이

2문단에서 이산화탄소의 농도가 낮으면 온실 효과도 낮고 이산화탄소의 농도가 높으면 온실 효과도 커진다고 설명하고 있다. 따라서 이산화탄소의 농도에 따라 온실 효과의 정도가 달라진다는 ⑤의 진술은 적절하다.

❌ 오답 풀이

① 1문단에서 지구의 대부분은 질소와 산소로 이루어져 있지만 이산화탄소, 아르곤과 같은 기체도 조금씩 섞여 있다고 하였다.
② 1문단에서 이산화탄소는 지구의 평균 기온을 일정한 범위 안에서 유지시킴으로써 지구상에서 생물체가 살 수 있는 환경을 조성해 주는 것으로, 지구의 기온이 낮아지지 않도록 한다고 하였다.
③ 3문단에서 온실 효과의 영향으로 지구의 평균 기온은 과거에 비해 상승하였다고 하였다.

④ 2문단에서 산업화 이후 이산화탄소, 메탄, 염화불화탄소의 농도가 증가하여 문제가 되고 있다고 하였다.

2 글쓴이의 의도 파악하기　　　| 정답 ⑤ |

윗글을 통해 글쓴이가 궁극적으로 말하고자 하는 것은?
① 우리나라만 노력한다면 기후 변화를 막을 수 있다.
　　모두 함께　　　　　　　　　　　　　　4문단
② 이산화탄소의 농도를 높여 온실 효과를 줄여야 한다.
　　　　　　　농도를 낮춰　　　　　　　　　　2문단
③ 온실가스 배출량을 늘린다면 기후 변화를 막을 수
　있다. 4문단　　　　줄인다면
④ 화석 연료의 개발을 통해 온실가스 배출량을 줄여
　야 한다. 4문단　재생 가능 에너지
⑤ 재생 가능 에너지의 사용을 통해 기후 변화를 막아야 한다. 4문단

✅ 정답 풀이

글쓴이는 온실 효과에 대해 설명하면서 4문단에서 기후 변화를 막으려면 온실가스 배출량을 줄여야 하는데, 이를 위해 화석 연료 대신 재생 가능 에너지를 사용해야 한다고 주장하고 있다.

❌ 오답 풀이

① 4문단에서 기후 변화를 막기 위해서는 모든 국가, 모든 사람들이 힘을 합쳐 온실가스 배출량을 줄여야 한다고 주장하고 있다. 따라서 우리나라만 노력한다면 기후 변화를 막을 수 있다는 진술은 적절하지 않다.
② 2문단에서 이산화탄소의 농도가 낮으면 온실 효과도 낮고, 이산화탄소의 농도가 높으면 온실 효과도 커진다고 설명하고 있다. 따라서 이산화탄소의 농도를 높여 온실 효과를 줄여야 한다는 진술은 적절하지 않다.
③ 4문단에서 기후 변화를 막으려면 온실가스 배출량을 줄여야 한다고 주장하고 있다. 따라서 온실가스 배출량을 늘린다면 기후 변화를 막을 수 있다는 진술은 적절하지 않다.
④ 4문단에서 온실가스 배출량을 줄이기 위해 화석 연료 대신 재생 가능 에너지를 사용해야 한다고 주장하고 있다. 따라서 화석 연료 개발을 통해 온실가스 배출량을 줄여야 한다는 진술은 적절하지 않다.

과학 06~10	독해력 쑥쑥, 어휘 테스트			
01 ⓔ	02 ⓓ	03 ⓒ	04 ⓑ	05 ⓐ
06 ○	07 ×	08 ×	09 ×	10 ○
11 ⓛ	12 ㉠	13 ㉣	14 ㉢	15 ㉥
16 ㉲	17 숙지	18 유발	19 조성	20 고갈

불을 다룰 수 있는 기술, 인류의 발전 _ 이정임

정답 **1** ⑤ **2** ⑤ **3** ⑤

○ 1문단: 초기 인류 발전에 결정적 역할을 한 불

○ 2문단: 자연을 이용하고 다스릴 수 있게 한 불

○ 3문단: 다양한 도구를 제작할 수 있게 한 불

○ 4문단: 중세부터 오늘날까지 인류 발전에 큰 기여를 한 불

인류는 오랜 세월 동안 발전해 왔다. 그 과정에서 수많은 발견과 발명, 지혜의 축적*을 통해 현재의 문명을 이룩하였다. 그중에서 초기 인류의 발전에 가장 결정적인 역할을 한 것은 불의 이용이다.
중심 화제

불을 이용하기 시작하면서 인간은 자연의 속박*과 자연에 대한 무조건적인 숭배에서 벗어나 자연을 이용하고 다스리기 시작했다. 불을 난방에 이용하면서부터 추운 지방에
불을 통해 인간이 변화한 점   불을 이용하여 자연을 이용하고 다스린 사례 ①: 거주 지역의 확대
서도 살 수 있게 되어 거주 지역이 넓어졌다. 그리고 불을 이용하여 음식을 요리하거나 건조해서 저장할 수 있게 됨에 따라 생활 능력도 더욱 확대되었다.
불을 이용하여 자연을 이용하고 다스린 사례 ②: 생활 능력의 확대

[A] 그뿐만 아니라 불을 이용하면서 점토(粘土)를 구워 토기를 만들어 사용하게 되었
└: 불을 이용하여 다양한 도구를 제작하게 됨.
다. 또한, 온도가 높은 화로에서 금속을 녹여 칼이나 화살촉 등의 무기나 장신구 등도 만들 수 있었다.

이후 중세 사회에서는 불을 무기로 이용한 군사 기술이 발달하였다. 근대 사회에 접
중세 시대의 불 이용: 군사 기술의 발달
어들어서는 증기 기관이 발명됨에 따라 불이 가진 열에너지로 여러 종류의 기계를 움직
근대 사회의 불 이용: 증기 기관의 발명을 통해 산업 혁명을 이룸.
일 수 있었고, 이를 통해 산업 혁명을 이루었다. 오늘날에도 불은 화력 발전 등을 통해 산업 발전에 커다란 역할을 하고 있다.
오늘날의 불 이용: 화력 발전 등 산업 발전에 기여함.

* 축적(쌓을 蓄, 쌓을 積): 지식, 경험, 자금 따위를 모아서 쌓음. 또는 모아서 쌓은 것.
* 속박(묶을 束, 묶을 縛): 어떤 행위나 권리의 행사를 자유로이 하지 못하도록 강압적으로 얽어매거나 제한함.

▶ 주제: 인류를 발전하게 한 불의 이용

[지문 해제]

이 글은 인류의 발전에 가장 결정적인 역할을 한 불의 이용에 대해 설명하고 있다. 인류는 불을 사용하게 됨에 따라 자연을 이용하고 다스리게 되었다. 불을 활용함으로써 인류는 거주 지역을 넓히고 생활 능력도 더욱 확대할 수 있게 되었으며, 다양한 도구도 제작하게 되었다. 불을 이용함으로써 중세 사회에서는 군사 기술이 발달하였으며, 근대 사회에서는 산업 혁명을 이루었다. 불은 오늘날도 산업 발전에도 커다란 역할을 하고 있다.

[문단 요지]

1문단: 초기 인류 발전에 결정적 역할을 한 불
2문단: 자연을 이용하고 다스릴 수 있게 한 불
3문단: 다양한 도구를 제작할 수 있게 한 불
4문단: 중세부터 오늘날까지 인류 발전에 큰 기여를 한 불

[주제]

인류를 발전하게 한 불의 이용

1 세부 정보 파악하기 | 정답 ⑤ |

윗글을 다음과 같이 정리할 때, 적절하지 않은 것은?

〈불의 이용으로 인한 인류의 발전〉

• 난방: 거주 지역이 확대됨. ·················· ㉠
  2문단
• 요리 및 저장: 생활 능력이 확대됨. ········· ㉡
  2문단
• 무기 이용: 군사 기술이 발달함. ············ ㉢
  4문단
• 증기 기관의 발명: 산업 혁명을 이룸. ······ ㉣
  4문단
• 화력 발전: 환경 보존에 기여함. ············ ㉤

① ㉠   ② ㉡   ③ ㉢   ④ ㉣   ⑤ ㉤

✅ 정답 풀이

4문단에서 '오늘날에도 불은 화력 발전 등을 통해 산업 발전에 커다란 역할을 하고 있다.'라고 언급하고 있을 뿐, 불이 환경 보존에 기여한다는 내용은 제시되어 있지 않다.

❌ 오답 풀이

① 2문단에서 '불을 난방에 이용하면서부터 추운 지방에서도 살 수 있게 되어 거주 지역이 넓어졌다.'라고 언급하고 있다.
② 2문단에서 '불을 이용하여 음식을 요리하거나 건조해서 저장할 수 있게 됨에 따라 생활 능력도 더욱 확대되었다.'라고 언급하고 있다.
③ 4문단에서 '중세 사회에서는 불을 무기로 이용한 군사 기술이 발달하였다.'라고 언급하고 있다.
④ 4문단에서 '근대 사회에 접어들어서는 증기 기관이 발명됨에 따라 불이 가진 열에너지로 여러 종류의 기계를 움직일 수 있었'다고 언급하고 있다.

2 핵심 정보 요약하기 | 정답 ⑤ |

[A]를 한 문장으로 요약한 내용으로 가장 적절한 것은?

① 불은 인류의 발전에 큰 역할을 하였다. 글 전체의 주제임.
② 인간은 불을 이용하여 토기를 만들었다. ┐[A]의 일부
③ 인간은 불을 이용하여 무기를 만들었다. ┘내용임.
④ 불을 사용할 수 있는 능력은 인간만이 가졌다.
⑤ 인간은 불을 이용하여 다양한 도구를 만들었다.
  토기, 무기, 장신구

✅ 정답 풀이

[A]는 인간이 불을 이용하게 되어 토기, 무기, 장신구 등을 만들 수 있었다는 내용이다. 이때 토기, 무기, 장신구 등은 모두 인간이 불을 통해 만들어 낸 도구로 일반화할 수 있으므로 '인간은 불을 이용하여 다양한 도구를 만들었다.'로 요약하는 것이 가장 적절하다.

❌ 오답 풀이

① [A]와 직접적인 연관이 없으며, 내용상 글 전체의 주제에 해당하므로 적절하지 않다.
②, ③ [A] 전체가 아닌 일부에 해당하는 내용이므로 적절하지 않다.
④ [A]와 직접적인 연관이 없고, 글 전체의 흐름으로 보아 불을 이용하는 것은 인간만이 갖고 있는 능력이라고 추론할 수 있으므로 적절하지 않다.

3 내용 심화 · 확장하기 | 정답 ⑤ |

윗글을 읽고 심화 학습을 하기 위한 질문으로 적절하지 않은 것은?

① 인간이 불을 사용하게 된 계기는 무엇일까?
② 불이 인류에게 미친 부정적인 영향은 무엇일까?
③ 불의 사용으로 인한 앞으로의 전망은 어떠한가?
④ 불은 화력 발전 이외의 산업 발전에 어떻게 기여할까?
⑤ 근대 사회에서 발명한 것으로 불의 열에너지를 이용한 기관은 무엇일까?

✅ 정답 풀이

글과 관련된 내용을 심화 · 확장하여 이해하려면 글의 내용과 관련있되, 글에 제시되지 않은 내용을 대상으로 삼아야 한다. ⑤는 4문단의 '근대 사회에 접어들어서는 증기 기관이 발명됨으로써 불이 가진 열에너지로 여러 종류의 기계를 움직일 수 있었고'를 통해 답할 수 있는 내용이므로 심화 학습을 위한 질문으로 적절하지 않다.

　우리 주변에서 흔히 볼 수 있는 거미줄은 매우 연약하게 보이지만 날아다니는 곤충을 잡거나 거미를 지탱*하는 것과 같이 무거운 무게도 버틸 수 있는 강도를 지니고 있다. 이러한 섬유를 여러 가닥 모아 케이블*을 만든다면 교량의 건축재나 방탄 섬유 소재로도 활용이 가능하다. 우리 조상들은 이미 비단을 만들어 방탄복으로 사용한 사례가 있다. 실제로 미국에서는 거미줄을 대량으로 생산하여 군인들의 방탄복에 활용하려는 연구를 진행하고 있다.

　거미줄은 3차원적인 구조를 가지고 있다. 거미줄을 확대해 보면 섬유들이 널빤지 모양으로 뭉쳐 있기 때문에 단단한 성질을 갖는다. 또한 불규칙적으로 뭉쳐진 섬유들은 탄성을 제공하며, 정렬*된 섬유들은 외부에서 잡아당기는 힘을 견딜 수 있게 한다. 이는 마치 둥글게 말려 있는 전화선에 무게가 가해지면 느슨해지면서 그 무게를 받아들이는 것과 유사하다. 이렇게 구성*된 거미줄의 무게는 강철보다 훨씬 가볍지만 강도는 강철보다 무려 5~10배 정도나 더 세다.

　자연의 방탄 섬유인 거미줄을 실용화하는 데 가장 큰 걸림돌은 대량으로 생산할 수 있는 방법이 없다는 것이다. 이 때문에 미국 연구팀은 염소의 유전자를 조작하여 젖에서 거미줄을 생산할 수 있는 가능성을 ⓒ찾고 있다. 염소의 정자에 거미줄의 유전자를 주입하여 탄생시킨 염소의 젖에서 거미줄 섬유를 얻으려는 것이다. 이렇게 만들어진 거미줄 섬유로 방탄복을 만든다면 탄환으로부터 몸을 보호할 수 있고 가벼울 뿐 아니라, 방수 기능까지 가능하게 될 것이다.

● 케이블(cable): 실이나 철사 따위를 꼬아서 만든 굵은 줄. '꼰 실'로 순화.

* 지탱(가를 支, 버틸 撑): 오래 버티거나 배겨 냄.
* 정렬(가지런할 整, 줄 列): 가지런하게 줄지어 늘어섬. 또는 그렇게 늘어서게 함.
* 구성(얽을 構, 이룰 成): 몇 가지 부분이나 요소들을 모아서 일정한 전체를 짜 이룸. 또는 그 이룬 결과.

▶ 주제: 거미줄의 구조와 실용화 가능성

[지문 해제]

이 글은 우리 주변에서 볼 수 있는 거미줄의 특성과 이를 생활 속에서 활용할 수 있는 가능성에 대해 설명하고 있다. 거미줄은 3차원적인 구조를 가지며 있기 때문에 매우 단단하고 탄성이 높아 외부의 힘을 잘 버티는 성질이 있다. 이러한 거미줄을 대량으로 생산하여 실용화한다면 군인들의 방탄복이나 교량의 건축재 등 일상생활 속에서 다양하게 활용할 수 있을 것이다.

[문단 요지]

1문단: 다양한 분야에서 활용할 수 있는 거미줄
2문단: 거미줄의 구조와 이에 따른 특성
3문단: 거미줄의 대량 생산 가능성에 대한 탐색과 전망

[주제]

거미줄의 구조와 실용화 가능성

---

1 중심 화제 파악하기 | 정답 ⑤ |

윗글의 중심 화제로 가장 적절한 것은?

① 거미줄의 대량 생산 방법 3문단에서 언급하였으나 부분적인 내용임.
② 거미줄과 비단과의 차이점
③ 거미가 거미줄을 만드는 과정 ┐ 이 글에서 언급하지 않음.
④ 거미줄이 방수가 가능한 이유 3문단을 통해 알 수 있지만 부분적인 내용임.
⑤ 거미줄의 특징과 실용화 가능성

✓ 정답 풀이

1문단에서 다양한 분야에서 활용 가능성이 높은 거미줄에 대한 관심을 환기한 후, 2문단에서 3차원적인 구조를 가지고 있는 거미줄의 구조와 이러한 구조적 특성으로 인한 거미줄의 세 가지 특징인 단단함, 탄성, 외부에서 잡아당기는 힘에 잘 견디는 성질에 대해 언급하고 있다. 또 3문단에서 거미줄을 실용화했을 때의 긍정적 전망에 대해 서술하고 있다. 따라서 중심 화제로 가장 적절한 것은 '거미줄의 특징과 실용화 가능성'이다.

✗ 오답 풀이

① 3문단에서 염소의 유전자를 조작하여 젖에서 거미줄을 대량으로 생산하는 방법에 대해 언급하였으나, 이는 부분적인 내용일 뿐이다.
② 1문단에서 우리 조상들이 비단을 만들어 방탄복으로 사용한 사례가 있다고 하였으나, 거미줄과 비단과의 차이에 대해서는 언급하지 않았다.
③ 거미가 거미줄을 만드는 과정에 대해서는 언급하지 않았다.
④ 3문단의 마지막 문장을 통해 거미줄이 방수가 됨을 짐작할 수 있지만, 방수되는 이유에 대해서는 언급하지 않았다.

---

2 세부 내용 파악하기 | 정답 ④ |

윗글의 내용과 일치하지 않는 것은?

① 거미줄은 3차원적인 구조를 가지고 있다. 2문단
② 거미줄은 강철보다 가볍지만 강도는 더 세다. 2문단
③ 우리 조상들은 비단을 만들어 방탄복으로 활용하였다. 1문단
④ 거미줄에서 ~~규칙적으로 뭉쳐진 섬유들~~은 탄성을 갖게 한다. 불규칙적으로 뭉쳐진 섬유
⑤ 유전자 조작은 거미줄을 대량으로 생산할 수 있는 가능성을 제시한다. 3문단

✓ 정답 풀이

2문단에서 거미줄의 불규칙적으로 뭉쳐진 섬유들은 탄성을 제공하며, 정렬된 섬유들은 외부에서 잡아당기는 힘을 견딜 수 있게 한다고 하였다. 이를 고려하면 탄성을 갖게 하는 것은 불규칙적으로 뭉쳐진 섬유 때문이지, 규칙적으로 뭉쳐진 섬유 때문이 아니다.

✗ 오답 풀이

① 2문단에서 '거미줄은 3차원적인 구조를 가지고 있다.'라고 하였다.
② 2문단에서 '거미줄의 무게는 강철보다 훨씬 가볍지만 강도는 강철보다 무려 5~10배 정도나 더 세다.'라고 하였다.
③ 1문단에서 '우리 선조들은 이미 비단을 만들어 방탄복으로 사용한 사례가 있다.'라고 하였다.
⑤ 3문단에서 '미국 연구팀은 염소의 유전자를 조작하여 젖에서 거미줄을 생산할 수 있는 가능성을 찾고 있다.'라고 하였다.

---

3 문맥적 의미 파악하기 | 정답 ② |

문맥상 ㉠과 바꾸어 쓸 수 있는 말로 가장 적절한 것은?

① 제공(提供)하고
  무엇을 내주거나 갖다 바치다.
② 탐색(探索)하고
③ 보존(保存)하고
  잘 보호하고 간수하여 남기다.
④ 기여(寄與)하고
  도움이 되도록 이바지하다.
⑤ 유발(誘發)하고
  어떤 것이 다른 일을 일어나게 하다. 드러나지 않은 사물이나 현상 따위를 찾아내거나 밝히기 위하여 살피어 찾다.

✓ 정답 풀이

'탐색(探索)하다'는 '드러나지 않은 사물이나 현상 따위를 찾아내거나 밝히기 위하여 살피어 찾다.'의 뜻으로 문맥상 ㉠과 바꾸어 쓸 수 있다.

✗ 오답 풀이

① '제공(提供)하다'는 '무엇을 내주거나 갖다 바치다.'의 의미이다.
③ '보존(保存)하다'는 '잘 보호하고 간수하여 남기다.'의 의미이다.
④ '기여(寄與)하다'는 '도움이 되도록 이바지하다.'의 의미이다.
⑤ '유발(誘發)하다'는 '어떤 것이 다른 일을 일어나게 하다.'의 의미이다.

○ 1문단: 인간만이 가진
　뛰어난 인식 능력

　　인간은 매우 뛰어난 인식 능력을 지니고 있다. 작은 동물이 우리 곁에 가까이 다가올 때 우리는 두 눈과 두뇌를 통해 그것이 강아지인지 고양이인지 혹은 다른 동물인지를 순식간에 식별*할 수 있다.

인간만이 가진 뛰어난 인식 능력: 순식간에 대상을 식별하고 판단함.

○ 2문단: 화상 인식 기
　술의 개념

　　이처럼 인간은 미지의 동물의 특징을 파악하여, 과거에서 현재까지 기억 속에 축적된 방대한 데이터와 경험을 참조하여 순식간에 대상을 식별하고 인식을 완료한다. 그런데 최근 공학 기술이 발전함에 따라 인간이 외부 대상을 인식하는 것 같이 기계가 컴퓨터를 통해 대상을 인식할 수 있게 되었는데, 이를 '화상 인식 기술'이라 한다.

인간의 뛰어난 인식 능력 / 화제 전환 / 화상 인식 기술의 개념 / 중심 화제

○ 3문단: 화상 인식 기
　술의 진행 과정 ①

　　화상 인식 기술은 다음과 같은 과정을 통해 진행된다. 「먼저 실제 풍경, 사진, 그림을 카메라와 같은 입력 기기를 통해 컴퓨터에 화상을 입력한다. 그러면 컴퓨터는 입력된 화상을 디지털화하면서 화상의 일그러짐, 비뚤어짐 등을 확인한다. 그리고 이를 확대 또는 축소하거나 회전을 하면서 입력된 값을 보정*한다.

「」: 화상 인식 기술의 진행 / 과정 ① – 화상 입력 / 과정 ② – 화면 확인 / 과정 ③ – 화면 보정

○ 4문단: 화상 인식 기
　술의 진행 과정 ②

　　보정을 한 후에는 받아들인 정보의 특징을 추출*하여 그 특징에 해당하는 값이나 특징 파라미터*를 계산한다. 예를 들어 장미꽃에 대한 값이 3이면 3을 계산해 내거나 3에 맞게 변경하는 것이다. 이러한 과정을 통해 컴퓨터에 이미 입력되어 있던 표준 패턴과 일치 또는 유사한지를 인식한다. 마지막으로 컴퓨터는 프린터로 출력을 한다거나 음악을 재생하는 등의 식별된 값에 속하는 작업을 수행한다.

과정 ④ – 특징 추출 / 과정 ⑤ – 표준 패턴과 유사도 인식 / 과정 ⑥ – 작업 수행

○ 5문단: 화상 인식 기
　술의 활용 분야

　　최근 화상 인식 기술은 소프트웨어의 발달에 따라 공장에서 제품을 검사할 때나 로봇의 눈으로 사용되기도 하며, 문자 인식, 우주 관측 등 산업 분야에서 다양하게 이용되고 있다. 뿐만 아니라 화상 인식 기술은 보안 기술이나 개인을 식별하는 기술로도 활용된다. 보안 기술로는 출입 금지 구역에 침입자를 감시하는 카메라 시스템이 이에 해당한다. 개인을 식별하는 기술로는 안면, 홍채, 지문 인식 등을 통한 휴대 전화 잠금 장치나 인터넷 뱅킹 등이 이에 해당한다.

화상 인식 기술의 활용 분야 ① – 다양한 산업 분야 / 활용 분야 ② – 보안 기술 / 활용 분야 ③ – 개인 식별 기술

* 식별(알 識, 나눌 別):
　분별하여 알아봄.
* 추출(뽑을 抽, 날 出):
　전체 속에서 어떤 물건,
　생각, 요소 따위를 뽑아
　냄.

● 보정(補正): (물리) 실험, 관측 또는 근삿값 계산 따위에서 결과에 포함된 외부적 원인에 의한 오차를 없애고 참값에 가까운 값을 구하는 것.
● 파라미터: (컴퓨터) 사용자가 원하는 방식으로 자료가 처리되도록 하기 위하여 명령어를 입력할 때 추가하거나 변경하는 수치 정보.

▶ 주제: 화상 인식 기술
　의 개념과 진행 과정

[지문 해제]

이 글은 공학 기술이 발달함에 따라 기계가 컴퓨터를 통해 대상을 인식할 수 있게 된 기술인 화상 인식 기술에 대해 설명하고 있다. 화상 인식 기술은 화상을 입력하면 대상을 디지털화하여 보정한 후 입력된 대상의 특징을 추출하고 인식하여 작업을 수행한다. 화상 인식 기술은 최근 소프트웨어의 발달에 따라 다방면에서 활용되고 있으며, 보안 및 개인을 식별하는 데에도 활용되고 있다.

[문단 요지]

1문단: 인간만이 가진 뛰어난 인식 능력

2문단: 화상 인식 기술의 개념

3문단: 화상 인식 기술의 진행 과정 ①

4문단: 화상 인식 기술의 진행 과정 ②

5문단: 화상 인식 기술의 활용 분야

[주제]

화상 인식 기술의 개념과 진행 과정

1 세부 내용 파악하기 | 정답 ④ |

윗글의 내용과 일치하지 않는 것은?

① 공학 기술의 발전으로 화상 인식 기술이 등장하였다. 2문단

② 화상 인식 기술은 보안 기술이나 개인 식별 기술로도 활용된다. 5문단

③ 화상 인식 기술은 컴퓨터를 통해 외부 대상을 인식하는 기술이다. 2문단

④ 인간은 컴퓨터를 통해 여러 대상을 동시에 인식하는 능력이 뛰어나다.

⑤ 소프트웨어의 발달로 화상 인식 기술이 다양한 분야에서 활용되고 있다. 5문단 산업 분야, 보안 기술, 개인 식별 기술

✓ **정답 풀이**

1문단에서 인간은 두 눈과 두뇌를 통해 대상을 순식간에 식별할 수 있다고 하였을 뿐, 컴퓨터를 통해 여러 대상을 동시에 인식하는 능력이 있다고는 언급하지 않았다.

✗ **오답 풀이**

① 2문단에서 최근 공학 기술이 발전함에 따라 기계가 컴퓨터를 통해 대상을 인식할 수 있게 되었다고 하였다.

② 5문단에서 화상 인식 기술은 보안 및 개인을 식별하는 데에도 활용된다고 하였다.

③ 2문단에서 기계가 컴퓨터를 통해 대상을 인식할 수 있게 되었는데 이를 '화상 인식 기술'이라고 한다고 하였다.

⑤ 5문단에서 화상 인식 기술은 소프트웨어의 발달에 따라 여러 방면에서 다양하게 이용되고 있다고 하였다.

2 반응의 적절성 파악하기 | 정답 ④ |

학생 A가 〈보기〉와 같은 경험을 한 후 윗글을 읽었을 때, 보일 수 있는 반응으로 적절하지 않은 것은?

┤ 보 기 ├

공원에서 꽃을 보다가 꽃 이름이 궁금해서 스마트폰으로 찾아보았는데, 꽃 이름을 검색할 수 있는 앱(App)을 알게 되었다. 먼저 스마트폰에 ○○포털사이트 앱을 설치한 후 메인 화면을 연다. '꽃 검색' 창을 누르면 카메라가 구동되는데, 이때 카메라에는 꽃 모양의 프레임이 표시되어 있다. 이 프레임에 맞게 꽃의 정면을 잘 맞춰 찍으면, 스마트폰 화면에 꽃 이름과 이에 대한 정보가 검색되어 나타난다. 이것이 너무 신기해서 관련 정보를 찾아보았더니 화상 인식 기술이 적용된 것이라고 하여 이에 대한 글을 찾아 읽어 보았다.

카메라에 이미 입력된 표준 패턴 / 화상 입력 / 앱이 식별된 값에 속하는 작업을 수행한 결과

① 스마트폰으로 꽃을 촬영하면 앱은 사진을 디지털화하겠군. 3문단

② 스마트폰 카메라로 꽃을 찍는 것은 화상을 입력하는 것에 해당하겠군. 3문단

③ 앱은 촬영된 꽃 사진의 일그러짐, 비뚤어짐 등을 확인하겠군. 3문단

④ 꽃을 찍을 때 프레임에 맞게 찍으면 앱에 입력된 표준 패턴과 차이가 커지겠군.

⑤ 꽃 이름과 정보가 검색되는 것은 앱이 식별된 값에 속하는 작업을 수행한 결과이겠군. 4문단

✓ **정답 풀이**

4문단을 고려하면 꽃을 찍을 때 스마트폰 화면에 있는 꽃 모양의 프레임은 컴퓨터에 이미 입력되어 있던 표준 패턴이라고 볼 수 있다. 꽃을 프레임에 맞게 찍는 것은 표준 패턴과의 일치 또는 유사도를 높여 식별된 값에 속하는 작업을 수행하기 위한 것이다. 그러므로 표준 패턴과 차이가 커진다고 반응하는 것은 적절하지 않다.

✗ **오답 풀이**

① 3문단에서 컴퓨터는 입력된 화상을 디지털화한다고 하였다. 따라서 스마트폰으로 꽃을 촬영하면 앱은 사진을 디지털화할 것이다.

② 3문단에서 화상 인식 기술은 실제 사진을 카메라와 같은 입력 기기를 통해 컴퓨터에 화상을 입력한다고 하였다.

③ 3문단에서 컴퓨터는 화상의 일그러짐, 비뚤어짐 등을 확인한다고 하였다. 따라서 꽃 검색 앱도 촬영된 사진의 일그러짐, 비뚤어짐 등을 확인할 것이다.

⑤ 4문단에서 컴퓨터는 식별된 값에 속하는 작업을 수행한다고 하였다.

IV · 기술

○ 1문단: 초고층 건축 시
　　대의 개막

19세기 건축에 있어 **철근 콘크리트 구조와 철골 구조의 개발은 이전 시대와 달리 건**
건축의 규모를 확장시킨 원인: 건축 구조의 발달
축의 규모를 엄청나게 크게 했다. 특히 건물을 높이 세우고자 하는 **인간의 욕망으로 인**
초고층 빌딩이 등장하게 된 이유
해 초고층 빌딩들이 앞다퉈 ⊙**나타났다.** 1930년 미국의 자동차 기업 크라이슬러는 처
초고층 빌딩의 사례
음으로 300미터가 넘는 빌딩을 뉴욕에 세웠다. 이듬해에는 엠파이어 스테이트 빌딩
(102층, 381미터)이 완공*되었다. 본격적인 초고층 건축 시대가 ⓒ열린 것이다.

○ 2문단: 바람의 영향을
　　고려해야 하는 초고
　　층 건축물

현재의 기술로는 1,000미터가 넘는 초고층 빌딩을 세울 수 있다. 다만 **건물이 높아질**
수록 문제가 되는 것은 바로 바람이다. 거센 바람이 불어오면 건물은 흔들리기 마련인
초고층 빌딩이 고려해야 할 요소: 바람
데, 너무 많이 흔들려도 안 되고 전혀 흔들리지 않게 설계를 해도 안 되기 때문에 이 문
제를 해결하는 것이 매우 중요하다.

○ 3문단: 갈대가 바람을
　　견디는 이유

건물은 견고하게* 고정되어 있어야 하는데 왜 흔들리도록 설계를 해야 할까? 태풍이
건물을 흔들리도록 설계해야 하는 이유: 바람의 문제를 해결하기 위해서임.
불어올 때의 상황을 떠올려 보면 그 이유를 쉽게 ⓒ알 수 있다. 초속 30미터 이상의 엄
청난 태풍이 불어오면 굵은 나무들은 뿌리째 뽑히거나 나뭇가지가 부러진다. 그러나 **갈**
대는 바람에 몸을 맡긴 채 이리저리 흔들리기만 할 뿐 부러지지 않는다. 갈대가 부러지
지 않는 이유가 뭘까? 바로 탄성*이 있기 때문이다. 갈대는 바람이 불어오면 부는 대로
흔들리기 때문에 바람을 견뎌 낼 수 있는 것이다.
갈대가 바람이 불어도 부러지지 않는 이유: 탄성이 있음. → 초고층 건물도 탄성을 갖게 하여 바람에 견디게 해야 함.

○ 4문단: 초고층 건물이
　　바람을 견디는 원리

초고층 건물도 **이와 같은 원리를 반영하여 건물이 조금씩 흔들리게끔 설계를 해 주면**
갈대가 바람에 견딜 수 있는 탄성
건물에 가해지는 힘들이 ⓔ**나뉜다.** 이러한 이유로 초고층 빌딩은 부재*와 부재를 볼트
로 연결하는 철골 구조를 주로 이용한다. 건물 전체를 벽돌이나 콘크리트만으로 짓는다
바람에 의해 가해지는 힘을 분산시키기 위해 탄성을 갖게끔 철골 구조를 이용함.
면 바람에 탄력적으로 적응하기가 어려워 건물이 붕괴되는 경우도 생겨날 수 있기 때문
이다.

○ 5문단: 초고층 건물이
　　바람을 견디는 방법

이외에도 **건물 외부의 기둥을 간격 1미터 정도로 촘촘히 배치한다거나,** 건물 외부에
초고층 건물이 바람을 견디는 방법 ①
대각선 부재를 두어 바람을 견뎌 낼 수 있게 하는 방법 등 바람을 극복할 수 있는 다양
초고층 건물이 바람을 견디는 방법 ②
한 방법들이 ⓜ나왔다. 결국 초고층 빌딩은 바람에 대한 저항과 지진을 고려한 첨단 기
술의 결합이라고 할 수 있다.

* 완공(완전할 完, 장인
　工): 공사를 완성함.
* 견고하다(굳을 堅, 굳을
　固 ――): 굳고 단단하다.
* 부재(떼 部, 재목 材):
　구조물의 뼈대를 이루
　는 데 중요한 요소가
　되는 여러 가지 재료.

● 탄성: 물체에 외부에서 힘을 가하면 부피와 모양이 바뀌었다가, 그 힘을 제거하면 본디의 모양으로 되돌아가려고 하
　는 성질.

▶ 주제: 초고층 건물이
　　바람을 견디는 원리
　　와 방법

[지문 해제]

이 글은 초고층 빌딩이 바람에 견디는 원리에 대해 설명하고 있다. 초고층 빌딩이 가장 고려해야 할 요소는 바람으로, 갈대가 바람에 흔들리기는 하지만 부러지지 않는 것과 같이 초고층 빌딩도 약간은 흔들리게 설계함으로써 건물에 가해지는 힘을 분산시켜 바람을 견디게 지어야 한다.

[문단 요지]

1문단: 초고층 건축 시대의 개막
2문단: 바람의 영향을 고려해야 하는 초고층 건축물
3문단: 갈대가 바람을 견디는 이유
4문단: 초고층 건물이 바람을 견디는 원리
5문단: 초고층 건물이 바람을 견디는 방법

[주제]

초고층 건물이 바람을 견디는 원리와 방법

---

1 구체적 상황에 적용하기 | 정답 ③ |

윗글을 토대로 〈보기 1〉의 '존 행콕 센터'를 이해한 내용으로 적절한 것을 〈보기 2〉에서 고른 것은?

┤보기 1├

존 행콕 센터는 시카고에서 가장 유명한 초고층 건물 중 하나로 1969년 존 행콕 보험회사의 의뢰로 건설되었다. 높이는 344m, 100층으로 되어 있으며 두 개의 안테나까지 포함하면 높이가 무려 457m에 달한다.
바람을 견디도록 지어야 함.

〈존 행콕 센터〉 사다리꼴 모양의 개성 있는 건축물은 파즐라 칸(Fazlur Kahn)이 설계하였는데, 일명 X−브레이싱(X−bracing)이라는 건축 기법을 이용한 X자 모양의 대각선 부재가 인상적이다.
거센 바람을 견디기 위한 방법

┤보기 2├

ㄱ. 건물 전체를 벽돌로 지었을 것이다.
ㄴ. 건물 외부의 기둥을 촘촘히 배치했을 것이다.
ㄷ. 건물 외부에 대각선 부재를 두었을 것이다.
ㄹ. 콘크리트로 부재와 부재 사이를 단단히 고정했을 것이다.

① ㄱ, ㄴ ② ㄱ, ㄷ ③ ㄴ, ㄷ ④ ㄴ, ㄹ ⑤ ㄷ, ㄹ

✅ 정답 풀이

5문단에서 초고층 빌딩들은 외부 기둥을 촘촘히 배치하거나 대각선 부재를 두어 바람을 견디게 한다고 하였다. 〈보기 1〉의 존 행콕 센터는 초고층 빌딩이므로 이와 같은 방

법을 사용했을 것이다. 또한 〈보기 1〉에서 X자 모양의 대각선 부재가 있다고 하였다.

❌ 오답 풀이

ㄱ. 4문단에서 건물 전체를 벽돌이나 콘크리트로만 짓는다면 바람에 탄력적으로 적응할 수가 없다고 하였다.
ㄹ. 4문단에서 초고층 빌딩은 부재와 부재를 볼트로 연결하는 철골 구조를 이용하여 바람에 탄력적으로 적응한다고 하였다.

---

2 세부 내용 파악하기 | 정답 ③ |

윗글을 읽고 해결할 수 있는 질문으로 적절하지 않은 것은?

① 건축의 규모가 커진 계기는 무엇인가? 1문단
철근 콘크리트 구조와 철골 구조의 개발
② 건물이 높아질 때 고려해야 할 점은 무엇인가? 2문단
바람
③ 우리나라에서 가장 높은 초고층 빌딩은 무엇인가?
이 글에서 언급하지 않음.
④ 초고층 빌딩들이 바람을 견디는 방법은 무엇인가?
외부 기둥을 촘촘히 하거나 대각선 부재를 둠. 5문단
⑤ 갈대가 거센 바람에도 부러지지 않는 이유는 무엇인가? 3문단
탄성

✅ 정답 풀이

이 글에서는 우리나라에서 가장 높은 빌딩이 무엇인지에 대해서는 언급하지 않았다.

❌ 오답 풀이

① 1문단에서 철근 콘크리트 구조와 철골 구조의 개발이 건물의 규모를 크게 했다고 하였다.
② 2문단에서 건물이 높아질수록 고려해야 할 요소는 바람이라고 하였다.
④ 5문단에서 초고층 빌딩들이 바람을 견디기 위해서는 외부 기둥을 촘촘히 하거나 대각선 부재를 두는 방법이 있다고 하였다.
⑤ 3문단에서 갈대는 탄성이 있어 바람을 견딘다고 하였다.

---

3 문맥적 의미 파악하기 | 정답 ② |

㉠~㉤을 한자어로 바꾼 것으로 적절하지 않은 것은?

① ㉠: 등장(登場)하였다 어떤 사건이나 분야에서 새로운 제품이나 현상, 인물 등이 세상에 처음으로 나오다.
② ㉡: 초래(招來)한 것이다
③ ㉢: 이해(理解)할 수 있다 깨달아 알다. 또는 잘 알아서 받아들이다.
④ ㉣: 분산(分散)된다 갈라져 흩어지다.
⑤ ㉤: 개발(開發)되었다 새로운 물건이 만들어지거나 새로운 생각이 나오다.

✅ 정답 풀이

'초래(招來)하다'는 '어떤 결과를 가져오게 하다. 불러서 오게 하다.'의 의미이므로 문맥상 ㉡과 바꿔 쓰기에 적절하지 않다. ㉡은 '어떤 시기나 기회가 닥쳐오다.'의 의미인 '도래(到來)하였다'와 바꿔 쓰는 것이 적절하다.

＊과민(지날 過, 민첩할 敏): 감각이나 감정이 지나치게 예민함.

＊미연(아닐 未, 그러할 然): 어떤 일이 아직 그렇게 되지 않은 때.

＊경보(경계할 警, 알릴 報): 태풍이나 공습 따위의 위험이 닥쳐올 때 경계하도록 미리 알리는 일. 또는 그 보도나 신호.

＊확보(굳을 確, 지킬 保): 확실히 보증하거나 가짐.

▶ 주제: 자동차 충돌 방지 기술의 목표와 종류

최근 들어 차에 대한 생각이 달라지고 있다. 자동차에서 우선시되어야 할 것은 속도가 아니라 안전이라는 것이다. 실제로 우리나라에서는 하루에 600여 건의 교통 사고가 발생하여 1천 명 이상이 사망하거나 다치고 있다. 이런 통계를 놓고 보면 자동차 안전 기술을 강조하는 것이 결코 소비자들의 과민＊한 반응만은 아니라는 사실을 알 수 있다. 이처럼 안전을 추구하는 소비자들의 요구가 늘어남에 따라 자동차 안전 기술도 발전하고 있다.

자동차 기술자들은 어떻게 하면 자동차 탑승자와 보행자 모두에게 안전한 새로운 기술을 내놓을까를 오래 고민한 끝에 이전의 개념과는 다른, 좀 더 적극적인 안전을 생각하게 되었다. 과거의 기술이 단순히 자동차가 충돌했을 때 발생하는 탑승자의 피해를 줄이는 수동적인 개념이었다면, 앞으로의 기술은 충돌을 미연＊에 예방하는 데 초점을 맞추는 능동적인 개념이다.

[A] 이러한 새로운 충돌 방지 기술은 사고 예방 기술과 사고 회피 기술로 나눌 수 있다. 사고 예방 기술이란 각종 카메라와 첨단 센서가 위험 상황을 먼저 알고 운전자에게 알려주는 기술로 차선 이탈, 사각지대＊를 감시하거나 졸음 운전을 할 경우 경보＊를 울리는 장치들을 예로 들 수 있다. 그리고 사고 회피 기술이란 위험 상황을 미리 피하게 하거나 사고가 발생했을 때 그 피해를 최소화하는 기술로 프리세이프(PRE-SAFE) 시스템＊, 차간 거리 제어 장치 등을 들 수 있다. 이중 프리세이프 기술이 가장 관심을 받고 있는데, 이는 충돌이 예상되면 그 전에 안전띠를 자동적으로 죄어 줘 차량 내 안전 공간을 확보＊함으로써 탑승자의 신체를 보호한다.

이와 같은 새로운 안전 기술은 사고 예방이 가장 큰 목표이다. 이러한 능동적 개념의 안전 기술이 완벽하게 차량에 실현되려면 각종 첨단 센서와 작동 장치, 차량 네트워킹 기술 등 IT기술 발전이 뒷받침되어야 할 것이다.

● 사각지대: 어느 위치에 섬으로써 사물이 눈으로 보이지 아니하게 되는 각도. 또는 어느 위치에서 거울이 사물을 비출 수 없는 각도.
● 프리세이프(PRE-SAFE) 시스템: 앞좌석 안전 벨트 장력 조절 장치.

[지문 해제]

이 글은 자동차 안전에 대한 사람들의 인식이 확대되면서 발전하게 된 새로운 자동차 충돌 방지 기술의 종류와 특성에 대해 설명하고 있다. 충돌 방지 기술은 사고 예방 기술과 사고 회피 기술로 나눌 수 있는데, 사고 회피 기술 중 프리세이프 기술이 가장 관심을 받고 있다. 이러한 능동적 개념의 안전 기술이 완벽하게 실현되려면 IT기술 발전이 뒷받침되어야 할 것이다.

[문단 요지]

1문단: 자동차 안전에 대한 소비자들의 인식과 이에 따른 자동차 안전 기술의 발전
2문단: 충돌을 사전에 예방하는 새로운 개념의 자동차 안전 기술
3문단: 새로운 충돌 방지 기술의 종류와 프리세이프 기술의 작동 절차
4문단: 사고 예방을 위한 새로운 안전 기술의 전제 조건

[주제]

자동차 충돌 방지 기술의 목표와 종류

1 반응의 적절성 파악하기 | 정답 ④ |

윗글을 읽은 독자의 반응으로 적절하지 않은 것은?

① 사고 회피 기술로 차간 거리 제어 장치가 있군. 3문단
② 자동차가 안전해야 한다는 소비자들의 요구가 늘고 있군. 1문단
③ 졸음 운전 경보 장치는 자동차 사고를 예방하는 기술이군. 3문단
④ 새로운 자동차 안전 기술이 발전함에 따라 IT기술도 발전하는군. IT기술의 발전 → 새로운 자동차 안전 기술의 발전
⑤ 새로운 자동차 안전 기술은 사고를 예방하는 데 초점을 맞추는군. 2문단

정답 풀이

4문단에서 능동적 개념의 안전 기술이 완벽하게 차량에 실현되려면 IT기술 발전이 뒷받침되어야 한다고 하였다. 이는 자동차 안전 기술이 발달한 결과로 IT기술이 발전하는 것이 아니라, IT기술이 발전해야 자동차 안전 기술이 발달할 수 있다는 의미이다.

오답 풀이

① 3문단에서 사고 회피 기술에는 프리세이프 시스템, 차간 거리 제어 장치 등이 있다고 하였다.
② 1문단에서 자동차의 안전을 추구하는 소비자가 늘었다고 하였다.

③ 3문단에서 사고 예방 기술에는 사각지대를 감시하거나 졸음 운전을 할 경우 경보를 울리는 장치들이 있다고 하였다.
⑤ 2문단에서 과거의 기술이 단순히 자동차가 충돌했을 때 발생하는 탑승자의 피해를 줄이는 데 초점을 맞춘 반면, 새로운 자동차 안전 기술은 충돌을 미연에 예방하는 데 초점을 맞춘다고 하였다.

2 서술상의 특징 파악하기 | 정답 ① |

[A]에 사용된 설명 방법으로 적절한 것만을 〈보기〉에서 고른 것은?

| 보 기 |

ㄱ. 대상의 본질이나 개념을 설명하고 있다. 정의
ㄴ. 대상을 일정한 기준에 따라 나누어 설명하고 있다. 분류
ㄷ. 대상에 대해 구체적인 예를 들어 설명하고 있다. 예시
ㄹ. 두 대상의 유사성을 바탕으로 하나의 대상을 다른 대상에 빗대어 설명하고 있다. 유추
ㅁ. 대상을 그림을 그리듯 구체적으로 설명하고 있다. 묘사

① ㄱ, ㄴ, ㄷ
② ㄱ, ㄷ, ㄹ
③ ㄴ, ㄷ, ㄹ
④ ㄴ, ㄹ, ㅁ
⑤ ㄷ, ㄹ, ㅁ

정답 풀이

[A]에서는 새로운 충돌 방지 기술을 사고 예방 기술과 사고 회피 기술로 나누어 설명하였으며(ㄴ), 사고 예방 기술과 사고 회피 기술의 개념을 각각 설명하였다(ㄱ). 또한 사고 예방 기술의 사례인 차선 이탈, 사각지대 감시 및 졸음 운전 경보 장치 등을 제시하고, 사고 회피 기술인 프리세이프 시스템, 차간 거리 제어 장치 등의 구체적인 예를 제시하였다(ㄷ).

오답 풀이

ㄹ은 설명 방법 가운데 유추에 해당하고 ㅁ은 묘사에 해당한다.

| 기술 01~05 | 독해력 쑥쑥, 어휘 테스트 |

01 축적	02 속박	03 식별	04 설명	05 화제
06 정렬	07 구성	08 지탱	09 확보	10 견고
11 반응	12 과민	13 감시	14 고정	15 추출
16 ⓓ	17 ⓑ	18 ⓒ	19 ⓔ	20 ⓐ

㉠우주 엘리베이터에 대해 들어본 적이 있는가? 말 그대로 우주까지 솟구쳐 있는 엘리베이터로, 선로가 지상에서 우주까지 이어져 있다고 생각하면 이해하기 쉽다. 지구 적도 상공 정지 궤도의 한 점에서 지상으로 케이블을 늘어뜨리면 언제나 지구 표면 위에 수직으로 솟아 있는 엘리베이터를 만들 수 있다.

지구 적도 약 36,000km 상공의 원 궤도를 정지 궤도라고 한다. 이곳에서는 지구의 중력과 지구가 자전할 때 생기는 원심력*이 동일하다. 이 정지 궤도상의 물체는 지구가 자전하는 회전 속도와 동일하게 지구 주위를 돌게 되므로 지구에서 보았을 때는 항상 정지하고 있는 것처럼 보이게 된다. 이 물체에 엘리베이터 케이블을 설치하면 케이블이 지구로 떨어지지 않으며, 지구에서 봤을 때는 한 지점에 고정된 채 케이블이 유지된다. 정지 궤도상의 물체로는 인공 위성을 이용할 수 있다.

우주 엘리베이터는 일반적인 고층 건물의 엘리베이터와는 그 개념이 다르다. 「일반적인 엘리베이터는 지구의 중력을 견뎌야 한다. 하지만 우주 엘리베이터는 지구의 중력과 정지 궤도상 물체의 원심력이 각각 양쪽에서 잡아당기기 때문에 이 두 힘을 모두 견뎌야 한다.」 「」: 일반적인 고층 건물 엘리베이터와 우주 엘리베이터의 차이점

또한 우주 엘리베이터는 일반적인 엘리베이터처럼 엘리베이터 케이블을 강철로 만드는 것은 불가능하다. ⓐ현재 우주 엘리베이터 케이블을 제작할 수 있는 가장 유력*한 소재는 바로 탄소나노튜브이다. 벌집 모양의 긴 원통처럼 생긴 탄소나노튜브는 가벼울 뿐만 아니라, 외부에서 잡아당기는 힘에도 매우 잘 견디기 때문에 우주 엘리베이터의 케이블을 만들 수 있는 가능성이 충분하다.

우주 엘리베이터가 완성되면 어려운 훈련 과정 없이 누구나 관광을 목적으로 우주 기지를 방문해 지구를 내려다볼 수 있다. 또한 우주 도시를 짓고 엘리베이터를 타고 오르내리는 것도 가능하다. 우주 엘리베이터는 ㉡로켓에 비해 연료를 많이 소모*하지도 않을 뿐더러 대기 중에 오염 물질을 배출하지도 않는다.

● 원심력: 물체가 원 운동을 할 때 구심력에 반대하여 바깥쪽으로 작용하는 힘.

* 유력(있을 有, 힘 力): 가능성이 많음.
* 소모(사라질 消, 줄 耗): 써서 없앰.

▶ 주제: 우주 엘리베이터의 실현 가능성과 장점

[지문 해제]

이 글은 다가올 우주 시대에 만들어질 수 있는 우주 엘리베이터에 대해 소개하고 있다. 우주 엘리베이터는 지구 중력과 원심력이 같아지는 정지 궤도의 지구 상공에 케이블을 늘어뜨려 설치한다. 탄소나노튜브를 사용하여 우주 엘리베이터의 케이블을 만들 수 있으며, 우주 엘리베이터는 로켓에 비해 연료가 많이 소모되지 않는 등 많은 장점이 있다.

[문단 요지]

1문단: 우주 엘리베이터 소개
2문단: 정지 궤도 상공에 설치할 수 있는 우주 엘리베이터
3문단: 우주 엘리베이터와 일반적인 엘리베이터의 차이점
4문단: 우주 엘리베이터의 케이블을 만들 수 있는 소재인 탄소나노튜브
5문단: 우주 엘리베이터의 장점

[주제]

우주 엘리베이터의 실현 가능성과 장점

1　서술상의 특징 파악하기　| 정답 ① |

윗글의 서술상 특징으로 적절한 것을 〈보기〉에서 고른 것은?

┤ 보 기 ├

ㄱ. 우주 엘리베이터와 고층 건물의 엘리베이터와의 차이점을 서술하고 있다. 3문단

ㄴ. 의문문으로 글을 시작하면서 우주 엘리베이터에 대해 독자의 호기심을 끌고 있다. 1문단

ㄷ. 전문가의 견해를 제시하여 우주 엘리베이터에 대해 긍정적인 전망을 하고 있다.

ㄹ. 우주 엘리베이터의 설치 현황을 구체적인 수치로 제시하고 있다.

① ㄱ, ㄴ　　② ㄱ, ㄹ　　③ ㄴ, ㄷ
④ ㄴ, ㄹ　　⑤ ㄷ, ㄹ

✅ **정답 풀이**

3문단에서 우주 엘리베이터와 일반적인 고층 엘리베이터의 차이점을 대조하여 설명하였다(ㄱ). 1문단에서 '우주 엘리베이터에 대해 들어본 적이 있는가?'라는 의문문으로 글을 시작하여 독자의 호기심을 자극하고 있다(ㄴ).

❌ **오답 풀이**

ㄷ. 이 글에서 우주 엘리베이터에 대한 전문가의 말을 인용하여 긍정적인 전망을 한 부분을 찾을 수 없다.

ㄹ. 이 글에서 현재 우주 엘리베이터가 얼마나 설치되었는지 그 현황을 구체적으로 제시한 부분을 찾을 수 없다.

2　정보 간의 내용 비교하기　| 정답 ② |

윗글을 바탕으로 ㉠과 ㉡을 비교한 내용으로 가장 적절한 것은?

① ㉠은 ㉡에 비해 연료를 많이 소모한다. 적게

② ㉠은 ㉡과 달리 대기 중에 오염 물질을 배출하지 않는다.

③ ㉠은 ㉡과 달리 탑승하기 위해 어려운 훈련 과정이 필요하다.
우주 엘리베이터는 로켓에 비해 탑승을 위한 어려운 훈련 과정이 필요 없음.

④ ㉡은 ㉠과 달리 탄소나노튜브로 만들 수 있다.
우주 엘리베이터의 제작 가능 소재

⑤ ㉡과 ㉠은 모두 지구의 중력 및 정지 궤도상의 원심력과 무관하다.
우주 엘리베이터는 지구 중력과 정지궤도상의 물체의 원심력을 모두 견뎌야 함.

✅ **정답 풀이**

5문단에서 우주 엘리베이터는 '대기 중에 오염 물질을 배출하지도 않는다.'라고 하였다.

❌ **오답 풀이**

① 5문단에서 '우주 엘리베이터는 로켓에 비해 연료를 많이 소모하지도 않'는다고 하였다. 이를 통해 연료를 더 많이 소모하는 것이 로켓임을 알 수 있다.

③ 5문단에서 '우주 엘리베이터가 완성되면 어려운 훈련 과정 없이 누구나 관광을 목적으로 우주 기지를 방문해 지구를 내려다볼 수 있다.'라고 하였다. 이를 통해 우주 엘리베이터가 로켓에 비해 탑승하기 위한 어려운 훈련 과정이 필요하지 않음을 알 수 있다.

④ 3문단에서 우주 엘리베이터 케이블로 제작을 제작할 수 있는 가장 유력한 소재로 탄소나노튜브를 들고 있다. 그러나 로켓의 제작 소재에 대해서는 언급하고 있지 않다.

⑤ 3문단에서 우주 엘리베이터는 지구의 중력과 정지 궤도상 물체의 원심력을 모두 견뎌야 한다고 하였다.

3　근거의 적절성 파악하기　| 정답 ④ |

ⓐ의 이유로 가장 적절한 것은?

① 긴 원통처럼 생겼기 때문이다.
② 모양을 쉽게 바꿀 수 있기 때문이다.
③ 초소형으로 제작할 수 있기 때문이다.
④ 가볍고 외부의 힘에 매우 잘 견디기 때문이다.
⑤ 벌집 구조가 틈새 없이 촘촘하게 되어 있기 때문이다.

✅ **정답 풀이**

4문단에서 '탄소나노튜브는 가벼울 뿐만 아니라, 외부에서 잡아당기는 힘에도 매우 잘 견디기 때문에 우주 엘리베이터의 케이블을 만들 수 있는 가능성이 충분하다.'라고 하였다.

　　지금은 쉽게 보기가 어렵지만 옛날 시골집에서는 부뚜막에 가마솥을 걸어 밥을 지어 먹었다. 많은 사람이 두툼한 가마솥에 지은 밥을 가장 맛있는 밥으로 여긴다. 가마솥으로 지은 밥이 맛있는 이유는 무엇일까?

　　가마솥은 솥뚜껑과 몸체로 구성되어 있다. 그중 솥뚜껑은 손잡이와 덮개로, 몸체는 음식을 담는 우묵한* 바닥과 솥을 들거나 걸 때 쓰는 솥전으로 이루어져 있다. 이러한 가마솥의 솥뚜껑과 몸체는 모두 두툼하고 무거운 무쇠로 만들어지는 것이 일반적이다.

　　이렇게 무쇠로 만들어져 무거운 솥뚜껑은 밥맛을 좋게 하는 첫 번째 비결이다. 보통 물은 1기압에서 섭씨 100도가 되면 끓기 때문에 온도가 그 이상 올라가지 않는다. 그러나 무거운 솥뚜껑을 올려놓으면 뚜껑의 무게 때문에 솥 안의 수증기가 밖으로 쉽게 빠져나가지 못하게 된다. 갇힌 수증기는 솥 안의 기압을 1기압 이상으로 올려 주어 물의 온도가 섭씨 100도 이상 올라갈 수 있게 해 준다. 이렇게 높은 온도에서 빠르게 익은 밥은 그렇지 않은 밥보다 찰기와 향기가 훨씬 뛰어나다.

　　몸체 바닥의 남다른 모양과 두께 또한 밥맛을 좋게 하는 비결이다. 솥의 바닥은 표면적이 넓고 완만한* 곡선을 그리고 있다. 또한 불이 가장 가까이 닿는 솥 바닥의 중앙 부분은 두껍게 만들어져 있고, 위로 올라갈수록(불과 멀어질수록) 두께가 점점 얇아져 바닥의 절반 정도까지 줄어든다. 이러한 특성은 열을 가마솥 전체에 균일*하게 전달하여 밥을 맛있게 만든다.

* 우묵하다: 가운데가 둥그스름하게 푹 패거나 들어가 있는 상태이다.
* 완만하다(느릴 緩, 게으를 慢－－): 경사가 급하지 않다.
* 균일(고를 均, 하나 一): 한결같이 고름.

[지문 해제]

이 글은 가마솥에서 지은 밥이 맛있는 이유를 가마솥의 구성 요소를 중심으로 설명하고 있다. 무쇠로 만든 가마솥은 솥뚜껑과 몸체로 구성되어 있으며, 무거운 솥뚜껑은 높은 온도에서 빠르게 밥을 익혀 밥맛을 좋게 한다. 또한 가마솥 바닥의 모양과 두께가 열을 가마솥 전체에 균일하게 전달하게 하여 밥을 맛있게 만든다.

[문단 요지]

1문단: 가마솥으로 지은 밥이 맛있는 이유에 대한 의문
2문단: 가마솥의 구성
3문단: 가마솥으로 지은 밥이 맛있는 이유 ①-무거운 솥뚜껑
4문단: 가마솥으로 지은 밥이 맛있는 이유 ②-가마솥 몸체의 모양과 두께

[주제]

밥이 맛있게 되는 가마솥에 담겨 있는 과학적 원리

1 핵심 내용 파악하기 | 정답 ① |

윗글을 신문 기사화할 때, 표제와 부제로 적절한 것은?

① 가마솥 밥이 맛있는 이유
　　– 가마솥의 구성 요소를 중심으로
　　　솥뚜껑, 몸체
② 가마솥을 만들기가 어려운 이유
　　– 가마솥의 제작 과정을 중심으로
③ 가마솥 밥을 오늘날에는 하지 않는 이유
　　– 가마솥 사용의 불편한 점을 중심으로
④ 가마솥 밥의 찰기가 뛰어난 이유
　　부분적인 내용임.
　　– 가마솥 뚜껑의 기능을 중심으로
⑤ 가마솥 바닥의 중앙 부분이 두꺼운 이유
　　부분적인 내용임.
　　– 가마솥에 전달되는 열전도율을 중심으로

✔ 정답 풀이

1문단에서 가마솥 밥이 맛있는 이유에 대해 의문을 제기하고 3문단과 4문단에서 가마솥의 구성 요소인 솥뚜껑과 몸체를 중심으로 가마솥 밥이 맛있는 이유에 대해 설명하고 있다.

✖ 오답 풀이

② 이 글에서는 가마솥을 만들기 어려운 이유나 제작 과정에 대해 언급하고 있지 않다.
③ 이 글에서는 오늘날 가마솥 밥을 하지 않는다는 점과 사용상의 불편한 점에 대해 언급하고 있지 않다.
④ 3문단을 보면 가마솥 뚜껑이 밥의 찰기에 영향을 준다는 점은 제시되어 있지만, 부분적인 내용이다.
⑤ 4문단을 보면 열을 균일하게 전달하기 위해 가마솥 중앙 부분을 두껍게 만들었다고 제시되어 있지만, 부분적인 내용이다.

2 구체적 사례에 적용하기 | 정답 ⑤ |

윗글을 참고하여 〈보기〉를 이해한 내용으로 적절하지 않은 것은?

┤ 보 기 ├

○○전자는 가마솥의 원리를 이용한 전기 밥솥을 개발하였다. 먼저 전기 밥솥 뚜껑을 두껍게 하고,
　솥 안쪽의 온도가 100도 이상 올라가게 하는 원리
뚜껑 주위에 고무 패킹을 이중으로 장착했다. 그리
　솥 안의 수증기가 빠져 나가지 못하게 함.
고 솥 안쪽을 특수한 소재로 코팅하여 열이 빠르고
　가마솥 바닥의 기능과 동일함.
균일하게 전달될 수 있게 하였다.
　솥 안쪽을 특수한 소재로 코팅한 이유

① 전기 밥솥 안의 물의 온도는 섭씨 100도 이상 올라가겠군. 3문단
② 뚜껑을 두껍게 한 것은 수증기를 못 빠져나가게 하려는 것이겠군. 2문단, 3문단
③ 전기 밥솥 안의 갇힌 수증기는 솥 안쪽의 기압을 1기압 이상 올려 주겠군. 3문단
④ 솥 안쪽을 특수 소재로 코팅한 것은 열을 균일하게 전달하기 위한 것이겠군. 4문단
⑤ 이중으로 장착한 고무 패킹은 솥 안쪽의 온도를 천천히 올리는 데 기여하겠군.
　고무 패킹은 솥뚜껑의 기능과 동일하게 수증기가 밖으로 쉽게 빠져나가지 못하는 역할을 함.

✔ 정답 풀이

〈보기〉에 따르면 ○○전자가 개발한 전기 밥솥은 가마솥의 원리를 이용했다고 하였다. 여기에서 이중 장착한 고무 패킹은 무쇠로 만들어져 무거운 솥뚜껑의 기능과 동일하게 수증기가 밖으로 쉽게 빠져나가지 못하는 역할을 하는 것이지, 솥 안쪽의 온도를 천천히 올리는 것과는 관계가 없다.

✖ 오답 풀이

① 3문단에서 무거운 솥뚜껑은 솥 안의 온도가 100도 이상 올라가게 하며 이 때문에 밥이 맛있게 된다고 하였다. 〈보기〉에서 ○○전자가 개발한 밥솥은 가마솥의 원리를 이용했다고 했으므로 솥 안쪽의 온도가 가마솥과 같이 100도 이상 올라갈 것이다.
② 3문단에서 가마솥을 두툼하게 제작하여 솥 안의 수증기를 빠져나가지 못하게 했다고 하였다. ○○전자가 개발한 밥솥도 뚜껑을 두껍게 했다고 한 것은 가마솥의 원리에서 착안한 것이므로 전기 밥솥 안의 수증기도 빠져나가지 못할 것이다.
③ 3문단에서 가마솥 안에 갇힌 수증기가 기압을 1기압 이상 올려 준다고 하였다. 전기 밥솥도 가마솥의 원리를 이용하였으므로 수증기가 솥 안쪽의 기압을 1기압 이상 올려줄 것이다.
④ 4문단에서 가마솥 바닥의 완만한 모양이 열을 균일하게 전달하게 하여 밥맛을 좋게 한다고 하였다. 전기 밥솥 안쪽의 특수 코팅은 열을 균일하게 전달한다고 하였으므로 특수 소재로 코팅한 바닥이 가마솥의 바닥과 유사한 역할을 할 것이다.

(가): 블루투스의 개념과 이름이 붙여진 이유에 대한 의문

가 블루투스란 보통 컴퓨터 광마우스가 소비하는 전기의 1/3 수준인 저전력으로 10~
중심 화제   블루투스의 개념: 저전력 + 근거리 + 무선통신 기술
100m정도의 근거리에서 대부분의 송수신을 가능하게 하는 무선 통신 기술을 말한다.

⊙파란이빨(Bluetooth)은 딱히 무선 통신과는 그리 어울리지 않은 이름인데 어떻게
'블루투스'라는 명칭과 무선 통신과의 연관성이 없음을 제시: '블루투스' 명칭에 대한 호기심 유발
해서 이 명칭이 사용된 것일까?

(나): 블루투스 기술의 개발 동기와 다양한 응용 잠재 능력

나 1994년 스웨덴 에릭슨사는 기기마다 복잡하게 유선으로 연결되어 있어 사용에 불
편함이 많다는 점에 주목했다. 이를 해소하기 위해 무선으로 대체*할 수 있는 저전력,
블루투스 기술을 개발한 이유
저가의 무선 통신 기술을 고안*했다. 그런데 막상 이 기술을 개발하고 나니 단순히 유
복잡하게 기기들이 유선으로 연결되어 사용이 불편함.
선을 대체하는 효과 이상의 다양한 응용 잠재 능력을 갖고 있음을 알게 됐다. 바로 모
든 기기들을 하나의 무선 통신 기술을 통해 연결할 수 있다는 것이다.

(다): 블루투스 명명에 담긴 상징적 의미

다 그래서 에릭슨사는 과거 10세기 경 스칸디나비아 국가인 덴마크와 노르웨이 등 북
유럽을 하나로 통일한 바이킹이자 덴마크 왕 해럴드 블루투스의 이름을 따 이 기술을
명명*하게 되었다. 블루투스 왕이 스칸디나비아 반도를 하나로 통일한 것처럼, 지금
무선 통신 기술을 '블루투스'라고 명명한 이유: 디지털 기기를 하나의 무선 통신 규격으로 통일하고자 함.
의 블루투스 기술로 PC 등 디지털 기기를 하나의 무선 통신 규격으로 통일한다는 상
징적인 뜻이 담긴 것이다.

(라): 블루투스 기술의 장점

* **대체**(대신할 代, 쇠퇴할 替): 다른 것으로 대신함.
* **고안**(생각할 考, 책상 案): 연구하여 새로운 안을 생각해 냄. 또는 그 안.
* **명명**(목숨 命, 이름 名): 사람, 사물, 사건 등의 대상에 이름을 지어붙임.

라 블루투스는 휴대폰, 노트북과 같은 기기에 블루투스 칩을 탑재*함으로 다른 블루투
스 칩을 탑재한 기기와 무선으로 정보를 송수신할 수 있다는 장점이 있다. 이렇게 되
블루투스의 장점 ①: 무선으로 정보를 송수신할 수 있음.
면, 각각의 기기들은 블루투스 칩을 통해 근거리에서 하나의 무선 네트워크로 연결된
다. 이때 전파는 전 세계가 무료로 사용할 수 있는 주파수 대역을 사용한다. 따라서
블루투스의 장점 ②: 무료로 사용할 수 있음.
블루투스 칩이 내장*된 기기 간에 이뤄지는 통신은 무제한으로 사용해도 무료인 셈이
다. 뿐만 아니라 블루투스 제품은 제조 회사에 상관없이 호환*되기 때문에 다양하게
블루투스의 장점 ③: 호환성이 높아 다양한 응용이 가능함.
응용할 수 있다. 또한 블루투스는 장애물 투과성이 높아 블루투스 칩을 탑재한 기기
블루투스의 장점 ④: 투과성이 높아 가방이나 주머니에 넣은 채 통신이 가능함.
를 가방이나 주머니에 넣은 채로 다른 정보 통신 기기와 통신할 수 있다.

(마): 블루투스 기술의 현황과 향후 전망

마 현재 대부분의 IT 기기들은 블루투스가 가능하도록 만들어지고 있다. 그 옛날 블루
블루투스 기술의 현황
투스 왕이 여행가로 명성을 날렸듯이, 호환성이 높은 블루투스 기술이 전 세계 어디
를 여행하든 기기 간에 쉽게 통신할 수 있도록 통신 환경을 일원화할 것으로 전망된
블루투스 기술에 대한 긍정적 전망
다.

* **탑재**(탈 搭, 실을 載): 배, 비행기, 차 따위에 물건을 실음.
* **내장**(들 內, 감출 藏): 밖으로 드러나지 않게 안에 간직함.
* **호환**(서로 互, 바꿀 換): 서로 교환됨.

▶ **주제**: 블루투스 기술의 장점과 전망

[지문 해제]

　　이 글은 블루투스의 개념과 장점 및 향후 전망에 대해 설명하고 있다. 블루투스는 저전력 근거리 무선 통신 기술로, 옛 덴마크의 블루투스 왕이 스칸디나비아 반도를 하나로 통일한 것처럼 디지털 기기를 하나의 무선 통신 규격으로 통일하고자 '블루투스'라고 명명된 것이다. 장애물을 잘 투과하고 제품 간 호환성이 높은 장점을 가진 블루투스 기술은 향후 통신 환경을 일원화할 것으로 전망된다.

[문단 요지]

(가): 블루투스의 개념과 이름이 붙여진 이유에 대한 의문
(나): 블루투스 기술의 개발 동기와 다양한 응용 잠재 능력
(다): 블루투스 명명에 담긴 상징적 의미
(라): 블루투스 기술의 장점
(마): 블루투스 기술의 현황과 향후 전망

[주제]

블루투스 기술의 장점과 현황

1　핵심 내용 파악하기　| 정답 ④ |

(가)~(마)를 요약한 내용으로 적절하지 않은 것은?

① (가): 블루투스 기술의 개념과 이름이 붙여진 이유에 대한 의문
　　　저전력 근거리 무선 통신 기술
② (나): 블루투스 기술이 개발된 동기와 다양한 응용 잠재 능력
　　기기마다 복잡하게 유선으로 연결되어 있어서 사용이 불편함.
　　모든 기기들을 하나의 무선 통신 기술을 통해 연결할 수 있음.
③ (다): 블루투스라고 명명한 무선 통신 기술에 담긴 상징적 의미
　　블루투스 왕이 북유럽을 하나로 통일한 것처럼 블루투스 기술로 디지털 기기를 하나의 무선 통신 규격으로 통일함.
④ (라): 블루투스 기술이 ~~보안에 취약한 이유와 이에 대한 대책~~
⑤ (마): 블루투스 기술의 현황과 향후 전망
　　통신 환경의 일원화
　　현재 대부분의 IT기기들은 블루투스 기술이 적용됨.

✔ 정답 풀이

(라)에서는 블루투스 기술의 장점에 대해 설명하고 있을 뿐, 블루투스 기술이 보안에 취약한 이유와 대책에 대해 언급하고 있지 않다.

✘ 오답 풀이

① (가)에서 블루투스 기술의 개념을 정의한 후, '블루투스'라고 이름을 붙인 이유에 대한 의문을 제기하고 있다.
③ (나)에서 스웨덴 에릭슨사의 기술 개발 동기와 블루투스의 다양한 응용 잠재 능력에 대해 서술하고 있다.
③ (다)에서 블루투스 왕의 이야기를 제시하여 무선 통신 기술이 '블루투스'라고 이름 붙여진 이유를 서술하고 있다.
⑤ (마)에서 호환성이 높은 블루투스 기술이 통신 환경을 일원화할 것이라고 전망하고 있다.

2　서술상 특징 파악하기　| 정답 ① |

(라)의 서술 방법으로 가장 적절한 것은?

① 열거를 통해 대상이 지닌 장점을 설명하고 있다.
② 공간의 ~~이동~~에 따른 대상의 특징을 설명하고 있다.
③ 시간의 ~~흐름~~에 따른 대상의 변화를 설명하고 있다.
④ 의문에 ~~대한~~ 답을 제시하면서 대상을 설명하고 있다.
⑤ 비유적 표현을 통해 대상을 알기 쉽게 설명하고 있다.

✔ 정답 풀이

(라)에서는 블루투스 칩을 탑재하면 기기 간 무선으로 통신할 수 있다는 점, 무료로 통신할 수 있다는 점, 호환성이 높다는 점, 장애물 투과성이 높다는 점 등 블루투스 기술의 장점을 열거하고 있다.

3　근거의 적절성 파악하기　| 정답 ③ |

㉠의 이유로 가장 적절한 것은?

① 디지털 기기를 유선으로 ~~자유롭게~~ 통신한다는 의미를 담았기 때문이다.
　　블루투스 기술은 유선으로 연결된 것을 대체하는 것임.
② 디지털 기기의 사용 방법을 ~~하나로 통일~~한다는 의미를 담았기 때문이다.
　　이 글에서 언급하지 않음.
③ 디지털 기기를 하나의 무선 통신 규격으로 통일한다는 의미를 담았기 때문이다.
④ 디지털 기기를 통해 전 세계를 ~~자유롭게 여행할 수 있게~~ 한다는 의미를 담았기 때문이다.
　　전 세계 어디를 가든 쉽게 통신이 가능한 통신 환경 조성
⑤ 디지털 기기를 저전력으로 사용하게 함으로써 에너지를 ~~절약하고자~~ 하는 의미를 담았기 때문이다.

✔ 정답 풀이

(다)에서 덴마크의 왕 블루투스가 북유럽을 통일했던 것처럼 무선 통신 기술에 '블루투스'라는 이름을 붙여 다양한 디지털 기기를 하나의 무선 통신 규격으로 통일한다는 상징적 의미를 담았다고 하였다.

✘ 오답 풀이

① (나)를 통해 블루투스 기술은 유선으로 연결된 것을 대체하기 위해 개발된 것임을 알 수 있다.
② 이 글에서 디지털 기기의 사용 방법을 통일한다는 내용은 언급되지 않았다.
④ (마)를 통해 블루투스 기술은 전 세계 어딜 가든 쉽게 통신할 수 있는 통신 환경과 관련되어 있음을 알 수 있다. 이는 여행을 자유롭게 한다는 의미는 아니다.
⑤ (라)를 통해 블루투스 기술이 저전력이라는 것은 알 수 있으나 이것과 '블루투스'라는 이름을 붙인 이유는 관련이 없다.

* 구획(구분할 區, 그을 劃): 토지 따위를 경계를 갈라 정함. 또는 그 구역.

* 번잡하다(괴로워할 煩, 섞일 雜--): 번거롭고 혼잡하다.

* 차단(막을 遮, 끊을 斷): 막아서 멈추게 함. 가로막아 사이를 끊음.
* 부수적(붙을 附, 따를 隨, 과녁 的): 종속적으로 덧붙거나 한데 따르는 이차적인. 또는 그런 것.

▶ 주제: 화장실에 출입문이 없는 이유와 그 효과

대형 상가나 사무용 건물 등 많은 사람들이 이용하는 건물의 화장실 중에는 입구에 열고 닫는 출입문이 없는 경우가 종종 있다. 물론 화장실 내부의 칸막이 문은 개별적으로 설치되어 있지만 화장실 입구에는 문이 없는 경우가 많다. 왜 그럴까?

화장실을 만들 때에는 기본적으로 두 가지 문제를 해결해야 한다. 첫째는 사생활 보호에 대한 문제이고, 둘째는 위생 및 청결에 관한 문제이다. 이러한 문제를 한꺼번에 해결하기 위해 가장 널리 쓰인 방법은 화장실을 별도의 구획*으로 나눈 후 입구에 출입문을 두는 것이었다.

하지만 많은 사람들이 출입하고 이용하는 건물의 화장실 출입구에 문이 있다면 어떨까? 화장실을 이용하기 위해 손잡이를 만질 때 다른 사람들이 젖은 손으로 잡아 손잡이에 남아 있는 축축한 물기를 느끼게 될 것이다. 기분이 불쾌해지는 것은 물론이고 위생적으로도 그리 좋지 않을 것이다. 게다가 많은 사람들이 드나들기 때문에 문을 열고 닫는 데 번잡함*을 느낄 수도 있다. 이러한 이유로 많은 사람이 이용하는 시설에는 화장실 입구에 문을 설치하지 않는 경우가 많다.

그렇다면 사생활 보호 문제는 어떻게 해결했을까? 사생활 보호를 위해 남녀 출입구를 각각 분리하고 입구 쪽에 한 번 꺾어지는 공간을 두거나 벽을 세워 시선을 차단*하는 방법을 사용하였다. 물론 화장실 내부의 변기나 칸막이 위치도 시선을 차단하기 위해 효과적으로 배치하였다. 그렇게 함으로써 많은 사람이 다니는 출입 동선에 방해되는 문을 없애면서도 사생활을 보호할 수 있게 되었다.

이와 같이 ㉠출입문을 없앤 화장실은 문을 열고 닫을 때 나는 쿵쿵거리는 소음까지 완전히 없애는 부수적*인 효과도 거둘 수 있었다. 사람들이 화장실을 드나들 때마다 출입문 여닫는 소리가 계속 들린다면 그 소음은 많은 사람들에게 피해를 주었을 것이다.

대부분의 사람들은 화장실 입구에 출입문이 있는지 없는지를 전혀 의식하지 못하고 사용해 왔을 것이다. 하지만 거기에는 사람들이 조금이라도 더 건물을 편리하게 사용할 수 있도록 하기 위한 건축가의 노력과 건축 기술이 숨어 있다.

[지문 해제]

이 글은 대형 상가나 사무용 건물 화장실에 출입문에 없는 이유에 대해 설명하고 있다. 화장실에 출입문을 두면 위생상의 문제와 문을 열고 닫을 때의 번잡함이 발생하는 문제가 있다. 그래서 출입문을 없애고 남녀 화장실 출입구를 분리하였으며, 내부의 변기나 칸막이의 위치를 조정함으로써 이와 같은 문제를 해결하였다. 또한 화장실 입구에 출입문을 없앰으로써 문을 열고 닫는 데 따르는 소음 문제도 해결하였다. 이러한 모든 것에는 건물을 더욱 편리하게 사용할 수 있도록 하기 위한 건축가의 노력과 건축 기술이 숨어 있다.

[문단 요지]

1문단: 화장실 입구에 출입문이 없는 이유에 대한 의문
2문단: 화장실을 만들 때 해결해야 할 두 가지 문제점
3문단: 화장실의 위생 및 청결 문제 해결책
4문단: 화장실의 사생활 보호 문제 해결책
5문단: 화장실의 출입문을 없앰으로써 얻는 부수적 효과
6문단: 화장실에 담긴 건축가의 노력과 건축 기술

[주제]

화장실에 출입문이 없는 이유와 그 효과

---

1 세부 내용 파악하기 | 정답 ③ |

〈보기〉는 윗글을 읽고 학생들이 나눈 대화 내용이다. 윗글을 잘못 이해한 학생은?

┤ 보 기 ├

학생 1: 화장실을 만들 때 **기본적으로 해결해야 할 문제**는 무엇일까? 사생활 보호, 위생 및 청결

학생 2: 사생활 보호에 대한 문제를 해결해야 해. …① 2문단

학생 3: 위생과 청결 문제도 해결해야 해. …………② 2문단

학생 1: 그러면 **공공 건물 화장실 출입구에 출입문을 없앰으로써 얻을 수 있는 효과**는 무엇이 있을까? ① 위생 및 청결 문제 해소 ② 출입문에서 나는 소음 제거

학생 4: 남녀 출입구를 분리하여 화장실에 잘못 들어가는 일이 줄어들게 했어. ……………③

학생 5: 사람들이 많이 드나들 때 문을 열고 닫는 번잡함을 해결할 수 있어. ……………④ 3문단

학생 6: 출입문을 열고 닫을 때 나는 소리도 해결할 수 있어. ……………⑤ 5문단

✔ **정답 풀이**

4문단을 고려하면 공공 화장실의 남녀 출입구를 각각 분리한 이유는 사생활 보호 문제를 해결하기 위한 것일뿐, 화장실 입구의 출입문을 없앰으로써 얻는 효과가 아니다.

화장실 입구의 출입문을 없앰으로써 얻는 효과는 3문단과 5문단에 제시되어 있다. 화장실 입구의 출입문을 없앰으로써 위생 및 청결 문제를 해결할 수 있고(3문단), 문을 열고 닫을 때 나는 소음을 완전히 없앨 수 있다고 하였다(5문단).

✖ **오답 풀이**

① 2문단에서 화장실을 만들 때 기본적으로 두 가지 문제를 해결해야 하는데 그 첫 번째 문제가 사생활 보호에 대한 문제라고 하였다.

② 2문단에서 화장실을 만들 때 해결해야 할 문제로 위생 및 청결에 대한 문제를 언급하였다.

④ 3문단에서 공공 화장실 출입구에 출입문을 두면 많은 사람들이 드나들 때 문을 열고 닫는 번잡함을 느낄 수도 있기 때문에 많은 사람들이 이용하는 화장실 입구에는 문을 설치하지 않는 경우가 많다고 하였다.

⑤ 5문단에서 출입문을 없앤 화장실은 문을 열고 닫을 때 나는 소음을 완전히 없애는 부수적인 효과도 거둘 수 있다고 하였다.

---

2 반응의 적절성 파악하기 | 정답 ① |

㉠에 대한 반응을 속담으로 나타낸 것으로 가장 적절한 것은?

① 꿩 먹고 알 먹는 격이군.
한 가지 일로 두 가지 이상의 이익을 봄.

② 백지장도 맞들면 나은 격이군.
쉬운 일이라도 협력하여 하면 더 쉬움.

③ 소 잃고 외양간 고치는 격이군.
일이 잘못 된 뒤 손을 써도 소용 없음.

④ 까마귀 날자 배 떨어지는 격이군.
아무 관계 없이 한 일이 때가 같아 의심을 받게 됨.

⑤ 자라 보고 놀란 가슴 솥뚜껑 보고 놀란 격이군.
어떤 사물에 놀란 사람은 비슷한 사물만 봐도 겁을 냄.

✔ **정답 풀이**

㉠은 공공 화장실 입구에 출입문을 없앰으로써 사생활 보호에 대한 문제와 위생 및 청결에 관한 문제를 모두 해결했을뿐만 아니라, 부가적으로 소음을 없앨 수도 있었다는 내용이다. 따라서 ㉠에 대한 반응으로는 '한 가지 일을 하여 두 가지 이상의 이익을 보게 됨.'을 비유적으로 이르는 속담을 활용한 '꿩 먹고 알 먹는 격이군.'이 가장 적절하다.

✖ **오답 풀이**

② '백지장도 맞들면 낫다'는 '쉬운 일이라도 협력하여 하면 훨씬 쉽다.'는 의미이다.

③ '소 잃고 외양간 고친다'는 '일이 이미 잘못된 뒤에는 손을 써도 소용이 없음.'을 비꼬는 말이다.

④ '까마귀 날자 배 떨어진다'는 '아무 관계 없이 한 일이 공교롭게도 때가 같아 어떤 관계가 있는 것처럼 의심을 받게 됨.'을 비유적으로 이르는 말이다.

⑤ '자라 보고 놀란 가슴 솥뚜껑 보고 놀란다'는 '어떤 사물에 몹시 놀란 사람은 비슷한 사물만 보아도 겁을 냄.'을 이르는 말이다.

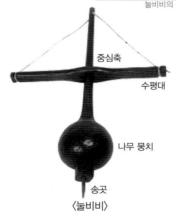

중심축

수평대

나무 뭉치

송곳

〈눌비비〉

'눌비비'란 도구에 대해 들어본 적이 있는가? 생소한* 단어라서 '어떻게 생긴 도구이지?' 라는 생각을 갖게 하는 등 이름부터 궁금증을 유발한다. 우리 조상들은 오늘날의 전동 드릴처럼 <u>구멍을 뚫을 수 있는 도구</u>를 가지고 있었는데 이것이 바로 눌비비이다.
중심 화제
눌비비의 용도

㉠눌비비는 <u>중심축</u> 맨 아래에 <u>송곳 모양의 단단한 나</u>
「」: 눌비비의 구조   구멍을 뚫는 부분
무가 달려 있고, 바로 윗부분에는 둥근 모양의 <u>나무 뭉치</u>
둥근 모양의 나무 뭉치는 회전할 때 무게를 줌으로써 회전을 고르게 지속하게 하는 역할을 함.
를 붙여 무게를 나가게 했다. 중심축의 맨 위쪽에 구멍을 뚫어 거기에서 줄을 양쪽으로 늘이고, 중심축에 구멍 뚫린 긴 나무를 수평으로 끼웠는데 이를 <u>수평대</u>라고 한다. 「중심축의 맨 위와 수평대의 양끝을 줄로 이어 자연
「」: 눌비비의 작동 원리
스럽게 삼각 구도를 갖게 하여 수평대를 눌렀을 때 이 힘이 고르게 전달되어 안정감을 갖도록 만들었다. 즉 중심축을 돌리면 이 양쪽 줄이 엇갈리면서 감기게 되고 이
수평대를 위아래로 움직여 중심축을 회전시킴.
에 따라 수평대가 올라가는데, 수평대 좌우를 잡고 위아래로 오르내리게 하면 중심축의 엇갈린 줄이 계속 풀렸다 감겼다 하면서 중심축을 돌려주게 된다.」

「이때 송곳 위의 나무 뭉치는 무게로 인해 계속 회전하게 되고, <u>수평대를 누르면 실을</u>
「」: 눌비비의 작동 과정
<u>풀어주고 올리면 실을 감아 주는 것을 반복하게 된다.</u> 이렇게 수평대를 누르고 올리는
수평대를 누르면 실이 풀리고 올리면 실을 감음.
것을 반복함으로써 축이 계속 돌게 되어 물건에 구멍을 뚫게 된다.」 이때 눌비비는 수평대만 아래로 움직이면 되므로 <u>한 손으로 사용할 수 있고 다른 한 손은 구멍을 뚫는 물건</u>
<u>을 잡거나 고정할 수 있는 장점</u>이 있다.
눌비비의 장점

눌비비에서 나타나는 힘은 일상생활 속에서 그 원리를 쉽게 찾을 수 있다. 단추 구멍에 실을 넣고 돌려서 양손으로 잡아 당겼다 놓으면 회전력을 유지하며* 끊임없이 돌아
외부의 힘이 가해지지 않으면 계속 회전 상태를 유지하려고 하는 성질(회전 관성)을 이용함.
간다. 그리고 그 힘은 회전하는 안쪽 중심 방향으로 집중된다. 인간의 힘에서 기계의 힘
회전하는 힘이 안쪽 중심 방향으로 집중되는 힘을 이용하여 구멍을 뚫음.
으로 바뀌었을 뿐 구멍 뚫는 원리는 지금의 전동 드릴과 똑같다. 이처럼 눌비비에서는 우리 주변에서 나타나는 과학적 원리들을 적극적으로 이용했던 조상들의 슬기를 엿볼 수 있다.

[지문 해제]

이 글은 우리나라의 전통 도구인 눌비비에 대해 소개하고 있다. 눌비비는 오늘날의 전동 드릴처럼 구멍을 뚫을 수 있는 도구로, 중심축·수평대·나무 뭉치·송곳으로 이루어져 있다. 회전력을 유지하며 끊임없이 돌아가는 힘을 이용한 눌비비는 한 손으로 조작할 수 있다는 장점이 있다. 눌비비를 통해 생활 속 원리를 이용한 조상들의 슬기를 엿볼 수 있다.

[문단 요지]

1문단: 오늘날의 전동 드릴과 유사한 눌비비
2문단: 눌비비의 구조와 작동 원리
3문단: 눌비비의 작동 과정
4문단: 힘의 원리를 도구화한 조상들의 슬기

[주제]

눌비비의 구조와 작동 과정

---

1 세부 내용 파악하기 ┃ 정답 ③ ┃

윗글을 통해 알 수 있는 내용이 <u>아닌</u> 것은?

① 눌비비의 구조 2문단
　중심축+송곳 모양의 나무+나무 뭉치+수평대
② 눌비비의 장점 3문단
　한 손으로 사용 가능
③ 눌비비의 종류
④ 눌비비로 구멍을 뚫는 과정 3문단
⑤ 눌비비와 전동 드릴의 공통점 4문단
　회전관성의 원리 이용

✔ 정답 풀이

1문단에서는 오늘날의 전동 드릴과 유사한 눌비비를 소개하고 있으며, 2문단과 3문단에서 눌비비의 구조와 작동 원리 및 과정에 대해 설명하고 있다. 그러나 이 글에서는 눌비비의 종류에 대해서는 언급하고 있지 않다.

✘ 오답 풀이

① 2문단의 '눌비비는 중심축 맨 아래에~이를 수평대라고 한다.'에서 눌비비의 구조를 설명하고 있다.
② 3문단의 '눌비비는 수평대만 아래로 움직이면 되므로 한 손으로 사용할 수 있고 다른 한 손은 구멍을 뚫는 물건을 잡거나 고정할 수 있다는 장점이 있다.'에서 눌비비의 장점을 제시하고 있다.
④ 3문단의 '이때 송곳 위의~구멍을 뚫는다.'에서 눌비비로 구멍을 뚫는 과정을 언급하고 있다.
⑤ 4문단의 '인간의 힘에서 기계의 힘으로 바뀌었을 뿐 구멍 뚫는 원리는 지금의 전동 드릴과 똑같다.'에서 눌비비는 오늘날의 전동 드릴과 같이 회전력을 유지하며 끊임없이 돌아가는 힘의 원리를 이용하여 구멍을 뚫음을 알 수 있다.

---

2 다른 사례와 비교하기 ┃ 정답 ③ ┃

윗글의 ㉠과 〈보기〉의 ㉡을 비교한 내용으로 가장 적절한 것은?

┤ 보 기 ├

〈활비비〉

㉡활비비는 구멍을 뚫는 도구로, 활처럼 생겼다. 활비비는 축을 감아 돌리는 회전력을 이용한다. 활비비의 수직축에는 색연필 모양으로 다듬은 나무의 아랫부분에 송곳이 달려 있다. 윗부분을 잡고 활비비 줄을 수평으로 돌리면 수직축의 아랫부분이 돌아가 구멍을 뚫을 수 있는데 이때 양손을 모두 사용해야만 한다. 눌비비와의 차이점

① ㉠은 ㉡과 달리 회전할 때 생기는 힘을 이용한다.
　㉠과 ㉡ 모두 회전할 때 생기는 힘을 이용함
② ㉠은 ㉡과 달리 구멍을 뚫을 수 있는 도구이다.
　㉠과 ㉡ 모두 구멍을 뚫는 도구임
③ ㉠은 ㉡과 달리 한 손으로 사용이 가능하다.
④ ㉡은 ㉠과 달리 인간의 힘을 필요로 한다.
　㉠과 ㉡ 모두 인간의 힘을 필요로 함
⑤ ㉡은 ㉠과 달리 송곳이 부착되어 있다.
　㉠과 ㉡ 모두 송곳이 있음

✔ 정답 풀이

3문단에서 ㉠은 한 손으로 사용할 수 있다고 하였으며, 〈보기〉에서 ㉡은 양손을 모두 사용해야만 한다고 하였다. 따라서 ㉠은 ㉡과 달리 한 손으로 사용이 가능하다고 볼 수 있다.

✘ 오답 풀이

① 4문단에서 ㉠은 '회전력을 유지하며 끊임없이 돌아간다'고 하였다. 또 〈보기〉에서 ㉡의 줄을 수평으로 돌리면 수직축의 아랫부분이 돌아가 구멍을 뚫는다고 하였다. 이를 통해 ㉠과 ㉡ 모두 회전할 때 생기는 힘을 이용한다는 것을 알 수 있다.
② ㉠과 ㉡은 모두 구멍을 뚫는 도구이다.
④ 3문단에서 ㉠은 수평대를 위아래로 움직임으로써, 〈보기〉에서 ㉡은 줄을 수평으로 움직임으로써 구멍을 뚫는다고 하였다. 따라서 ㉠과 ㉡ 모두 인간의 힘을 필요로 한다고 볼 수 있다.
⑤ ㉠과 ㉡ 모두 가장 아랫부분에 송곳이 달려 있다.

기술 06~10	독해력 쑥쑥, 어휘 테스트		
01 부수적	02 유력하다	03 표제	04 적절하다
05 고안	06 부제	07 균일	08 탑재	09 서술
10 유지	11 비교	12 차단	13 구획	14 번잡
15 생소	16 완만	17 소모	18 ⓐ	19 ⓑ	20 ⓒ

○ 1문단: 건축과 미술의
  차이점과 공통점

美미술과 건축은 서로 밀접하게 연결되어 있는 인간의 활동 분야이다. 물론 집을 짓는
중심 화제
일차적 목적은 사람을 비바람과 추위로부터 보호해 주는 주거(住居)의 장소를 만드는
건축의 일차적 목적   실용적 목적
것이다. 반면에 미술은 주거나 다른 실용적인 목적과는 직접적인 연관성을 갖지 않는
표현 활동의 결과물이다. 다시 말해 실용이 아닌 미의 추구가 그 일차적 목표인 것이다.
                                                        건축과 차별화되는 미술의 목적
그렇다면 미술과 건축은 함께 존재하지 못하는 것일까? 우리는 집을 짓고 나면 그 집을
아름답게 꾸미는 방법을 고민한다. 그림을 가져다 놓거나 벽지에 변화를 주는 것 등이
그 예이다. 이렇듯 미술과 건축의 두 분야는 아름다운 생활 공간을 창조하는 데에서 더
                                          건축과 미술의 공통점
나아가 사람의 삶에 아름다움을 더하는 데에 함께 기여*한다.

○ 2문단: 긴밀한 협동이
  필요한 미술과 건축

그런데 이렇게 함께 작용하는 두 분야가 우리 사회에서는 지금껏 전혀 다른 분야로 인
전환   문제 제기
식되며 따로따로 존재해 왔다. 물론 다른 나라에서도 건축과 미술이 언제나 아름다움을
창조하는 것으로만 이해된 것은 아니었으며, 건축과 미술의 협동의 정도도 시대에 따라
강해지기도 하고 약해지기도 하면서 달라질 수밖에 없었다. 이제부터라도 우리 사회에
서 건축과 미술의 두 분야는 더 긴밀한 협동이 이루어져야 한다. 건축이 아름다워져야
                                      해결 방안   글쓴이의 의견
한다는 말이다.

○ 3문단: 건축이 아름다
  워지지 못하는 원인

그렇다면 왜 우리나라에서는 건축이 아름다워지지 못한 것일까? 우리나라에서 건축
이 아름다워지지 못한 데에는 여러 가지 이유가 있었을 것이다. 미술과 건축 사이에 교
                                                              건축이 아름다워지지 못하는 원인 ①
류가 부족했던 점, 나아가 건축과 미술이 별도로 존재했던 현실이 무엇보다 커다란 요
                            건축이 아름다워지지 못하는 원인 ②
인이라 할 수 있을 것이다. 그리고 오늘날 여전히 우리가 아름다운 건축을 찾기 힘든 것
은 우리에게 조화된 삶의 공간이 없고 조화된 삶의 비전이 없기 때문이다. 특히 주거 공
                            건축이 아름다워지지 못하는 원인 ③
간이 바로 경제적 가치와 직결*되는 현재의 우리 상황은 건물이 아름다운 공간이기보다
          건축이 아름다워지지 못하는 원인 ④
는 효율적인 공간이기를 요구한다. 아름다움보다 효율성이 더 강조되는 우리 사회에서
아름다운 건축은 사치가 된다.

○ 4문단: 조화로운 삶의
  공간으로서의 건축

이는 결코 건축의 효율성을 고려하지 말라는 의미가 아니다. ⊙아름다운 건축의 가능
                    건축의 일차적 목적인 안전과 실용성은 가장 기본적 요소이다.   주제어
                                                                        아름다움과 효율성이 모두 고려된 건축
성을 열어놓자는 것이다. 아름다움의 요체*는 조화이며 그것은 편안한 휴식의 느낌을
준다. 아름다움의 조화의 범위는 독립된 건축물과 그 주변 환경, 그리고 이를 통해 흐르
                                      개별 건물의 아름다움   조화된 삶의 공간의 아름다움
고 있는 지속적인 역사를 포함한다. 우리의 삶이 이 넓은 시공간의 조화 안에서 제자리
를 잡을 수 있도록 도와주는 인간 활동이 건축인 만큼, 아름다움의 영역을 포기하지 말
고 함께 마련해 나갈 때 우리는 아름다운 건축물에서 살아가게 될 것이다.
                      아름다운 건축에서 살고 싶은 글쓴이의 바람

* 기여(부칠 寄, 도울 與):
  도움이 되도록 이바지함.
* 직결(곧을 直, 맺을 結):
  사이에 다른 것이 개입
  되지 않고 직접 연결됨.
* 요체(요긴할 要, 살필
  諦): 중요한 점.

▶ 주제: 조화로운 삶의
  공간 조성을 추구하
  는 건축의 필요성

[지문 해제]

　이 글은 우리나라 건축이 아름다워지지 못하고 있는 원인과 이에 따른 건축의 역할에 대해 설명하고 있다. 건축과 미술이 서로 다른 영역으로 인식되어 교류가 활발하지 못했다는 점, 조화에 대한 고민이나 시도가 쉽게 이루어질 수 없었던 점 등을 원인으로 제시한 후 건축에서 효율성만큼이나 아름다움의 가치를 지켜가는 것도 중요함을 강조하고 있다.

[문단 요지]

　1문단: 건축과 미술의 차이점과 공통점
　2문단: 긴밀한 협동이 필요한 미술과 건축
　3문단: 건축이 아름다워지지 못하는 원인
　4문단: 조화로운 삶의 공간으로서의 건축

[주제]

　조화로운 삶의 공간 조성을 추구하는 건축의 필요성

1　**세부 내용 파악하기**　| 정답 ① |

윗글의 내용과 일치하지 않는 것은?

① 건축과 미술은 지금까지 우리 사회에서만 유독 따로 존재해 왔다. 2문단　다른 나라에서도 건축과 미술이 따로 존재함.
② 집을 짓는 일차적 목적은 인간을 보호해 주는 주거의 장소를 만드는 것이다. 1문단
③ 우리가 아름다운 건축을 찾기 어려운 것은 조화된 삶의 공간이 없기 때문이다. 3문단
④ 건축과 미술은 아름다운 생활 공간을 창조함과 동시에 삶에 아름다움을 더한다. 1문단
⑤ 미술은 실용적인 목적과는 직접적인 연관을 갖지 않는 표현 활동의 결과물이다. 1문단

✔ **정답 풀이**

2문단에서 건축과 미술 두 분야가 지금까지 우리 사회에서 따로따로 존재해 온 것은 사실이나, 다른 나라에서도 건축과 미술이 언제나 아름다움을 창조하는 것으로만 이해된 것은 아니라고 하였다.

✘ **오답 풀이**

② 1문단에서 집을 짓는 일차적 목적은 사람을 비바람과 추위로부터 보호해 주는 주거의 장소를 만드는 것이라고 하였다.
③ 3문단에서 우리가 아름다운 건축을 찾기 힘든 것은 우리에게 조화된 삶의 공간과 비전이 없기 때문이라고 하였다.
④ 1문단에서 미술과 건축은 아름다운 생활 공간을 창조하고 사람의 삶에 아름다움을 더하는 데에 함께 기여한다고 하였다.
⑤ 1문단에서 미술은 주거나 다른 실용적인 목적과는 직접적인 연관성을 갖지 않는 표현 활동의 결과물이라고 하였다.

2　**논지 전개 방식 파악하기**　| 정답 ⑤ |

윗글의 논지 전개 방식으로 가장 적절한 것은?

① 유사한 대상에 빗대어 설명하고 있다. 유추
② 시대에 따른 인식의 변화를 설명하고 있다.
③ 전문가의 말을 인용하여 설득력을 높이고 있다. 인용
④ 공통점을 기준으로 대상을 나누어 설명하고 있다. 분류
⑤ 두 대상의 공통점과 차이점을 들어 설명하고 있다.

✔ **정답 풀이**

1문단에서 미술과 건축 두 분야가 서로 다른 일차적 목적을 지니고 있다는 차이점을 제시한 후, 이어 미술과 건축은 궁극적으로 아름다움을 추구한다는 공통점을 제시하며 논지를 전개하고 있다.

✘ **오답 풀이**

② 2문단에서 건축과 미술의 협동 정도가 공간과 시대에 따라 달랐다고 언급하고 있지만, 시대에 따른 인식의 변화와는 거리가 멀다.

3　**반응의 적절성 파악하기**　| 정답 ④ |

㉠에 대한 반응으로 가장 적절한 것은?

① 미리: 건축의 실용적인 면은 중요한 것이 아니군. 실용적인 면을 무시해서는 안 됨.
② 건호: 건축과 미술은 전혀 다른 분야임을 잊지 말아야겠군. 3문단　미술과 건축이 서로 다른 분야로 인식되어 아름다워지지 못했음.
③ 서현: 아름다운 건축은 경제적 가치를 반영한 결과물이군. 3문단　경제적인 가치가 반영되면 효율적인 건축을 선택하게 됨.
④ 연우: 건축과 미술 두 분야의 긴밀한 협동이 반드시 필요하겠군.
⑤ 도훈: 건축은 언제나 아름다움을 창조하는 것으로 이해해야겠군. 4문단　건축은 효율성과 아름다움을 함께 해야 함.

✔ **정답 풀이**

3문단에서 우리의 건축이 아름다워지지 못했던 이유로 건축과 미술이 별도로 존재했던 현실을 들고 있다. 따라서 건축과 미술의 긴밀한 협동은 반드시 필요하다는 결론을 이끌어 낼 수 있다.

✘ **오답 풀이**

① 4문단에서 건축의 효율성을 고려해야 한다는 언급을 통해 실용적인 면을 무시해서는 안 됨을 알 수 있다.
② 3문단에서 두 분야가 서로 다른 분야로 인식됨으로써 아름다워지지 못했다고 하였다.
③ 3문단에서 경제적 가치가 반영될 때 아름다운 건축보다는 효율적인 건축을 선택하기 마련이라고 하였다.
⑤ 4문단에서 건축은 효율성과 아름다움이 함께 해야 한다고 하였다.

가 (가): 시대에 따라 달라진 감각에 대한 평가

가 예술에서 감각은 한때 원초적이고 동물적인 것으로 여겨져 저급한 영역으로 치부*되었다. 그러나 르네상스 시대를 거치면서 문학과 미술, 음악 등 예술 전반에서 감각은 창의적이고 핵심적인 표현 형식으로 대우받고 있다. 현대의 예술은 사람의 감각을 자극하며 그 안에 많은 이야기를 담고 있는 것이다.

중심 화제 / 시대에 따른 변화

(나): 청각을 시각으로 효과적으로 표현한 예술 작품의 예

나 월트디즈니에서 제작한 「환타지아」는 음악을 색으로 표현한 애니메이션이다. 청각을 시각화하여 표현한 이 애니메이션은 바흐와 차이코프스키 등 유명 작곡가들의 작품을 음색에 따라 '색의 향연'으로 재창조한 것이다. 악기의 톤에 따라 색이 달라지고, 음의 높낮이에 따라 명도와 채도가 바뀌면서 애니메이션을 이름처럼 '환타지아(환상곡)'로 승화*시켰다. 소리가 색에, 또 색이 소리에 녹아들며 공감각의 명작을 만들어 낸 것이다.

○: 청각적인 요소, △:시각적인 요소 / 재창조의 방법을 구체적으로 제시 / 「환타지아」

(다): 시각이 미각을 자극하여 미각을 극대화한 예

다 시각이 미각을 자극하는 경우도 있다. 인체에서 단맛·신맛·쓴맛·짠맛 등 음식의 맛은 혀로 느낀다. 본다는 것, 즉 시각은 미각과 직접적인 관련이 없다. 그럼에도 불구하고 음식의 색과 형태는 미각을 자극한다. 철판 요리를 할 때 알코올 도수가 높은 술을 부어 불꽃을 일으키는 것을 본 적이 있을 것이다. 불은 시각적인 효과를 노린 것이지만 또 입맛을 돋우기도 한다. 불과 요리의 인과 관계가 우리의 의식 속에 녹아 있기 때문이다. ㉠시각이 미각을 자극해 더 맛있어 보이게 하고 더 먹고 싶게 하는 것이다.

불이 주는 효과 ① / 불이 주는 효과 ② / 미각과 시각이 직접적 관계가 없음에도 시각이 미각을 자극하는 이유

(라): 시각 중심 이미지에 영향을 받는 기억

라 위의 두 예에서 살펴본 바와 같이 시각은 다른 감각과 어우러져 그에 적합한 이미지를 만들어 내곤 한다. 이처럼 어떤 대상에 대한 이미지는 시각을 중심으로 공감각적으로 만들어지고 기억으로 저장되는 것이다. 물론 그 이미지는 개인이 속한 사회와 문화 속에서 오랫동안 축적*된 고유한 경험에 따라 다르게 받아들여지기도 한다. 그래서 알프렛드 턴넨은 '예술가는 사물을 있는 그대로는 보지 않는다. 도리어 마음의 있는 그대로 본다.'라고 했다. 예술가의 시각은 _____㉡_____이다.

핵심 문장 / 전문가의 말을 인용하여 주장의 신뢰도를 높임.

* 치부(둘 置, 문서 簿): 마음속으로 그러하다고 보거나 여김.
* 승화(오를 昇, 빛날 華): 어떤 현상이 더 높은 상태로 발전하는 일.

(마): 시각에 담긴 오감(五感)을 염두에 두어야 비로소 완성되는 사진 예술

마 따라서 예술 작품은 보이는 대로만 창작하고 해석해서는 안 된다. 시각 예술인 사진의 경우 시각에만 의존하면 곧 표현과 이해의 한계에 다다르게 된다. 사진에는 시각과 어우러지는 복합적인 감각이 들어 있어야 한다. 사진 작품을 볼 때도 시각을 청각·후각·촉각·미각과 결부시켜 공감각으로 확장시킬 필요가 있다. 그렇게 되면 사진을 보는 감동의 폭과 깊이가 확연하게 달라지기 때문이다.

예술 작품을 보이는 대로만 창작하고 해석해서는 안 되는 이유 – 예술가의 시선은 그만의 경험이 작동한 것이므로 자신의 경험에만 의존하여 감상의 한계를 설정해서는 안 된다. / 예술가의 시각을 고려해서 감상해야 할 예–사진 예술(예시) / 시각과 어우러지는 복합적인 감각 / 사진을 볼 때 시각을 청각·후각·촉각·미각과 결부시켜 공감각적으로 확장시키면

* 축적(쌓을 蓄, 쌓을 積): 지식, 경험, 자금 따위를 모아서 쌓음. 또는 모아서 쌓은 것.

▶ 주제: 예술의 창작과 해석에 필요한 공감각

[지문 해제]

이 글은 예술, 특히 시각 예술 작품의 창작과 감상에 공감각에 대한 이해가 필요함을 설명하고 있다. 시대에 따라 감각은 저급한 것에서 핵심적인 내용으로 변화하였다. 특히 사람의 감각은 서로 영향을 주고받으며, 기억에 저장될 때는 시각이 중심이 되는데, 이때 시각에 담긴 오감 즉, 공감각에 대한 이해가 필수적이다. 시각 예술인 사진의 경우, 공감각에 대한 이해 없이 창작하거나 감상하는 것은 올바르지 않다.

[문단 요지]

(가): 시대에 따라 달라진 감각에 대한 평가
(나): 청각을 시각으로 효과적으로 표현한 예술 작품의 예
(다): 시각이 미각을 자극하여 미각을 극대화한 예
(라): 시각 중심 이미지에 영향을 받는 기억
(마): 시각에 담긴 오감(五感)을 염두에 두어야 비로소 완성되는 사진 예술

[주제]

예술의 창작과 해석에 필요한 공감각

1 세부 내용 파악하기 | 정답 ⑤ |

윗글의 내용으로 가장 적절한 것은?

① 시대를 막론하고 예술에서 감각은 저급한 영역으로 평가된다.
· 르네상스 이전: 원초적이고 동물적인 것
· 르네상스 이후: 창의적이고 핵심적인 표현 방식
② 애니메이션「환타지아」는 시각을 청각으로 표현한 작품이다.
청각을 시각으로
③ 눈으로 보는 감각은 혀로 느끼는 감각과 직접적인 관련이 있다.
없다.
④ 시각에만 의존해야 사진을 보는 감동의 폭이 넓어지고 깊어진다.
시각에만 의존하면 표현의 한계에 다다름.
⑤ 대상에 대한 이미지는 시각을 중심으로 공감각적으로 만들어진다.

✔ 정답 풀이

(라)에서 어떤 대상에 대한 이미지는 시각을 중심으로 공감각적으로 만들어진다고 하였다.

✘ 오답 풀이

① (가)에서 르네상스 시대를 거치면서 예술에서의 감각에 대한 대우가 달라지고 있다고 말하고 있다.
② (나)에서「환타지아」는 청각을 시각으로 표현한 것이라고 하였다.
③ (다)에서 본다는 것, 즉 시각은 미각과 직접적인 관련이 없다고 하였다.
④ (마)에서 사진의 경우 시각에만 의존하면 표현과 이해의 한계에 다다르게 된다고 하였다. 시각을 공감각으로 확장시켜 사진을 보면 감동의 폭과 깊이가 확연하게 달라진다고 하였다.

2 속담에 적용하기 | 정답 ④ |

㉠과 의미가 통하는 속담으로 가장 적절한 것은?

① 떡 주고 뺨 맞는다.
② 싼 것이 비지떡이다.
③ 떡 본 김에 제사 지낸다.
④ 보기 좋은 떡이 먹기도 좋다.
⑤ 떡 줄 사람은 꿈도 안 꾸는데 김칫국부터 마신다.

✔ 정답 풀이

㉠은 시각이 미각에 긍정적인 영향을 미치고 있다는 의미이다. 따라서 '겉모양이 좋은 것이 그 내용도 좋다.'는 의미인 ④가 가장 적절하다.

✘ 오답 풀이

① 남을 위하여 좋은 일을 해 주고 도리어 욕을 보거나 화를 입게 되는 경우를 비유적으로 이르는 말이다.
② 값이 싼 물건은 품질이 나쁘기 마련이라는 말이다.
③ 우연히 운 좋은 기회에 하려던 일을 해치운다는 말이다.
⑤ 해 줄 사람은 생각도 하지 않는데 일이 다 될 것처럼 여기고 미리 기대한다는 말이다.

3 미루어 짐작하기 | 정답 ④ |

㉡에 들어갈 말로 가장 적절한 것은?

① 보이는 것이 전부인 것
② 절대적으로 눈에만 의지하는 것
③ 다른 감각에 영향을 받지 않는 것
④ 마음에 저장된 기억이 작동하는 것
⑤ 고유한 경험과는 전혀 관계가 없는 것

✔ 정답 풀이

㉡ 바로 앞 문장에서 '예술가는 사물을 있는 그대로는 보지 않는다. 도리어 마음의 있는 그대로 본다.'라고 하였다. 이는 예술가의 마음이 중요하다는 의미이다. 따라서 ㉡에 들어갈 내용으로는 예술가의 마음과 관련된 ④가 가장 적절하다.

✘ 오답 풀이

①, ② 예술가는 사물을 그대로 보지 않으므로 절대적으로 눈에만 의지하는 것을 전부로 여기지 않는다.
③ (라)에서 시각은 다른 감각과 어우러져 그에 적합한 이미지를 만들어 낸다고 했다.
⑤ (라)에 따르면 기억으로 저장되는 이미지는 고유 경험에 따라 다르게 받아들여진다고 했다.

○ 1문단: 윤두서 「자화
상」의 파격적인 화풍

○ 2문단: 당대의 화풍과
윤리를 뛰어넘은 『자
화상』

○ 3문단: 성실한 사실성
덕분에 더 높이 평가
받는 『자화상』의 가치

○ 4문단: 인물의 정신까
지 담고자 한 작가의
선비정신

＊극명(이길 克, 밝을 明):
속속들이 똑똑하게 밝
힘. 매우 분명함.

＊탕건(호탕할 宕, 수건
巾): 벼슬아치가 갓 아
래 받쳐 쓰던 관(冠)의
하나.

＊치밀하다(촘촘할 緻, 빽
빽할 密——): 자세하고
꼼꼼하다.

＊성찰(살필 省, 살필 察):
자기의 마음을 반성하
고 살핌.

▶ 주제: 윤두서 『자화
상』의 예술적 가치와
의의

윤두서의 『자화상』은 끔찍할 정도의 사실적인 표현을 통해 자신의 내면을 극명＊하게
보여 주는 작품이다. 초상화의 면면을 살펴보면 부리부리한 눈매, 거울을 보고 그린 듯
한 올 한 올 사실적으로 불타오르는 수염, 넘치는 생동감과 파격적인 구도가 한번에 시
선을 빼앗는다. 더욱 충격적인 것은 마땅히 있어야 할 두 귀와 목과 상체가 없다는 점이
다. 탕건＊ 윗부분이 잘려나간 채 화폭 위쪽에 매달린 듯한 얼굴이 매섭게 정면을 노려보
고 있어 보는 이에게 공포감마저 준다. 이러한 파격적인 화풍은 이 그림이 과연 조선 시
대 선비의 자화상인가 하는 의문까지 들게 한다.

어떻게 이런 그림이 나온 것일까? 일부러 그렇게 그린 것일까, 아니면 실수 혹은 미완
성의 작품일까? 이러한 의심의 여지를 남기는 것은 이 그림이 조선 시대의 유교 윤리나
보편적 경향에서 벗어나 있기 때문이다. 조선 시대의 사대부가 부모로부터 물려받은 신
체의 일부를 뗀 채 그림을 그리는 일은 있을 수 없다. 더욱이 윤두서는 윤선도의 증손자
이자 정약용의 외증조부로 대대로 유학의 학풍이 짙게 묻어나는 가문의 선비이다. 그러
하기에 이렇게 얼굴만을 덩그러니 그려놓은 초상화를 향한 궁금증이 꼬리를 물 수밖에
없다.

그런데 이 같은 의문이 오히려 이 작품을 더욱 매력적인 작품으로 만든다. 미완성으
로 보이는 이 작품은 보는 이에게 탐구하고픈 욕망을 불러일으키기 때문이다. 윤두서의
『자화상』은 이래저래 관심의 대상일 수밖에 없는 모양이다. 그렇다고 해서 이 작품의 예
술성마저 미완성인 것은 아니다. 콧구멍의 코털까지 치밀하게 그려 낼 정도로 철저한
이 초상화의 사실성, 이는 ㉠'성실성의 산물'이라 평가받기에 충분하다.

조선 시대 선비들은 초상화를 그리며 대상 인물을 실물과 다름
없이 표현하려 했다. 꾸며서 아름답게 보여 주는 것이 아니라 사실
대로 표현함으로써 인물의 정신까지 담아내려 했던 것이다. 윤두
서의 『자화상』은 이러한 초상화의 원칙을 충실히 따른 작품이라 할
수 있다. 실물과 터럭 한 올이라도 다르다면 그게 어찌 윤두서 자
신의 얼굴이겠는가. 이 사실성은 자신에 대한 치밀한＊ 관찰에서
나온 것이며, 그 관찰은 내면에 대한 냉엄한 성찰＊이자 선비정신
의 표출인 것이다.

〈윤두서, 『자화상』〉

[지문 해제]

이 글은 많은 논란과 의문을 품은 작품인 윤두서의 『자화상』의 면면을 살펴보면서 작품의 위상을 다시 한 번 확인하고 있다. 윤두서의 『자화상』은 당시의 화풍과 윤리를 뛰어넘은 작품의 특수성으로 인해 창작 의도에 대한 궁금증을 불러일으키고 있다. 성실하게 사물의 모습을 재현한 윤두서의 『자화상』은 자신에 대한 치밀한 관찰에서 비롯된 것이며, 그 관찰은 내면에 대한 성찰이자 선비정신의 표출로 볼 수 있다.

[문단 요지]

1문단: 윤두서 『자화상』의 파격적인 화풍

2문단: 당대의 화풍과 윤리를 뛰어넘은 『자화상』

3문단: 성실한 사실성 덕분에 더 높이 평가받는 『자화상』의 가치

4문단: 인물의 정신까지 담고자 한 작가의 선비정신

[주제]

윤두서 『자화상』의 예술적 가치와 의의

---

1 세부 내용 파악하기 | 정답 ⑤ |

윗글을 통해 알 수 있는 내용으로 적절하지 <u>않은</u> 것은?

① 『자화상』에 드러난 선비정신 3문단, 4문단

② 『자화상』과 당시 그림의 차이점
윤두서의 『자화상』은 조선 시대의 유교 윤리나 보편적 경향에서 벗어남.

③ 『자화상』을 보고 가질 수 있는 궁금증
『자화상』의 창작 동기, 작가의 의도, 완성 여부 등

④ 『자화상』에서 공포감을 느끼게 하는 요인
귀와 목과 상체가 없다는 점, 화폭 위쪽에 매달리듯 자리한 얼굴이 매섭게

⑤ 『자화상』이 그려진 조선 시대 **풍경화의 특징** 정면을 노려
보는 표정

✔ 정답 풀이

이 글은 윤두서의 『자화상』에 담긴 예술적 가치와 의의에 대해 중점적으로 서술하고 있다. 조선 시대의 풍경화에 대한 내용은 찾을 수 없다.

---

2 근거의 적절성 판단하기 | 정답 ⑤ |

㉠의 이유로 가장 적절한 것은?

① 작품을 통해 작가의 내면을 잘 보여 주기 때문이다

② 넘치는 생동감과 파격적인 구도를 갖추고 있기 때문이다. 보는 이에게 공포감을 주는 이유임.

③ 윤선도의 증손자이자, 실학자 정약용의 외증조부이기 때문이다. 작품의 의도를 의심하는 이유와 관련됨.

④ 조선 시대의 유교 윤리나 보편적 경향에서 벗어나 있기 때문이다. 작품의 의도를 의심하는 이유와 관련됨.

⑤ 치밀한 관찰을 통해 수염 한 올까지도 사실적으로 담아냈기 때문이다.

✔ 정답 풀이

㉠은 치밀한 관찰을 통해 있는 사실대로 표현함으로써 그 당시 초상화의 원칙을 충실히 따랐다는 점이 작품으로서의 가치를 높이 평가받기에 충분하다는 의미이다.

✖ 오답 풀이

① 사실적인 표현을 통해 윤두서의 내면을 보여 주는 것이지, 내면을 잘 보여 주기 때문에 성실성의 산물이라고 말할 수는 없다.

② 보는 이에게 공포감을 주는 이유에 해당한다.

③, ④ 작품의 의도를 의심하는 이유와 관련이 있다.

---

3 다른 사례와 비교하기 | 정답 ④ |

윗글과 〈보기〉를 읽고 답할 수 있는 질문으로 가장 적절한 것은?

┤ 보 기 ├

조선 후기의 일반적인 초상화에는 전신이나 상반신이 그려져 있습니다. 하지만 윤두서의 『자화상』은 상반신을 생략하고 얼굴만을 강조하여 그린 특이한 양식으로 주목을 받았습니다. 이 작품을 적외선 카메라로 촬영해 보면 우리가 육안으로는 볼 수 없었던 상반신의 모습이 나타납니다. 본래 밑그림에는 상반신이 있었던 것입니다. 아마도 이것은 윤두서가 작품을 완성하면서 밑그림 중 얼굴 부분만을 살려 강조한 것으로 생각됩니다.

① 이 그림은 무엇으로 그렸을까?

② 이 그림은 누구를 위해 그린 것일까?

③ 이 그림이 그려진 시기는 정확히 언제일까?

④ 이 그림에 얼굴만 그려져 있는 이유는 무엇일까?

⑤ 이 그림에 그려진 사람은 어떤 생각을 하고 있을까?

✔ 정답 풀이

적외선 카메라로 본 〈보기〉의 『자화상』을 통해 상반신이 스케치 형태로 그려져 있음을 확인할 수 있다. 즉 얼굴만 자세히 그려 공포를 자아내게 했던 윤두서의 『자화상』이 원래는 상반신도 함께 그려져 있었다는 것이다. 그리고 4문단에서 자신의 얼굴을 사실적으로 그려 내면의 정신까지 담아내고자 했던 작가의 의도를 확인할 수 있다. 따라서 이 글과 〈보기〉를 통해 ④의 질문에 대한 답을 확인할 수 있다.

○ 1문단: 고구려 고분
　벽화에서 발견하는 나
　이키 운동화의 곡선

　　평안남도 남포시에 있는 강서대묘(江西大墓, 7세기)의 청룡 벽화와 강서중묘(江西中
墓, 7세기)의 백호 벽화는 고구려인의 호방한 기상을 잘 담아냈다. 어느 화가는 청룡·
백호의 몸통 선이야말로 각도상으로 가장 날렵하고 힘찬 모습을 보여 준다며, 만일 이
곡선이 조금이라도 급하거나 완만*했다면 그 예리한 맛이 훨씬 떨어졌을 것이라고 했
다. 그런데 고구려 벽화 가운데 최고의 걸작으로 손꼽히는 청룡·백호 그림의 몸통 선
을 보면 놀랍게도 나이키 운동화의 곡선이 보인다. 더 빠르고, 더 힘차고, 더 좋은 이미
지를 심어 주기 위한 ㉠나이키의 선이 고구려 고분 벽화 청룡·백호의 몸통 선과 일치
하는 듯하다.

○ 2문단: 고려청자 참외
　모양 병에서 발견하는
　코카콜라병의 곡선

　　국보 94호로 지정된 고려청자 참외 모양 병 역시 선의 명품이다. 이 청자는 고려 인종
의 무덤인 장릉에서 출토되었다. 1146년에 발간된 책과 함께 출토되어 제작 연대가 12
세기 전반임을 확실하게 보여 주는 귀중한 유물로, 두 개의 곡선이 만나 물 흐르듯 뚝
떨어지는 선의 조화는 자연스러움에 우아함까지 담아낸다. 그런데 청자에 드러난 참외
의 곡선은 언뜻 보면 ㉡코카콜라병의 곡선과 닮았다. 여인의 치마에서 모티프를 얻어
탄생했다는 코카콜라병의 곡선과 전체적인 인상이 참으로 비슷하다는 생각을 지울 수
없다. 이런 사실을 어떻게 이해해야 할까?

○ 3문단: 한국 곡선의
　특징과 현대적 의의

　　고구려 고분 벽화의 청룡·백호의 선이나 고려청자 참외 모양 병의 선을 만들어
낸 그 옛날 우리 선인들의 미감이 지금도 통한다는 말이다. 세계화 시대인 지금도
여전히 빛을 발한다는 것이니, 이는 ⃞한국의 선⃞, 한국의 미감이 지극히 현대적이며
인류 보편적이라는 말이기도 하다. 한국의 선은 일본인들이 말한 '비애의 곡선'이
[A] 결코 아니다. 엄숙해야 할 때는 엄숙한 선을, 당당해야 할 때는 당당한 선을, 상쾌
해야 하거나 편안해야 할 때는 상쾌하고 편안한 선을 적재적소에 구사하며 새로운
선을 창출했다. 이것이 우리 선의 미학이다. 또 한국의 선은 고리타분하거나 고답
적*이지 않다. 고구려 고분 벽화의 선이 그렇고, 고려청자 참외 모양 병의 선이 그
렇다. 지극히 현대적인 곡선이 아닐 수 없다. 이 모두가 갇혀 있는 과거의 선이 아
니라 지금도 감동을 전해 주는 현대적 감각의 선이다. 미래로 나아가는 진취적인 선
인 것이다. △: 한국 곡선에 대한 잘못된 인식

＊완만(느릴 緩, 게으를
　慢): 경사가 급하지 않음.
＊고답적(높을 高, 밟을
　踏, 과녁 的): 속세에 초
　연하며 현실과 동떨어
　진 것을 고상하게 여기
　는, 또는 그런 것.

▶ 주제: 한국의 선에 깃
　든 새롭고 현대적인
　아름다움과 가치

[지문 해제]

이 글은 이미 수천 년 전 우리 문화재 속에 활용된 우리의 곡선이 얼마나 아름답고 가치 있는지에 대해 설명하고 있다. 고구려 고분 벽화의 청룡·백호의 선과 고려청자 참외 모양 병의 선을 예로 들어 현대 사회에서 세계적으로 가장 아름답다고 여겨지는 나이키의 곡선과 코카콜라병의 곡선이 이미 우리 안에 있었다는 것을 확인하고 있다.

[문단 요지]

1문단: 고구려 고분 벽화에서 발견하는 나이키 운동화의 곡선
2문단: 고려청자 참외 모양 병에서 발견하는 코카콜라병의 곡선
3문단: 한국 곡선의 특징과 현대적 의의

[주제]

한국의 선에 깃든 새롭고 현대적인 아름다움과 가치

---

1 핵심 내용 파악하기 | 정답 ③ |

윗글을 바탕으로 강연회를 개최하고자 할 때, 강연회 제목으로 가장 적절한 것은?

① 일본인이 바라본 우리 곡선의 한계
  '비애의 곡선'은 우리 선의 아름다움을 평가절하한 것임.
② 시대에 따라 급변하는 곡선의 활용도
  곡선의 활용도를 언급하지 않음
③ 시대를 넘나드는 우리 곡선의 뛰어난 가치
④ 고구려 벽화와 고려청자 곡선의 역사적 의의
  역사적 의의를 언급하지 않음.
⑤ 나이키 운동화와 코카콜라병에 나타난 20세기 곡선의 아름다움
  20세기 곡선이 아니라 우리 곡선의 아름다움에 대해 언급함.

✔ 정답 풀이

이 글에서는 우리 문화재인 고구려 고분 벽화의 청룡·백호의 선과 고려청자 참외 모양 병의 선이 나이키 운동화의 곡선과 코카콜라병의 곡선과 닮아 있다고 소개한 후, 우리 곡선이 갖는 현대적인 아름다움과 그 가치에 대해 언급하고 있다.

❌ 오답 풀이

① 우리 곡선에 대한 일본의 시각인 '비애의 곡선'은 우리 선의 아름다움을 평가절하하고 있는 의견의 하나로 제시된 것이다.
② 곡선의 아름다움과 가치에 대해 언급하였을 뿐, 곡선의 활용도에 대해 언급하지 않았다. 또한 곡선의 활용도를 시대의 흐름에 따라 설명하고 있지도 않다.
④ 고구려 벽화의 선과 고려청자 곡선은 우리 선의 가치를 말하기 위한 사례로, 고구려 벽화와 고려청자 곡선의 역사적 의의에 주목하기보다는 현대적인 아름다움과 가치에 주목하고 있다.
⑤ 이 글에서는 20세기 곡선의 아름다움이 아닌 우리 곡선의 아름다움과 가치에 대해 언급하고 있다.

---

2 특정 정보 비교하기 | 정답 ② |

㉠과 ㉡에 대한 설명으로 가장 적절한 것은?

① ㉠에는 고구려인의 호방한 기상이 담겨 있다.
  고구려 벽화
② ㉡은 여인의 치마에서 모티프를 얻어 탄생했다.
③ ㉠은 ㉡과 달리 곡선 두 개가 조화를 이루고 있다.
④ ㉡은 ㉠과 달리 더 빠르고 더 힘찬 이미지를 심어 준다.
  ㉠
⑤ ㉠과 ㉡은 모두 이 시대를 대표하는 진취적인 곡선이다.

✔ 정답 풀이

2문단에서 ㉡은 '여인의 치마에서 모티프를 얻어 탄생했다'고 하였다.

❌ 오답 풀이

① 1문단에 따르면 고구려인의 호방한 기상이 담겨있는 곡선은 ㉠이 아니라 고구려 벽화이다.
③ 두 개의 곡선이 조화를 이루고 있는 것은 ㉡이다.
④ 더 빠르고 더 힘찬 이미지를 심어 주는 것은 ㉠이다.
⑤ 3문단에 따르면 진취적인 곡선은 고구려 벽화 속 청룡·백호의 선과 고려청자 참외 모양 병의 선이 가진 특징이다.

---

3 세부 내용 파악하기 | 정답 ③ |

[A]에서 확인할 수 있는 한국의 선의 특징을 〈보기〉에서 골라 바르게 묶은 것은?

┤ 보 기 ├
㉠ 적재적소에 구사하는 새로운 선
㉡ 엄숙함을 담는 비애의 선
  한국의 선에 대한 일본인들의 평가
㉢ 고리타분하고 고답적인 선
  현대적이고 진취적인 선
㉣ 감동을 주는 현대적 감각의 선

① ㉠, ㉡   ② ㉠, ㉢   ③ ㉠, ㉣
④ ㉡, ㉣   ⑤ ㉢, ㉣

✔ 정답 풀이

[A]를 통해 알 수 있는 한국의 선은 엄숙해야 할 때는 엄숙한 선을, 당당해야 할 때는 당당한 선을, 상쾌해야 하거나 편안해야 할 때는 상쾌하고 편안한 선을 적재적소에 구사할 수 있는 새롭게 창출되는 선이다(㉠). 또한 이 모두가 갇혀 있는 과거의 선이 아니라 지금도 감동을 전해 주는 현대적 감각의 선인 동시에 미래로 나아가는 진취적인 선이다(㉣).

1문단: 표절이 끊이지 않는 대중가요계의 현실

거의 매년 뉴스를 통해 우리 대중가요계의 표절 논란 기사를 접하곤 한다. 늘 반복되는 일이라서 이제는 멈출 것도 같은데, 계속되는 것을 보면 어쩔 수 없는 이유가 있는 것도 같다. 그렇지만 그런 소식을 접할 때마다 안타까움을 느끼게 된다. 왜냐하면 음악에 대한 이해를 조금만 넓힌다면 표절의 유혹에 휘말리지 않을 것이라고 생각하기 때문이다.

2문단: 클래식 음악계의 표절에 대한 인식

클래식 음악계에서는 어떨까? 클래식 음악에서도 어떤 곡들의 한두 마디 등이 거의 비슷한 선율이나 리듬으로 쓰여지기는 했지만, 그것을 표절이라고 말하지는 않는다. 오히려 음악의 역사 속에서 표절이 승인된 것이 아닐까 하는 의구심마저 품게 된다. 클래식 음악계에서는 정말 표절이 용납*되는 가치인 것일까?

3문단: 표절과는 다른 변주곡의 개념과 의의

결론부터 말하자면 그렇지 않다. 클래식 음악을 듣다 보면 상당수의 곡이 '누구누구 주제에 의한 변주곡'이라는 곡명으로 되어 있는 것을 알 수 있다. 이러한 음악들은 작곡자들이 이전 시대의 작곡가들의 곡이거나 혹은 동시대 작곡가의 곡일지라도 마음에 드는 음악들을 가져다가 자신이 만들려고 하는 곡의 주제로 채택한 후, 그 주제를 토대로 변주의 기법을 사용하여 새롭게 곡을 만들어 낸 것이다. 말하자면 요즘의 리메이크 (remake)인 셈이다. 이러한 경우에 클래식에서는 제목의 앞부분에 '누구누구 주제'라는 곡명을 붙이는 것을 전례*로 해 왔다. 예를 들면 「하이든 주제에 의한 변주곡」 혹은 「파가니니 주제에 의한 변주곡」 등이다. 참으로 좋은 장치이다. 좋은 선율을 가져다가 새롭게 해석하는 과정을 통해 하나의 훌륭한 작품이 만들어지기까지 하니 말이다.

4문단: 대중음악계에서 지향해야 할 가치와 방향성

최근에 우리 대중음악계에서는 이전에 유행했던 기성 세대의 음악들을 새로운 형태의 리듬이나 창법으로 재구성하여 발표하는 리메이크 열풍이 일어나기도 했다. 옛것을 단순히 반복하는 것이 아니라 ㉠요즘의 감각으로 옛것을 재해석하거나 현재의 것에 과거의 감각을 조합하는 형태로 진화하고 있는 것이다. 항상 새로운 아이디어로 최신 유행을 선도해야 하는 음악인들이 리메이크라는 창작 과정을 통해 또 다른 방식으로 음악에 정성과 노력을 쏟아 붓는 것을 보면, 적어도 아무 거리낌 없이 남의 음악을 그대로 가져다 쓰는 어리석은 일은 하지 않을 것 같다.

＊용납(얼굴 容, 바칠 納): 너그러운 마음으로 남의 말이나 행동을 받아들임. 어떤 물건이나 상황을 받아들임.
＊전례(앞 前, 법식 例): 「1」 전부터 있던 사례. 「2」 예로부터 내려오는 일처리의 관습.

▶ 주제: 표절 없는 대중가요의 밝은 미래를 위한 리메이크의 창조정신

[지문 해제]

이 글은 표절이 좀처럼 끊이지 않는 대중가요계의 문제점을 지적하고 이와는 달리 명확하게 그 출처를 밝히고 자신의 창작 영역을 넓혀가는 클래식의 변주곡과 이와 비슷한 리메이크에 대해 소개하고 있다. 출처를 밝히지 않고 자신의 것인 양 사용하는 표절을 지양하고, 옛것을 토대로 새롭게 창작하는 리메이크의 정신을 대안으로 삼는다면 대중가요의 보다 밝은 미래가 찾아올 것이다.

[문단 요지]

1문단: 표절이 끊이지 않는 대중가요계의 현실
2문단: 클래식 음악계의 표절에 대한 인식
3문단: 표절과는 다른 변주곡의 개념과 의의
4문단: 대중음악계에서 지향해야 할 가치와 방향성

[주제]

표절 없는 대중가요의 밝은 미래를 위한 리메이크의 창조정신

---

1 세부 내용 파악하기 | 정답 ⑤ |

윗글의 내용과 일치하는 것은?

① 변주곡은 표절의 대표적인 방식 중 하나이다.
　변주곡은 표절과는 전혀 다른 새로운 작곡 형태임.
② 클래식에서는 표절을 원칙적으로 허용하기도 한다.
　클래식에서도 표절은 용납되지 않음.
③ 리메이크는 옛것을 단순히 반복하거나 재해석하는 방식이다.
　요즘의 감각으로 옛것을 재해석하거나 현재의 것과 과거의 감각을 조합함.
④ 클래식 음악 세계를 잘 이해한다면 보다 쉽게 표절을 할 수 있다.
　클래식 음악 세계를 잘 이해할수록 표절을 하지 않을 것임.
⑤ 리메이크는 표절의 유혹에 휘말리지 않게 하는 새로운 창작 방식이다.

✅ **정답 풀이**

3문단과 4문단에 따르면 리메이크는 원곡의 단순한 반복이 아니라, 좋은 선율을 가져다가 새롭게 해석하는 과정을 통해 훌륭한 작품을 만드는 것이다. 따라서 리메이크는 표절의 유혹에 휘말리지 않을 수 있는 새로운 창작 방식인 것이다.

❌ **오답 풀이**

①, ② 3문단에서 클래식에서 표절은 용납되지 않으며 변주곡은 표절과는 전혀 다른 새로운 작곡 형태이다.
③ 4문단에서 리메이크는 옛것을 단순히 반복하는 것이 아니라 요즘의 감각으로 옛것을 재해석하거나 현재의 것에 과거의 감각을 조합하는 형태라고 하였다.
④ 3문단에 따르면 클래식에서 표절은 용납되지 않는 가치이며, 클래식 음악 세계를 잘 이해할수록 표절을 하지 않을 것임을 알 수 있다.

---

2 핵심 내용 파악하기 | 정답 ④ |

윗글의 주제로 가장 적절한 것은?

① 표절의 기원과 허용 범위
② 표절의 발생과 쇠퇴 과정
③ 표절과 리메이크의 차별성
④ 대중가요 표절의 문제점과 대안
⑤ 대중가요와 클래식의 상관관계

✅ **정답 풀이**

이 글은 대중가요에서 표절은 지속적으로 등장하는 문제이며, 이를 해결하기 위해 클래식의 변주곡과 비슷한 리메이크와 같은 창작 방식을 눈여겨 볼 필요가 있다는 내용이다. 따라서 '대중가요 표절의 문제점과 대안'이 주제로 가장 적절하다.

❌ **오답 풀이**

① 표절의 기원에 대한 언급은 찾아볼 수 없으며, 표절은 허용해서는 안 된다는 입장이다.
② 이 글에 표절의 발생과 쇠퇴 과정은 나타나지 않았다.
③ 3문단과 4문단을 통해 표절과 다른 리메이크의 특성을 알 수 있으나, 표절과 리메이크의 차별성을 주제로 볼 수는 없다.
⑤ 이 글을 통해 대중가요와 클래식의 상관관계는 알 수 없다.

---

3 다른 사례에 적용하기 | 정답 ③ |

㉠의 사례로 적절하지 않은 것은?

① 온돌을 응용하여 제작한 돌침대
② 절구와 맷돌을 응용하여 만든 믹서
③ 역사 기록을 참고하여 만든 거북선
　옛것을 그대로 재현한 것임.
④ 김장독을 응용하여 만든 김치냉장고
⑤ 전통 한복을 변형하여 만든 생활 한복

✅ **정답 풀이**

'역사 기록을 참고하여 만든 거북선'은 요즘의 감각으로 옛것을 재해석하거나 현재의 것에 과거의 감각을 조합해 만든 것이 아닌 옛것을 그대로 재현한 것이다.

예술 01~05	독해력 쑥쑥, 어휘 테스트			
01 전례	02 요체	03 직결	04 탕건	05 향연
06 고답적	07 미감	08 용납	09 치밀하고	10 결부
11 ○	12 ○	13 ×	14 ○	15 ○
16 ㉣	17 ㉢	18 ㉠	19 ㉡	20 ㉤

◐ 1문단: 케이 팝의 현
주소와 미래에 대한
고민

21세기 대중음악의 핵심 단어를 꼽으라면 단연 '아이돌' 음악의 ㉠해외 시장 진출이
다. '케이 팝(K-pop)'이라는 신조어마저 단숨에 보통 명사로 만들어 버린 이 놀라운 흐
름은 아이돌 음악에 대한 좋고 나쁨을 잠재우고 황금빛 미래를 개척했다는 점에서 매우
각별하다. 케이 팝의 성공이 기쁜 일임에는 틀림없지만 지금이야말로 케이 팝의 장래에
대해 진지하게 고민해야 할 때이다.

◐ 2문단: 세계인의 사랑
을 받았던 대중음악
의 특징

대중음악의 역사를 돌이켜 보면, 세계적으로 인기를 끌며 여러 세대에 걸쳐 사랑받은
노래들은 모두 가창력을 바탕으로 하여 대중의 공감을 얻은 것들이다. 1950년대에 미국
에서 발생하여 1960년대 몇몇 위대한 가수들에 의해 세계적인 흥행에 성공한 록 음악은
흑인 특유의 리듬 앤드 블루스와 백인의 컨트리 음악 등의 여러 요소가 어우러져 ㉡강
한 박자와 폭발적인 가창력으로 청중의 열광적인 호응을 이끌어 내었다. 1970년대를 풍
미*했던 포크 송은 ㉢서정적인 가사에 아름다운 가락, 호소력 짙은 음색 등으로 세계인
의 마음에 파고들었다.

◐ 3문단: 최근 대중가요
의 한계와 문제점

어떤 장르의 노래든 가창력이 확보되지 않으면 짧은 흥행으로 끝날 수밖에 없다. 최
근 들어 대중가요에서 외모와 춤이 차지하는 비중이 높아졌다고는 하지만, 가수들의 노
래 실력이 받쳐 주지 않으면 대중의 마음을 사로잡을 수 없다. 대중들이 월등한 노래 실
력을 갖춘 가수들이 등장하는 노래 경연 프로그램에 열광하는 것도 아이돌 가수로부터
경험하지 못했던 가창력과 감동적인 곡 때문이 아닐까? 이는 비단 우리나라의 음악 애
호가들에게만 적용되는 것은 아니다. 지금의 아이돌이 부르는 짧은 후렴구에 반복된 가
사로 이루어진 '맴돌이곡(후크송)'은 너무 틀에 박혀 있고 자극적이다. 요즘의 대중가요
가 모두 비슷하다고 느껴지는 것도 이러한 이유에서일 것이다.

◐ 4문단: 케이 팝의 미래
를 위해 필요한 노력

물론 지금까지 케이 팝이 걸어온 길은 성공적이었으며, 이루어 낸 성과 또한 칭찬받
아 마땅하다. (ⓐ) 여기서 만족할 수는 없다. 케이 팝이 더 오랜 기간 사랑받기
위해서는 무엇보다도 가수들이 ㉣가창력의 연마*에 피와 땀을 흘려야 한다. 지금까지는
㉤춤과 화려한 퍼포먼스로 해외 음악 애호가들의 눈을 사로잡았다면 앞으로는 귀를 장
악해야 한다. 케이 팝이 지닌 화려한 무대 연출과 현란하고 역동적인 춤은 살리고, 해외
에 더 알리려는 홍보 활동과 함께 해외 공연을 가속화하고 현지화하는 노력 등도 필요
하다. 여기에 가창력까지 더해진다면 케이 팝은 세계인들이 진정으로 사랑하는 음악으
로 발전해 나갈 것이다.

＊풍미(바람 風, 쓰러질
靡): 바람에 초목이 쓰
러진다는 뜻으로, 어떤
사회적 현상이나 사조
따위가 널리 사회에 퍼
짐을 이르는 말.
＊연마(갈 研, 갈 磨): 학
문이나 기술 따위를 힘
써 배우고 닦음.

▶ 주제: 케이 팝의 미래를
위해 필요한 가창력

[지문 해제]

이 글은 21세기 우리나라 대중음악 시장에 큰 획을 그은 'K-pop'의 미래를 위해 우리가 갖추어야 할 요소들을 돌아보고 있다. K-pop은 지나치게 틀에 박혀 있다는 점과 자극적인 요소들을 지양하고, 화려한 춤·퍼포먼스와 더불어 호소력 있는 가사와 가창력을 연마할 때 더 오랜 기간 더 많은 사람들로부터 사랑받을 수 있으리라고 전망하고 있다.

[문단 요지]

1문단: 케이 팝의 현주소와 미래에 대한 고민
2문단: 세계인의 사랑을 받았던 대중음악의 특징
3문단: 최근 대중가요의 한계와 문제점
4문단: 케이 팝의 미래를 위해 필요한 노력

[주제]

케이 팝의 미래를 위해 필요한 가창력

---

1 세부 내용 파악하기　| 정답 ③ |

윗글을 통해 해결할 수 있는 질문으로 가장 적절한 것은?

① 케이 팝이라는 단어의 형성 과정은 어떠한가? 〈이 글에서 언급하지 않음.〉
② 케이 팝이 세계 시장 정복에 실패한 이유는 무엇인가? 〈성공적으로 해외 시장에 진출함.〉
③ 케이 팝이 오래도록 사랑받기 위해 필요한 요소는 무엇인가?
④ 케이 팝과 같은 기로에 서 있는 외국 음악 사례는 무엇인가?
⑤ 케이 팝이 청소년들에게 미치는 부정적인 영향은 무엇인가? 〈이 글에서 언급하지 않음.〉

✅ **정답 풀이**

이 글의 앞 부분에서 대중음악에서 가창력이 얼마나 중요한지를 설명한 후, 4문단에서 케이 팝이 오래 사랑받기 위해서는 가수들의 가창력 연마가 가장 중요하다고 말하고 있다. 따라서 ③의 질문에 대한 답을 얻을 수 있다.

❌ **오답 풀이**

① 이 글에서 케이 팝이라는 단어의 형성 과정은 찾을 수 없다.
② 1문단에 케이 팝이 성공적으로 해외 시장에 진출했다는 내용이 제시되어 있으나, 세계 시장 정복에 실패했다는 내용은 찾을 수 없다.
④ 2문단에 세계적으로 사랑을 받은 대중음악의 예를 들어 설명하고 있으나, 이는 케이 팝과 같은 기로에 서 있는 외국 음악의 사례로 보기는 어렵다.
⑤ 이 글에서 케이 팝이 청소년들에게 미치는 부정적인 영향은 찾아볼 수 없다.

---

2 글쓴이의 의도 파악하기　| 정답 ④ |

㉠～㉢ 중 윗글의 글쓴이가 케이 팝의 발전적인 미래를 위해 가장 중요한 요소로 강조하는 것은?

① ㉠　　② ㉡　　③ ㉢　　④ ㉣　　⑤ ㉤

✅ **정답 풀이**

2문단에서 대중음악의 역사 속에서 사랑받은 음악들의 공통점은 가창력이 바탕이 되었다고 언급하고 있으며, 3문단에서 최근 한국 음악 팬들 역시 가창력을 갖춘 가수들이 경연을 펼치는 프로그램에 더 열광한다는 내용을 통해 가창력의 중요성을 강조하고 있다.

❌ **오답 풀이**

① 케이 팝이 해외 시장 진출이라는 성과를 이루었다는 이야기이지, 해외 시장 진출이 케이 팝의 발전적 미래에 가장 중요한 요소라고 언급하고 있지는 않다.
② 강한 박자는 록음악의 특징 중 하나이다.
③ 서정적 가사는 포크송이 사랑받게 된 요소 중 하나이다.
⑤ 춤과 화려한 퍼포먼스는 케이 팝의 특징으로 이를 살리되 가창력의 연마에 더 큰 노력을 기울여야 한다고 했다.

---

3 글의 흐름 파악하기　| 정답 ② |

ⓐ에 알맞은 접속 부사로 가장 적절한 것은?

① 그리고　　② 그렇지만　　③ 그래서
④ 그러므로　　⑤ 따라서

✅ **정답 풀이**

ⓐ 뒤의 '여기서 만족할 수는 없다.'를 고려할 때, ⓐ에는 지금껏 케이 팝이 걸어온 길은 성공적이었다는 앞의 내용과 상반되는 접속어로 이어져야 한다. 따라서 ⓐ에는 앞의 내용과 뒤의 내용이 상반될 때 쓰는 접속 부사인 '그렇지만, 하지만, 그러나' 등을 사용하는 것이 적절하다.

❌ **오답 풀이**

① '그리고'는 앞 문장의 뜻을 다음 문장에 대등하게 연결할 때 쓰는 접속 부사이다.
③ '그래서'는 앞의 내용이 뒤의 내용의 원인이나 근거, 조건 따위가 될 때 쓰는 접속 부사이다.
④ '그러므로'는 원인과 결과의 관계로 연결할 때 쓰는 접속 부사이다.
⑤ '따라서'는 앞에서 말한 일이 뒤에서 말할 일의 원인, 이유, 근거가 됨을 나타내는 접속 부사이다.

Ⅴ · 예술

○ (가): 음통의 용도에 대한 궁금증

가 종 꼭대기 용뉴 옆에 붙은 음통은 세계 어느 나라에서도 발
견할 수 없는 통일신라·고려 시대 종만의 특징이다. 많은 전
문가가 이 음통의 용도를 밝히려고 노력했지만 아직 제대로
밝혀지지 않았다. 그렇다면 음통의 정체는 과연 무엇일까?

○ (나): 음통의 용도에 대한 다섯 가지 주장

나 첫째는 ㉠만파식적(萬波息笛)으로 보는 설이다. 통일신라
의 국가적 상징인 만파식적을 종 꼭대기에 붙임으로써 국가의
안녕*을 기원했다는 견해이다. 음통이 나무 피리 모양으로 된
것도 이 때문이라고 설명한다. 둘째는 ㉡잡음 제거설이다. 종을 치면 종의 내부 진동
이 서로 충돌하거나 반사해 잡음이 일어나는데, 음통은 이런 잡음을 걸러내는 장치였
다는 주장이다. 셋째는 ㉢장식설이다. 실용적인 목적이 아니라 종의 외관을 장식하기
위해 만들었다는 주장이다. 실제로 음통은 매우 정교하고 아름답게 만들어져 있다.
넷째는 ㉣용뉴 보강설이 있다. 용뉴만으로 종의 무게를 지탱하기 어렵기 때문에 여기
에 음통을 붙여 보강했다는 주장이다. 다섯째는 ㉤깃발꽂이설이다. 이것은 일본 학
계의 주장으로, 종을 배에 실어 옮길 때 이 음통에 배의 깃발을 꽂았을 것이라는 주장
이다.

○ (다): 음통의 정체에 대한 두 가지 주장

다 이처럼 다양한 주장이 있지만 어느 것 하나 딱 맞아 떨어지지 않는다. 다만 음통의
정체를 밝히기 위한 여러 주장은 결국 두 가지로 정리되는데 음통이 종소리와 관련된
실용적인 장치인지, 아니면 장식물 또는 상징물인지의 여부다.

○ (라): 타종 실험으로 밝혀진 음통의 비실용성

라 1990년대 말 국립경주박물관에서는 성덕대왕신종 종소리의 비밀을 규명하기 위해
타종 실험을 했다. 음통의 실용성을 가름하기* 위한 실험이었다. 그 결과, 음통을 막
고 쳤을 때나 그대로 두고 쳤을 때나 소리에는 별 차이가 없었다. 그러므로 종소리와
관련된 실용적 장치는 아닌 것이다.

* 안녕(편안할 安, 편안할 寧): 아무 탈 없이 편안함.

○ (마): 명쾌하게 밝혀지 지 않는 음통의 용도

마 그렇다면 소리와 관계없는 단순한 장식물일까? 용뉴에 음통을 붙이는 것은 고난도
의 주조* 기술이자 힘들고 번거로운 작업이다. 그렇기 때문에 오로지 장식을 위해 음
통을 붙였다는 주장도 근거가 약하다. 결국 다양한 의견 가운데 어느 것을 정답이라
고 말할 수 없는 상황이다. 음통의 실체는 여전히 미스터리에 빠져 있는 셈이다. 하지
만 이 미스터리 덕분에 음통이 더욱 신비로운 존재로 남아있는 것은 아닐까?

* 가름하다: 승부나 등수 따위를 정하다.

* 주조(쇠부어 만들 鑄, 지을 造): 녹인 쇠붙이 를 거푸집에 부어 물건 을 만듦.

• 만파식적(萬波息笛): 신라 때 전설상의 피리. 이것을 불면 적병이 물러가고 병이 낫는 등 나라의 모든 근심, 걱정이
사라졌다고 한다.

▶ 주제: 범종 음통의 용 도에 대한 다양한 견해

1 　문단의 중심 내용 파악하기　　| 정답 ④ |

(가)~(마)에 대한 설명으로 적절하지 않은 것은?

① (가): 음통의 용도에 대한 문제 제기로 독자의 관심을 끌고 있다. _{음통의 정체는 과연 무엇일까?}

② (나): 음통에 대한 다양한 견해들을 열거하며 설명하고 있다.

③ (다): 음통의 정체에 대한 주장을 두 가지로 요약하고 있다. _{① 실용적인 장치 ② 장식물 또는 상징물}

④ (라): 타종 실험을 예로 들어 음통의 가치를 평가하고 있다. _{음통이 실용적인 장치가 아님을 밝힐 뿐임.}

⑤ (마): 음통에 대한 견해를 검토한 후 자신의 의견을 더하고 있다. _{음통의 미스터리 덕분에 음통이 신비로운 존재로 남음.}

✔ 정답 풀이

(라)의 경우 음통이 종소리와 관련된 실용적인 장치가 아님을 밝히고 있을 뿐, 음통의 가치 여부에 대해 평가하고 있는 것은 아니다.

2 　핵심 내용 파악하기　　| 정답 ③ |

윗글이 음통에 대한 과제물의 결과라 할 때, 과제의 제목으로 가장 적절한 것은?

① 음통의 기원과 설화 _{글에서 다루지 않음.}

② 음통의 상징적 기능

③ 음통의 용도와 정체

④ 음통의 실용적 특징 _{일부의 내용일 뿐, 글 전체를 포괄하지 않음.}

⑤ 음통의 예술적 가치

✔ 정답 풀이

이 글은 우리나라의 범종에서만 발견되는 음통의 정체를 밝히기 위한 것이다. 특히 음통의 용도에 대한 다섯 가지 주장을 정리하여 제시하고 있으므로 '음통의 용도와 정체'에 대한 과제물의 결과로 보는 것이 가장 적절하다.

✖ 오답 풀이

① 음통의 기원과 설화는 다루고 있지 않다.

② 음통이 상징적인 기능을 했을 것이라는 주장(만파식적설)이 있으나, 이는 글의 일부에 해당하는 내용이므로 글 전체의 제목으로는 적절하지 않다.

④ 잡음 제거설, 용뉴 보강설, 깃발꽂이설을 통해 음통이 실용적 특징을 가지고 있었을 것이라고 짐작하고 있으나, 이는 부분적인 내용이므로 글 전체의 제목으로는 적절하지 않다.

⑤ 장식설을 통해 예술적인 면을 언급하고 있으나, 글 전체의 제목으로는 적절하지 않다.

3 　구체적 사례에 적용하기　　| 정답 ③ |

윗글의 ⊙~⑩ 중, 〈보기〉의 내용을 근거로 활용하기에 가장 적절한 것은?

┤ 보 기 ├

음통

우리나라 범종의 전형을 이루는 신라 종의 형태를 보면, 중국이나 일본의 종과는 달리 종 꼭대기에 한 마리 용으로 된 종고리와 음통(音筒)이 있다. 그런데 이 음통은 우리나라의 범종에만 있는 특징적인 요소로 매우 정교하고 아름답게 만들어져 멋스럽기까지 하다. 음통에는 연꽃무늬, 당초무늬● 그리고 악기를 연주하는 조각 등이 새겨져 있어 보는 이로 하여금 감탄을 자아내게 한다.

● 당초무늬: 덩굴무늬. 여러 가지 덩굴이 꼬이며 벋어 나가는 모양의 무늬.

　　　　　　　　　┌종의 무게를 지탱하는 것을 돕기 위한 장치┐
① ⊙　②ⓛ　③ⓒ　④ⓔ　⑤ⓜ
상징물　　소리를 돕는 실용적인 장치　　　깃발을 꽂는 용도

✔ 정답 풀이

〈보기〉에서는 종 꼭대기에 있는 음통의 아름다움과 정교함에 대해 설명하고 있다. (나)에 제시된 음통 용도에 대한 다섯 가지 주장 중 '장식설'은 음통이 실용적인 목적이 아니라 종의 외관을 장식하기 위해 만들었다는 내용이다. 따라서 〈보기〉의 자료를 음통의 용도를 장식적인 요소로 보는 ⓒ '장식설'의 근거로 활용하는 것이 가장 적절하다.

- 1문단: 유사의 원리를 부정하는 현대 화가들의 경향

- 2문단: 유사와 상사의 개념 및 차이점

* 복제(겹칠 複, 지을 製): 본디의 것과 똑같은 것을 만듦. 또는 그렇게 만든 것.
* 집착(잡을 執, 붙을 着): 어떤 것에 늘 마음이 쏠려 잊지 못하고 매달림.
* 지향(뜻 志, 향할 向): 어떤 목표로 뜻이 쏠리어 향함. 또는 그 방향.

- 3문단: 상사 놀이의 예술적 효과 ① – 앤디 워홀

* 구애(잡을 拘, 거리낄 礙): 거리끼거나 얽매임.
* 상투적(항상 常, 덮개 套, 과녁 的): 늘 써서 버릇이 되다시피 한. 또는 그런 것.

- 4문단: 상사 놀이의 예술적 효과 ② – 마그리트

* 입각(설 立, 다리 脚): 어떤 사실이나 주장 따위에 근거를 두어 그 입장에 섬.

- 5문단: 상사 놀이의 목적

▶ 주제: 현대 미술의 경향인 상사 놀이의 예술적 효과

현실에 실재하는 인물이나 자연 등을 그리는 재현 회화는 일반적으로 '유사(類似)의 원리'를 따른다. 그림은 되도록 실물을 닮아야 하고, 그 닮음으로써 그림이 그 대상의 기호가 되어야 한다는 것이다. 하지만 현대의 많은 화가들은 '유사의 원리'를 부정하기도 한다.

왜 유사의 원리를 부정할까? 그것은 '상사(相似)'의 놀이를 즐기기 위해서이다. ㉠'유사'와 ㉡'상사'는 둘 다 '비슷하다'는 뜻을 지닌 낱말이나, 한편으로는 명확히 구별되는 두 개의 개념이다. 유사의 관계는 아버지와 아들의 관계처럼 원본과 복제* 사이에 위계 질서가 있다. 반면, 상사의 관계에는 형제 관계처럼 형과 아우 중 누가 원본이고 누가 복제인지를 알 수 없듯이 원본과 복제 사이에 위계 질서가 없다. 유사의 원리는 복제가 원본을 닮아야 한다는 '동일성'에 ⓐ집착*하지만, 상사의 놀이는 그 집착에서 벗어나 복제들 사이의 '차이'를 전개한다. 예를 들어, 앤디워홀과 마그리트의 작품 속 형상은 유사를 지향*하지 않는다. 오히려 '유사'로서 실물을 ⓑ지시하는 대신에, 그 원본과 반드시 닮게 그려야 한다는 수직적 의무에서 풀려나 원본에 구애*됨이 없이 맘껏 '상사'의 수평적 놀이를 즐긴다. 동일한 모티프가 그들의 여러 작품 속에서 종종 반복되는 것은 이 때문이다.

이 상사의 놀이는 놀라운 예술적 효과를 낸다. 앤디 워홀은 필름을 화폭 위에 영사해 놓고 연필로 그 이미지의 윤곽을 뜬 후에 거기에 채색을 하여 「마릴린 먼로」 연작을 ⓒ제작하였다. 왜 그런 그림을 그렸을까? 이 작품들의 본질은 저 유명한 대중문화의 우상인 먼로를 얼마나 닮았느냐에 있는 것이 아니다. 그 닮음으로써 '여기 이 사람은 마릴린 먼로'라는, 누구나 다 아는 상투적* 사실을 반복하는 데에 있는 것이 아니다. 그가 노리는 것은 유사의 진리가 아니라 상사의 진리이다. 즉 앤디워홀은 미세한 뉘앙스의 차이를 내며, ⓓ동일한 이미지를 여러 번 반복할 때 얻을 수 있는 시각적 효과를 살리기 위해 연작을 그렸던 것이다.

또 마그리트가 나뭇잎을 그렸을 때, 그에게 중요한 것은 나뭇잎이 나뭇잎이라는 상투적인 사실이 아니다. 그에게 중요한 것은 그 나뭇잎 형상을 가지고 할 수 있는 다양한 시각적 놀이였다. 그 나뭇잎에는 나무 하나가 통째로 들어가 있기도 하고, 뼈대만 남은 채 그대로 나무가 되기도 하고, 나뭇잎이 새가 되어 벌레에 갉아 먹히기도 한다. 이 상사의 놀이 속에서 우리는 문득 하나의 이미지 안에 들어 있는 무한한 조형적 잠재성을 깨닫게 된다.

유사의 원리에 입각*한 재현은 우리의 ⓔ상투적 시각을 강화하여 마릴린 먼로 그림은 마릴린 먼로만 보게 하고, 나뭇잎 그림은 나뭇잎만 보게 할 뿐이다. 유사의 진리는 이렇게 동어 반복이다. 반면 상사에 입각한 반복된 복제는 우리의 눈을 이 상투성에서 해방시켜 일상 사물들 속에서 우리가 미처 보지 못했던 것을 비로소 보게 한다. 이것이 바로 상사의 놀이가 추구한 진리이다.

[지문 해제]

　이 글은 현대 미술에서 상사의 놀이가 갖는 예술적 효과에 대해 설명하고 있다. 현대의 화가들은 복제가 되도록 실물을 닮아야 한다(유사의 원리)는 집착에서 벗어나 복제들 사이의 '차이'에 주목한다(상사의 원리). 즉 상사의 원리를 적용하여 그림을 그렸을 때 그 대상과의 동일성보다는 그 형상을 가지고 할 수 있는 다양한 시각적 놀이에 더 의미를 둠으로써 사물 속에서 미처 발견하지 못했던 진리를 추구하고 있다.

[문단 요지]

1문단: 유사의 원리를 부정하는 현대 화가들의 경향
2문단: 유사와 상사의 개념 및 차이점
3문단: 상사 놀이의 예술적 효과 ①－앤디 워홀
4문단: 상사 놀이의 예술적 효과 ②－마그리트
5문단: 상사 놀이의 목적

[주제]

현대 미술의 경향인 상사 놀이의 예술적 효과

1 중심 화제 파악하기 | 정답 ④ |

윗글의 중심 화제로 가장 적절한 것은?
① 마그리트 회화의 특징 부분적인 내용임.
② 재현 회화가 중시한 창작 방법 유사의 원리
③ 회화에서 놀이와 상사의 중요성
④ 상사 놀이의 특징 및 예술적 효과
⑤ 재현 회화에 나타나는 상사 놀이의 예

✅ 정답 풀이

이 글에서 글쓴이는 유사의 원리와 다른 상사 놀이의 특징을 비교하여 설명한 후, 앤디 워홀과 마그리트의 작품을 예로 들어 상사의 놀이가 추구하는 예술적 효과와 궁극적 목표를 밝히고 있다.

❌ 오답 풀이

① 4문단에서 마그리트의 회화를 통해 상사 놀이의 예술적 효과를 설명하고 있으나, 이는 부분적인 내용에 대한 예이므로 중심 화제로 볼 수 없다.
② 1문단에서 재현 회화는 일반적으로 유사의 원리를 따른다고 언급하고 있으나, 이는 일부분의 내용이므로 중심 화제로 볼 수 없다.
③ 현대의 많은 화가가 상사의 놀이를 즐기고 있으며 그 의미가 무엇인지에 대해 언급하고 있으나 놀이의 중요성을 다루고 있지는 않다.
⑤ 이 글에서 언급하고 있는 상사 놀이의 예는 재현 회화에서 찾은 것이 아니다. 상사 놀이는 재현 회화에서 주로 나타나는 유사의 원리를 부정하고 나타난 것으로, 또 다른 회화 형식에서 발견되는 것이다.

2 세부 내용 파악하기 | 정답 ⑤ |

㉠과 ㉡에 대한 이해로 가장 적절한 것은?
① ㉠의 원리를 지향하면 화가는 대상을 실물과 다르게 그리려 하겠군. 되도록 실물을 닮게 그림.
② ㉠의 관계에 있는 그림은 원본과 복제품의 위계질서가 존재하지 않겠군. 원본과 복제품 사이의 위계 질서가 있음.
③ ㉡의 원리를 따르면 한 작가의 여러 그림 속에서 동일한 모티프가 반복되지 않겠군. 동일한 모티프가 종종 반복됨.
④ ㉡의 원리를 따르면 대상과 그 대상을 그린 그림 사이에는 비슷한 점이 없겠군. 미묘한 차이는 존재하나 비슷함.
⑤ ㉡의 원리를 지향하면 복제들 사이의 차이를 드러내는 효과에 집중하겠군.

✅ 정답 풀이

2문단에서 '유사'의 원리는 복제가 원본을 닮아야 한다는 '동일성'에 집착하지만, '상사'의 놀이는 그 집착에서 벗어나 복제들 사이의 '차이'를 전개한다고 하였다.

❌ 오답 풀이

① 1문단에서 '유사'의 원리를 따르면 되도록 실물을 닮아야 한다고 하였다.
② 2문단에서 '유사'의 관계는 아버지와 아들의 관계처럼 원본과 복제 사이에 위계 질서가 있다고 하였다.
③ 2문단에서 '상사'의 원리를 따르면 원본에 구애됨이 없이 맘껏 '상사'의 수평적 놀이를 즐기게 되고, 이 때문에 동일한 모티프가 그들의 여러 작품 속에서 종종 반복된다고 하였다.
④ 3문단에서 앤디워홀의 작품을 예로 들면서, '상사'의 놀이는 미세한 뉘앙스의 차이를 내며 동일한 이미지를 여러 번 반복할 때 얻을 수 있는 시각적 효과를 살렸다고 하였다. 즉, 대상과 그 대상을 그린 그림 사이에는 미묘한 차이는 존재하나 비슷하다는 것을 알 수 있다.

3 단어의 의미 파악하기 | 정답 ⑤ |

ⓐ~ⓔ와 바꾸어 쓰기에 가장 적절한 것은?
① ⓐ: 집중하지만
② ⓑ: 이해하는
③ ⓒ: 제시하였다
④ ⓓ: 비슷한
⑤ ⓔ: 틀에 박힌

・집착: 어떤 것에 늘 마음이 쏠려 잊지 못하고 매달림. / 집중: 한쪽으로 치우침이 없이 마땅하고 떳떳한 도리를 취함.
・지시하다: 가리켜 보이다. / 이해하다: 사리를 분별하여 해석하다.
・제작하다: 재료를 가지고 기능과 내용을 가진 새로운 물건이나 예술 작품을 만들다. / 제시하다: 어떠한 의사를 말이나 글로 나타내어 보이게 하다.
・동일한: 어떤 것과 비교하여 똑같은. / 비슷한: 두 개의 대상이 크기, 모양, 상태, 성질 따위가 똑같지는 아니하지만 전체적 또는 부분적으로 일치하는 점이 많은 상태에 있는.

✅ 정답 풀이

'상투적'은 '늘 써서 버릇이 되다시피 한. 또는 그런 것'이라는 의미이다. 따라서 '틀에 박힌'으로 바꾸어 쓰는 것은 적절하다.

○ (가): 오케스트라의 개념과 규모

가 오케스트라는 현악기, 관악기, 타악기로 이루어지는 조직화된 합주를 의미한다. 그 규모는 적게는 십 여 명에서 많게는 백 명이 넘는 인원을 필요로 하는 것까지 다양하다. 규모가 스물다섯 명 정도인 작은 오케스트라의 경우에도 각 파트는 두 명 이상의 연주자가 담당하며, 한 파트에 한 명을 원칙으로 하는 실내악과는 구별된다.

○ (나): 오케스트라의 어원

나 고대 그리스의 극장에는 무대와 객석 사이에서 코러스(chorus)가 노래하며 춤을 추고, 악기 주자가 연주를 할 수 있는 거의 원형에 가까운 장소가 마련되어 있었다. '오케스트라'라는 용어는 바로 이 장소를 의미하는 그리스 어 '오르케스트라'에서 유래*하였다.

○ (다): 오케스트라의 악기 편성

다 오케스트라의 악기 편성에는 시대나 용도, 작곡가 또는 지휘자의 의도, 연주 장소, 그 밖의 조건에 따라서 다소의 변동이 있었으나, 오늘날 심포니 오케스트라는 대략 백 개 전후의 악기로 이루어져 있다. 그들은 제1, 2바이올린, 비올라, 첼로, 콘트라베이스의 현악기군과 피콜로, 플루트, 오보에, 잉글리시 호른, 클라리넷, 바순 등의 목관악기군, 그리고 호른, 트럼펫, 트럼본, 튜바 등의 금관악기군과 팀파니, 북, 트라이앵글, 캐스터네츠, 실로폰, 심벌즈 등의 타악기군과 같은 네 개의 악기군으로 구성된다. 오늘날의 오케스트라에 정해진 좌석이 있는 타악기는 팀파니뿐이고 다른 타악기는 필요에 따라 적당히 취사선택*되며, 타악기를 연주하는 연주자의 수도 일정하지 않다. 이 밖에 하프, 피아노, 오르간, 색소폰 등이 추가되는 경우도 있다.

* 유래(말미암을 由, 올 來): 사물이나 일이 생겨남. 또는 그 사물이나 일이 생겨난 바.
* 취사선택(취할 取, 버릴 捨, 가릴 選, 가릴 擇): 여럿 가운데서 쓸 것은 쓰고 버릴 것은 버림.

○ (라): 오케스트라의 악기 배치 형태

라 오케스트라의 악기들을 어떻게 배치하는가는 합주의 기술적인 면이나 음향학적인 면에서 상당히 까다로운 문제이다. 따라서 배치에 대하여 절대적인 형식이나 틀이 이것이라고 딱 잘라서 말할 수는 없다. 그러나 오랫동안의 경험을 통해 과거의 연주회에서 오케스트라가 채택*하고 있는 배치법은 공통적으로 현악기가 중심 위치를 차지했으며, 이는 악기의 소리가 언제나 현악기를 중심으로 행해졌음을 의미한다.

○ (마): 오케스트라의 변화와 그 원인

마 반면 현대에 와서는 사람들의 다채로운 음향에 대한 욕구로 인해 지금까지 볼 수 없었던 새로운 악기를 활용한 여러 가지 연주법의 개발이나 특수 악기의 도입 및 그것들에 의한 특이한 관현악법 등이 나타나고 있다. 이에 어떤 사람은 기존의 방식이 변화하는 것에 대해 강한 거부감을 느끼거나 오케스트라에 큰 위해*를 가한다고 비판하기도 한다. 그러나 이러한 변화는 각 연주의 중심을 이루는 악기에 대한 지휘자의 해석을 반영한 변화이자 연주를 듣는 청중에게도 보다 다양한 감상의 포인트를 제공한다는 장점이 있다. 이에 따라 연주회장에서도 오케스트라의 전통적인 악기 배치와는 다른 새로운 형식의 악기 배치를 쉽게 만나 볼 수 있게 되었다.

* 채택(캘 採, 가릴 擇): 작품, 의견, 제도 따위를 골라서 다루거나 뽑아 씀.
* 위해(위태할 危, 해칠 害): 위험과 재해를 아울러 이르는 말.

▶ 주제: 현대 오케스트라의 현주소

[지문 해제]

　이 글은 오케스트라의 현주소에 대해 설명하고 있다. 오케스트라라는 조직화된 합주의 형태가 어떤 악기로 어떻게 구성되어 있으며, 어떤 배치 형태를 지니는지, 그 어원은 무엇인지, 나아가 좀처럼 변화하지 않는 오케스트라가 현대에 들어 어떤 변화를 겪고 있으며 그 원인은 무엇인지를 자세하게 설명하고 있다.

[문단 요지]

　(가): 오케스트라의 개념과 규모
　(나): 오케스트라의 어원
　(다): 오케스트라의 악기 편성
　(라): 오케스트라의 악기 배치 형태
　(마): 오케스트라의 변화와 그 원인

[주제]

　현대 오케스트라의 현주소

1　세부 내용 파악하기　| 정답 ⑤ |

윗글의 내용과 일치하지 <u>않는</u> 것은?

① 실내악에서는 한 파트에 한 명의 연주자를 원칙으로 한다. (가)
② 오케스트라의 악기 편성은 시대, 지휘자의 의도 등에 따라 달라질 수도 있다. (다)
③ 호른은 잉글리시 호른과 달리 트럼본이나 튜바와 같은 금관악기군에 속한다. (다)
④ 현대에는 다채로운 음향에 대한 욕구로 인해 다양한 연주법이 나타나기도 한다. (마)
⑤ 오케스트라는 일반적으로 현악기의 규모에 따라 다른 악기군의 규모가 정해진다.

✔ 정답 풀이

(라)에서 과거의 연주회에서 오케스트라가 채택하고 있는 배치법은 공통적으로 현악기가 중심 위치를 차지했다고 설명하고 있으나, 현악기의 규모에 따라 다른 악기군의 규모가 정해진다는 내용은 찾을 수 없다.

✘ 오답 풀이

② (다)에 따르면 오케스트라의 악기 편성은 시대나 용도, 작곡가 또는 지휘자의 의도, 연주 장소, 그 밖의 조건에 따라 달라질 수도 있다고 하였다.
③ (다)에서 목관악기군인 잉글리시 호른과 달리 호른은 트럼본이나 튜바와 같은 금관악기군에 속한다고 하였다.
⑤ (마)에서 현대에 들어 다채로운 음향에 대한 욕구로 인해 여러 가지 연주법이 개발된다고 하였다.

2　중심 화제 파악하기　| 정답 ⑤ |

(가)~(마)의 중심 화제로 적절하지 <u>않은</u> 것은?

① (가): 오케스트라의 개념과 규모
② (나): 오케스트라의 어원　그리스 어 '오르케스트라'
③ (다): 오케스트라의 악기 편성
④ (라): 오케스트라의 악기 배치 형태
⑤ (마): <del>오케스트라의 한계와 전망</del>　오케스트라의 변화와 그 원인

✔ 정답 풀이

(마)에서는 과거와 달리 현대에 들어 나타나는 오케스트라와 관련된 변화 양상들과 이러한 변화의 장점들을 언급하고 있다. 따라서 '오케스트라의 변화와 그 원인'을 중심 화제로 보는 것이 적절하다.

✘ 오답 풀이

① (가)에서는 오케스트라의 개념과 규모에 대해 설명하고 있다.
② (나)에서는 고대 그리스 극장을 의미하는 그리스 어 '오르케스트라'에서 유래된 오케스트라의 어원을 밝히고 있다.
③ (다)에서는 오케스트라의 악기 편성에 대해 소개하고 있다.

3　반응의 적절성 파악하기　| 정답 ④ |

윗글의 내용을 고려할 때, 〈보기〉의 ㉠~㉤ 중 적절하지 <u>않은</u> 것은?

┤ 보 기 ├

민후: 이렇게 다 같이 공연장에 오니 정말 신난다. ㉠오늘 ○○○ 오케스트라 연주에서는 백 개 전후의 악기가 등장하면 무대가 꽉 차겠지.
시은: ㉡그렇다면 그 안에 현악기군, 목관악기군, 금관악기군, 타악기군의 악기들이 있겠네.
범주: ㉢난 오늘 심벌즈를 보고 싶은데, 심벌즈는 정해진 자리가 없다니 잘 살펴봐야겠어.
수아: 우와. 이제 연주 시작이야. 그런데 ㉣일반적으로 오케스트라에서 중심을 잡아 주는 팀파니가 보이지 않네.　오케스트라에서는 현악기가 중심을 차지함.
하율: ㉤오늘 오케스트라에서는 전통적인 악기 배치와는 다른 형식으로 악기를 배치했군.

① ㉠ (다)　② ㉡ (다)　③ ㉢ (다)　④ ㉣ (라)　⑤ ㉤ (라)

✔ 정답 풀이

(라)에서 오케스트라에서는 일반적으로 '현악기가 중심 위치를 차지'한다고 하였다.

영화는 사람들에게 꿈과 희망을 주기 때문에 '꿈의 공장'으로 불린다. 프랑스의 뤼미
에르 형제가 1895년에 처음으로 영화를 만들었을 때 그것은 채 1분도 되지 않는 다큐멘
터리에 불과했다. 초창기의 영화는 대부분 카메라를 관현악단 지휘자처럼 무대 앞쪽의
중앙에 세워 두고 찍은 영상이었다. 다시 말해 단순히 연극을 카메라로 찍은 동영상에
불과하였던 것이다. 그러다가 허구적 내용의 영화가 등장한 것은 20세기 초 무렵이었
다.

1910년대에 미국의 그리피스는 오늘날처럼 카메라를 이동하며 시각적 이미지를 촬영
하고, 그렇게 촬영한 화면을 편집을 통해 적절하게 이어 붙이는 것이 중요하다는 것을
터득*하여 영상 언어를 획기적으로 발전시켰다. 이후 영화는 비약적*인 발전을 거듭하
여 독일, 러시아, 프랑스 등에서 독자적인 예술로 자리잡았다. 특히 러시아의 에이젠슈
테인 감독은 「전함 포템킨」이라는 영화에서 내용이 서로 다른 화면들을 동시에 보여 줌
으로써 새로운 의미를 만들어 내는 '몽타주' 기법을 확립*하였다.

화면과 동시에 소리를 들려주는 유성 영화는 1927년에 처음 상영되었는데, 이는 영상
언어의 수준을 한 단계 높이는 결과를 가져왔다. 이어 1930년대에는 마침내 컬러 영화
가 등장하여 관객들은 실제 현실과 거의 비슷한 영상을 접하게 되었다. 텔레비전의 등
장으로 영화는 한때 위기에 처하기도 하였지만, 1950년대에 등장한 프랑스의 '누벨 바
그' 영화 감독들이 새로운 영상 언어를 개발함으로써 다시 발전할 수 있었다. 그들은 장
면을 빠르게 전환하거나 연속성이 깨지도록 장면을 편집하는 등 이전과는 전혀 다른 방
법으로 영화를 만들었다.

오늘날에는 두 개 이상의 화면을 겹쳐서 입체적으로 보여 주는 삼차원(3D) 영화가 많
은 인기를 끌고 있다. 1950년대에 처음 개발된 이러한 영화는 한동안 인기를 끌지 못하
다가, 최근에는 렌즈가 두 개 달린 카메라가 개발되는 등 기술이 발전하면서 다시 사람
들의 관심을 끌고 있다. 이제까지 그래 왔듯이, 영화는 앞으로도 [㉠]의 발전
을 바탕으로 계속 발전할 수 있을 것이다.

[지문 해제]

이 글은 영상 언어의 발전과 더불어 함께 성장해 온 영화의 변화 과정을 시기별로 나누어 설명하고 있다. '꿈의 공장'이라 불리며 사람들에게 꿈과 희망의 세계를 제공하는 영화가 걸어온 과거와 현재를 시간의 흐름에 따라 살펴보고, 무한히 발전할 영상 언어를 바탕으로 한 영화에 대한 기대감을 드러내고 있다.

[문단 요지]
1문단: 영화의 초창기 모습
2문단: 촬영 기법과 편집을 통해 이룬 영상 언어의 발전
3문단: 영상 언어의 발전과 함께 성장하는 영화
4문단: 영상 언어의 발전과 더불어 기대되는 영화의 미래

[주제]
영상 언어의 발전과 더불어 성장한 영화의 과거와 현재

---

1 세부 내용 파악하기 | 정답 ③ |

윗글의 내용과 일치하는 것은?
① 영화는 초창기부터 허구적인 내용을 다루었다.
20세기 초 무렵
② 미국의 ✕그리피스는 몽타주 기법의 기초를 마련했다.
러시아의 에이젠슈테인
③ 유성 영화의 등장이 영상 언어 발전에 큰 영향을 미쳤다. 3문단
④ 텔레비전의 등장으로 영화에 대한 관심은 극대화되었다. 영화는 한때 위기에 처함.
⑤ 삼차원(3D) 영화는 등장과 동시에 사람들의 뜨거운 호응을 얻었다. 처음 개발된 때는 한동안 인기를 끌지 못함.

✓ 정답 풀이

3문단에서 '화면과 동시에 소리를 들려주는 유성 영화는 1927년에 처음 상영되었는데, 이는 '영상 언어의 수준을 한 단계 높이는 결과를 가져왔다.'라고 언급하고 있다.

✗ 오답 풀이

① 1문단에서 초창기의 영화는 단순히 연극을 카메라로 찍은 동영상에 불과했으며 허구적 내용의 영화가 등장한 것은 20세기 초 무렵이라고 언급하고 있다.
② 2문단에서 내용이 서로 다른 화면들을 동시에 보여 줌으로써 새로운 의미를 만들어 내는 '몽타주 기법'은 러시아의 에이젠슈테인 감독이 사용한 것이라고 언급하고 있다.
④ 3문단에서 텔레비전의 등장으로 영화는 한때 위기에 처하기도 했다고 언급하고 있다.
⑤ 4문단에서 1950년대 처음 개발된 삼차원(3D) 영화는 한동안 인기를 끌지 못하다가 최근에 다시 관심을 받고 있다고 언급하고 있다.

---

2 미루어 짐작하기 | 정답 ④ |

⬚ ㉠ ⬚에 들어갈 말로 가장 적절한 것은?
한때 영화를 위기에 빠뜨림.
① 연극 ② 카메라 ③ 텔레비전
영상 언어 발전에 이바지함.
④ 영상 언어 ⑤ 꿈의 공장

✓ 정답 풀이

이 글은 영상 언어의 발달과 더불어 보다 다양하고 수준 높은 단계로 이동해 온 영화의 변화 과정을 다루고 있다. 즉, 영화는 앞으로도 영상 언어의 발전을 바탕으로 계속 발전할 수 있을 것이라는 내용이다. 따라서 ㉠에는 '영상 언어'가 적절하다.

✗ 오답 풀이

① 1문단에서 초창기의 영화는 단순히 '연극'을 카메라로 찍은 동영상에 불과했다고 하였을 뿐이다. '연극'은 이 글의 핵심 내용과 거리가 멀다.
② '카메라'는 영상 언어를 발전시키는 데 이바지하는 도구이다.
③ '텔레비전'의 등장은 오히려 영상 언어로 만들어진 영화를 위기에 빠뜨렸다.
⑤ '꿈의 공장'은 영화의 다른 표현이다.

---

3 이어질 내용 추론하기 | 정답 ⑤ |

윗글 다음에 이어질 내용으로 가장 적절한 것은?
① 영화에 등장한 영상 언어의 특성
② 유성 영화와 무성 영화의 차이점
③ 몽타주 기법이 사용된 작품의 예
④ 삼차원(3D) 영화의 개념 및 기술
⑤ 새롭게 등장할 영상 언어의 발전 방향

✓ 정답 풀이

이 글에서는 영상 언어의 발달과 함께 성장한 영화의 발전을 시간 순서에 따라 제시하고 있다. 4문단의 마지막에서 앞으로 영상 언어의 발전 가능성에 대해 언급하고 있으므로, 이 글 뒤에는 새롭게 등장할 영상 언어의 구체적인 발전 방향에 대한 내용이 이어지는 것이 가장 적절하다.

예술 06~10 독해력 쑥쑥, 어휘 테스트

01 확립	02 주조	03 복제	04 풍미	05 위해
06 비약적	07 집착	08 지향	09 상투적	10 장악
11 ✕	12 ◯	13 ◯	14 ✕	15 ◯	16 ㉠
17 ㉺	18 ㉢	19 ㉣	20 ㉡		

MEMO

MEMO

MEMO

[숨마 주니어®]는

고교 상위권 선호도 1위 브랜드 **숨마쿰라우데**®가 만든
중학생들을 위한 혁신적인 **중등 브랜드**입니다!

숨마 주니어® 중학 국어 비문학 독해 연습 ❶❷❸시리즈

수준별, 단계별 구성	수록 지문 및 문항 수	주요 학습 내용
중학 국어 비문학 독해 연습 ❶	– 인문, 사회, 과학, 기술, 예술 각 제재별 10지문, 권별 50지문 – 3권 총 150지문 372 문항 수록	사실적 이해 + 어휘력
중학 국어 비문학 독해 연습 ❷		사실적 이해 + 추론적 이해, 비판적 이해 위주 + 어휘력
중학 국어 비문학 독해 연습 ❸		고1 전국연합학력평가 우수 문항 위주 + 어휘력

◆ '중학 국어 비문학 독해 연습' 을 추천합니다.

국어 비문학 독해 실력은 어느 날 갑자기 향상되지 않습니다. 매일매일 꾸준한 반복학습만이 실력 향상을 가능하게 합니다. 이제 중학교 때부터 국어 비문학 공부도 함께 하십시오.

추천 이유 ☝ 비문학 독해 능력은 모든 공부의 기본이기 때문입니다.

– 글의 정보 및 글쓴이의 의도를 파악하는 능력이 향상됩니다.
– 사실적 이해, 추론적 이해, 비판적 이해 등의 독해 능력이 향상됩니다.
– 제재별 어휘 학습을 통한 지문 이해 능력이 향상됩니다.

▼

추천 이유 ✌ 폭넓은 글 읽기를 통해 교양을 풍부하게 할 수 있기 때문입니다.

– 중학생 권장 도서 및 추천 도서를 총망라하여 수준에 맞게 단계별로 지문을 구성하였습니다.
– 인문, 사회, 과학, 기술, 예술 등 다양한 제재에서 좋은 글들을 엄선하여 수록하였습니다.

▼

추천 이유 🖐 빠른 독해력 향상으로 수능 비문학까지 준비할 수 있기 때문입니다.

– 다양한 글을 통한 독해력 강화로 수능형 문제 풀이 능력까지 향상시킬 수 있습니다.
– 교과서의 독해 개념 연계 학습을 통해 수능 비문학까지 미리 준비할 수 있습니다.

학습 교재의 새로운 신화! 이룸이앤비가 만듭니다!

이룸이앤비의 특별한 중등 수학교재 시리즈

숨마쿰라우데® 중학수학 개념기본서 시리즈

Q&A를 통한 스토리텔링식
수학 기본서의 결정판! (전 6권)

- 중학수학 개념기본서 1-상 / 1-하
- 중학수학 개념기본서 2-상 / 2-하
- 중학수학 개념기본서 3-상 / 3-하

숨마쿰라우데® 중학수학 실전문제집 시리즈

숨마쿰라우데 중학 수학 「실전문제집」으로
학교 시험 100점 맞자! (전 6권)

- 중학수학 실전문제집 1-상 / 1-하
- 중학수학 실전문제집 2-상 / 2-하
- 중학수학 실전문제집 3-상 / 3-하

숨마쿰라우데® 스타트업 중학수학 시리즈

한 개념 한 개념씩 쉬운 문제로 매일매일 꾸준히
공부하는 기초 쌓기 최적의 수학 교재! (전 6권)

- **스타트업** 중학수학 1-상 / 1-하
- **스타트업** 중학수학 2-상 / 2-하
- **스타트업** 중학수학 3-상 / 3-하

숨마 주니어® WORD MANUAL 시리즈

중학 주요 어휘 총 2,200단어를 수록한

『어휘』와 『독해』를 한번에 공부하는 중학 영어휘 기본서! (전 3권)

- WORD MANUAL ❶
- WORD MANUAL ❷
- WORD MANUAL ❸

숨마 주니어® 중학 영문법 MANUAL 119 시리즈

중학 영어 문법 마스터를 위한

핵심 포인트 119개를 담은 단계별 문법서! (전 3권)

- 중학 영문법 MANUAL 119 ❶
- 중학 영문법 MANUAL 119 ❷
- 중학 영문법 MANUAL 119 ❸

숨마 주니어® 중학 영어 문장 해석 연습 시리즈

중학 영어 교과서에서 뽑은 핵심 60개 구문!

1,200여 개의 짧은 문장으로 반복 훈련하는 워크북! (전 3권)

- 중학 영어 문장 해석 연습 ❶
- 중학 영어 문장 해석 연습 ❷
- 중학 영어 문장 해석 연습 ❸

숨마 주니어® 중학 영어 문법 연습 시리즈

중학 영어 필수 문법 56개를

쓰면서 마스터하는 문법 훈련 워크북!! (전 3권)

- 중학 영어 문법 연습 ❶
- 중학 영어 문법 연습 ❷
- 중학 영어 문법 연습 ❸